»In sympathischer Weise für sein Idol
eingenommen und erfrischend einseitig.«
Stuttgarter Nachrichten

Johannes Lehmann, geboren 1929 in Madras (Indien), studierte in Halle, Westberlin und Edinburgh Publizistik, Philosophie, Theologie und Psychologie. Er bereiste die ganze Welt, arbeitete bei der Deutschen Presse-Agentur und ab 1963 als Redakteur beim Süddeutschen Rundfunk, wo er jahrzehntelang die Sendung »Die Bücherbar« verantwortete. Daneben hat sich Lehmann als Autor höchst erfolgreicher Sachbücher einen Namen gemacht (»Jesus-Report«, »Die Jesus-GmbH«, »Moses«, »Buddha«, »Die Hethiter«, »Die Staufer. Glanz und Elend eines deutschen Kaisergeschlechts«).

Johannes Lehmann

Unser armer Schiller

Eine respektlose Annäherung

Rowohlt Taschenbuch Verlag

Veröffentlicht im Rowohlt Taschenbuch Verlag,
Reinbek bei Hamburg, Mai 2005
Copyright © 2000, 2004 by
Silberburg-Verlag Titus Häussermann GmbH, Tübingen
Umschlaggestaltung any.way, Cathrin Günther
(Abbildung: akg-images)
Druck und Bindung Clausen & Bosse, Leck
Printed in Germany
ISBN 3 499 23270 7

Inhalt

- 7 Rivalen
- 18 Schillers erste Beisetzung
- 43 Latein, Drill und Schläge
- 60 Der dichtende Regimentsarzt
- 71 Die Flucht in die Freiheit
- 82 Der Weltbürger in Not
- 101 Feuertrunken und zufrieden
- 120 Auf dem Weg ins Bürgerliche
- 137 Professor Schiller und die dritte Charlotte
- 153 Krankheit und Wende
- 170 Dieser Mensch, dieser Goethe
- 189 Horen, Xenien und Balladen
- 209 Mosjöh Gille
- 218 Eigenheim und Adel
- 233 Das Reich in der Mansarde
- 252 Krankheit und Ende
- 261 Schillers zweite Beisetzung
- 269 »Denn er war unser ...«
- 300 Schillers dritte Beisetzung
- 308 Zum guten Schluss

- 310 Zeittafel
- 313 Literaturauswahl
- 316 Anmerkungen

Rivalen

Man schreibt den 14. Dezember des Jahres 1779. Es ist, zehn Jahre vor der Französischen Revolution, die Zeit des ausgehenden Rokoko mit seiner Neigung zum Privaten, zum Intimen, zum Empfindsamen. Das moralisch Schöne, aber auch Freundschaft und Geselligkeit werden groß geschrieben, Tränen fließen bei jeder Gelegenheit. Man entdeckt die Natur – aber noch nicht die draußen vor der Tür, sondern die der Antike mit ihrer galanten Schäferdichtung und ihren säuselnden Zephiren.

Die Mode gibt sich graziös. Die Damen schnüren sich bis zur Ohnmacht, behängen sich mit Bändchen und türmen ihre Frisuren zu kunstvollen Gebirgen; die Herren tragen Zöpfe, Kniehosen, Wadenstrümpfe und Schnallenschuhe, Rüschchen quellen aus allen Knopflöchern. Man verewigt sich in filigranen Scherenschnitten, Pastellbildern und Miniaturen aus Elfenbein.

Nur ein paar Jahre ist es her, dass ein gewisser Goethe den Götz und Werthers Leiden geschrieben hat, Klopstock den Messias beendete und Haydn die Abschiedssymphonie komponierte. Mozart schreibt die Krönungsmesse und die Oper Idomeneo. Drei Jahre sind vergangen, dass der 24-jährige Friedrich Maximilian Klinger das Theaterstück »Wirrwarr« schrieb, das, von einem Freund in »Sturm und Drang« umbenannt, zum Etikett seiner Zeit wurde. In Hamburg ist Matthias Claudius Redakteur des Wandsbecker Boten, und eben hat Lessing den Nathan drucken lassen.

Pfarrer Oberlin gründet die erste Kinderbewahranstalt und Pestalozzi seine erste »Armenanstalt«, eine autarke Arbeitsschule. Lavater veröffentlicht »Physiognomische Fragmente zur Beförderung der Menschenkenntnis und Menschenliebe«, Herder denkt über den Ursprung der Sprache nach.

Die Dampfmaschine beginnt ihren Siegeszug, Linné systematisiert die Natur, bei Kerzenschein wird eine seltsame Kraft erforscht: die Elektrizität. Die Naturwissenschaften entstehen. Der erste Blitzableiter in Deutschland wird auf der Jakobikirche in Hamburg angebracht und löst empörte Diskussionen aus, ob man derart in den heiligen Willen Gottes eingreifen darf.

Die industrielle Revolution in England verändert die Gesellschaft und die Produktionsmethoden, der Schotte Adam Smith beschreibt »Natur und Ursachen des Volkswohlstandes« und wird damit zum Ahnherrn des ökonomischen Liberalismus und zum »Vater der Nationalökonomie«.

Seit drei Jahren gibt es die Vereinigten Staaten von Amerika, und gerade erst ist Steuben Generalinspekteur des amerikanischen Heeres geworden; in Frankreich hat Ludwig XVI. Anfang des Jahrzehnts Marie Antoinette geheiratet, in Russland herrscht seit 17 Jahren Katharina II., die Große, in Österreich regiert gerade noch für ein Jahr Maria Theresia, und in Preußen plagt den alten Fritz die Gicht.

Im übrigen Deutschland mit seinen knapp 23 Millionen Bewohnern herrscht, prasst und baut ein Heer kleiner Potentaten in den Zwergstaaten um die Wette, die einen humaner, die anderen als kleine Tyrannen, die einen zum Wohle, die anderen zum Leide ihrer Untertanen.

Zwei von ihnen treffen sich an eben jenem 14. Dezember 1779. Sie heißen beide Carl (so wie alle Frauen zu der Zeit Charlotte heißen und in Gedichten Laura), der eine Carl August, der andere Carl Eugen.

Der eine, Herzog Carl August von Sachsen-Weimar, dessen äußere Erscheinung – so der Maler Ludwig Richter – »einem intelligenten Landwirt ähnelte«[1], ist ein junger Spund von gerade eben 22 Jahren, der soeben die Schweiz bereist hat und der als kunstsinnig und an den Ideen des Wohlfahrtsstaates orientiert in die Geschichtsbücher eingehen wird.

Der andere, der 51-jährige Herzog Carl Eugen von Württemberg, ist das genaue Gegenteil, ein brutaler Despot, hart, maßlos, gewalttätig, verschwenderisch und in jedem abschreckenden Sinne absolutistisch. Mit teuer bezahltem Ämterhandel und illegal eingezogenen Steuern finanziert, hat er sich oben auf den Höhen das Lustschloss Solitude gebaut und unten im Stuttgarter Talkessel angefangen, neben dem Alten Schloss eine üppige neue Residenz zu errichten.

Verehrung ...

An diesem 14. Dezember 1779 beging der schwäbische Despot das jährliche Stiftungsfest seiner »Militärpflanzschule«, die er 1770 in den Nebengebäuden von Schloss Solitude eingerichtet hatte und die, zur Militärakademie und zur »Hohen Carls-Schule« erweitert, fünf Jahre später nach Stuttgart verlegt worden war, in das kleine, muffige Residenzstädtchen mit kaum 17 000 Einwohnern. Diesmal ging es feierlicher zu als sonst, denn an der Festivität nahm auch der Kollege aus Weimar teil, während dessen Begleiter, ein Weimarer Geheimrat, links neben dem Thron stand.

Dreimal durfte der Eleve Friedrich Schiller, einer der zwangsrekrutierten Schüler der Anstalt, die Stufen zum Thron emporsteigen, um Preise aus der Hand seines Herzogs entgegenzunehmen. Dreimal stand er unmittelbar vor dem Geheimrat und erzählte später: »Gerne hätte ich mich ihm bemerkbar gemacht.« Denn dieser Geheimrat war – warum erzähle ich sonst diese Geschichte? – dieser Geheimrat war Goethe.[2]

Was für eine Szene: Unten, vor dem Thron, den Rockzipfel eines Tyrannen küssend, ein zwanzigjähriger Niemand, der gerade die rebellischen Räuber schreibt, oben neben dem Thron der Dichter des Sturm-und-Drang-Helden Götz von Berlichingen, den er mit dem Ruf Freiheit! Freiheit! sterben lässt, der um zehn Jahre ältere Goethe, mit seinen dreißig Jahren schon Minister im Dienst eines Herzogs.

Zum ersten Mal standen sich da die beiden Männer gegenüber, die später vor dem Weimarer Nationaltheater nebeneinander auf ein- und demselben Podest stehen würden – eine Rarität bei Denkmälern, die sonst immer nur einem gelten.

... und Ablehnung

Als es Schiller neun Jahre nach dieser ersten Begegnung endlich gelang, sich seinem Dichterkollegen Goethe persönlich »bemerkbar [zu] machen«, war er enttäuscht und ernüchtert, und bald stellte sich heraus, dass die Ablehnung grundsätzlich, grundlegend und gegenseitig war.

Der Ablauf: Im Juli 1787 war der inzwischen berühmte und populäre einstige Eleve nach Weimar gekommen, um den Großen Meister kennen zu lernen, musste aber zu seiner Enttäuschung erfahren, dass Herzog Carl August soeben nach den Niederlanden abgereist war und Goethe sich in Italien aufhielt. So besuchte er stattdessen als Präludium »die übrigen weimarischen Götter und Götzendiener«, wie er mit leichtem Hohn an Körner schrieb[3], zumal er schnell feststellte, dass viele »mit einer Art von Anbetung«[4] über Goethe sprachen.

Als er ihm dann ein Jahr später wirklich begegnete und einen ganzen Tag mit ihm zusammen verbrachte – es war der 7. September 1788 –, klang wenig Anbetung mit: »Sein erster Anblick stimmte die hohe Meinung ziemlich tief herunter, die man mir von dieser anziehenden und schönen Figur beigebracht hatte. Er ... trägt sich steif und geht auch so; sein Gesicht ist verschlossen, aber sein Auge sehr ausdrucksvoll, lebhaft, und man hängt mit Vergnügen an seinem Blicke. ... Er ist brünett und schien mir älter auszusehen, als er meiner Berechnung nach wirklich sein kann. Seine Stimme ist überaus angenehm, seine Erzählung fließend, geistvoll und belebt; man hört ihn mit überaus viel Vergnügen, und wenn er bei gutem Humor ist, welches diesmal so ziemlich der Fall war, spricht er gern und mit viel Interesse. Unsere Bekanntschaft war bald gemacht und ohne den mindesten Zwang ...«

Und trotzdem: »... ich zweifle, ob wir einander je sehr nahe rücken werden. ... Seine Welt ist nicht die meinige, unsere Vorstellungsarten scheinen wesentlich verschieden ...«[5]

Dieser Mensch, dieser Goethe ...

Vor allem ärgerte ihn die überhebliche Unnahbarkeit. Goethe faszinierte offensichtlich die Menschen, aber er stand ihnen gleichzeitig fern »wie ein Gott, ohne sich selbst zu geben – dies scheint mir eine konsequente und planmäßige Handlungsart, die ganz auf den höchsten Genuß der Eigenliebe kalkuliert ist«, befand Schiller. Und noch einmal: »Er ist an nichts zu fassen; ich glaube in der Tat, er ist ein Egoist in ungewöhnlichem Grade ...«, und schließlich drastisch: »Ich betrachte ihn wie eine stolze Prüde, der man ein Kind machen muß, um sie vor der Welt zu demütigen.«[6] Kurz, er lehnte ihn rundweg ab: »Dieser Mensch, dieser Goethe, ist mir einmal im Wege ...«[7], ja: »Öfter um Goethe zu sein, würde mich unglücklich machen«[8], denn »dieser Charakter gefällt mir nicht, ich würde ihn mir nicht wünschen.«[9]

Die Abneigung ist durchaus gegenseitig. Der Unvergleichliche mag schon nicht, wie Schiller aussieht, dieser lange, dünne Mensch mit seinen roten Haaren, der bleichen Haut und den hektisch-roten Backen. Er, der Pedant, dem Ordnen und Abheften Lebenselixier ist, mag nicht das genialisch Ungeregelte, dieses späte Aufstehen, oft erst gegen Mittag, dieses nächtliche Herumrumoren mit Kaffee, Punsch und den berühmten faulen Äpfeln als künstlicher Anregung zum Dichten, dieses ewige Rauchen und Tabakschnupfen;

dieses Leidende, nie ganz Gesunde, Hektische, diese Krämpfe. Schiller »war mir verhaßt«[10], gab er später zu.

Er mag erst recht nicht, was der Mann schreibt und welchen Erfolg er damit hat, größeren als er selbst. Für gefährlich hält er das sogar, dieses Wilde, Ungebärdige, dieses Philosophische, Abstrakte, diesen Kant. Er sieht eine »ungeheure Kluft«[11] zwischen ihren Denkweisen klaffen. Schiller wiederum störte an Goethe, dass »ihn und seine ganze hiesige Sekte eine stolze philosophische Verachtung aller Spekulation und Untersuchungen mit einem bis zur Affektion getriebenem Attachement an die Natur und einer Resignation in seine fünf Sinne, kurz eine gewisse kindliche Einfalt der Vernunft«[12] auszeichneten. »Überhaupt ist seine Vorstellungsart zu sinnlich und betastet mir zuviel.«[13]

Kurzum, da war offenbar nichts, was die beiden verband, da war im Gegenteil eine genuine Antipathie, pralle, satte gegenseitige Verachtung. Die »Geistesantipoden«, die »mehr als ein Erddiameter« voneinander schied, wie Goethe drastisch feststellte, gingen sich aus dem Weg.[14]

Warum sollten sich die beiden auch verstehen oder gar mögen? Dass sie beide bekannte, berühmte Dichter waren, ist allein kein Grund, dass sie sich gegenseitig hätten um den Hals fallen und Freundschaftstränen vergießen müssen. Das haben Heinrich Böll und Günter Grass ja auch nicht getan – und niemand hat etwas vermisst.

Im Gegenteil: Es wäre eher ein Wunder gewesen, wenn sich die beiden als Freunde statt natürlicherweise als Konkurrenten verstanden hätten. Auch zwischen Genies gibt es Brotneid, besonders dann, wenn der eine, wie der Große Meister, seit Jahren in einer dichterlichen Flaute an Ort und Stelle festliegt, während ein Jüngerer im frischen Wind des Erfolges angesegelt kommt.

Man kann das mit nüchternen Zahlen belegen. Just zu dieser Zeit, genauer zwischen 1787 und 1790, erschienen bei Göschen Goethes Gesammelte Schriften in acht Bänden, und es ist keine

Rede davon, dass sich das deutsche Volk die Bücher gierig aus den Händen gerissen hätte. Es meldeten sich magere 600 Subskribenten, und Göschen machte 1700 Taler Verlust.

Der Absatz der Einzelausgaben war noch schwächer: Vom Clavigo wurden 17, vom Götz 20, von der Iphigenie 312, vom Egmont 377 und sogar vom Werther nur 262 Exemplare verkauft. Das ist schlicht und einfach erbärmlich, und es macht deutlich, dass der Unvergleichliche nicht mehr so gefragt war wie früher.

Als dagegen ein paar Jahre später Schillers Wallenstein erschien, war die erste Auflage von 4000 Exemplaren nach zwei Monaten vergriffen, und das, obwohl gleichzeitig in zwei deutschen Städten Nachdrucke, sprich Raubdrucke, herausgekommen waren.

Selbst einem Gott wie Goethe konnte es nicht gleichgültig sein, dass da ein neuer Stern am Dichterhimmel aufging und dann gar noch in Weimar, wo der Unvergleichliche bisher allein geleuchtet hatte.

Schiller verehrte zwar den Olympier als Dichter und befand: »Neben Goethe bin ich und bleibe ich ein poetischer Lump«[15], – aber es waren eben nicht nur Charakterzüge wie dessen kalte Überheblichkeit, die ihn abstießen.

Unversehens kommt auch ein persönliches, biographisches Motiv gegen Goethe hinzu, denn »er erinnert mich oft, dass das Schicksal mich hart behandelt hat. Wie leicht ward sein Genie von seinem Schicksal getragen, und wie muß ich bis auf diese Minute noch kämpfen.«[16]

Dies ist der entscheidende Satz, der das Leben der beiden Dichter charakterisiert und unterscheidet.

Unser armer Schiller

Eine gute Gelegenheit, das bisherige Leben Schillers erst einmal Revue passieren zu lassen, bevor wir sein Missverhältnis zu Goethe weiterverfolgen. Denn irgendetwas stimmt nicht mit unserem Schiller, und das liegt nicht einmal an ihm. Vielleicht ist die Gesellschaft daran schuld, vielleicht dieser Goethe, in jedem Falle der Herzog Carl August. Wir wollen sehen.

Schon meine eigenen Wallfahrten nach Weimar hätten mich stutzig machen müssen. Das erste Mal schob ich es noch auf die Zeitläufte, als der Schüler, voll gestopft mit Faust eins und zwei, am riesigen Junokopf vorbei durch das Goethehaus am Frauenplan geführt wurde, dieser Mischung aus provinzieller Fürstensuite und guter Stube,[17] und am Schluss angesichts der 143-bändigen Goethe-Gesamtausgabe im Flur vom Fremdenführer mit dem alles erklärenden und meisterlich formulierten Satz entlassen wurde: »Goethe, der wo ein Schenie war …« Dass das Schillerhaus geschlossen war, konnte 1947, so kurz nach dem Krieg, schon mal vorkommen.

Als meine Frau und ich kurz vor der Wende die erstbeste Gelegenheit nutzten, das heilige Weimar wieder zu betreten, stand die Juno woanders, und der Schrank mit der Goethe-Gesamtausgabe war verschwunden. Dafür imponierte mir diesmal der bescheidene Stuhl, in dem der Meister gestorben war. Ach ja doch, auch er war also nur ein Mensch. Was sich nicht geändert hatte: Das Schillerhaus war zu.

Als ich sieben Jahre nach der Wende zum dritten Mal andächtig und unter erschwerten Bedingungen gen Weimar pilgerte – wo findet man in diesem Nest einen Parkplatz? –, da geschah das Wunder der Wunder: Nicht nur der Palast am Frauenplan war auf und voll von zwitschernden Japanern, nein, auch das Schillerhaus war zugänglich, frisch geputzt und bürgerlich bescheiden, Eingang hinten und kein Mensch drin.

Diesmal hatte man sich etwas anderes ausgedacht mit unserem armen Schiller. Gleich gegenüber dem Schillerhaus, wer wüsste oder ahnte das nicht, liegt die »Buchhandlung gegenüber dem Schillerhaus«.

Niemand erwartet, dass ausgerechnet dort sämtliche Werke von Rabelais, Shakespeare oder Gogol ausgestellt und angepriesen werden; eher nimmt man schon an, dass vielleicht auch Johann Wolfgang, der große Dichterfürst, mindestens mit seinem Werther, dem Faust und dem Wilhelm Meister vertreten ist, er hat ja eine Menge geschrieben. Aber dass sämtliche Schaufenster von oben bis unten, von links nach rechts nur, ausschließlich und allein mit Goethe gepflastert waren, das ging zu weit.

Weder die Räuber noch der Wallenstein, der Geisterseher oder wenigstens ein Gedichtband, auch nicht im bescheidenen Reclamformat; keine Biographie, nicht mal die kleine rororo-Monographie für ein paar Mark – nichts, aber auch gar nichts verriet, dass hier gleich gegenüber im Dachstübchen jener Mann gesessen und dort den Tell und die Braut von Messina geschrieben hat, jener Mann, der ein Stückchen weiter vor dem Theater zusammen mit dem Großen Meister auf einem Sockel steht und um den Lorbeerkranz kämpft, denn: Es ist *ein* Lorbeer für *zwei*.

Drin ist es nicht besser. Ob sie vielleicht was von Schiller hätten? Doch, ja, da hinten. Wirklich, man muss sich bücken, um ein paar Bände Schiller zu finden. Und warum so viel Goethe? Ja wissen Sie, die Frau von Stein und alle die ...

Da kann man nix machen, da hat der Schiller eben kläglich versagt. Was nützen seine Balladen und Dramen, wenn er sonst nichts zu bieten hat?

Das Schlimme ist nur – und damit komme ich zum Thema –: auch vor rund 200 Jahren, mithin zu seinen Lebzeiten, war unser armer Schiller arm dran.

Dem Großen Meister schenkte Herzog Carl August zum Einstand erst das kleine Gartenhäuschen und dann das riesige Haus am

Frauenplan. Schiller musste sich sein Haus – ohnehin eigentlich nur ein Gartenhaus – hauptsächlich mit Verlagsvorschüssen und Krediten selber kaufen und starb in Schulden.

Hofrat Schiller musste von dem leben, was er sich erschrieb, der Herr Minister Goethe nicht. Und als ihm der Große Meister gütigerweise zu einer Professur in Jena verhalf, war es ein unbezahlter Job, und unser armer Schiller zahlte noch drauf.

Gewiss doch, Carl August hatte unserem armen Schiller kostenlos einen Titel und dann später gar 400 Taler im Jahr bewilligt, während er sich gleichzeitig eine der größten und hässlichsten Residenzen Deutschlands bauen ließ. Da hatte es in Weimar jeder kleine Schauspieler besser, der mehr bekam als der berühmte Dichter, manche bis zu 1500 Talern. Vom Großen Meister gar nicht zu reden; der bekam 3000 Taler im Jahr.

Nur einmal ging es unserem armen Schiller etwas besser, als ihm Herzog ... nein, natürlich nicht Carl August, sondern Herzog Friedrich Christian von Schleswig-Holstein und der dänische Hof für drei Jahre eine Pension von 1000 Talern aussetzten. Zum ersten Mal in seinem Leben war Schiller für ein paar Jahre finanziell unabhängig.

Als ihm der preußische Hof später dreitausend Taler bot, wenn er nach Berlin käme, zeigte sich der Herrscher von Sachsen-Weimar allerdings von der spendablen Seite: Er adelte Schiller (was ihn keinen Pfennig kostete). Und, man höre und staune: Er verdoppelte des Dichters Gehalt (allerdings erst nach einem Bittbrief Schillers) von 400 auf 800 Taler, immer noch erst eine halbe Schauspielergage.

Die Weimarer waren schäbig bis zuletzt, und wenn es nicht von Augenzeugen schriftlich niedergelegt wäre, man würde es nicht glauben: Der Mann, der inzwischen mit seinen Dramen und Balladen populärer war als Goethe, wurde, als es so weit war, in unwürdiger Eile nachts um eins auf den Friedhof gebracht und ohne Geistlichen und ohne Grabstein in einem Massengrab versenkt, sodass man bis heute nicht weiß, ob man später den richtigen Schädel mit den richtigen Gebeinen neben Goethe noch einmal beisetzte.

Dass Schiller überhaupt ein ordentliches Grab bekam, war natürlich weder Goethes Einfall noch etwa der des Herzogs von Weimar. Dass es mehr als 20 Jahre nach Schillers Tod dazu kam, verdankt die Menschheit dem bayrischen König und niemandem sonst.

Ich habe Lust, einmal all dem nachzugehen, was meist nicht in den Biographien steht oder was beschönigend und abwiegelnd dargestellt wird – ich fürchte, es ist eine ganze Menge. Ich bin gespannt, was am Leben Schillers vertuscht, verfälscht oder idealisiert worden ist.

Schillers erste Beisetzung

Ich fange mit dem beschämendsten Kapitel an, mit Schillers Beerdigung, die schon damals auf Empörung und Unverständnis stieß.

»Wenn es wahr ist, so ist es schrecklich«, kommentierte zum Beispiel die Zeitschrift »Minerva« im Juni 1805 erstaunt und mit vielen Ausrufungszeichen die Beisetzung Schillers, die nur wenige Wochen zurücklag. »Diese Übereilung mit der Beerdigung, die durch keine warme Witterung notwendig gemacht wurde! Diese äußerste Stille! Diese Mitternachtsstunde, wie bei dem Begräbnis eines an der Pest Verstorbenen! Dieser isoliert fortgeschleppte Sarg ohne alles Gefolge! Diese bestellten Handwerker, die in Weimar die Leiche eines Schiller zu Grabe tragen sollten! Wahrlich, hier ist, wo nicht eine Berichtigung doch eine Aufklärung nötig ...«[18]

Denn dass man anderswo mit berühmten Leuten anders verfuhr, war damals noch deutlich in Erinnerung, es war ja gerade erst zwei Jahre her, dass man Klopstock in Hamburg zu Grabe getragen hatte.

Der war – ganz im Gegensatz zu Schiller – wie ein Nationalheld beerdigt worden. Halb Hamburg war zusammengelaufen, um von Klopstock Abschied zu nehmen – allein 126 Kutschen folgten seinem Sarg, die Schiffe im Hafen hatten Halbmast geflaggt. Alles in allem war es ein »prunkvolles, wahrhaft fürstliches Leichenbegängnis«[19] gewesen, das sich himmelweit von der schmählichen Art unterschied, in der Weimar von seinem Schiller Abschied genommen hatte – auch wenn es nicht an die Noblesse heranreichte, mit der England schon längst seine Zelebritäten ehrte. Georg Friedrich Händel aus Halle an der Saale, ein Ausländer, wurde ebenso in der Westminster Abbey beigesetzt wie 1778 William Pitt, der große englische Staatsmann und Redner, oder der heute völlig vergessene englische Schauspieler David Garrick, der 1779 wenige Tage nach seinem Tod zu Füßen des Shakespeare-Denkmals in der Westminsterabtei seine letzte Ruhestätte erhielt.

Unser Schiller bekam nicht einmal einen Grabstein, und ein Denkmal schon gar nicht. Er kam in ein namenloses Massengrab, selbst im Totenregister steht er prompt mit falschem Vornamen.[20]

Eine »Berichtigung« der seltsamen Umstände, von denen man in der »Minerva« lesen konnte, blieb bis heute ein frommer Wunsch: Es war nämlich alles so »wahr« und so »schrecklich« wie befürchtet, es ist tatsächlich alles so abgelaufen, wie es das Blatt schilderte. Augenzeugenberichte dafür gibt es genug.

Das Ende

Die letzten fünfzehn Jahre seines Lebens war Schiller kränklich, und wer den Obduktionsbefund liest, fragt sich, wie der Arme überhaupt so lange hat leben können. Auch in seinem letzten Winter war er ständig krank. Da litt er vor Weihnachten wochenlang an einem heftigen Katarrh und beklagte sich, dass er bei seiner hinfälligen Gesundheit »jeden freien Lebensgenuß gleich mit wochenlangem Leiden büßen«[21] müsse.

Ende Januar 1805 ließ er Goethe wissen, in seinem Haus sehe es wie in einem Lazarett aus, die Kinder hätten die Windpocken. Er selber war wieder erkältet, hatte Krämpfe und Fieber und litt, wie so oft, an Verstopfung, die er gegen seine Dramenproduktion aufrechnete: »Die verwünschten Verstopfungen! sie bringen mich alle Jahre um ein Trauerspiel.«[22]

Erst Ende Februar ging es ihm besser, aber schon am 5. März litt er wieder unter einer »verwünschten Schnupfenepidemie«[23] und lag zwei Wochen mit heftigen Fieberanfällen im Bett. So ging es weiter; eine Krankheit reihte sich an die andere.

Aber das war ja alles nichts Neues: So leidend, wie der Dichter seit Jahren war, musste man ohnehin stets mit dem Schlimmsten rechnen. Er wurde ja manchmal schon vor Schwäche ohnmächtig, wenn man ihn nur auf den Nachtstuhl setzte. Auf der anderen Seite: Seine unwahrscheinliche Energie und Vitalität, mit der er sich jedes Mal wieder aufrappelte, täuschten ihn und seine Umgebung über die wahre Lage hinweg.

So schrieb seine Frau Charlotte am 6. Mai 1805 an den Verleger Cotta, es gehe ihm nach einigen recht stürmischen Tagen jetzt wieder besser, die heftigen Krämpfe in der Brust hätten nach einem Kräuterbad nachgelassen, der Husten sei mäßig, und alles in allem habe Schiller »aufs neu Glauben an seine Gesundheit und guten Mut...«[24]

Drei Tage später war er tot. »Nervenschlag« lautete die hilflose, damals oft benutzte Diagnose, als er abends gegen halb sechs, im Alter von 45 Jahren und sechs Monaten, »das Zeitliche mit dem Ewigen verwechselte«.[25]

Niemand hatte damit gerechnet, niemand hatte etwas vorbereitet. Es gab keinerlei Überlegung, wie man den berühmten Schiller angemessen beerdigen sollte, der zu jener Zeit populärer war als Goethe, der schon etwas abgehobene Große Meister; Schiller gehörte ja längst selber zu jenen »Weimarer Göttern«, über die er noch vor seinem Umzug dorthin gespottet hatte.

Der 9. Mai, der Todestag, war ein Donnerstag. Von da an ging alles schief.

Der Schuldige hieß Wilhelm Christoph Günther und war Hofprediger und Oberkonsistorialrat zu Weimar, also ein Kirchenbeamter. Weil Schillers Frau »so sehr in ihren Schmerz versunken«[26] war, dass sie nicht einmal Kondolenzbesuche empfangen konnte, hatte er es übernommen, alles für die Beerdigung vorzubereiten. Und was ein solcher Mann anordne, so hieß es, »werde die Schillersche Familie gut heißen«.[27] Treuherzig organisierte er daraufhin alles so, wie es in Weimar üblich war, und genau das war falsch und löste dann in ganz Deutschland Empörung und Befremden aus.

Nur ein kleines Detail dieses abstrusen Weimarer Beerdigungsrituals konnte ein junger Mann gerade noch ändern. Es war der 27-jährige Kommissionssekretär bei der Regierungskanzlei, Carl Leberecht Schwabe, der Sohn des Weimarer Bürgermeisters.

Er war am Beerdigungstag, an jenem Sonnabend, dem 11. Mai also, erst am Nachmittag von einer mehrtägigen Reise nach Weimar zurückgekehrt, war fröhlich und nichts ahnend zu seiner Braut Christiane gegangen und staunte, dass sie ihn nicht so heiter empfing wie sonst. Von ihr erfuhr er überhaupt erst, dass Schiller zwei Tage zuvor gestorben war und in der kommenden Nacht ohne jede Feierlichkeit und in aller Stille von ein paar Handwerkern, die dafür bezahlt wurden, vermutlich Schneidern oder Tischlern, zu Grabe getragen werden sollte. Carl Leberecht Schwabe war empört. Das durfte doch nicht wahr sein – solch eine Beerdigung für den großen Schiller!

In seinem Zorn rannte Schwabe sofort zu Frau Schiller, die ihn aber wegen ihrer »Schmerzversunkenheit« nicht empfangen wollte und an den Oberkonsistorialrat Günther verwies.

Schwabe ging also zu dem Kirchenmann, sagte ihm, dass er erst eine halbe Stunde zuvor erfahren habe, dass Schiller tot sei, und fragte, ob der große Dichter allen Ernstes diese Nacht ganz in der Stille von Handwerkern zu seiner letzten Ruhestätte getragen werden solle. Er schlage stattdessen vor, »›daß doch wenigstens Männer, welche Schillers Genius zu würdigen wissen und es lebhaft empfinden, was die ganze gebildete Welt an ihm verloren hat, ihm die letzte irdische Ehre erweisen und ihn zu Grabe tragen dürfen.‹ Schwabe erhielt die trockene Antwort von Günther: ›Ja, lieber Freund, das geht nun nicht mehr, es ist alles schon geordnet; alles soll in der Stille geschehen; auch sind bereits die Träger bestellt.‹«[28]

Der junge Mann gab zum Glück nicht nach und erklärte, dass er dann die bestellten Träger eben selbst bezahlen werde, denn »es würde eine Schande für Weimar, ja für ganz Deutschland sein, wenn die Leiche des edelsten und geliebtesten Dichters von bezahlten, teilnahmslosen Menschen zu Grabe getragen würde, die keine Idee davon hätten, was Schiller für die deutsche Nation gewesen sei.«

Nach einigem Hin und Her begann »die eisige Rinde um das Herz« des wackeren Kirchenmannes zu schmelzen, oder dem Oberkonsistorialrat war eine neue Verhinderungstaktik eingefallen. Jedenfalls fragte er auf einmal, wer denn »die Verehrer des Verstorbenen seien, die seine Leiche zu Grabe tragen wollten«.

Schwabe konnte außer sich selbst natürlich noch niemanden nennen, sondern nur ins Blaue hinein versprechen, er werde dem Herrn Oberkonsistorialrat in wenigen Stunden eine Liste idealistisch gesinnter Sargträger vorlegen, mit denen das deutsche Volk zufrieden sein werde. Da endlich wuchs der Kirchenmann über sich hinaus und bewies Mut: Auf diese bloße Zusicherung eines jungen und empörten Mannes hin wurden die Handwerker abbestellt.

Nun begann ein Wettlauf mit der Zeit. Schwabe musste durch Weimar hecheln und Sargträger suchen. Zwar war die Residenzstadt damals ein kleines Nest mit kaum mehr als 6000 Einwohnern, dennoch dauerte es seine Zeit, und so entschied sich Schwabe abends gegen sieben Uhr, ein (noch erhaltenes) »Zirkular« an weitere Herren herumzuschicken und sie um ihre Teilnahme zu bitten.

Das Ergebnis: Von den 13 Eingeladenen sagte einer wegen Krankheit ab, ein Zweiter blieb unter Ausreden fort. Es war Riemer, der als Erzieher von Goethes Sohn im Frauenplan wohnte.

Diese Tatsache sollte später – angesichts der seltsamen Umstände der Beerdigung – als ein »Beweis« dafür dienen, dass die hastige nächtliche Beisetzung nichts anderes war als das letzte Glied einer Verschwörung zur Ermordung Schillers. Und der Mörder? Ganz einfach: Da ausgerechnet Riemer, der Arbeits- und Hausgenosse Goethes, als Einziger ohne triftigen Grund wegblieb – und jetzt muss man sich irgendwo festhalten, bevor man weiterliest –, hieß der Mörder natürlich ... Goethe!

Ich werde später auf diese kuriose Mordtheorie eingehen. Denn sie zeigt, dass man auch Jahrzehnte später den amtlichen Begründungen für eine derart lieblose und heimliche Beerdigung eines berühmten Dichters nicht glaubte, sich mit ihnen nicht abfinden wollte und dahinter mehr vermutete als die klein karierte Gedankenlosigkeit eines Provinzbeamten.

Freilich: Was Schwab in seinem Zirkular schreibt, klingt tatsächlich wie eine nächtliche Verschwörung:

»Ich bitte Sie sämtlich, sich heute Nacht ½ 1 Uhr bei mir in der Rittergasse parterre einzufinden; das Licht, das im Fenster stehen soll, wird denen, welchen meine Wohnung noch unbekannt ist, solche anzeigen.

Sie erscheinen alle schwarz gekleidet. Für die Trauerhüte, Flöhre und Mäntel hab ich gesorgt. Sie treffen alles Nötige bei mir an. Zur Ordnung gehört, wenn ich nicht irre, daß wir weiße Handschuhe tragen.

Weimar, den 11. Mai 1805.   Carl Schwabe, K.-Sekretär«[29]

So trafen sich denn in der Nacht von Sonnabend auf Sonntag zu mitternächtlicher Stunde an die zwanzig schwarz gekleidete Männer vor Schwabes Wohnung. Und wie es dann weiterging, liest sich wie in einem Schauerroman – nur dass die Käuzchen fehlen:

»Still und ernst begab sich nach Mitternacht der kleine Zug von Schwabes Wohnung nach Schillers Haus in der Esplanade. Es war eine mondhelle Mainacht, nur einzelne Wolken verhüllten bisweilen, unter ihm dahinziehend, den Mond. Still war das Totenhaus, nur Weinen und Schluchzen tönte dumpf aus einem der dem Sarge, in welchem Schillers Leiche lag, naheliegenden Zimmer ...

Kein Mensch war vor dem Hause oder in den Straßen zu erblicken; tiefe, lautlose Stille herrschte in der Stadt; aber warme Herzen schlugen in den Trägern für die teure Last, die sie trugen, und die Pause, die den Tragenden von Zeit zu Zeit bis zum entfernten

Friedhofe, zum kurzen Ausruhen oder zum Wechseln der Plätze unter der Totenbahre, auf welcher der Sarg stand, vergönnt war, wurde zum Trocknen des tränenvollen Antlitzes benutzt.

So ging der Zug durch die stille Stadt, durch die Esplanade, über den Markt und durch die Jakobsgasse nach dem alten Kirchhofe vor der St. Jakobskirche. Gleich rechts neben dem Eingange befindet sich noch jetzt das sogenannte Kassengewölbe, vor dessen Türe die Träger die Bahre mit dem Sarge niedersetzten.

Hell durchbrach in diesem Augenblick der Mond die ihn verhüllenden Wolken und übergoß mit seinem ruhig freundlichen Lichte den Sarg des Dichters, ihm einen kurzen Abschiedsgruß sendend; gleich darauf verbarg sich die Lichtscheibe wieder hinter den rasch am Himmel dahineilenden Wolken. Hörbar rauschte der Wind über Dächer und Bäume dahin.

Nun öffnete sich die Pforte des düsteren Gewölbes, der Totengräber und seine drei Gehilfen nahmen den Sarg auf, trugen ihn hinein, öffneten eine Falltür, und der teure Tote wurde an Seilen in die unterirdische, von keinem Lichtstrahl erhellte Gruft hinabgesenkt in die schweigsame Gesellschaft derer, die ihm in diese schaurige Wohnung des Todes vorangegangen waren. Die Falltür ward wieder niedergelassen und dann auch das äußere Tor des Grabgewölbes wieder geschlossen. Kein Trauergesang, kein dem Andenken des eben Begrabenen geweihtes Wort aus priesterlichem Munde unterbrach das Schweigen der Mitternacht.«[30]

Unser armer Schiller war im wörtlichen Sinne sang- und klanglos beigesetzt worden, als dreiundfünfzigste Leiche in einem Massengrab mit später insgesamt 64 Toten.

Es macht die Sache nicht weniger blamabel, dass am Sonntagnachmittag in der Sankt-Jakobs-Kirche eine lieblose Feier stattfand, bei der Generalsuperintendent Vogt eine Gedächtnisrede hielt, die Zuhörer als »frostig« oder, noch schlimmer, als »Salbaderei«[31] empfanden. Die herzogliche Kapelle spielte Mozarts Requiem – das war alles. Kein Nachruf, nichts. Immerhin: Die Kirche war überfüllt, man stand noch draußen vor der Tür. Die Einzigen, die ihrer Trauer an diesem Tag sichtbar Ausdruck gaben, waren die Schauspieler. Sie weigerten sich aufzutreten: Die abendliche Theateraufführung fiel aus.

Zum Vergleich

Versteht sich, dass beim Olympier im Frauenplan alles immer ganz anders lief, auch bei seinem Tode. Da gab es keine Nacht-und-Nebel-Beerdigung, da gab es keine Beisetzung im Massengrab des Kassengewölbes, da gab es nichts von alledem, wofür bei unserem armen Schiller lauter Ausreden, Erklärungen und »Notwendigkeiten« gefunden werden mussten.

Genau wie Schiller starb Goethe an einem Donnerstag, aber er wurde natürlich nicht, wie Schiller, binnen drei Tagen in der Nacht zum Sonntag beerdigt, sondern bei Tage am Montag drauf.

Auch sonst kam alles ganz anders. Nicht ein frommer Generalsuperintendent, sondern niemand anderer als der Weimarer Kanzler Friedrich Müller kümmerte sich um die Beisetzung, und Ihre Hoheiten, der Großherzog Carl Friedrich und die Gemahlin Maria Pawlowna, baten, »alles zu tun, was irgend zur Ehre seines Andenkens geschehen konnte.«[32]

Folglich wurde der Große Meister nicht, wie zuerst geplant, früh um sechs beigesetzt, sondern es fand auf Verlangen des Publikums und der Schwiegertochter Ottilie am Montagmorgen von 8 bis 12 Uhr die »Paradeausstellung« statt, die von einem Augenzeugen beschrieben wurde:

»Heute morgen war Goethe auf dem Paradebett zu sehen; vor Menschen(an)drang aber konnte niemand von den Honoratioren dazukommen, bloß das Volk. Sie kletterten bei Hagens über die Mauer und betrugen sich roh und ausgelassen.« Auch der eigentliche Leichenzug am Nachmittag war würdelos: »Er erschien höchst unordentlich geordnet und wunderlich untereinandergemischt. Die Equipagen – ... die Minister – die Leiche selbst in dem alten Leichenwagen ohne Blumen und nur zwei Kränze. Nicht einmal die goldene Lyra schmückte seinen Sarg. Sonderbar genug ward er ohne alle christlichen Zeichen bis zum Kirchhof getragen. ... Vor dem entsetzlichen Menschenlärm hörte man kein Glockengeläute, alle Gesichter kalt und teilnahmslos, genug, nirgends eine Spur von Rührung. – So ward Deutschlands größter Dichter beerdigt.«[33] Und Fritz, der Sohn der berühmten Frau von Stein, höhnte: »Weimar wird nun wieder in sein altes Nichts zurücksinken, woraus es genommen ist, da sein Geist zu Gott stieg.«[34]

Die eigentliche Beerdigung geschah – ganz bequem – abends um fünf Uhr. Nicht in einem Massengrab, sondern in der Fürstengruft neben Großherzog Carl August. Nicht Mozart, sondern vertonte Dichtungen des Meisters waren zu hören, und die Predigt hielt Johann Friedrich Röhr, Oberhofprediger und Generalsuperintendent. Das Theater blieb nicht bloß einen Abend, sondern gleich fünf Tage geschlossen.

Im Nachhinein kann man also fast froh sein, dass Schiller so unauffällig zu Grabe getragen wurde, vor allem wenn man den despektierlichen Brief liest, den der Herr Oberhofprediger drei Tage später an seinen Freund schrieb und dem er auch die Grabrede beilegte: »Gott ist tot, denn Goethe ist gestorben – rufen unsere Goethekoraxe mit einem Munde, Verehrtester. Was ich dazu gesagt habe, sehen Sie aus der Beilage ... Urteilen Sie aber gnädig und mild über mein Gesagtes, denn ich hatte dazu nur ein paar Stunden Zeit, indem der Abgeschiedene sich selbst zwar, nicht aber mir zur bequemen Stunde starb. ... Ich habe mich damit begnügt, ihn mit seinem eigenen Fett zu beträufeln.«[35]

Erklärungen und Ausreden

Die Verwunderung über die »eigentümlichen Umstände« bei der Beerdigung Schillers und die Zweifel wirkten fort – erst recht im Vergleich zu Goethes pompöser Beerdigung. Und so erschien im Jahre 1852 – fast fünfzig Jahre nach Schillers Tod! – eine Verteidigungsschrift mit dem umständlichen Titel

Schillers
Beerdigung
und
die Aufsuchung und Beisetzung
seiner Gebeine
*1805 * 1826 * 1827*
Nach Aktenstücken und authentischen Mitteilungen
aus dem Nachlasse des Hofrats
und ehemaligen Bürgermeisters von Weimar
Carl Leberecht Schwabe
von Dr. Julius Schwabe[36]

Julius Schwabe, der Sohn jenes Carl Leberecht, versuchte hier, die Abläufe zu schildern und Merkwürdigkeiten wie die nächtliche Beerdigung, die Schneider als bezahlte Sargträger, die Beisetzung in einer Massengruft und die völlige Passivität Goethes als etwas ganz Normales zu erklären. Es nützte alles nichts.

Zum hundertsten Todestag Schillers, also am 9. Mai 1905, veröffentlichte ein Ottokar Kernstock einen Epilog, der nicht nur deshalb vergnüglich zu lesen ist, weil der Verseschmied ungerührt ›Feier‹ auf ›treuer‹ und ›genommen‹ auf ›Domen‹ reimt, sondern weil er ebenso ungeniert die nun hundert Jahre alte Empörung in eingängige Reime fasste.

Er geht zunächst ein auf die große Feier, »als Klopstocks Arm entsank die fromme Leier«, und fährt dann fort:

»Doch als der Größte starb, den Gott zum Heile
Des Volks gesandt, gab's keine Trauerpracht.
Sechs Träger hasteten in Diebeseile
Mit dem Geschied'nen durch die Frühlingsnacht:
Ohn' Gruß und Segensspruch, auf schwankem Seile
Versank sein Sterbliches im Moderschacht.
Die Falltür schlossen schmetternd rohe Hände –
Und Schillers letztes Drama war zu Ende.

Kein Anwalt Deutschlands hat das Wort genommen
Und um der Heimat besten Sohn geklagt,
Kein Grabgeläute hat von hohen Domen
Dem Glockensänger Lebewohl gesagt.
Und hätten Weimars Künstler, schmerzbeklommen,
Nicht ein: ›Wir mimen heute nicht!‹ gewagt,
Man hätte wohl mit welschen Narrenspossen
der Deutschen größten Trauertag beschlossen.

Wo waren die erlauchten Musenpriester,
Die vielgefeierten von Ilm-Athen?
Wo war der Fürst, der Sängerzunft erkiester
Beschirmer, der gefeierte Mäzen?
Wo war der Kunstmonarch, der Staatsminister
Bei seines Pylades Zugrabegeh'n?
Zeus kränkelte. Wer durfte sich erfrechen,
Zum kranken Gott ein Sterbenswort zu sprechen!

Nicht einer kam! – Heut faßten Riesenhallen
die Gäste der Jahrhundertfeier nicht.
Doch da des Festes Vorhang nun gefallen,
Tritt der Epilogus hervor und spricht:
Verstummt sind Redesturm und Pfropfenknallen,
Nie aber wird verstummen das Gerücht:

Den reichsten ihrer Dichterkönige haben
Sie wie den ärmsten Bettelmann begraben!«[37]

Damit sind wir zunächst einmal beim kuriosen Teil dieser schmählichen Angelegenheit, denn die Gerüchte verstummten tatsächlich nicht: War hier etwas vertuscht worden, und wenn ja, was waren die Gründe dafür? Denn so etwas durfte mit Schiller einfach nicht passiert sein.

Schon um 1870 herum hatten zum Beispiel in Süddeutschland die Anhänger des Ultramontanismus, also die Verfechter eines romtreuen Katholizismus, in der Passauer »Donau-Zeitung«, im Münchner »Volksfreund« und im »Fränkischen Volksblatt« in Würzburg behauptet, Schiller sei auf dem Totenbett zum Katholizismus konvertiert und für diesen Abfall von der evangelischen Kirche durch ein ehrloses Begräbnis bestraft worden.

Bald reichte die katholische Kirche als Bösewicht nicht mehr aus. 1919 veröffentlichte ein Hermann Ahlwardt eine Schrift mit dem Titel »Mehr Licht! Der Orden Jesu in seiner wahren Gestalt und in seinem Verhältnisse zu Freimaurer- und Judentum« und stellte darin die abstruse Behauptung auf, Schiller, selbst ein Freimaurer, sei durch den angeblich im jüdischen Solde stehenden Freimaurerorden »hingerichtet« worden.

Das wiederum las eine gewisse Mathilde Ludendorff, eine militante Antisemitin. Sie war begeistert und schrieb 1928 flugs einen »Beitrag zur deutschen Kulturgeschichte« unter dem Titel »Der ungesühnte Frevel an Luther, Lessing, Mozart und Schiller«[38] und teilte darin mit, zu dieser Mörderbande, die Schiller auf dem Gewissen hätte, gehöre vor allem auch Goethe.

Frau Ludendorff – übrigens die Frau des gefeierten und stockreaktionären Generals aus dem Ersten Weltkrieg – hatte eine einfache Gleichung gefunden: Schuld waren die Freimaurer, und die Freimaurer waren von Juden beherrscht. »Schiller aber«, so die seltsame Logik der Dame, »der sich von den Freimaureridealen abwandte, sein Volk zum Volksbewußtsein und Freiheitswillen in dem Drama ›Wilhelm Tell‹ anfeuerte, alles jüdische Schrifttum völlig ablehnte, war seinem Volke mehr und mehr zum Retter geworden und wurde den eingeweihten Juden zwangsläufig Gefahr und Hindernis, ohne je gegen Juden feindliche Äußerungen getan zu haben.«

Als es den »im Dienste Judas und Roms«[39] stehenden Freimaurern nicht gelang, Schiller auf ihre Seite zu ziehen, so wieder Frau Ludendorff, beschloss man, ihn zu vergiften. Dass er an Lungenschwindsucht gestorben sein könnte, war ja nichts weiter als eine Lüge der Ärzte. In Wirklichkeit war ein kerngesunder Schiller von den in jüdischem Sold stehenden Freimaurern mit Quecksilber vergiftet und, um das zu vertuschen, überstürzt bei Nacht in jenem Gewölbe beigesetzt worden, in dem die Freimaurer angeblich alle ihre Opfer verbargen.

Das ist in sich schon aberwitzig, und ich will hier nicht auf noch mehr Einzelheiten und Details dieser abstrusen Theorie eingehen. Nur: Die Sache mit Riemer und seinem Goethe ist noch nicht zu Ende. Dabei ist es ganz einfach: Da Goethe ebenso Freimaurer war wie der Herzog, wusste er von dem geplanten Mord. Der Beweis? Frau Ludendorff zitiert eine »historische Erzählung«, die unter dem Titel »Schillers Ende« 1910 und 1911 in der »Sächsischen Landeszeitung«[40] erschienen war.

Die Szene spielt im Weimarer Residenzschloss, man ist in fröhlicher Stimmung, nur ein einziger Gast bleibt ernst und wortkarg: Hofrat Friedrich Schiller. »Verwundert blickte man zu dem stillen Gast hinüber und tauschte flüsternd halblaute Bemerkungen über ihn aus. Auch Goethe war das sonderbare Verhalten Schillers aufgefallen, und ermunternd trat er an ihn heran, um auf seine (Schillers) Gesundheit zu trinken. Schmerzlich lächelnd tat Schiller bescheid und erwiderte mit umflorter Stimme: Gesundheit könnte ich in diesem Jahr gebrauchen, mehr denn je. Mein altes Leiden scheint wieder über mich herzufallen, wie im Jahre 1791. Goethe trat bestürzt einen Schritt zurück. Schiller hatte sich inzwischen erhoben: es wird wohl das Beste sein, ich verabschiede mich ... Mir ist sehr unwohl. Besorgt blickte Goethe in das auffallend bleiche Gesicht seines Freundes und stimmte hastig zu. Unter allgemeinem Bedauern verließ Schiller den Saal.«[41]

Und nun folgt jene Stelle in dieser frei erfundenen Geschichte, aus der Mathilde Ludendorff folgert, dass Goethe in das Komplott zur Ermordung Schillers eingeweiht war: »Goethe wollte ihm folgen. Doch einer der Gäste vertrat ihm den Weg. Ein Wort, Herr Geheimrat, wenn's beliebt, damit zog er Goethe in eine Nische. Die Umstehenden vernahmen leises, aber erregtes Flüstern. Goethe stöhnte plötzlich schmerzlich auf und stieß mit gebrochener Stimme hervor: ›Mußte es denn sein, wirklich, mußte es denn wirklich sein?‹ Der andere zuckte die Achseln und erwiderte mit fester Stimme: ›Jawohl, es mußte sein. Dem Einen zur Strafe, dem Anderen zur Warnung ...‹«

Dieser unsinnigen Verdächtigung des Großen Meisters verdanken wir es, dass daraufhin im Jahre 1935 ausgerechnet die Goethe-Gesellschaft das entscheidende und umfassendste Rechtfertigungsbuch über »Schillers Tod und Bestattung« herausgab – nicht etwa, um unserem armen Schiller Gerechtigkeit widerfahren zu lassen, sondern um die Gloriole des Meisters zu retten. Genau genommen ging es darum, »eines der hellsten Kleinode in diesem reichen Nibelungenhorte« deutschen Seelen- und Ehrengutes, nämlich »die Dichterfreundschaft Schillers und Goethes«[42], wieder hell erstrahlen zu lassen.

Immerhin fällt für unsere profane Neugier so viel ab, dass wir jetzt endlich den Seltsamkeiten jener Beerdigung nachgehen können, über die man sich so lange und zu Recht aufgeregt hat.

Die »Abendleiche«

Erste Merkwürdigkeit: das »Verbrecherbegräbnis unter der Hülle schweigender Nacht«, bei dem manche sogar das Armesünderglöckchen gehört haben wollen.

Dass es damals auch anderswo solche nächtlichen Beerdigungen gab, kann man schon in Goethes »Dichtung und Wahrheit« nachlesen, wo er sich an einen solchen Fall als Kuriosum aus seiner Kinderzeit erinnert.[43] Ebenso berichten Fritz Reuter[44] oder der Dresdner Maler Wilhelm von Kügelgen[45] von nächtlichen Beerdigungen. Allgemein üblich aber war es nicht, sich mitten in der Nacht und vor allem ohne jedes Gefolge beerdigen zu lassen – außer in Weimar, wo die so genannten »Abendleichen« mit einigem Pomp und bis zu 32 Laternen sogar ein echtes Privileg für die gehobenen Kreise darstellten.

So war auch Herder zwei Jahre vor Schillers Tod, am 21. Dezember des Jahres 1803, beim Schein zahlreicher Laternen beerdigt worden: abends um neun Uhr. Eine humane Zeit, immerhin.

Noch seltsamer, jedenfalls für uns heute, war der Beisetzungstermin, zu dem Goethe seine Christiane beerdigen ließ: zur trostlosesten Stunde, morgens früh um vier. Dies war offensichtlich ein beliebter Termin: Auch Carl August, der Großherzog selbst, wurde am 9. Juli 1828 um die gleiche Zeit in die Fürstengruft gebracht. Ebenso zwei Jahre später die Großherzogin Luise.

»So wollte es die Zeit«, resümierte daher Max Hecker in dem Verteidigungsband der Goethe-Gesellschaft, »Menschen, die im Leben über der Masse gestanden hatten, sollten auch noch im Tode durch die Zeit der Beerdigung aus der Masse herausgehoben bleiben ...«[46]

Die Zeit mag solch elitären nächtlichen Auftrieb gewollt haben, die Geistlichkeit jedenfalls nicht: Sie fürchtete um ihre Nachtruhe. Sie war deshalb in Weimar von der »Zudringlichkeit« einer solchen Nachtarbeit, die man den einfachen Trägern sehr wohl zumutete, durch eine »Geheimde Kanzlei-Acta« dispensiert. So kam es, dass auch bei Schiller kein Geistlicher bei der Beerdigung dabei war. So, wie man es sonst nur bei Verbrechern und Selbstmördern kannte, die ohne kirchlichen Segen verscharrt wurden. Doch Hecker tröstet uns: »Die kirchliche Feier, die sogenannte Kollekte, ist auf den Nachmittag des folgenden Tages angesetzt worden, auf einen Sonntag, den geweihten Tag, an dem sich jedes fromme Herz dem Himmel zuwendet, und in würdigster Weise ist die Feier verlaufen, getragen von unsterblichen Klängen Mozarts.«[47]

Die Abendleichen waren übrigens nicht einmal billig. Das Leichenbegängnis »erster Klasse«, wie es der Hofrat Schiller erhielt, kostete zum Beispiel 24 Taler und 13 Groschen; eine Beerdigung zweiter Klasse, für Honoratioren wie höhere Beamte und wohlhabende Bürger gedacht, war für immerhin noch 18 Taler und 17 Groschen zu haben. Bürger kamen für 6 Taler und 13 Groschen unter die Erde und die Ärmeren recht preiswert für ganze 4 Taler.

Man kann also nicht sagen, dass Schiller schäbig und wie der ärmste Bettelmann beigesetzt wurde oder dass seine Frau geizig gewesen wäre. Alles zusammen hatte seine Beisetzung mit Sarg, Beerdigung und kirchlicher Feier sogar 114 Taler 17 Groschen und 3 Pfennige gekostet. Ein Tischlermeister namens Härter kam zur gleichen Zeit für 17 Taler, 6 Groschen und 6 Pfennige zur wohlverdienten ewigen Ruhe.[48]

Die Schneider

Damit sind wir bei der zweiten Merkwürdigkeit, die so viel Aufsehen erregte, nämlich dass der große Dichter ausgerechnet von Schneidern zu Grabe getragen werden sollte.

»Schneider die Träger der Leiche Schillers!«, gibt Max Hecker in feierlichem Pathos die Empörung der Normaldenkenden wider. »Der heilige Leib des Dichters den Genossen eines Handwerks anvertraut, an das sich wie kein anderes von jeher der Spott des Volkes gehängt hat! Dagegen hat sich sogleich der Widerspruch der Freunde erhoben ...«[49]

Aber auch das, so lese ich mit Staunen, war eine der abstrusen Weimarer Sitten: Offensichtlich war es so, dass die Sargträger der Reihe nach von den verschiedenen Handwerkerzünften gestellt wurden.

Und schon ist Hecker in seinem unwiderstehlichen Drang zur Heldenverehrung wieder dabei, auch das als normal darzustellen, was Außenstehende empörend fanden, wenn er in seiner altfränkischen Art weiterschreibt: »Nein, in der Wahl der Schneider lag keine Herabwürdigung. Wie würde Charlotte« – gemeint ist Frau Schiller – »auch nur die geringste Verunglimpfung des Geliebten geduldet haben? Würde sie sich nicht mit ihren Kindern jeder niedrigen Rotte entgegengeworfen haben, die da gekommen wäre, an das Bretterhaus des Gatten eine entehrende Hand anzulegen? ... Würde sie nicht, so darf man ohne Übertreibung fragen, lieber in Verzweiflung den furchtbaren Versuch gemacht haben, unterstützt von der Schwester, Schillers liebster Freundin, den schweren Sarg mit eigenen schwachen Frauenarmen an seinen Ort zu schleppen, als daß sie zugelassen hätte, daß Haß und Hohn sich an dem Abgott ihres Lebens hätten vergreifen dürfen? Nichts dergleichen!«[50]

Die Frage ist nur, ob denn die nächtliche Nebenbeschäftigung von Schneidern und anderen Handwerkern wirklich so zwingend war. Schließlich hatte Carl Leberecht Schwabe, immerhin der Sohn des Weimarer Bürgermeisters, diese Sargträger als unangemessen empfunden und sie in aller Eile und mit Bravour durch Freunde ersetzt.

Goethe jedenfalls ist nicht von Handwerkern zu Grabe getragen worden. Und das lag sicher nicht nur daran, dass der Großherzog rechtzeitig vor seinem eigenen Tod im Jahr 1828 der Residenz Weimar den ersten Leichenwagen spendiert hatte – auf dem dann auch der Olympier expediert werden konnte.

Das Kassengewölbe

Die dritte Merkwürdigkeit oder auch Ungeheuerlichkeit: die Beerdigung im Massengrab des so genannten »Kassengewölbes«.

Diese Grabanlage, deren Name so aufdringlich an Krankenkasse oder Ähnliches erinnert, war ursprünglich die Familiengruft des Herzoglichen Landrentmeisters Christoph Jenichen, die er sich in einem Anfall von Großmannssucht auf dem neu eröffneten Jakobsfriedhof hatte bauen lassen. Ganz im Stil der Zeit war es eine köstliche Mischung aus griechischem Tempel und Renaissancepalast, der einen kahlen, fensterlosen Raum von etwa vier auf vier Metern umschloss. Durch eine Falltür in der Mitte des Raumes wurden die Särge an Stricken zu einem unterirdischen Gewölbe hinuntergelassen.

Herr Jenichen freilich kam gar nicht mehr dazu, diesen Tempel selbst als letzte Ruhestätte zu beziehen, dieweil er wegen »arger Pflichtvergessenheit« Amt und Weimar verlassen musste. So kam es, dass seine Erben 1742 das Eigentumsrecht an diesem Mausoleum der Weimarer Finanzbehörde abtreten mussten; man kann den Vorgang weniger vornehm auch pfänden nennen, denn der Herr Landrentmeister hinterließ einige Schulden.

Und da diese Weimarer Finanzbehörde etwas umständlich »Landschaftskassen-Direktorium« hieß, wurde die Gruft von da an nach ihrem neuen Besitzer kurz »Kassengewölbe« genannt. Dort durften dann diejenigen auf ihre Auferstehung warten, die »keinen besseren Begräbnisplatz« (!) hatten oder – aus einem gewissen Snobismus heraus? – ausdrücklich dort beigesetzt werden wollten und vom Landschaftskassen-Direktorium die Genehmigung dazu erhielten.

Man hat es 64-mal gestattet und sich das auch noch teuer bezahlen lassen. Immerhin war es wohl billiger als ein Grabplatz mit Grabstein, doch dafür war derjenige, der im Kassengewölbe verschwand, ausgelöscht wie bei einer modernen anonymen Beisetzung. Weder konnte man die Toten in der Gruft besuchen noch auch nur hinabsehen. Sie bekamen oben in der kahlen Halle des Tempels nicht einmal ein Namensschild, nichts. Hier war unser armer Schiller beerdigt.

Als im Jahr 1814 der damalige Kronprinz und spätere König Ludwig I. von Bayern Schillers Sarg zu sehen wünschte, konnte man ihm nur das inzwischen unansehnlich gewordene Tempelchen zeigen. Und was den Sarg betraf, so konnte der Totengräber nur mitteilen, es sei neun Jahre nach Schillers Tod nicht mehr möglich, unter all den Särgen da unten den des Dichters ausfindig zu machen.

Dabei ging es durchaus auch anders. »Der Gesellschafter oder Blätter für Geist und Herz«, eine Berliner Zeitschrift, brachte 1819 den Bericht eines fassungslosen Reisenden: »Vergeblich forschte ich auf dem Stadtkirchhof zu Weimar nach dem Grabstein Schillers. Endlich führte mich der heisere Küster in eine entlegene Ecke des Platzes, und mich vor ein altes, verfallenes Häuschen postierend, sagte er mir halb vertraulich: ›Hier liegt er!‹ Der Mann hatte ein ganz ehrliches Gesicht, und so kann man ihm wohl aufs Wort glauben. Fünf Schritte von diesem ehrwürdigen Grabe ist ein großer Obelisk aufgerichtet. ›Herder? Musäus?‹ rief ich. Nein! Ein Handwerksbursche, der einst bei einer Feuersbrunst jemandem das Leben rettete ...«[51] Mit anderen Worten: Auch in Weimar gab es ganz normale Grabstellen und ganz normale Grabsteine, die einen auffälliger, die anderen weniger.

Aber ausgerechnet Schiller landete in einer anonymen Gruft, in der sich Dutzende von Särgen stapelten und kreuz und quer aufeinander standen. In einem lichtlosen, muffigen und unzugänglichen Raum, der so feucht war, dass selbst die Metallschilder an einigen Särgen mit den Namen der Toten zu Staub zerbröselten, als man 21 Jahre nach Schillers Tod wenigstens seinen Schädel zu retten versuchte.

Trotz aller krampfhaften und wortreichen Bemühungen gibt es keine vernünftige Erklärung dafür, einen Mann von der Popularität

Klopstocks oder Goethes derart lieblos zwischen verarmtem Adel, Hofschranzen und mittellosen Bürgerlichen, die keinen »besseren Begräbnisplatz« hatten, abzustellen – bis man mehr als zwei Jahrzehnte später seinen mühsam gefundenen Schädel in einem mit Samt ausgeschlagenen Kasten ein zweites Mal, und diesmal ebenso unpassend, in der Herzoglichen Bibliothek beisetzte. Aber davon später.[52]
Stattdessen liest man: »Das Kassengewölbe war eine viel begehrte Ruhestätte geliebtester Toter, ein hochangesehenes Gemeinschaftsgrab für solche Mitglieder des Adels und des Beamtenstandes, die in Weimar über kein eigenes Erbbegräbnis verfügten und doch aus dem Vorzug der Geburt oder bürgerlicher Verdienste für sich und die Ihrigen das Recht herleiten zu dürfen glaubten, in einem großen, aus dauerhaften Quadern gefügten Steinsarge, unvermischt mit gleichmachendem Erdenstaub, dem Tag der Auferstehung entgegenzuschlummern, ein würdig-vornehmes Begräbnis, das nicht für zu gering geachtet wurde, Seine Exzellenz den Herrn Hofmarschall von Witzleben (1788) und die Reichsgräfin von Gianini, Oberhofmeisterin der Herzogin Luise, aufzunehmen (1784.)«

Ein Schillerhain

Dass hier bei Schiller etwas schief gelaufen war, hatten die Verteidiger all dieser Peinlichkeiten offensichtlich bald selbst bemerkt. So versuchten sie, die Sache von Anfang an dadurch zu vertuschen, indem sie alles auf die Familie Schiller schoben.

So wird der Oberkonsistorialrat Günther mit der sonst nirgendwo belegten Aussage zitiert, es sei »der ausgesprochene Wille der Schillerschen Familie«[53] gewesen, die Beerdigung in nächtlicher Einsamkeit und Stille vorzunehmen.

Ja, Max Hecker behauptet sogar ohne die geringste Spur eines Beweises, nicht Schillers Frau Charlotte, sondern Schiller selbst habe sich das alles so gewünscht: »… wie wir glauben dürfen, daß die schmucklose Form der Überführung sein eigener Wunsch gewesen ist, so halten wir es nicht weniger für wahrscheinlich, daß er, der seinen frühen Tod vorausgesehen, der Gattin auch seine Ruhestätte bezeichnet hat: wir glauben, daß es Schillers eigener Wille gewesen ist, im Kassengewölbe beigesetzt zu werden.«[54]

Damit ist man fein raus, übersieht freilich nur, dass Madame Schiller offensichtlich gar nicht vorhatte, den angeblichen Willen des Verewigten zu achten.

Schillers Schwägerin Caroline von Wolzogen, die es wohl besser wusste, schrieb nämlich in ihrer Schillerbiographie, dass der Sarg nur deswegen im Kassengewölbe aufbewahrt wurde, weil in der Öffentlichkeit inzwischen längst der Plan einer eigenen Schillergedenkstätte aufgekommen war.

Die Idee dazu kam selbstverständlich nicht aus Weimar, sondern aus Süddeutschland, der eigentlichen Heimat Schillers. Von da jedenfalls hatte der Gothaer Volksschriftsteller Rudolf Zacharias Bäcker (1752–1822) eine anonyme Zuschrift erhalten, die er im »Kaiserlich privilegierten Reichsanzeiger« vom 6. Juli 1805 veröffentlichte. Sie trug die Überschrift »Wollen wir Schillern nicht ein Denkmal stiften?«

Darin hatte der süddeutsche Anonymus vorgeschlagen, an einem festgesetzten Tag auf allen Bühnen Deutschlands zur gleichen Zeit ein Drama von Schiller zu spielen und den Erlös für das Denkmal zu stiften.

Bäcker veröffentlichte einen entsprechenden Aufruf in verschiedenen Blättern und legte den 10. November 1805, den Geburtstag des Dichters, als Stichtag fest. Gleichzeitig machte er den Vorschlag, ein Landgut in einer schönen, möglichst romantischen Gegend zu kaufen, mit landesherrlicher Genehmigung ›Schillersruhe‹ oder ›Schillershain‹ zu taufen, und dort »an einem schicklichen Platz im Garten oder einem dabei befindlichen Lustwäldchen ... Schillers Büste, von seinem Freund Dannecker gearbeitet, mit passender Verzierung«[55] aufzustellen.

Der Plan stieß auf große Resonanz, und Bäcker schickte laufend Geld aus den Benefizaufführungen. Am Ende waren es 8307 Taler, 12 Groschen und 8 Pfennige, noch gar nicht mitgerechnet, was einige Theater direkt an die Witwe adressiert hatten. Diese war gerührt, freute sich auf den Schillerhain und wollte dort eines Tages zusammen mit ihrem Friedrich ihre letze Ruhe finden.

Dazu kam es aber nicht. Schuld daran waren zunächst die anhaltenden Kriegswirren der napoleonischen Zeit, dann die borniete Kleinkariertheit der Weimarer, die durchaus nicht verstehen konnten, dass die Öffentlichkeit im Jahr 1820, fünfzehn Jahre nach seinem Tode, noch immer vergeblich ein Schillerdenkmal suchte: »Es ziemt uns nicht«, schrieb ein Weimarer empört im »Literarischen Wochenblatt, »... der bekannten großartigen Gesinnung Seiner Königlichen Hoheit des Großherzogs gegen die seine Regierung verherrlichenden Meister unberufen vorzugreifen. Man möchte aber wohl mit Gewißheit annehmen, daß Schiller, wenn der rechte Zeitpunkt gekommen ist, nicht ohne Denkmal bleiben wird.«[56]

Eines war sicher, wie wir gleich sehen werden: Solange Goethe lebte, würde dieser Zeitpunkt nie kommen. Und Goethe lebte noch lange.[57]

Goethe kneift

Also noch einmal zurück in den Mai des Jahres 1805, als Schiller – angeblich auf eigenen Wunsch – gerade im Massengrab verstaut wurde. Wo waren da eigentlich die Herren Herzog Carl August und Goethe? Eine gute Frage.

Ad eins: Der Herzog war verreist und ist damit entschuldigt. Ad zwei: Goethe war im Bett. Das behaupten jedenfalls die Biographen und können das mit Zitaten belegen. Nur: War er das wirklich? War wirklich eine Krankheit der Grund, weshalb Goethe sich nicht um eine anständige Feier für seinen lieben Freund kümmern konnte? Immerhin war er Minister. Hätte er mit Charlotte Schiller geredet, hätte er die Sache in die Hand genommen, dann wäre wohl nie die Rede davon gewesen, dass sie eine stille Beerdigung im Massengrab wünschte.

Genau hier aber liegt der eigentliche Skandal, den schon die Zeitgenossen Schillers empfunden und ausgesprochen haben. Darum beeilte sich Carl Leberecht Schwabe denn auch, auf den gegen Goethe gerichteten »Vorwurf der Teilnahmslosigkeit bei Schillers Beerdigung« einzugehen: »Zwischen den beiden großen Männern bestand seit Jahren eine in der Tat innige Freundschaft. Um so mehr mußte es den Unkundigen befremden, daß Goethe sich so passiv verhielt, als Schiller beerdigt wurde. Doch muß Goethe von allem ihm deshalb widerfahrenen Tadel völlig freigesprochen werden. Goethe war im Frühjahr 1805, wie auch Schiller, sehr leidend; ... als Schiller starb, verheimlichte man dem kranken Goethe den Tod des geliebten Freundes mehrere Tage lang. Schiller war bereits unter der Erde, während Goethe ihn noch lebend wähnte.«[58]

Das ist schlichtweg nicht wahr. Am Samstag, dem 11. Mai, zwei Tage nach Schillers Tod und noch vor der nächtlichen Beerdigung in der Nacht zum Sonntag, schrieb Goethes Hausgenosse Riemer an den Jenaer Buchhändler Frommann: »Gewiß wird die Nachricht von unsers Schillers Hingange Sie sehr erschreckt haben. Keiner von uns erwartete ihn ... Goethe ist, wie Sie sich denken können, sehr dadurch alteriert, ob er sich gleich zusammennimmt und vor uns ruhig erscheint ...«[59]

Und Heinrich Voß schrieb an seinen Bruder: »Goethen hat dieser Schlag auf die möglichst milde Art getroffen. Am Donnerstag [9. Mai], als Schiller schon gestorben war, hatte die gute Vulpius doch soviel Fassung, daß sie Goethen nichts entdeckt, sondern nur von einer langen Ohnmacht erzählt, aus der er sich jedoch erholt habe. Goethe läßt sich täuschen, aber ahndet was Schlimmes. Als er zu Bette gegangen ist, stellt sich die Vulpius, die die ganze Nacht kein Auge zugetan hat, schlafend, um Goethe sicher zu machen, daß kein besorgliches Unglück vorgefallen sei, und Goethe, der die Vulpius ruhig atmen hört, schläft am Ende ein. Den Morgen entdeckt ihms die Vulpius, aber auf die schonendste Weise, ohne das Wort Tod auszusprechen ...«[60]

Der Große Meister hätte also durchaus Zeit und Gelegenheit gehabt, sich nach der Beerdigung seines »innigen Freundes« zu erkundigen und etwas Würdigeres zu veranlassen als das, was dann tatsächlich geschah. Aber genau das tat der Olympier nicht.

Goethe war auch nicht, wie stets behauptet wurde, krank oder sonderlich schwach, nichts dergleichen. Frau von Stein schrieb am Sonnabend, dem 11. Mai, an ihren Sohn: »Goethe ist völlig wieder hergestellt und kommt jetzt öfter zu mir ...«[61] Sie berichtet im gleichen Brief, dass Goethe von Schillers Tod wusste. Und Riemer zwei Tage später an Frommann: »Mit G[oethe] steht es gut. Er arbeitet alle Morgen ... an seiner Optik, und ich bin ihm treulich dabei behülflich.«[62]

So ist es reine Augenwischerei, wenn der gute Hofrat Carl Schwabe noch am 6. Juni 1845 versichert: »... dem gegen Goethe rege gemachten Verdacht, als ob er die Schuld trage, daß für Schiller kein feierliches Leichenbegängnis veranstaltet worden sei, muß ich, genau bekannt mit den damaligen Verhältnissen, auf das bestimmteste widersprechen.«[63]

Die Wahrheit ist und bleibt, dass Goethe rechtzeitig Bescheid wusste und trotzdem nichts unternahm. Es entsprach seiner Art, sich aus allem herauszuhalten und ins Bett zu legen, wenn ihm etwas unangenehm war. Und es entsprch seiner Art, alles zu ignorieren, was auch nur entfernt mit Tod zu tun hatte. Er brachte es ja sogar fertig, seine Frau sterben zu lassen, ohne sie auch nur ein einziges Mal an ihrem Sterbelager zu besuchen. Dass sie ihn vielleicht vermisste, dass sie ihn brauchte, dass er sie hätte trösten oder ihr Mut machen können, da sie schließlich jahrzehntelang zusammengelebt hatten – all das kümmerte ihn nicht. ER, er, der Unvergleichliche, der Unersetzliche, wählte, wie so oft, den leichten, den beschämenden Weg darum herum, um seine kostbare Seele nicht unnötig zu erschüttern.

Kein Wunder, dass er auch den Tod Schillers einfach ignorierte. Er besaß nicht einmal so viel Anstand, Schillers Witwe auch nur eine einzige Zeile des Mitgefühls zu schreiben. Von der »innigen Freundschaft« war plötzlich nichts mehr da, sieht man von einigen Krokodilstränen ab, die Goethe publikumswirksam vergoß und die man ihm nachträglich literweise andichtete.

Denn eins kam noch hinzu: Die Passivität des Großen Meisters entsprach ohnehin seiner wahren Einstellung zu Schiller. Warum sollte er ausgerechnet seinem Rivalen eine große Feier ausrichten, einem Mann, der ihm von Anfang an »verhasst« war und der ihn an Ruhm und Popularität längst überflügelt hatte?

Die Wahrheit ist eben, dass es mit der »innigen Freundschaft« zwischen den beiden, an der sich die nachgeborenen literarischen Hofschranzen so ausgiebig und gern erbauten, nicht weit her war. Dafür gibt es noch mehr Beispiele im Leben unseres Helden.

Latein, Drill und Schläge

Die Lebensgeschichte eines Helden mit dessen Beerdigung zu beginnen, hat dramaturgisch manches für sich. Man kann zum Beispiel die Geschichte danach an jeder Stelle beenden, da der sonst obligatorische Schluss nicht mehr abgewartet werden muss.

Nicht so bei Schiller. Denn die historische Treue erfordert es, auch von den zwei weiteren Beisetzungen unseres Helden zu berichten. Da drei Beerdigungen nacheinander wohl jeden Leser ermüden würden, war es sicher besser, dieses bei unserem Helden so ungewöhnlich häufige Phänomen über das Buch zu verteilen. Fangen wir also jetzt, wie es sich gehört, von vorn an.

Eine fast normale Kindheit

Bereits berühmt und berüchtigt als Autor der Räuber, beschrieb der 25-Jährige in der Ankündigung der »Rheinischen Thalia«, unter welch widrigen Umständen er zum Dichter geworden war, ohne freilich den Namen des »Institutes« zu nennen, unter dem er so gelitten hatte. Es war die Carlsschule, in der sein Enthusiasmus und seine Neigungen acht Jahre lang von militärischem Zwang und Drill unterdrückt worden waren, denn die »Neigung für Poesie beleidigte die Gesetze des Instituts, worin ich erzogen ward ...«[64]

Mit dem vom Herzog befohlenen Eintritt in die Carlsschule endete eine Jugend, die bis dahin offensichtlich und soweit wir wissen normal verlaufen ist.

Johann Caspar Schiller, der Vater unseres Helden, war in bitterer Armut aufgewachsen.[65] Dessen Vater war Bäcker und Schultheiß im schwäbischen Bittenfeld bei Waiblingen gewesen, also ein ehrsamer und geachteter Mann. Doch als er unversehens starb, hinterließ er der Witwe kaum etwas zum Leben, dafür blieben ihr acht unmündige Kinder, darunter der zehnjährige Johann Caspar.

Statt ihn studieren oder wenigstens die Schreiberei erlernen zu lassen, wurde der Junge erst einmal in die Landwirtschaft gesteckt. Schließlich erbettelte er sich von seiner Mutter mit 15 Jahren eine Ausbildung in der »Wundarzneikunst«. Was heute nur mit einem langen und aufwendigen Universitätsstudium zu bekommen ist, war damals einfacher zu haben: Man ging drei Jahre zu einem Bader oder auch Barbier, also einem Herrenfrisör, in die Lehre, lernte da die niedere Chirurgie und Kräuterkunde, ging ein wenig auf Wanderschaft und war – zum Schrecken der Menschheit – auf einmal Arzt.

So auch Vater Schiller, der, wenn man einem zeitgenössischen Gemälde glauben darf, aussah wie der Prototyp des Loriot'schen Knollennasenmännchens. Er lernte die Wundarzneikunst bei einem Klosterbarbier namens Fröschlin und heuerte dann nach einigen weiteren Aufenthalten bei Chirurgen dieses Genres im Alter von 22 Jahren bei einem Husarenregiment als Feldscher an, zog durch ganz Europa und half auf diese Weise, den Österreichischen Erbfolgekrieg und den Siebenjährigen Krieg zu beenden.

In einer Kriegspause hatte der inzwischen 26-Jährige seine mit einem Fischer verheiratete Schwester in Marbach besucht – und jetzt kommt langsam unser Schiller ins Spiel. Johann Caspar logierte beim Marbacher Löwenwirt und wurde so, wie er später in seiner Biographie schrieb, mit »der einzigen Tochter meines Wirtes in Marbach, Elisabeth Dorothea Kodweißin, bekannt, mit der ich mich unter Gottes Beistand 1749 den 22. Julii verehelichte.«[66] Die Braut war gerade eben erst 16 Jahre alt.

Gottes Beistand ließ freilich etwas warten: Erst acht Jahre später wurde in Marbach Christophine und wieder zwei Jahre später, am 10. November des Jahres 1759, unser Johann Christoph Friedrich Schiller geboren. Damit gehört er in die leicht merkbare Prominenz der Neuner-Reihe: 1729 Lessing, 1739 Schubart, 1749 Goethe, 1759 Schiller, 1769 Napoleon.

Er war von Anfang an ein kränkliches Kind, das unter Krämpfen litt, eine Art Albino mit roten Haaren, weißer Haut, Sommersprossen und ewig blinzelnden, rötlich entzündeten Augen. Er schlug im Aussehen, vor allem auch im Gesichtsschnitt, eher seiner Mutter nach, die, nach Bildern zu urteilen, eine verschmitzte, mütterliche und freundliche Frau war.

Die ersten Jahre seines Lebens wuchs das Fritzle ohne Vater auf, denn Papa Schiller, inzwischen Hauptmann geworden, war schon wieder oder immer noch in Kriegsdiensten, weshalb er auch die Geburt seines Sohnes verpasst hatte. Erst 1762 kehrte er zurück und wurde nach einer Zwischenstation im benachbarten Ludwigsburg 1764 Werbeoffizier in der Reichsstadt Schwäbisch Gmünd, zog aber, weil ihm das Leben dort zu teuer vorkam, mit seiner Familie ins württembergische Lorch gleich nebenan.

Hier begann fürs Fritzle der Ernst des Lebens: Vater Schiller wollte, wie alle Eltern, an den Kindern gutmachen, was er in seiner eigenen Erziehung vermisst hatte.

So hatte er zwar Gott bei der Geburt seines Sohnes gebeten, »daß Du demselben an Geistesstärke zulegen möchtest, was ich aus Mangel an Unterricht nicht erreichen konnte«[67], half dann aber lieber selbst kräftig nach. Er hielt nichts von Spielen und unnützem Zeitvertreib. Jähzornig, streng und ungeduldig, wie er war, trieb er seinem Sohn solchen Müßiggang mit Ermahnungen und Ohrfeigen schnell aus und schickte ihn schon mit fünf Jahren auf die Dorfschule.

Kaum mit den deutschen Buchstaben vertraut, kam der Junge ein Jahr später zum Dorfpfarrer Philipp Ulrich Moser, einem redlichen Pietisten, um zusammen mit dessen Sohn endlich Latein zu lernen und schon ein wenig ins Griechische hineinzuschnuppern.

Das ist der Moment, auf den der Biograph gelauert hat; von hier lassen sich erste ahnungsvolle Bögen aus der Kindheit des Helden in die Zukunft schlagen – oder umgekehrt, lässt sich das spätere Genie des Helden bereits in der Kindheit in seinen zartesten Wurzeln, Keimen und Ansätzen erkennen.

Und so auch hier per Stichwort Pastor Moser: Hat doch tatsächlich dieser Schiller später Theologie studieren wollen, und – siehe da! – erinnert sich doch tatsächlich seine Schwester Christophine daran, dass er schon als Kind gern Pfarrer spielte. Er »stieg auf einen Stuhl und ließ sich von seiner Schwester ihre schwarze Schürze statt dem Kirchenrock umhängen. Dann mußte sich alles um ihn herum still und andächtig verhalten und ihm zuhören, außerdem« – gemeint ist »sonst« – »wurde er so eifrig, daß er fortlief und sich lange nicht wiedersehen ließ; dann folgte gewöhnlich eine Strafpredigt.«[68]

Man sollte da aber vorsichtig sein. Jemand muss nicht gleich Pfarrer werden wollen, wenn er im Spieltrieb den Pfarrer mimt – wen ahmen Kinder nicht alles nach! –, und man muss nicht jede pubertäre religiöse Phase für dauerhaft halten. Dass Schiller später Theologie studieren wollte, lag wohl weniger an Pfarrer Moser oder seinen eigenen Wünschen; es war vor allem der erklärte Wille seiner Eltern und nicht sein eigener, auch wenn ihn die Lektüre der Klopstock'schen Oden zu religiöser Schwärmerei animiert haben mag. Jedenfalls müsste er religiöse Gefühle und Erlebnisse früherer Tage schon sehr geheim gehalten haben, sie kommen in seinen Werken und Gedanken jedenfalls nicht gerade häufig vor – mit einer Ausnahme. Als Franz Moor im letzten Akt der Räuber sein Ende nahen fühlt, lässt er den Pfarrer holen, der ihm mannhaft und kräftig ins Gewissen redet. Die Regieanweisung dazu lautet: »Pastor Moser tritt auf.«

Man muss auch nicht das Genie unseres Dichters schon bei Papa Schiller entdecken, nur weil der plötzlich in Lorch beschlossen hatte, »sich auf die Literatur zu legen« und neben seinen Dienstgeschäften ein Buch verfasste, das unter dem Titel »Ökonomische Beiträge zur Verbesserung des bürgerlichen Wohlstandes«[69] sogar beim Hofbuchdrucker Cotta erschien, oder weil Hauptmann Schiller sich seine Gebete in endlos daherratternden Zeilen selber zusammendichtete:

»Überzählte Augenblicke sind vielleicht schon nicht mehr mein,
Darum laß mich mit der Buße keinen Pulsschlag säumig sein,
Aber laß mich nicht allein nur auf ein Bekenntnis treiben,
Oder nach der Heuchler Art bei der Reue stehen bleiben,
Nein! Es müssen Geist und Leben der Gewohnheit sich entzieh'n,
Und in einem neuen Wandel Früchte der Bekehrung blühn.«[70]

Die drei Jahre in Lorch sind unserem Schiller später wie das Paradies vorgekommen. Es waren, trotz allem, die einzig unbeschwerten Jahre seiner Kindheit und Jugend.

Als Erwachsener blickt er zurück: »Durch eine traurige, düstre Jugend schritt ich ins Leben hinein, und eine herz- und geistlose Erziehung hemmte in mir die leichte und schöne Bewegung der Gefühle. Den Schaden, den dieser unselige Anfang des Lebens in mir angerichtet hat, fühle ich noch heute ...«[71] Als Hauptmann Schiller 1766 nämlich auf eigenen Wunsch in seine frühere Garnison Ludwigsburg bei Stuttgart zurückversetzt wurde – Herzog Carl Eugen hatte ihm in Lorch schlichtweg keinen roten Heller Sold bezahlt –, begann jene gnadenlose Schulzeit mit geistlosem Einpauken und Auswendiglernen, mit Prügeln und drakonischen Strafen, die damals als der Höhepunkt der Pädagogik galten. Denn schon in der Bibel stand ja, dass der HERR den züchtigt, den er liebt.

Ein Beispiel: Als der Schulleiter den Jungen eines Tages aus einem Missverständnis heraus grün und blau geschlagen hatte, besaß er wenigstens so viel Anstand, sich beim Hauptmann Schiller für das Versehen zu entschuldigen. Der Vater, so erzählte später Schwester Christophine, habe kein Wort von diesem Vorfall gewusst, habe daraufhin seinen Sohn dazu vernommen und die rührend treuherzige Antwort erhalten, er habe das nicht erzählt, denn er »hätte gedacht, sein Lehrer meinte es doch gut ...«[72]

Sechs Tage in der Woche Latein und Religion, nur am Freitag Deutsch, eine (!) Stunde Arithmetik und ein paar Stunden Musik und Gesang, damit man im Gottesdienst mitkam, am Sonntagmorgen Kirchgang und am Nachmittag Religionsunterricht – das war der normale Schulalltag eines Siebenjährigen.

Das Wissen wurde alljährlich beim berüchtigten Landexamen überprüft. Davon hing ab, ob der Junge später nach dem Wunsch seiner pietistischen Mutter Theologie studieren durfte. Dreimal bestand er als Bester, beim vierten Mal, als ihm das pubertäre Wachstum zusetzte, fiel er durch, holte das Pensum aber mit solchem Eifer und mit solcher Gewalt nach, dass selbst die Lehrer um seine Gesundheit fürchteten. Zum ersten Mal begegnen wir hier einer Beherrschung des Körperlichen durch den Willen, wie wir sie in seinen späteren Krankheitsjahren noch oft wieder finden werden.

Hinzu kamen die rigorosen Erziehungsgrundsätze des Hauptmanns Schiller, der grundsätzlich dann mit dem Essen aufhörte, wenn es am besten schmeckte, und seine Kinder zur gleichen Askese zwang. Schiller hat später jedenfalls nicht ohne Grund über die »geist- und herzlose Erziehung« seiner Jugend geklagt.

Das Sklaveninstitut

Dabei war von Herzog Carl Eugen mit seiner Schreckens-Schule bis jetzt noch gar nicht die Rede.

Denn als die Schillers nach Ludwigsburg zogen, war der Herzog noch weit davon entfernt, sich als pädagogischer Wohltäter zu präsentieren. Stattdessen hielt er im Ludwigsburger Barockschloss Hof wie der Sonnenkönig in Versailles, gab pompöse Feste, bei denen es vorkommen konnte, dass er im Handumdrehen Kleinodien im Wert von 50 000 Talern als Geschenke an die Damen austeilte oder bei Feuerwerken gelegentlich ganze Vermögen verschleuderte.

Für winterliche Schlittenfahrten ließ er an die fünfzig mit lebensgroßen, üppig vergoldeten Götter- und Fabelwesen geschmückte Prachtschlitten bauen, von denen jeder zehnmal so viel kostete, wie das Jahreseinkommen eines Handwerkers betrug. 28 davon sind heute noch erhalten. Er selbst fuhr nahezu bescheiden in einer achtspännigen Staatskarosse, der achtzehn Trompeter vorausritten.

Es waren Jahre permanenter Lustbarkeiten. Der Herzog beschäftigte die berühmtesten und teuersten italienischen und welschen Künstler, er engagierte Sänger und Tänzerinnen, in den Theatern wimmelte es von tanzenden Nymphen und schmachtenden Schäferinnen. Und wie nicht anders zu erwarten: Die Hofhaltung im schwäbischen Klein-Versailles zog zwielichtige Gestalten aus allen Teilen Europas an. Glücksritter, Hasardeure und Kurtisanen, Intriganten, Erpresser und Soldatenhändler bevölkerten das Städtchen und kosteten den Herzog ein Vermögen und den Hauptmann Schiller seinen Sold – er bekam ihn erst im Laufe von neun Jahren nachgezahlt.

Auch wenn Hauptmann Schiller nicht an diesem Rausch teilnahm und der junge Schiller schon gar nicht – dies war die Welt, die Luft in der kleinen, künstlichen Stadt Ludwigsburg, in der er aufwuchs.

Erst als Carl Eugen 1770 im so genannten »Erbvergleich« wegen seiner rechtswidrig erhobenen Steuern den Landständen in Stuttgart unterlag, ließ er heuchlerisch von allen Kanzeln ein persönliches Sündenbekenntnis verlesen und gab sich von Stund an als »aufgeklärter Absolutist«, der zum Wohle der Menschheit (in Wirklichkeit unter dem Einfluss seiner neuen Geliebten und späteren Frau Franziska von Hohenheim) die despotische Phase angeblich abgelegt, in Wirklichkeit aber nur auf das Gebiet der Bildung verschoben hatte. Er gründetes im gleichen Jahr ein Militärwaisenhaus, aus dem später die »Militärpflanzschule« hervorging, eben jene Hohe Carlsschule. Hier sollte der Nachwuchs an Beamten und Offizieren herangezogen werden, der treu, ergeben und gottesfürchtig den Einfällen des Herzogs gehorchte.

Wie das vor sich ging, beschreibt Friedrich Burschell: »Alle Schulen des Landes erhielten den Auftrag, ihm begabte Schüler zu melden, die vorzugsweise Offiziers- und Beamtenfamilien entstammen sollten. Dann beschied er die erschrockenen Eltern zu sich und verlangte, wenn nötig, unter Drohungen, die Auslieferung ihres Sohnes an seine neue Schule.

So wurde auch eines Tages der Hauptmann Schiller vor den Herzog befohlen zwecks kostenloser Aufnahme seines Sohnes in die militärische Pflanzschule, was bei der ganzen Schillerschen Familie höchste Bestürzung hervorrief.«[73]

Es nützte nichts, dass Hauptmann Schiller bei der Audienz untertänigst zu bemerken wagte, dass er und seine Frau nichts anderes wünschten, als dass der Sohn seinen Neigungen entsprechend Geistlicher würde. Der Herzog schlug daraufhin vor, eine andere Wissenschaft zu wählen, beispielsweise Jurisprudenz. Als Vater Schiller sich daraufhin in Schweigen hüllte, statt freudig zuzustimmen, wurden Serenissimus deutlicher, und das nicht nur einmal. Seine Vorschläge waren – als ob das die Untertanen nicht immer schon gewusst hätten – nichts anderes als Befehle.

So kam es, dass Hauptmann Schiller am 16. Januar 1773 seinen Sohn, angetan »mit einem blauen Röcklein nebst Kamisol ohne Ärmel«[74], versehen mit 15 lateinischen Büchern und 43 Kreuzern, bei bitterer Kälte auf der nahe bei Stuttgart gelegenen Solitude ablieferte, wo die Schule damals untergebracht war.

Der Dreizehnjährige wurde in eine blaue Uniform gesteckt, vervollständigt durch weiße Weste und Hose, durch Degen und Stulpenstiefel, durch einen Zweispitz mit Silbertressen und Federbusch, durch einen Zopf und auf jeder Seite zwei mit Gips verkleisterte Schläfenlocken – ein kleiner Zinnsoldat aus Fleisch und Blut.

Es spricht für die Perfidie des Herzogs, den man früher »ruchlos« genannt hätte, dass er sich diesen erzwungenen Eintritt von den Eltern als freiwillig bescheinigen ließ, und es spricht für den Mut des Hauptmanns Schiller und macht ihn fast sympathisch, dass er sich anderthalb Jahre lang geweigert hat, den verlogenen Revers zu unterschreiben.

Dieses Dokument ist erhalten, und es wird nicht schaden, sich den gedrechselten Wortlaut (mit seinem verschieden großen Buchstaben) einmal zu Gemüte zu führen:

Nachdem es **Seiner regierenden Herzoglichen Durchlaucht** zu **Würtemberg** gnädigst gefällig gewesen, unseren Sohn

Johann Christoph Friedrich Schiller

in die Herzogliche Militär=Akademie zu unserer unterthänigsten Danksagung in Gnaden aufzunehmen, nach den Grund=Gesezen dieses Herzoglichen Instituts aber erforderlich wird, daß ein dahin eintrettender Elev sich gänzlich den Diensten des Herzoglichen Württembergischen Hauses widme, und darüber zu erhaltende gnädigste Erlaubnuß aus denselben zu tretten nicht befugt seyn, auch hierüber von beederseitigen Aeltern ein Revers ausgestellt werde; so haben Wir Uns dessen um so weniger entbrechen wollen, vielmehr versprechen wir, daß obbenannter unser Sohn dieser Einrichtung so wohl, als allen übrigen Gesezen und Anordnungen des Instituts auf das genaueste nachzuleben geflissen seyn wird. Urkundlich unter unsern eigenhändi-

gen Unterschriften und vorgedruckten angebohrnen Petschaften. Gegeben
 Ludwigsburg, den 23^(ten) Septembris 1774.

Vater: Johann Caspar Schiller
Hauptmann bei den Herzogl.
General. Lieut. von Stainischen
Infanterie Regiment.
Mutter: Elisabetha Dorothea
gebohrne Kodweißen.[75]

Erbarmungslose Fürsorge

Die Gesetze und Anordnungen dieses Institutes waren leicht zu merken: Es gab keine Ferien, Besuche wurden gar nicht, Urlaub nur in ganz dringenden Fällen gestattet. An solchen Befehlen wie »Kein Cavalier noch Eleve wird aus dem Hause gelassen, es wäre denn, daß Vatter oder Mutter tödtlich wäre, alsdann selbiger mit einem Offizier und einem Aufseher dahin zu schicken ist«[76], dürften die neuerlichen Versuche scheitern, aus Carl Eugen einen bekehrten Sünder und engagierten Pädagogen zu machen. Nicht einmal diese ohnehin schon brutale Regel wurde in jedem Falle eingehalten. Einem Schüler, dem es nicht erlaubt wurde, zu seinem sterbenden Vater zu fahren, sagte der Herzog in seiner liebenswürdigen Art: »Tröst' er sich, Ich bin Sein Vater«, was bei dem ausschweifenden Vorleben des Herzogs vielleicht nicht einmal gelogen war.

Unser armer Schiller hat diese Härte am eigenen Leibe erfahren: Zwei seiner Schwestern – die eine starb kurz nach der Geburt, die andere mit sechs Jahren – hat er nie gesehen, die dritte, die dreijährige Nanette, sah er zum ersten Mal, als er aus der Sklavenanstalt entlassen wurde.

Jede Stunde das Tages war geregelt, alles wurde überwacht wie in der Kaserne. So wurde der Eleve Schiller bestraft mit »zwölf Weidenstockstreichen, weil er vor 6 kr. Wecken auf Borg genommen«[77], sich also offensichtlich zusätzlich etwas zu essen besorgt hatte. Die nächste Strafe war fällig, weil er sich von einer Magd eine Tasse »Coffé« hatte machen lassen.

Seine Durchlaucht, die sich als »Vater« seiner »Söhne« fühlte, bestimmte die Strafen höchstderoselbst. Aufseher und Lehrer hatten beim geringsten Anlass dem Schüler ein »Billett« mit dem Vergehen zu überreichen, das der Eleve beim Mittagsappell im Knopfloch zu tragen hatte. Carl Eugen las das Billett durch und bestimmte die Strafe: Rutenhiebe, Stockschläge, Essensentzug oder gleich Ohrfeigen von seiner Durchlaucht.

Es kam alles heraus. Weder Lehrer noch Schüler waren vor dem Herzog sicher, der zu jeder Tageszeit durch die Korridore schlich und durch die Gucklöcher spähte, die in jeder Tür waren. Er tauchte in Krankenzimmern und Schlafsälen auf und das auch mitten in der Nacht.

Es war alles bis in die kleinste Kleinigkeit geregelt. Aufstehen früh um fünf, um sich »sowohl der Reinlichkeit des Leibes als auch der Kleidung zu befleißigen«, von sechs bis sieben Uhr Morgengebet, Frühappell, Frühstück (bestehend aus Brot- oder Mehlsuppe), dann Unterricht nach festem Schema. Und alles auf Befehl: Händefalten zum Gebet, Hinsetzen, Aufstehen, Abmarsch. Nach dem Mittagessen der befohlene Spaziergang und das Exerzieren, von zwei bis sechs Uhr wieder Unterricht, danach Saubermachen und genau vorgeschriebenes Selbststudium, der Befehl zum Abendessen und sofort danach Abmarsch in die Betten.

Ein Sklavenleben mit pädagogischer Verbrämung, damit die Eleven »die schöne Gelegenheit, etwas zu erlernen, nicht muthwilliger Weise versäumen, sondern vielmehr sich aufs äußerste bemühen, alles, was ihnen vorgewiesen wird, schnell und recht zu begreifen, damit sie in kurzem die höchste Intention Sr. Herzoglichen

Durchlaucht erreichen, Höchst-Erlaucht-Deroselben Gnade zu erwerben, und dadurch ihr künftiges Glück bestimmen.«[78]

Erschlagen möchte man den Carl Eugen, wenn er nicht schon längst tot wäre, aber damit hätte man das Übel auch nicht aus der Welt geschafft: Sein Sklaveninstitut war keine Ausnahme, sondern in Internaten und Universitäten eher die Regel und das bis weit ins 19. Jahrhundert hinein.[79]

Der Eleve Schiller genoss die Vorzüge einer solchen Erziehung volle sieben Jahre lang, und wie er das aushielt, kann man an den Zensuren ablesen. Im ersten »Gefängnisjahr« bekam er noch einen Preis in Griechisch, Latein war nicht schlecht und der Rest mittelmäßig; Tanzen und Turnen war katastrophal, aber das lag ihm nicht, und das blieb zeit seines Lebens so. Im zweiten Jahr war er nur noch der siebente von elf Schülern, im dritten Jahr der schlechteste.

Sicher, er war schon immer kränklich, aber dass er in den ersten beiden Jahren gleich sieben Mal im Krankenzimmer lag, einmal sogar ganze fünf Wochen lang, kam wohl nicht von ungefähr.

Befohlene Studien

Man tat einfach alles, um den Jungen kaputt zu machen. Zum Drill und der ständigen Demütigung durch die Überwachung kam im dritten Jahr noch etwas hinzu: Carl Eugen, der gütige Vater seiner Söhne, hatte selbstherrlich festgelegt, dass der Eleve Schiller ab sofort Juristerei zu studieren habe.

Und um herauszufinden, was seine Zöglinge dachten, hatte sich Carl Eugen etwas besonders Hinterhältiges einfallen lassen. Unter dem Vorwand pädagogischer Bemühung um Selbsterkenntnis verlangte er von den Eleven, sich selbst und ihre Mitschüler anhand eines Fragebogens zu charakterisieren – gemeint war: zu denunzieren.

Es kann einem wehtun, was der arme Junge mit seinen 15 Jahren da in seiner Angst, diplomatisch allerdings recht geschickt, über sich selbst schrieb – ständig in der Gefahr, dass ein einziges falsches Wort dieser Selbstkritik ihm schaden konnte.

»Beurteilen Sie mich, durchlauchtigster Herzog, nach den Regeln der Religion. Sie werden mich öfter übereilend, öfter leichtsinnig finden ... Sehen Sie mich, Durchlauchtigster Herzog, in der Mitte meiner Brüder, forschen Sie von ihnen selbst, wie ich mich bisher gegen dieselben aufgeführt habe. Sie werden mich eigensinnig, hitzig, ungeduldig hören müssen, doch werden dieselben Ihnen auch meine Aufrichtigkeit, meine Treue, mein gutes Herz rühmen. Aber die schönen Gaben, die ich habe, habe ich bisher nicht so angewendet, als es mir meine Pflichten auferlegt haben. Nun sehe ich mich von der Unzufriedenheit gedrückt, die ich verdiene, allein ich kann doch einigermaßen Entschuldigung finden; dann wann der Körper leidet, so leiden auch mit ihm die Kräfte der Seele, und der Wille wird durch Leibesschwachheiten öfters gehindert, in Erfüllung zu gehen ...«

Bei aller untertänigster Devotheit zeigt er auch Mut vor dem Herrscherthron: »... Verzeihen Sie mir, Durchlauchtigster Herzog, diese Fehler, denken Sie an die Gnade zurück, die meine Eltern und ich selbst aus Ihrer Hand empfangen haben. Es ist Ihnen schon bekannt, gnädigster Herzog, mit wieviel Munterkeit ich die Wissenschaft der Rechte angenommen habe, es ist Ihnen bekannt wie glücklich ich mich schätzen würde, wenn ich durch dieselbe meinem Fürsten, meinem Vaterlande dereinst dienen könnte, aber weit glücklicher würde ich mich halten, wenn ich solches als Gottesgelehrter ausführen könnte ...«[80]

Er durfte nicht, natürlich nicht. Wo käme man da auch hin, wenn jeder machte, was er wollte? Dem katholischen Herzog lag gewiss nicht daran, das Heer der schwäbischen Pietisten um noch einen Gottesgelahrten zu vermehren.

Dafür machte Herzog Carl Eugen, was er wollte. Als die Akademie – jene damals mögliche Mischung zwischen Höherer Schule und Universität – Ende 1775 von der Solitude nach Stuttgart verlegt wurde, erweiterte sie der Herzog in seiner Güte um ein neues Fach, die Medizin. Und weil er dafür Aspiranten brauchte, befahl er dem Jura-Studenten Schiller zu dessen eigenem und zum Entsetzen seiner Eltern das Studium der Medizin.

So kam es, dass der Eleve Schiller Medizin studierte oder jedenfalls das, was man damals dafür hielt, und auf diese Weise auch seinen Mitschüler Hiller von innen kennen lernte. Es ist grausam und pietätlos, aber leider wahr: Kaum war dieser gestorben, sahen ihn seine Mitschüler in der Anatomie wieder und sezierten den Klassenkameraden.

Zum Abschluss musste Schiller im Dezember 1779 eine Thesenschrift verfassen, die heute bestenfalls als einfache Arbeit der gymnasialen Oberstufe durchgehen würde, die damals aber als Dissertation galt. Sein erster Versuch, ein Aufsatz über die »Philosophie der Physiologie«, fiel dabei mit seiner »blühenden Schreibart« als »frei und schwülstig« auf, aber insgesamt als ungenügend durch.

Das war tragisch, denn der Herzog befahl daraufhin, Schiller müsse noch ein Jahr länger auf der Carlsschule bleiben: damit »sein Feuer noch ein wenig gedämpft werde und er alsdann einmal, wenn er fleißig zu sein fortfahre, gewiß ein recht großes Subjektum werden könne«.[81] Unserem armen Schiller blieb nichts anders übrig, als im Lauf dieses Jahres neben einer medizinischen Arbeit über »Die entzündlichen und die Faulfieber« die nächste Dissertation zu verfassen, ein »Versuch über den Zusammenhang der thierischen Natur des Menschen mit seiner geistigen«, deren Thesen er durch verschiedene Zitate zu belegen wusste. Dass sich unser junger Gelehrter dabei einen kleinen Schwindel, oder, wenn einem das lieber ist, einen kleinen Spaß erlaubt hat, berichtete Jahre später ein gewisser K. L. Rahbeck, Professor und Schauspieldichter in Kopenhagen.

Ihm hatte jemand erzählt, »daß Schiller seine Räuber aus einem alten englischen Schauspiele The Life of Charles Moor genommen, welches er in einer physiologischen Abhandlung von Schiller zitiert gefunden hätte.« Rahbeck fand das englische Schauspiel nicht, und als er Schiller 1784 traf, fragte er ihn danach. »Mit sehr gutmütiger Freundlichkeit erzählte mir nun Schiller, daß er, während er den Kopf mit seinem Räubern voll gehabt, eine medizinische Probeschrift in dem Militärinstitute in Stuttgart zum Ausarbeiten bekommen und dazu einen Gegenstand von dem Zusammenhange zwischen der tierischen und geistigen Natur des Menschen gewählt hätte, der ihm Anlaß gegeben, mehrere Stellen aus dem Schauspiele, womit er schwanger ging, zur Erläuterung anzuführen. Da er indessen diese auf deutsch oder als Stellen aus einem deutschen Stücke nicht hätte zitieren dürfen, damit man ihn nicht beschuldigte, sich mit einer gegen das Reglement streitenden Arbeit befaßt zu haben, so hätte er seine Zuflucht zu der Fiktion eines alten englischen Schauspiels, worin sich diese befinden sollten, genommen.«[82]

Diese zweite Arbeit wurde nach mehrfacher Überarbeitung gnädigst angenommen und gedruckt[83] und der Eleve Schiller Mitte Dezember 1780 im Alter von 21 Jahren aus der Carlsschule entlassen. Mit einem Monatsgehalt von ganzen 18 Gulden wurde er Regimentsmedikus und war von da an wegen seiner Rezepte gefürchtet, deren höllische Mixturen nur kräftige Naturen lebend überstanden.

Sieben lange Jahre Eingesperrtsein, sieben Jahre Einförmigkeit und Zwang, sieben Jahre lang keine Anregung von außen, sieben Jahre lang keine eigenen Lebenserfahrungen sammeln zu können, sieben Jahre lang in einer reinen Männerwirtschaft zuzubringen – all das hatte jetzt ein Ende.

Wer das überlebte und ohne allzu große seelische Schäden verarbeitete, hatte freilich einen »Härtetest« überstanden, der auf seine Weise lebenstüchtig machte.

In Schillers eigenen Worten: »... Jahre rang mein Enthusiasmus mit der militärischen Regel, aber Leidenschaft für die Dichtkunst ist feurig und stark, wie die erste Liebe. Was sie ersticken sollte, fachte sie an.

Verhältnissen zu entfliehen, die mir zur Folter waren, schweifte mein Herz in eine Idealenwelt aus – aber unbekannt mit der wirklichen, von welcher mich eiserne Stäbe schieden – unbekannt mit den Menschen – denn die vierhundert, die mich umgaben, waren die einzigen Geschöpfe, der getreue Abguß eines und eben dieses Modells, von welchem die plastische Natur sich feierlich lossagte – unbekannt mit den Neigungen freier, sich selbst überlassener Wesen, denn hier kam nur *eine* zur Reife, eine, die ich jetzo nicht nennen will; jede übrige Kraft des Willens erschlaffte, indem eine einzige sich konvulsivisch spannte; jede Eigenheit, jede Ausgelassenheit der tausendfach spielenden Natur ging in dem regelmäßigen Tempo der herrschenden Ordnung verloren.«[84]

Was wir heute Realitätsverlust nennen, erlebte Schiller auf vielen Gebieten: »Unbekannt mit dem schönen Geschlechte, – die Tore dieses Instituts öffnen sich, wie man wissen wird, Frauenzimmern nur, ehe sie anfangen, interessant zu werden, und wenn sie aufgehört haben, es zu sein – unbekannt mit Menschen und Menschenschicksal mußte mein Pinsel notwendig die mittlere Linie zwischen Engel und Teufel verfehlen, mußte er ein Ungeheuer hervorbringen, das zum Glück in der Welt nicht vorhanden war, dem ich nur darum Unsterblichkeit wünschen möchte, um das Beispiel seiner Geburt zu verewigen, die der naturwidrige Beischlaf der Subordination und des Genius in die Welt setzte.«[85]

Ein Vergleich

Die Schul- und Studienzeit des Weimarer Olympiers kann man im Vergleich dazu kürzer und freundlicher beschreiben.

Wie in vornehmen Bürgerhäusern üblich, wurde der junge Goethe von Anfang an von Hauslehrern und seinem Vater unterrichtet. Außer den klassischen Sprachen lernte er Französisch, Englisch und Italienisch und am Ende sogar Hebräisch. So las der

Zehnjährige bereits Homer, Vergil und Ovid – in einem Alter, in dem gewöhnliche Sterbliche bestenfalls gerade erst mit Latein anfangen. Mit sechzehn war er mit der Schulausbildung fertig und konnte auf die Universität.

Wär's nach ihm gegangen, so hätte er in Göttingen Altertumswissenschaften studiert. Aber diesmal ging's nach dem Vater, und Wolfgang zog, reichlich mit Geld versehen, zum Jurastudium nach Leipzig, dem Klein-Paris seines Doktor Faustus, das Frankfurt an Urbanität und Reichtum ausstach.

Wohl weniger ein eifriges Studium als das, was man harmlos »Zerstreuungen« zu nennen pflegte, führte nach drei Jahren zu einem lebensbedrohlichen physischen Zusammenbruch samt Blutsturz, vom dem er sich erst nach anderthalb Jahren erholte. Es folgten noch einmal anderthalb Jahre Studium in Straßburg – Sesenheim fällt einem ein, Friederike Brion, »Es schlug mein Herz, geschwind zu Pferde, es war getan, fast eh gedacht ... «, das Straßburger Münster und die Gotik, wenn's hoch kommt, die Bekanntschaft mit Herder. Anfang August 1771 promoviert er zum Lizenziaten der Rechte, und noch im gleichen Monat wird Goethe als Rechtsanwalt beim Frankfurter Schöffengericht zugelassen. Er ist gerade eben 22 Jahre alt.

Wie leicht, wie einfach das alles klingt. Von der Krankheit abgesehen, waren es unbeschwerte Jahre voll von Anregungen, Eindrücken, Erlebnissen, Liebeleien und Verliebtheiten, Jahre an Weltläufigkeit und Freiheit statt Reglement und eintöniger Wiederkehr des Gewohnten und Ungeliebten.

Man kann verstehen, dass unser armer Schiller da ins Grübeln kam.

Der dichtende Regimentsarzt

Mit dem Ende der Carlsschule und der Bestallung als Regimentsmedikus begann für Schiller noch längst nicht die ersehnte Freiheit. Er wurde dem 240 Mann starken Stuttgarter Grenadierregiment »General Augé« zugeteilt, das fast ausschließlich aus Invaliden und Krüppeln in zerlumpten Uniformen bestand, die auf den Straßen betteln gingen; er durfte ohne Erlaubnis die Stadt nicht verlassen, nicht einmal seine Eltern besuchen, die inzwischen vor der Stadt bei Schloss Solitude wohnten, er musste eine Uniform tragen, die ihn lächerlich machte.

Da nützte es nichts, dass sich Papa Schiller in Unkosten gestürzt und seinem Sohn für teures Geld zwei Zivilanzüge hatte machen lassen; da war auch die Bitte nach einer privaten Praxis zwecklos – Herzog Carl Eugen blieb der Despot, der er war, und verfügte lakonisch: »Sein Sohn soll Uniform tragen!«

Und wie das aussah, wissen wir aus der Schilderung seines Freundes Scharffenstein: »... wie komisch sah mein Schiller aus! Eingepreßt in die Uniform, damals noch nach dem alten preußischen Schnitt und, vorzüglich bei Regimentsfeldscherern, steif und abgeschmackt! Auf jeder Seite hatte er drei steife vergipste Rollen, der kleine militärische Hut bedeckte kaum den Kopfwirbel, in dessen Gegend ein dicker falscher Zopf gepflanzt war, der lange Hals war von einer sehr schmalen roßhärenen Binde eingewürgt. Das Fußwerk vorzüglich war merkwürdig: durch den den weißen Gamaschen unterlegten Filz waren seine Beine wie zwei Zylinder von einem größeren Diameter als die in knappe Hosen eingepreßten Schenkel. In diesen Gamaschen, die ohnehin mit Schuhwichse sehr befleckt waren, bewegte er sich, ohne die Knie recht biegen zu können, wie ein Storch. Dieser ganze, mit der Idee von Schiller so kontrastierende Apparat war oft nachher der Stoff zu tollem Gelächter in unsern kleinen Kreisen.«[86] Und das bei seiner ohnehin auffälligen Kasperlefigur mit der großen Hakennase, den roten Haaren und dem bleichen Gesicht, den langen Armen und den X-Beinen. Denn eine Schönheit war Schiller nur in der verklärten Erinnerung einiger verehrungswütiger Damen.

Aus den über sechzig zeitgenössischen Beschreibungen, die wir von seinem Äußeren haben, lässt sich übrigens leicht ein unterhaltsames Kapitel angewandter Psychologie machen und beweisen, dass es überhaupt nicht darum geht, was die Leute tatsächlich sehen, sondern was sie zu sehen wünschen.

Storchenhals und Schlotterbeine

Als unser junger Dichter ein kleiner, unbekannter Regimentsmedikus war, hatte er noch feuerrote Haare und Augenbrauen, die sich über der Nasenwurzel trafen, da war er noch bleich, hatte einen langen Hals und eine vorhängende Unterlippe wie die Habsburger, da hatte er kleine graue, blinzelnde und rotumränderte Augen, da sah man noch seine X-Beine und die nach außen gedrehten Füße, und da hielt man sich ausführlich bei seiner langen, krummen und überdies spitzen Hakennase auf.

Freund Scharffenstein, um den Reigen mit ein paar Beispielen zu eröffnen, Georg Friedrich Scharffenstein spart nicht mit einer ausführlichen und ungenierten Beschreibung des frisch gebackenen Herrn Doktor: »Schiller war von gerader, langer Statur, lang gespalten, langarmig; seine Brust war heraus und gewölbt, sein Hals sehr lang. Er hatte etwas Steifes und nicht die mindeste Eleganz in seiner Turnüre. Seine Stirne war breit, die Nase dünn, knorplig, weiß von Farbe, in merklich scharfem Winkel hervorspringend, sehr gebogen auf Papageienart und sehr spitzig. Die Augenbrauen waren rot, umgebogen, nahe über den tiefliegenden dunkelgrauen

Augen und inklinierten sich bei der Nasenwurzel nahe zusammen. Diese Partie hatte sehr viel Ausdruck und etwas Pathetisches. Der Mund war ebenfalls voll Ausdruck, die Lippen waren dünn, die untere ragte von Natur vor, schien aber, wenn Schiller mit Gefühl sprach, als wenn die Begeisterung ihr diese Richtung gegeben hätte, und drückte sehr viel Energie aus. Das Kinn war stark, die Wangen blaß, eher eingefallen als voll und ziemlich mit Sommerflecken besät. Die Augenlider waren meist inflammiert, das buschige Haupthaar war rot von der dunkeln Art. Der ganze Kopf, der eher geistermäßig als männlich war, hatte viel Bedeutendes, Energisches, auch in der Ruhe. Die Sprache war affektvoll, wenn Schiller deklamierte; aber seine Stimme war kreischend und unangenehm.«[87]

Auch andere erinnern sich an das »blasse, geisterhafte Gesicht«[88], finden sein »Äußeres zurückschreckend«[89] oder beschreiben einen langen Menschen »mit der Darstellung eines schlaffen Körpers, die Knie eingebogen ... ein mattes Auge mit unstetem Blick, ein bleiches längliches Gesicht ohne besonderen Ausdruck und dazu rötliches Haar und langfingerige Hände ...«[90]

Göritz, ein Jenaer Hauslehrer, mag den ganzen Kerl nicht: »... die Haltung seines Körpers, seine ungestalten Füße (was man in Tübingen Weinstühlchen nannte) und die sonderbare Bewegung des Kopfes, waren sehr unangenehm.

In seiner Kleidung hatte er nicht nur keinen Geschmack ..., sondern er handelte so sehr gegen alle Regeln desselben, daß er meist wunderlich angezogen war, besonders wenn er sich putzen wollte. Er konnte dann leicht einen blauen Frack und ein rotes Halstuch, gelbe Beinkleider und dunkle Strümpfe zusammen anziehen, und dies gab seiner ganzen Figur, besonders durch die zusammenstoßenden Knie und die auswärts gebogenen Füße, etwas Bizarres.«[91]

Kurz: »Neben diesen Mängeln der Toilette machte seine reizlose Gestalt und der häufige Gebrauch des Spanioltabaks einen ungünstigen Eindruck, den das tiefgesenkte, immer sinnende Haupt noch vermehrte«[92], befand die Schauspielerin Sophie Albrecht, und seine spätere Schwägerin Caroline bemängelte seine schlaffe Haltung: »Sein Gang hatte gewöhnlich etwas Nachlässiges, aber bei innerer Bewegung wurde der Schritt fester.«[93]

Und schließlich der Berliner Buchhändler Johann Daniel Sander, der in dem Dichter der Räuber gleich selbst einen solchen sieht: »Schiller ist nicht mein Mann. Ein sehr gemeines Gesicht und dabei etwas Widriges. Denke Dir sehr eingefallene Backen, eine sehr spitze Nase, fuchsrotes Haar auf dem Kopf und über den Augen. Und nun war er in seinem Garten, mit gelben eingetretenen Pantoffeln und in einem schlafrockähnlichen Überzug. Wäre ich so mit ihm in einer öden Gegend zusammengetroffen, ich hätte für mein Leben oder wenigstens für meine Börse gefürchtet.«[94]

Doch nun das Erstaunliche: Je älter und berühmter Schiller wurde, desto schöner wurde er, desto mehr verklärte sich auch das Hässliche. Aus dem feuerroten Haare wurde da und dort schon mal dunkelblond oder überhaupt gleich blond, die roten Augenbrauen und die entzündeten Augen übersah man ganz oder fand sie apart, aus den grauen Augen wurden da und dort schöne blaue, die dünnen, nach innen geneigten Storchenbeine verschwanden ins Nichts.

Nur um die Nase kam keiner herum. Aber auch die verlor mit zunehmender Verehrung immer öfter ihre charakteristische Hakenform, weil man viel lieber auf die breite Dichterstirn mit ihren tiefen Gedanken blickte.

Monierte Jean Paul noch das Unorganische – »Seine Gestalt ist verworren, hartkräftig, voll Ecksteine, voll scharfer, schneidender Kräfte, aber ohne Liebe ...«[95] –, sah dagegen die Schauspielerin, die eben noch die reizlose Gestalt und den Spanioltabak gerügt hatte, tiefer und verzieh: »Nur auf seiner schönen Stirn und in den glänzenden Augen sprachen erhebende Zeichen von den großen Gedanken, die er meistens nächtlich eben damals dem Manuskript seines Don Carlos übergeben.«[96]

Genauso der Schriftsteller und Historiker Johann Gottfried Gruber: »Er war von langer Statur, fast hager ... sein Gesicht war bleich und verfallen, aber eine stille Schwärmerei schimmerte aus seinem schönen, belebten Auge, und die hohe, freie Stirn verkündigte den tiefen Denker«[97], während der dänische Dichter Baggesen fast zur gleichen Zeit einen ganz anderen Eindruck hatte: »Er, lang, hehr, bleich, mit unfrisierten gelben (!) Haaren und durchschneidenden Blicken in den fast starren Augen ...«[98]

Wie Schiller auch gucken mochte, er guckte genauso, wie der Betrachter es erwartete. Da vermitteln auch Papageiennasen und X-Beine einem Wiener Musiker noch edle Eindrücke: »... so machten doch die rötlichten Haare, die gegeneinander sich neigenden Knie, das schnelle Blinzeln der Augen, wenn er lebhaft opponierte, das öftere Lächeln während des Sprechens, besonders aber die schöngeformte Nase und der tiefe, kühne Adlerblick, der unter einer sehr vollen breitgewölbten Stirn hervorleuchtete, einen unauslöschlichen Eindruck auf ihn ...«[99]

Man musste eben nur lange genug hinsehen, und schon wurde alles gut: »Schillers Äußere imponierte beim ersten Anblick durchaus nicht«, fand der spätere Pfarrer Gerhard Friedrich. »Seine Gestalt war von mehr als mittlerer Größe, seine Haltung, noch von früherer Angewöhnung her, etwas soldatisch. Allein beobachtete man ihn etwas genauer, so verriet besonders der Bau des Kopfes mit dem hochgewölbten Schädel, das seelenvolle lichtblaue Auge ... sehr bald den genialen, ausgezeichneten Mann.«[100]

Allmählich sah der Dichter tatsächlich so aus, wie ihn Maler und Bildhauer immer schon dargestellt hatten. So ist die berühmte Marmorbüste Danneckers[101] trotz ihres idealisierenden Pathos nicht einmal richtig falsch: Bis auf die roten Haare und die Sommersprossen zeigt sie alles: die eingefallenen Wangen, die große, leicht gebogene Nase, die breite Stirn, die starke Unterlippe, den langen Hals – nur, man nimmt es nicht im Detail wahr. Man sieht die Ikone »Schiller« mit den sprichwörtlichen Locken und dem dichterischen Adlerblick – so wie man ja auch sofort weiß, wenn einen zwei große, durchdringende Augen ansehen: Das ist der Unvergleichliche.

Gottfried Schadows hingeworfene Zeichnung nach dem Leben, dazu noch im ungewohnten Profil mit der steilen Stirn und der Entenschnabelnase, kommt einem dagegen vor wie eine Karikatur, wie eine lieblose Verballhornung des Genies – aber so wird er wohl tatsächlich ausgesehen haben, gutbürgerlich und wie andere auch, ein freundlicher, fast schon älterer Herr, still beobachtend und etwas skeptisch, durchaus nicht der Typ, dem man die ungeheuren Mengen von pathetischen Ausrufezeichen zutraut, mit denen er die Räuber übersät hat.[102]

Nur eine Eigenschaft blieb sich gleich, ob nun berühmt oder nicht, und die fiel damals jedem zuerst auf, auch wenn uns heute gerade das nicht bewusst ist, weil Büsten und Brustbilder nicht das Ganze wiedergeben: Lang, hager und dünn war unser Mann – sechs Fuß und drei Zoll, um genau zu sein. Mit diesen umgerechnet 1,80 Metern war er etwas größer als Goethe (im Alter 1,74 Meter) und galt als der längste Mann Weimars. Das ist, makabrerweise, auch das einzige Kriterium gewesen, nach dem man später im Massengrab des Kassengewölbes Schillers Gebeine in dem Durcheinander zu finden hoffte: Man nahm immer die längsten Knochen und hielt sie für die Schillers.[103]

Laura und die Räuber

Dieser schlaksige junge Mann also zog zunächst zu seinen Krüppeln in die Stuttgarter Legionskaserne an der Stelle des heutigen Wilhelmsbaus. Er dürfte sich sofort auf Wohnungssuche gemacht haben, denn schon wenige Wochen später, am 1. Februar 1781, bezog er in der Nähe seiner Kaserne ein dürftig möbliertes, aber immerhin heizbares Parterrezimmer samt angrenzender Kammer am Kleinen Graben (Eberhardstraße 63). Das nach Tabak und allerhand anderem stinkende Loch bewohnte er nicht einmal allein, sondern teilte es, um Geld zu sparen, mit einem ehemaligen Kameraden von der Carlsschule. Hier lebte er von Knackwurst, Kartoffeln und Salat.

Und schon ging die Dichterei los. Laura musste besungen werden, sehnsüchtig, sinnlich und entsagungsvoll:

> »Meine Muse fühlt die Schäferstunde,
> Wenn von deinem wollustheißen Munde
> Silbertöne ungern fliehn ...
> Deine Blicke, wenn sie Liebe lächeln,
> könnten Leben durch den Marmor fächeln.«

Da gibt's dann kein Halten mehr:

> »Mund an Mund gewurzelt brennt,
> Wollustfunken aus den Augen regnen,
> Seelen wie entbunden sich begegnen
> In des Atems Flammenwind – – –«

Die Komik dieser Lyrik liegt auch darin, dass wir Laura kennen: Sie war nach Schilderungen von Freunden »ein gutes Weib, das, ohne im mindesten hübsch oder sehr geistreich zu sein, doch etwas Gutmütiges, Anziehendes und Pikantes«[104] an sich hatte, oder nach anderer, boshafter Schilderung einem »an Geist so an Gestalt gänzlich verwahrlosten Weibe, einer wahren Mumie«[105] glich. Laura war, wie praktisch, seine Wirtin, die 30-jährige Hauptmannswitwe Luise Dorothea Vischer, die bald darauf mit einem Kavalier, einem Herrn von Braun aus Wien, durchging, aber, wie Vater Schiller seinem Sohn nicht ganz ohne Schadenfreude mitteilte, hinter Tuttlingen erwischt und in Lustnau bei ihrem Schwager, einem Pfarrer, abgeliefert wurde.

Wir wissen nicht, ob er mit dieser Madame Vischer die »Lustsekunden« »ineinanderzuckender Naturen« ebenso ausprobiert hat wie mit seiner Traum-Laura. Sein Freund Wilhelm Petersen behauptet es. Aber selbst ein paar »Sprünge mit Soldatenweibern«, von denen Schillers zweiter Freund Georg Scharffenstein berichtet, haben den Ruf des jungen Medikus nicht so schnell und nachhaltig ruiniert wie seine »Elegie auf den Tod eines Jünglings«.

Das war ein Nachruf auf einen Freund, den er in gedruckter Form am Grabe verteilte, ein Gedicht, das bitter mit dem göttlichen Schicksal haderte und das so ganz anders klang als die sonst üblichen »Leichenalexandriner«: böse, ironisch, aufrührerisch, und mit seinem »verehrenden Grauen« vor dem »Gott der Grüfte« verstörte es prompt die kleinen Geister. Man spürt den hinreißenden Schwung der damals noch unveröffentlichten Räuber:

> »Aber wohl dir! – köstlich ist dein Schlummer
> Ruhig schläft sichs in dem engen Haus;
> Mit der Freude stirbt hier auch der Kummer,
> Röcheln auch der Menschen Qualen aus.
> Über dir mag die Verläumdung geifern,
> Die Verführung ihr Gifte spein,
> Über dich die Pharisäer eifern,
> Fromme Mordsucht dich der Hölle weihn,
> Gauner durch Apostelmasken schielen
> Und die Bastardtochter der Gerechtigkeit,
> Wie mit Würfeln, so mit Menschen spielen,
> Und so fort bis hin zur Ewigkeit.
> ...
> Wohl dir, wohl in deiner schmalen Zelle;
> diesem komischtragischen Gewühl,
> Dieser ungestümmen Glückeswelle,
> Diesem possenhaften Lottospiel,
> Diesem faulen fleißigen Gewimmel,
> dieser arbeitsvollen Ruh,
> Bruder! diesem teufelsvollen Himmel
> Schloß dein Auge sich auf ewig zu.«[106]

Über die Wirkung des Gedichts war der Dichter und Regimentsarzt nachher selbst erstaunt: »Das kleine hundsföttische Ding hat mich in der Gegend herum berüchtigter gemacht, als zwanzig Jahre Praxis«[107], stellte er fest. Übermütig setzte er noch einen drauf: Er wolle ein Buch machen, das sogar der Schinder verbrennen müsse – gemeint waren die Räuber.

Im Frühjahr 1781 nämlich hatte Schiller das Stück fertig, das er schon auf der Carlsschule begonnen hatte, und suchte nun einen Verleger. Weniger um die Menschheit zu beglücken, als aus einem ganz banalen Motiv: »Der erste und wichtigste Grund, warum ich die Herausgabe wünsche«, schrieb er seinem Freund Petersen, »ist jener allgewaltige Mammon, dem die Herberge unter meinem Dach gar nicht ansteht – das Geld ...«[108] Erst dann kam die Neugier: »Der zweite Grund ist, wie leicht zu begreifen, das Urteil der Welt. ... Ich möchte natürlicherweise auch wissen, was ich für ein Schicksal als Dramatiker, als Autor zu erwarten habe.«[109]

Diese Neugier wurde erst einmal gedämpft. Petersen, der einen Verlag suchen sollte, und zwar aus Sicherheitsgründen im »Ausland«, fand keinen. Ausland: Das hieß damals zum Beispiel Mannheim, denn das »Vaterland« des Regimentsmedikus Schiller war gerade eben so groß wie das kleine Herrschaftsgebiet des Herzogs Carl Eugen.

Und so tat der junge Dichter, was eben junge Dichter tun: Im Geheimen felsenfest davon überzeugt, dass der Menschheit das Werk nicht eine Sekunde länger vorenthalten werden dürfe, borgte er sich 150 Gulden und ließ die Räuber in Stuttgart auf eigene Kosten drucken. Statt Mammon einzunehmen, bezahlte er den Gewinn für die Menschheit mit mehr als neun Monatsgehältern – ein Schuldenloch, das ihn viele Jahre seines Lebens belasten sollte.

Damit nicht genug. Das Drama war noch gar nicht ganz gedruckt, da schickte Schiller die ersten Bogen an den Verleger Schwan in Mannheim, der gern junge Talente förderte. Der las das Drama und befand, dass man so etwas Wildes »einem ehrsamen und gesitteten Publikum« nicht zumuten könne; er war aber immerhin doch so begeistert, dass er schnurstracks zu Herrn von Dalberg, dem Intendanten des Mannheimer Hof- und Nationaltheaters, lief und ihm die ersten Akte vorlas. Außerdem schickte er dem jungen Genie in Stuttgart ausführliche Verbesserungs- und vor allem Abmilderungsvorschläge, die Schiller sofort aufgriff. Ihm war nämlich inzwischen selbst aufgefallen, dass manches – sobald es gedruckt war – grell und widerlich wirkte. Er schrieb die Räuber also um, ließ größere Teile des bereits gedruckten Stückes wieder einstampfen und neu drucken.

Diese in jeder Hinsicht teuer erarbeitete Fassung schickte er wiederum an Schwan und Dalberg – und da tat es endlich den großen Donnerschlag. Was der Dichter für ein Lesedrama gehalten hatte, wollte Dalberg auf die Bühne bringen, sprach von weiteren Stücken und gar einer engeren Verbindung des Dichters mit dem Nationaltheater.

Man kann es nachfühlen, wie Schiller plötzlich auf rosa Wolken schwebte. »Dreiundzwanzig Jahre, und nichts für die Unsterblichkeit getan!« ließ er sechs Jahre später Don Carlos klagen – und hier stand er, 22 Jahre alt und mit seinem ersten Schauspiel gleich an der Schwelle des Ruhms und der Unsterblichkeit, um es mit Schiller'schem Pathos zu sagen.

Allerdings verlangte Dalberg eine Reihe von Änderungen – Schiller schrieb und änderte. Schließlich verlangte Dalberg sogar, das Stück dadurch zu entschärfen, dass es ins Mittelalter verlegt wurde – Schiller widersprach, aber gab nach.

In dieser verhunzten Form, aber prachtvoll inszeniert und gut besetzt – den Franz Moor spielte immerhin der berühmte August Wilhelm Iffland –, wurden die Räuber in Mannheim aufgeführt. Besonders gefiel Schiller dabei ein Mond mit blechernem Spiegel, der bei Carls Schwur »Höre mich, Mond und Gestirne ...« langsam über die Bühne schwebte »und nach Maßgabe seines Verlaufs ein natürliches schreckliches Licht in der Gegend verbreitete«.[110]

Es war der 13. Januar des Jahres 1782, ein Tag, der in die Theatergeschichte einging. Da die gedruckte Fassung der Räuber bereits erschienen war und schon Furore gemacht hatte, kam man von sonst wo her, um »dies berüchtigte Stück« zu sehen. Schon ab ein Uhr begann sich das Theater zu füllen, obwohl die Vorstellung laut Theaterzettel wegen der Länge des Stücks »präzise 5 Uhr« anfing.

Ich kann mir gut vorstellen, was der Autor an Angst, an Unsicherheit und Hoffnungen empfindet, nachdem er mit seinem Freund Petersen heimlich von Stuttgart nach Mannheim gereist war und nun in einer eigens reservierten Loge die Uraufführung seines Stückes erwartet.

Endlich geht der Vorhang auf, ein Saal im Moor'schen Schloss, darin Franz und der alte Moor. Das erste Wort – unglaublicherweise ein »Aber« ohne etwas davor: »Aber ist euch auch wohl, Vater? Ihr seht so blaß …«

Dann das Entsetzliche: Während der ersten beiden Akte schweigt das Publikum – nichts, aber auch gar nichts passiert. Doch dann, in der zweiten Szene des dritten Aktes, als der Räuberhauptmann Moor als Büßer und Rächer im Schloss seiner Väter erscheint, ist der Bann gebrochen, das Publikum applaudiert, rast. Es passiert, was vorher noch nie in einem Theater passiert war, und was seitdem schon tausendmal und immer wieder zitiert worden ist: »Das Theater glich einem Irrenhaus, rollende Augen, geballte Fäuste, heisere Aufschreie im Zuschauerraum. Fremde Menschen fielen einander schluchzend in die Arme, Frauen wankten, einer Ohnmacht nahe, zur Türe. Es war eine allgemeine Auflösung wie im Chaos, aus dessen Nebel eine neue Schöpfung hervorbricht.«[111] Trotz aller Verhunzungen, trotz der lächerlichen Ritterkostüme hatten sie begriffen: Hier spielt die Gegenwart, hier wird gegen die morsche Welt von heute rebelliert, die die Französische Revolution erst sieben Jahre später niederreißen würde.

Buchstäblich über Nacht und aus dem Nichts heraus war Schiller berühmt und zog stolz mit einem Honorar von 44 Gulden ab.

Die Flucht in die Freiheit

Man weiß: Nach der Aufführung der Räuber musste Schiller vor dem Bösewicht Carl Eugen außer Landes fliehen. So jedenfalls hatte er es selbst 1784 in der Ankündigung der »Rheinischen Thalia« in schwäbischer Dativ-Grammatik behauptet: »Die Räuber kosteten mir Familie und Vaterland ...«

Das klingt gut, macht wieder Stimmung gegen die Willkür eines Carl Eugen und steigert mit seiner Dramatik nebenbei den Wert einer Dichterbiographie – nur: So stimmt es auch wieder nicht. Schließlich verging ein volles Dreivierteljahr nach der Uraufführung in Mannheim, bis der Regimentsmedikus Schiller mit Sack und Pack und einem Klavier heimlich aus Stuttgart verschwand.

Haben Seine Durchlaucht so lange nachdenken müssen, um das Aufrührerische des Dramas zu erkennen? Wie kommt es aber dann, dass eben dieser Carl Eugen zwei Jahre nach der Mannheimer Uraufführung Schillers Räuber Höchstderoselbst in Stuttgart und anderswo in Schwaben aufführen ließ, wo sie der herzoglichen Kasse hohe Gewinne brachten, während das »gefährliche Stück« in Leipzig, Stralsund und anderen Städten jahrelang verboten war? War es nicht eher so, dass Carl Eugen beleidigt war, dass sein Untertan dieses Erfolgsdrama nicht gleich in Stuttgart angeboten hatte?

Wo steckt der Fehler? Hat unser junger Dichter etwa selbst die Lunte angezündet, die dann die Bombe hochgehen ließ? War es die berühmte Verkettung unglücklicher Umstände? Oder wäre am Ende vielleicht gar nichts passiert, wenn er geblieben wäre?

Wir wollen sehen.

Zunächst einmal, noch 1782, tat Schiller, was damals durchaus üblich war: Er rezensierte, wenn's schon kein anderer tat, schnell erst mal seine Räuber selber und fand sich, bei aller Kritik, gut: »Der Geist des Dichters scheint sich mehr zum Heroischen und Starken zu neigen, als zum Weichen und Niedlichen. Er ist glücklich in voll saturierten Empfindungen, gut in jedem höchsten Grade der Leidenschaft und in keinem Mittelweg zu gebrauchen.«[112] Wie wahr.

Er dichtet wie verrückt

Sodann machte er sich voll Eifer ans nächste Drama, wollte erst Goethes Götz für die Bühne bearbeiten, dachte dann an ein Schauspiel über Konradin, den letzten Staufer, und kam schließlich auf die Geschichte der Verschwörung des Fiesco zu Genua, die er, noch ohne einen genauen Plan, gleich szenenweise niederschrieb.

Die beginnende Verschwörung der genuesischen Nobili gegen den tyrannischen Dogen Andrea Doria im Jahre 1547, die schließlich von Fiesco angeführt wird, bis er selbst dabei umkommt, ist ein ideales Thema für unseren Freiheitsdichter, auch wenn er in seinem Eifer am Ende den verwickelten Stoff nicht ganz bewältigt.[113]

Er schrieb dieses »republikanische Trauerspiel« jedenfalls genau so, wie man sich das Geistesbrausen bei einem Genie der Sturm-und-Drang-Zeit vorstellt, wie ein von Pathos und Ausrufezeichen erfüllter Jüngling eben die Feder schwingt und Vulkanisches zu Papier bringt und wie es ohnehin der heftigen, oft krampfhaften Art Schillers entsprach.

»Wenn er dichtete«, schrieb sein Kumpan Petersen, »brachte er seine Gedanken unter Stampfen, Schnauben und Brausen zu Papier, eine Gefühlsaufwallung, die man oft auch an Michel Angelo während seiner Bildhauerarbeiten bemerkte. Mehr als hundertmal haben Schillers Bekannte diese Erscheinung an ihm beobachtet, und völlig wahr ist folgende kleine Geschichte: Die ärztlichen Zöglinge der Akademie mußten am Ende ihrer Lehrjahre die Krankenzimmer besuchen und über die gehörige Pflege der Leidenden Aufsicht führen. Als Schillern einmal die Reihe traf, setzte er sich ans Bett eines Kranken. Statt diesen aber zu befragen und zu beobachten, geriet der Dichtende in solche brausende Bewegung und heftige Zuckungen, daß dem Kranken angst und bange ward, sein zugegebener Arzt möchte in Wahnwitz und Tobsucht verfallen sein.«[114]

Was an Stelle des Fiesco tatsächlich erschien, war eine schnell zusammengestellte, oder sollte man lieber gleich sagen: zusammengestampfte »Anthologie auf das Jahr 1782«, eine anonyme Sammlung von 83 Gedichten verschiedener Autoren, ein heute schwer lesbares, wildes Gemisch aus Pathos, Schwülstigkeit und Großsprecherei, gar noch per Widmung »Meinem Prinzipal dem Tod zugeschrieben«. Die »Schilleristik« erkennt heute 48 dieser Gedichte als seine eigenen an.

Er selber hat sich später zu nur 19 dieser kritisch-satirischen Gedichte aus seiner Sturm-und-Drang-Periode bekannt und dann meist nur zu ihrer gekürzten und redigierten Form. Zu Recht. Peter Lahnstein in seiner Schillerbiographie von 1981: »Die Lektüre von Schillers früher Poesie gleicht einem Gang durch den Keller im Spätherbst, wo links und rechts in den Fässern der junge Wein gärt, rumort, schmatzt, gluckst und rülpst.«[115] Oder anders formuliert: »... exaltiert, oft schreiend, auf den stärksten, krassesten Effekt zielend; säuisch manches, auf gröbste Burschenmanier, und dann ins ungewollt Lächerliche umschlagend. Und doch in alledem hohe Sprachgewalt, die das Genie ahnen läßt.«[116]

Ein Erfolg waren diese Gedichte jedenfalls nicht, und in bewährter Manier schrieb Schiller auch hier gleich selber den Verriss im »Wirtembergischen Repertorium der Litteratur«, das er selbst mitbegründet und dessen Druck er wiederum selbst bezahlt hatte: »Überspannt sind sie alle und verraten eine allzu unbändige Imagination; hie und da bemerke ich auch eine schlüpfrige, sinnliche Stelle, in platonischen Schwulst verschleiert ... Sehr oft ist der Witz gezwungen und ungeheuer. Im ganzen sind fast alle Gedichte zu lang und der Kern des Gedankens wird von langweiligen Verzierungen überladen und erstickt ... Viele Stellen sind von edlem Freiheitsgeiste belebt, und feile Lobreden findet man hier nicht. Eine strengere Feile wäre indes durchaus nötig gewesen.«[117]

In diesen Tagen ist es mal wieder Carl Eugen, der unseren genialen Dichter auf den Boden zurückholt: Er verlangt von ihm, nachdem das medizinische Lehrfach an der Carlsschule inzwischen zur Fakultät und die Schule selbst zur Universität avanciert war, eine dritte Dissertation. Schiller hat diese Arbeit »im fakultistischen Schweiß« nie geschrieben, und man kann nun darüber streiten, ob er den Doktortitel, den er gelegentlich benutzte, auch tatsächlich zu Recht führte.

Der unerlaubte Ausflug

Über all dem hatte er natürlich seine Räuber nie vergessen. Noch einmal die Aufführung sehen, noch einmal mit Dalberg reden, sich auch ein wenig bewundern lassen – wer würde diese Wünsche nicht verstehen? Also nutzte er Ende Mai 1782 die Abwesenheit des Herzogs aus und fuhr ohne dessen Genehmigung, aber mit der heimlichen Billigung seines Kommandanten nach Mannheim. Das Unternehmen wäre vielleicht geheim geblieben, wenn er nicht zwei zum Bewundern geneigte und geeignete Damen mitgenommen hätte: Die eine war Henriette von Wolzogen, eine Art mütterliche Freundin; ihr werden wir später wieder begegnen. Sie war die Mutter von vier Eleven der Carlsschule und durch einen ihrer Söhne zur Verehrerin des jungen Dichters geworden. Die andere war die nicht unbedingt so mütterliche Hauptmannswitwe Vischer, die irdische Laura.

Mit diesen beiden Frauen verbrachte Schiller einige gedeihliche Tage in Mannheim – auch wenn die Räuber leider gerade nicht aufgeführt wurden. Dafür versprach ihm Dalberg per Handschlag, er werde ihn an seinem Theater anstellen, wenn er sich von Stuttgart freimachen könne.

Zurück in der württembergischen Residenz, verfiel Schiller prompt in Trübsinn und bekam die Grippe. »Unglücklicher kann bald niemand sein als ich«, schrieb er an Dalberg, um ihm »für soviele Achtung und Höflichkeit« seine »wärmste Danksagung zu bezeugen. Und doch«, fuhr er fort, »bereue ich beinahe die glücklichste Reise meines Lebens, die mich, durch einen höchst widrigen Kontrast meines Vaterlandes mit Mannheim, schon soweit verleitet hat, daß mir Stuttgart und alle schwäbischen Szenen unerträglich und ekelhaft werden.«[118]

Hier Frondienst als Regimentsmedikus, da gefeierter Dichter, hier der Ärger mit der Doktorarbeit, dort Theaterdichter, hier Widerstand, dort Anerkennung – und schon wurde wahr, was die alten Römer so schön knapp sagen konnten: Ubi bene, ibi patria – mein Vaterland ist da, wo es mir gut geht. Also schrieb Schiller an Dalberg: »Darf ich mich Ihnen in die Arme werfen, vortrefflicher Mann?«[119] und erinnerte ihn an Handschlag und Versprechen.

Wenn man das Ganze als Drama nimmt, dann waren das Disposition und Entwicklung, sozusagen Akt eins und zwei. Wenn alles im dramaturgischen Gleis bleibt, folgt jetzt Akt drei mit der Peripathie, dem Umschwung, dem Gegenschlag.

Und tatsächlich: Dalberg schweigt und Carl Eugen brüllt, der Held in der Mitten. Gewissermaßen das verräterische verlorene Schnupftuch: die Redseligkeit der beiden Damen. Carl Eugen bestellt seinen Regimentsmedikus nach Hohenheim, wo er gerade mit seiner Franziska schnäbelt. Er bestellt ihn aber nicht zum Rapport, sondern empfängt den jungen Mann auf das Freundlichste, er stellt ihm, wie einem Gast, ein Pferd zur Verfügung, um plötzlich und unvermittelt auf die Pauke zu hauen: »Er ist auch in Mannheim gewesen, ich weiß alles; ich sage, sein Obrister weiß darum.«[120]

Es folgt der große und edle Auftritt des Helden. Schiller gibt die Reise nach Mannheim zu, streitet aber mannhaft ab, dass sein

Obrister, der Regimentskommandeur Oberst von Rau, davon wusste. Lieber nach bewährter Heldenart selber ins Unglück rennen, als ein Versprechen brechen.

Erst daraufhin Ungnade des Herzogs, erst jetzt Bestrafung und Kerker: Schiller wird befohlen, sich selbst sofort und ohne jeden Umweg auf der Hauptwache in Stuttgart abzuliefern, den Degen abzugeben und vierzehn Tage Arrest abzusitzen. General Augé notierte daraufhin am 28. Juni 1782: »den 28ten haben Serenissimus befohlen, ... den Medikum Schiller 14 tag in arest zu setzen, weilen er außer Land ohne Urlaub greißet seye.«[121] Außerdem wird dem Delinquenten jeder Verkehr mit dem Ausland, zum Beispiel also Mannheim, verboten.

Vierter Akt: Was nun? Der Herzog hat gedonnert, der Held hat geschmachtet und gelitten, aber gibt nicht nach. Er schreibt vielmehr gleich wieder an Dalberg und deutet an, dass ihm nur die Flucht bliebe, wenn er, Dalberg, beim Herzog nicht um gut Wetter bitten werde. Dummerweise hat unser Dichter aber in dem Brief die vierzehn Tage Arrest erwähnt – ohne zu bedenken, dass Dalberg den Teufel tun wird, sich wegen eines Dramendichters womöglich mit dem benachbarten Herzog zu überwerfen. Dalberg schweigt also lieber, der Held verfällt wieder in Depressionen.

Neue Verwicklungen

Da schlägt das blinde Schicksal noch einmal zu. Bevor Herzog Carl Eugen sich von ganz allein beruhigen und dem jungen genialischen Untertan vielleicht gar gnädigst verzeihen kann, ziehen am Horizont dunkle Wolken auf, internationale Verwicklungen drohen, Unfrieden mit der friedlichen Schweiz, und alles wieder wegen Schiller. Hat der doch in seinen Räubern den Spiegelberg, diesen Schuft, das harmlose Graubünden als »das Athen der heutigen Gauner«[122] rühmen lassen. Ein norddeutsches Blatt, die »Hamburgischen Adreß-Comptoir-Nachrichten«, und eine Schweizer Wochenschrift empören sich daraufhin mächtig über die »fürchterliche Brandmarkung des guten Graubündens« und verlangen eine Entschuldigung.

Von diesem Zeitungsgeschwätz hätte Carl Eugen womöglich nie erfahren, wenn man es ihm nicht als diplomatische Verwicklungen eigens unter die Nase gerieben hätte – so aber wurde es das letzte Glied in dieser Hintertreppenkomödie: Der herzoglich-württembergische Garteninspektor Walter zu Ludwigsburg verpetzte alles bei Carl Eugen, ob aus Liebedienerei oder aus Rache an seinem Vorgesetzten, dem Gartenintendanten Schiller, dem Vater des Helden – wir wissen es nicht.[123]

Das jedenfalls ist zu viel für den Souverän, der noch nicht ahnt, dass er selber nur vier Jahre später eine schwäbische Räuberbande unter dem Räuber Hannikel für teure tausend Gulden Wegekosten aus dem Räuberparadies Graubünden abholen lassen muss. Carl Eugen bestellt also den verdutzten Dichter wieder nach Hohenheim, diesmal ohne ihm ein Pferd bereitzustellen, brüllt ohne Umschweife los und verbietet ihm, in Zukunft anderes als medizinische Arbeiten erscheinen zu lassen: »Ich sage, bei Strafe der Kassation schreibt Er keine Komödien mehr.«[124]

Das war ernst, das hieß womöglich Festungshaft und Dienstentlassung, und diesmal steht der Held gar nicht mutig da. Der Mann, der nach der Französischen Revolution wegen seiner Räuber als Freiheitsheld von der französischen Nationalversammlung zum Ehrenbürger ernannt werden wird, schreibt in seiner Verzweiflung einen Brief, in dem er zunächst einmal selbstbewusst dem Herzog schmeichelt, er, Schiller, sei »von allen bisherigen Zöglingen der großen Carls-Akademie der erste und einzige gewesen, der die Aufmerksamkeit der großen Welt angezogen und ihr wenigstens einige Achtung abgerungen hat – eine Ehre, welche ganz auf den Urheber meiner Bildung zurückfällt!« Doch dann bittet er in einer Unterwürfigkeit, die einem in der Seele wehtut, »untertänigst und treugehorsamst, in allerdevotester Submission ersterbend um die gnädigste Erlaubnis, ferner literarische Arbeiten bekannt machen zu dörfen«. Ja, er ist sogar bereit, »alle künftigen Produkte einer scharfen Zensur zu unterwerfen.«[125]

Doch es ist zu spät. Herzog Carl Eugen verweigert die Annahme des Schreibens und befiehlt General Augé, den Regimentsmedikus sofort zu arretieren, wenn er es wage, noch einmal ein Gesuch an den Herzog zu richten. Es ist alles aus, Vorhang.

Die heimliche Flucht

Kurze Pause von vier Wochen, Vorhang auf zum fünften Akt. Es ist September 1782, und in und rund um Stuttgart herrscht Riesentrubel, hohe Verwandtschaft ist zu Besuch. Großfürst Paul von Russland, der spätere Zar Paul I., ist mit Frau Gemahlin (einer Nichte Carl Eugens) und großem Gefolge zu einem Staatsbesuch eingetroffen. Carl Eugen hat alle Welt eingeladen, und auf den Schlössern rund um Stuttgart herrscht – wie in alten Tagen – prunkvolles Treiben. Vor 32 Fürsten und Fürstinnen, 59 Grafen und 351 Adligen werden Opern und Ballette aufgeführt, Bälle und Redouten lösen einander ab, Höhepunkt des Ganzen ist eine große Hofjagd am Bärensee auf 6000 zusammengetriebene Hirsche, das benachbarte Schloss Solitude wird mit 90 000 Lampen illuminiert. Es war vorauszusehen, dass diese Pracht ganz Stuttgart anziehen würde – eine ideale Gelegenheit, die verödete Stadt zu verlassen.

Genau für diesen 22. September 1782 plante Schiller denn auch mit seinem Freund, dem Musiker Andreas Streicher, die Flucht aus Stuttgart ins »Ausland«. Oder besser: Streicher plant. Das Einzige, was Schiller selber tut: Er nimmt Abschied von Mutter und Schwester. Es ist Streicher, der peu à peu Schillers Zivilkleidung, seine Wäsche, den Shakespeare wegschafft, damit am Morgen des 22. September alles zur Flucht bereit ist.

Als Streicher Schlag zehn auftaucht, hatte Schiller völlig vergessen, dass er fliehen wollte. Fassungslos berichtete Streicher später,[126] von sich selbst in der dritten Person redend: »Allein er fand nicht das mindeste hergerichtet. Denn nachdem Schiller um acht in der frühe von seinem letzten Besuch im Lazarett zu Hause gekehrt war, fielen ihm bei dem Zusammensuchen seiner Bücher die Oden von Klopstock in die Hände, unter denen eine ihn schon oft besonders angezogen und aufs neue so aufregte, daß er sogleich – jetzt, in einem so entscheidenden Augenblick! – ein Gegenstück dichtete. Ungeachtet allen Drängens, allen Antreibens zur Eile mußte Streicher dennoch zuerst die Ode und dann das Gegenstück anhören ...

Eine geraume Zeit verging, ehe der Dichter, von seinem Gegenstand abgelenkt, wieder auf unsere Welt, auf den heutigen Tag zu der fliehenden Minute zurückgebracht werden konnte. Ja, es erforderte öfteres Fragen, ob nichts vergessen sei, sowie mehrmaliges Erinnern, daß nichts zurückgelassen werde. Erst am Nachmittag aber konnte alles in Ordnung gebracht werden, und abends um neun kam Schiller in die Wohnung von Streicher mit einem Paar alten Pistolen unter seinem Kleide.«

War dieser Schiller ein solcher Traumtänzer, war er unfähig, den Ernst der Situation zu erfassen, oder – was ja auch möglich wäre – wollte er gar nicht fliehen, musste er überhaupt fliehen? Mit Sicherheit waren nicht die Räuber, war nicht das Theaterstück selbst der Grund für die Flucht. Im Gegenteil, Carl Eugen genoss es, dass ein Zögling seiner Carlsschule plötzlich zum Gespräch der Gebildeten geworden war.

Der Grund lag eher in Schillers Verhalten, in seiner nonchalanten Art, heimlich nach Mannheim zu reisen und anständigerweise abzuleugnen, dass er einen Mitwisser hatte. Nicht die Dichtung, der Ungehorsam des Herrn Regimentsmedikus hatte Carl Eugen erbost.

War die ganze Dramatik nur pubertäre Trotzreaktion, so wie die beiden Pistolen nach Wunder was klingen, nach Heldentum, nach unbeugsamem Willen und Todesmut? In Wirklichkeit waren sie beide kaputt: Die eine hatte noch einen ganzen Hahn, aber keinen Feuerstein, bei der anderen war das Schloss zerbrochen.

So fuhr Schiller mit seinem Fiesco im Gepäck zusammen mit Streicher und dessen Klavier am Abend bei der Schildwache vor. Streicher: »So gefaßt die jungen Leute auch auf alles waren und so wenig sie eigentlich zu fürchten hatten, so machte dennoch der Anruf der Schildwache: ›Halt! – Wer da! – Unteroffiziere heraus!‹ einen unheimlichen Eindruck auf sie. Nach dem Fragen: ›Wer sind die Herren? Wo wollen sie hin?‹ wurde von Streicher des Dichters Name in Doktor Ritter und der seinige in Doktor Wolf verwandelt, ›beide nach Eßlingen reisend‹ angegeben und so aufgeschrieben. Das Tor wurde nun geöffnet, die Reisenden fuhren vorwärts, mit forschendem Blick in die Wachstube des Offiziers, in der zwar kein Licht, aber beide Fenster weit offen waren ...«

Während Serenissimus mit den erlauchten Herrschaften auf den Höhen feierte, fuhr unten im Tal die Kutsche nach Westen. »Gegen Mitternacht sah man links von Ludwigsburg eine außerordentliche Röte am Himmel, und als der Wagen in die Linie der Solitude kam, zeigte das daselbst auf einer bedeutenden Erhöhung liegende Schloß mit all seinen weitläufigen Nebengebäuden sich in einem Feuerglanze, der sich in der Entfernung von anderthalb Stunden auf das überraschendste ausnahm. Die reine, heitre Luft ließ alles so deutlich wahrnehmen, daß Schiller seinem Gefährten den Punkt zeigen konnte, wo seine Eltern wohnten, aber alsbald, wie von einem sympathetischen Strahl berührt, mit einem unterdrückten Seufzer ausrief: ›Meine Mutter! ...‹«

Rührung, Vorhang, das Drama ist zu Ende – und fängt doch erst wirklich an.

Für Schiller ist es die große Zäsur in seinem Leben, ganz gleich, ob die Flucht notwendig und unausweichlich war oder ob sie provoziert und im jugendlichen Überschwang eines 22-Jährigen als großer Aufbruch genossen wurde. Es folgten jedenfalls sechs Jahre

Unsicherheit, Not und Enttäuschung; diese Zeit konnte er nur überstehen, weil andere ihm geholfen haben.

Da hat das Schicksal den Kollegen, den Konkurrenten auf dem Denkmalsockel tatsächlich sanfter angefasst. Beide Dichter waren im gleichen Alter, als sie mit ihrem ersten Drama berühmt wurden. Nur: Goethe stand bereits vier Jahre später, als 27-Jähriger, im Dienst des Weimarer Herzogs und konnte es sich sogar leisten, das erste Jahr ohne herzogliche Apanage auszukommen und vom eigenen Geld zu leben.

Der Weltbürger in Not

„Ich schreibe als Weltbürger, der keinem Fürsten dient«, hatte unser Dichter in gewohntem Überschwang zwei Jahre nach seiner Flucht in der Ankündigung zur »Rheinischen Thalia« mitgeteilt, »das Publikum ist mir jetzt alles, mein Studium, mein Souverain, mein Vertrauter. Ihm allein gehöre ich jetzt an. Vor diesem und keinem andern Tribunal werde ich mich stellen. Dieses nur fürchte ich und verehr ich. Etwas Großes wandelt mich an bei der Vorstellung, keine andere Fessel zu tragen, als den Ausspruch der Welt – an keinen anderen Thron mehr zu appellieren, als an die menschliche Seele.«[127]

So wundervoll, edel und erhaben das klingt – mit dieser Methode wäre Schiller glattweg verhungert, und das wusste er auch. Gerade eben frisch aus Stuttgart nach Mannheim geflüchtet, hatte er deshalb gleich wieder an den Herzog geschrieben, denn »... ich weiß, daß ich in der großen Welt nichts gewinnen kann, daß ich in mein grössestes Unglück stürze; ich habe keine Aussicht mehr wenn Eure Herzogl. Durchlaucht mir die Gnade verweigern sollten, mit der Erlaubnis Schriftsteller sein zu dörfen ...«[128]

Außerdem: Was nützte ihm das Publikum als Vertrauter und Souverän, wenn es ihm nicht einmal gelang, Verlage und Theaterdirektoren zu begeistern, ohne die das Publikum ja nichts von dem großen Dichter erfuhr?

Das Fiasko mit Fiesco

Sein Kumpan Streicher erinnert an das blamable Beispiel, das sich kurz nach der Flucht in Mannheim ereignet hatte und das man wirklich nur mit dem sattsam bekannten Wortspiel Fiesco/Fiasko umschreiben kann:

»Der Nachmittag war zur Vorlesung des neuen Trauerspiels« – also des Fiesco – »bestimmt, wozu sich gegen vier Uhr außer Iffland, Beil, Beck noch mehrere Schauspieler einfanden, die nicht Worte genug finden konnten, um ihre tiefe Verehrung gegen den Dichter sowie über die hohen Erwartungen auszudrücken, die sie von dem neuesten Produkt eines so erhabenen Geistes hätten. Nachdem sich alle um einen großen runden Tisch gesetzt hatten, schickte der Verfasser erst eine kurze Erzählung der wirklichen Geschichte und eine Erklärung der vorkommenden Personen voraus, worauf er dann zu lesen anfing ...

Aber der erste Akt wurde zwar bei größter Stille, jedoch ohne das geringste Zeichen des Beifalls abgelesen, und er war kaum zu Ende, als Herr Beil sich entfernte und die übrigen sich von der Geschichte Fiescos oder anderen Tagesneuigkeiten unterhielten.

Der zweite Akt wurde, von Schiller weitergelesen, ebenso aufmerksam wie der erste, aber ohne das geringste Zeichen von Lob oder Beifall angehört. Alles stand jetzt auf, weil Erfrischungen von Obst, Trauben usw. herumgegeben wurden. Einer der Schauspieler, namens Frank schlug ein Bolzenschießen vor, zu dem man auch Anstalt zu machen schien. Allein nach einer Viertelstunde hatte sich alles verlaufen, und außer den zum Haus Gehörigen war nur Iffland geblieben, der sich erst um acht Uhr entfernte.«[129]

Es muss ein Alptraum für unseren armen Schiller gewesen sein, zumal er der Überzeugung war: »Meine ›Räuber‹ mögen untergehen, mein ›Fiesco‹ wird leben.«[130] Bei dieser ersten Lesung jedenfalls war der Fiesco mit Glanz und Gloria durchgefallen.

Doch es kam noch schlimmer. Als Streicher sich gerade beim Hausherrn, dem Mannheimer Regisseur und Schauspieler Christian Dietrich Meyer, »über die ungewöhnliche und beinahe verächtliche Behandlung Schillers« beklagen wollte, zog ihn dieser in das Nebenzimmer und fragte:

»›Sagen Sie mir jetzt ganz aufrichtig, wissen Sie gewiß, daß es Schiller ist, der die *Räuber* geschrieben?‹

Zuverlässig, wie können Sie zweifeln!

›Wissen Sie gewiß, daß nicht ein anderer dieses Stück geschrieben und er es nur unter seinem Namen herausgegeben? Oder hat ihm jemand anderer daran geholfen? ... Weil der *Fiesco* das Allerschlechtest ist, was ich je in meinem Leben gehört, und weil es unmöglich ist, daß derselbe Schiller, der die *Räuber* geschrieben, etwas so Gemeines, Elendes sollte gemacht haben ... Wenn Schiller wirklich die *Räuber* und den *Fiesco* geschrieben, so hat er alle seine Kraft an dem ersten Stück erschöpft und kann nun nichts mehr als lautes, erbärmliches, schwülstiges, unsinniges Zeug hervor bringen ...‹«[131]

Nun ist der Fiesco nicht gerade Schillers erfolgreichstes Stück, es wurde seinerzeit nur wenige Male in Mannheim, Frankfurt und Bonn aufgeführt. Aber zu welchen Fehlurteilen und Verdächtigungen es kam, was hier an diesem Nachmittag passierte, »machte auf Streichern einen so betäubenden Eindruck, daß ihm die Sprache für den Augenblick den Dienst versagte.«[132] Es war unvorstellbar und – wie sich zeigen sollte – ein klassisches Beispiel dafür, dass es der Ton ist, der die Musik macht. Streicher weiter:

»Bei Weggehen ersuchte ihn Meyer, ihm für die Nacht das Manuskript dazulassen ... Mit banger Erwartung wegen des Endurteils, das über *Fiesco* und seinen Verfasser gefällt werden sollte, begab sich Streicher den andern Morgen ziemlich früh zu Herrn Meyer, der ihn kaum ansichtig wurde, als er ausrief: ›Sie haben Recht! Sie haben Recht! *Fiesco* ist ein Meisterstück und weit besser gearbeitet als die *Räuber.* Aber wissen Sie auch, was schuld daran ist, daß ich und alle Zuhörer es für das elendeste Machwerk hielten? Schillers schwäbische Aussprache und die verwünschte Art, wie er alles deklamiert!‹«[133]

Sicher, damals deklamierte man anders als heute, damals reichte einfaches Vorlesen nicht aus, damals ging es zu wie in den frühen

Zeiten des Schulfunks, wo jedes Wort mit dem entsprechenden Geräusch unterlegt wurde und wo folglich auch ein Goethe lauthals schnarchte, wenn von Schnarchen die Rede war. Aber hier kamen eben noch die kreischende Stimme, ein »widerlich singender Schulton«[134], das Schwäbische und das speziell Schiller'sche Pathos hinzu, das alles übertrieb, hier wie anderswo: Pferde, die er geritten hatte, waren von Stund an unbrauchbar, da er sie zuschanden geritten hatte; statt mit dem Weinglas anzustoßen wie jedermann, gelang es ihm spielend, beide Gläser in der Luft zu zertrümmern; alles, was er tat, tat er forciert und ohne Einfühlung, »mit Heftigkeit und Übermaß«.[135]

So hatte er auch keinerlei Gespür dafür, dass Deklamieren und Schauspielerei nicht eben seine Stärken waren. Im Gegenteil: Nach dem Fiasko des Nachmittags verkündete er am Abend, »daß, wenn er hier nicht als Schauspieldichter angestellt oder sein Trauerspiel nicht angenommen werde, er selbst als Schauspieler auftreten wolle, indem eigentlich doch niemand so deklamieren könne wie er ...«[136]

Dabei hatte er entsprechende Erfahrungen, die ihn hätten warnen können. Als Herzog Carl Eugen im Februar 1780 seinen Geburtstag mit einer Theateraufführung begehen wollte, hatte er Friedrich Schiller mit der Auswahl des Stücks und dessen Inszenierung beauftragt. Eleve Schiller wählte Goethes Clavigo und sich als Hauptperson aus.

»Aber wie trat er auf, wie spielte er? Ohne alle Übertreibung darf man sagen: abscheulich«, notierte ein Mitschüler. »Was rührend und feierlich sein sollte, war kreischend oder strotzend und pochend. Innigkeit und Leidenschaft drückte er durch Brüllen, Schnauben und Stampfen aus, kurz, sein ganzes Spiel war die unvollkommenste Ungebärdigkeit, bald zurückstoßend, bald lacherregend ...

In der Unterredung mit Baumarchais, wo der Dichter in einer Klammer sagt: Clavigo bewegt sich in höchster Verwirrung auf seinem Sessel, fuhr Schiller in so wilden Zuckungen auf dem Stuhle herum, daß die Zuschauer lachend erwarteten, er falle herunter.«[137]

Wieder auf der Flucht

Aber zurück nach Mannheim und zum September 1782. Kaum war die fatale Lesung des Fiesco vorüber, traf in Mannheim die Nachricht ein, dass die Flucht des Dichters in Stuttgart einiges Aufsehen erregt habe und der Herzog den Flüchtling vermutlich verfolgen lasse oder die Auslieferung verlangen werde. Man riet Schiller, sich nicht mehr auf der Straße zu zeigen und am Besten überhaupt zu verschwinden. Das taten die beiden – also Streicher und unser junger Dichter – auch und wanderten, da sie kein Geld hatten, zu Fuß innerhalb von zwei Tagen nach Frankfurt, eine Strapaze, die über Schillers Kräfte ging. Kurz vor Frankfurt machte er schlapp.

»Mit jeder Minute vermehrte sich seine Blässe, und als man in ein Wäldchen gelangte, in welchem seitwärts eine Stelle ausgehauen war, erklärte er, außerstande zu sein, noch weiterzugehen, sondern versuchen zu wollen, ob er sich in einigen Stunden Ruhe wenigstens soweit erhole, um heute noch die Stadt erreichen zu können. Er legte sich unter ein schattiges Gebüsch ins Gras nieder, um zu schlafen, und Streicher setzte sich auf den abgehauenen Stamm eines Baumes, ängstlich und bange nach dem armen Freund hinschauend, der nun doppelt unglücklich war.«[138]

Es spricht für den Charakter und die Ausstrahlung Schillers, dass er immer gute Freunde hatte, die ihm in schwierigen Situationen halfen. Dieser Johann Andreas Streicher zum Beispiel, zwei Jahre jünger als sein Freund, hatte nicht den geringsten Grund, nach Frankfurt zu gehen. Er war gerade dabei, nach Hamburg zu ziehen, daher das Klavier im Gepäck. Aber er arrangierte alles so, dass er Schiller von Stuttgart aus mitnehmen konnte, er opferte das gesparte Geld, um sich und seinen Freund durchzubringen, ließ sich deswegen später von seiner Schwester sogar noch Geld nach Frankfurt schicken – nur um Schiller zu helfen.

Die Gedanken, die Streicher auf dem Baumstumpf sitzend bewegten, sind, auch wenn sie erst später und in Kenntnis der Bedeutung seines damaligen Begleiters aufgeschrieben wurden, ein rührendes Zeugnis:

»In welcher Sorge und Unruhe der Wachende die Zeit zugebracht, während der Kranke schlief, kann nur derjenige allein fühlen, der die Freundschaft nicht bloß durch den Austausch gegenseitiger Gefälligkeiten, sondern auch durch das wirkliche Mitleiden und Mittragen aller Widerwärtigkeiten kennt. Und hier mußte die innigste Teilnahme um so größer sein, da sie einem Jüngling galt, der in allem das reinste Gemüt, den höchsten Adel der Seele kundgab und all das Erhabene und Schöne schon im voraus ahnen ließ, das er später so groß und herrlich entfaltete. Auch in seinen gehärmten düsteren Zügen ließ sich noch der stolze Mut wahrnehmen, mit dem er gegen ein hartes, unverdientes Schicksal zu kämpfen suchte, und die wechselnde Gesichtsfarbe verriet, was ihn, auch seiner unbewußt, beschäftige.«[139]

Schiller erholte sich wieder etwas, und am Abend kamen sie in einer billigen Unterkunft in Sachsenhausen unter, wo sie im Voraus den Betrag für Logis und Verköstigung festlegten, um überhaupt mit dem Geld durchzukommen.

Hier und in dieser Lage schrieb Schiller einen Bittbrief an den Intendanten Dalberg, seinen Entdecker und bisherigen Gönner, der die Wende bringen sollte.

»Euer Exzellenz werden von meinen Freunden zu Mannheim meine Lage bis zu Ihrer Ankunft, die ich leider nicht mehr abwarten konnte, erfahren haben. Sobald ich Ihnen sage, *ich bin auf der Flucht,* sobald habe ich mein ganzes Schicksal geschildert. Aber noch kommt das schlimmste hinzu. Ich habe die nötigen Hilfsmittel nicht, die mich in den Stand setzten, meinem Mißgeschick Trotz zu bieten ...

Ich hätte ohngefähr noch 200 fl. [= Gulden] nach Stuttgart zu bezahlen. Ich darf Ihnen gestehen, daß mir das mehr Sorgen macht, als wie ich mich selbst durch die Welt schleppen soll. Ich habe solange keine Ruhe, bis ich mich von der Seite gereinigt habe. – Dann wird mein Reisemagazin in acht Tagen erschöpft sein. Noch ist es mir gänzlich unmöglich mit dem Geiste zu arbeiten. Ich habe also gegenwärtig auch in meinem Kopf keine Ressourcen. Wenn Euer Exzellenz (da ich doch einmal alles gesagt habe), mir auch dazu 100 fl. vorstrecken würden, so wäre mir gänzlich geholfen ...«[140]

Vier Tage später kam das Antwortschreiben, das verabredungsgemäß Meyer übernommen hatte. »Schiller las dieses für sich allein und blickte dann gedankenvoll durch das Fenster, welches die Aussicht auf die Mainbrücke hatte. Er sprach lange kein Wort, und es ließ sich nur aus seinen verdüsterten Augen, aus der veränderten Gesichtsfarbe schließen, daß Herr Meyer nichts Erfreuliches gemeldet habe.«[141]

Herr von Dalberg hatte schlicht und einfach abgelehnt. Der Fiesco müsse erst umgearbeitet werden, erst dann könne man weiterreden. Kein Vorschuss, keine Entschuldigung, kein freundliches Wort, nichts. Schiller hatte sich umsonst gedemütigt und um Vorschuss gebeten, aber wie Streicher berichtet, kam kein Vorwurf über seine Lippen.

Dabei kann man Dalberg gut verstehen. Er kommt eben aus Stuttgart zurück, wo er an den Feierlichkeiten zu Ehren des russischen Großfürsten teilgenommen hat. Er hat brühwarm alles über Schillers Flucht erfahren, weiß, dass Herzog Carl Eugen deswegen höchst ungnädig gestimmt ist – und kaum kommt er nach Hause, steht dieser Schiller vor seiner Tür und ist imstande, den im Hofdienst stehenden Intendanten Dalberg zu kompromittieren: Einem Flüchtling, einem Deserteur soll er helfen (immerhin trug Schiller Uniform), einem Deserteur, der soeben, sozusagen unter seinen Augen, dem befreundeten Herzog eines Nachbarlandes davongelaufen ist.

Dalberg musste jonglieren, musste zum mindesten abwarten. Erst als sich die Lage im Jahr drauf wieder entspannte und beruhigte – Carl Eugen hätte Schiller sogar wieder zurückkommen lassen, aber darauf ging der lieber nicht ein –, erst da schien es möglich und opportun, den begabten Stückeschreiber wieder willkommen zu heißen und ihn in Mannheim zum Theaterdichter zu ernennen.

Bis dahin saß Schiller auf dem Trockenen, und »bei jedem Griff in den Beutel war schon sein Boden erreicht.«[142] Um die Kasse aufzubessern, ging er in seiner Verzweiflung zu einem Buchhändler (die damals oft auch Verleger waren) und versuchte, das Gedicht »Teufel Amor« für 25 Gulden zu verkaufen. Da der Buchhändler nur 18 bezahlen wollte, wurde aus dem Handel nichts, und die Welt ist um ein ziemlich langes Gedicht ärmer: Es ging nämlich später auf der Flucht verloren. Immerhin, sein Chronist Streicher erinnerte sich wenigstens an ein paar Worte, die somit der Nachwelt überliefert werden konnten: »Süßer Amor, verweile im melodischen Flug ...«

Oggersheim und die L. M.

Die beiden Freunde verweilten dagegen nicht. Da ihnen Frankfurt zu teuer erschien, setzten sie ihre Odyssee schnell fort: Sie fuhren zuerst mit dem Schiff nach Mainz und marschierten von da aus zu Fuß nach Worms. Unterwegs hatten sie ein Erlebnis, das zwar für die Karriere des Genies von höchst nebensächlicher Bedeutung ist, der Nachwelt aber drei Dinge deutlich macht: Einmal, dass zu hohe Erwartungen auch früher schon zu Enttäuschungen führten, dass es andererseits auf die Situation ankommt, ob Erwartungen nicht doch noch erfüllt werden, und schließlich, dass Schiller nicht nur zu Hause gern ein Fläschchen Likör stehen hatte, sondern sich auch unterwegs da und dort einen Schluck gönnte. Streicher beschreibt das Erlebnis:

»Da man am Abend in Worms eintreffen wollte, so mußten die Wanderer als ungeübte Fußgänger sich ziemlich anstrengen, um den neun Stunden langen Weg zurückzulegen. Als noch am Vormittag Nierstein erreicht wurde, konnten die beiden der Versuchung nicht widerstehen, sich an dem in der Gegend wachsenden Wein, den sie nur aus den Lobeserhebungen der Dichter kannten, zu stärken, welches besonders Schiller, der von Mainz bis hierher nur wenige Worte gesprochen, sehr zu bedürfen schien.

Sie traten in das zunächst am Rhein gelegene Wirtshaus und erhielten dort durch Bitten und Vorstellungen einen Schoppen oder ein Viertelmaß von dem besten, ältesten Weine, der sich im Keller fand und der mit einem kleinen Taler bezahlt werden mußte.

Als Nichtkenner edler Weine schien es ihnen, daß bei diesem Getränk, wie bei vielen berühmten Gegenständen, der Ruf größer sei als die Sache verdiene. Aber als sie ins Freie gelangten, als die Füße sich leichter hoben, der Sinn munterer wurde, die Zukunft ihre düstere Hülle etwas lüftete und man mit mehr Mut als bisher entgegenzutreten wagte, glaubten sie, einen wahren Herzenströster in ihm entdeckt zu haben, und ließen dem edlen Wein volle Gerechtigkeit angedeihen. Dieser angenehme Zustand erstreckte sich aber kaum über drei Stunden ...«[143]

Ziel des Marsches war ein kleines Nest in der Nähe von Mannheim, wo sie auf Anraten von Freunden Quartier bezogen. Dort war es billig – so billig, dass die beiden nur ein Bett im Zimmer hatten und zusammen darin schlafen mussten. Immerhin schienen sie hier vor Häschern sicher, zumal Schiller seinen »Doktor Ritter« vorsichtshalber in den guten alten deutschen Allerweltsnamen »Doktor Schmidt« umgewandelt hatte, während Streicher sich nur noch »Wolf« nannte.

Noch vor Jahren hätte ich den Namen dieses Nestes ordnungshalber aufschreiben können, und jeder hätte ihn sofort wieder vergessen. Inzwischen hat ein gewisser Helmut Kohl dafür gesorgt, dass die Nennung des Ortes einen Aha-Effekt hervorruft: Es handelt sich um Oggersheim.

Hier gedachte Doktor Schmidt den Fiesco bühnenreif umzuarbeiten, aber bevor es dazu kam, wehte der Geist wieder einmal, wo und wann er wollte, und Schiller begann stattdessen in Oggersheim – noch am ersten Abend – das nächste, sein drittes Drama, das bei ihm unter »L. M.« lief, eigentlich »Louise Millerin« heißen sollte und schließlich als »Kabale und Liebe« berühmt wurde.

»Er war so eifrig beschäftigt, alles das niederzuschreiben, was er bis jetzt darüber in Gedanken entworfen hatte, daß er während ganzer acht Tage nur auf Minuten das Zimmer verließ. Die langen Herbstabende wußte er für sein Nachdenken auf eine Art zu benützen, die demselben ebenso förderlich als für ihn angenehm war. Denn schon in Stuttgart ließ sich immer wahrnehmen, daß er durch Anhören trauriger oder lebhafter Musik außer sich selbst versetzt wurde und daß es nichts weniger als viele Kunst erforderte, durch passendes Spiel auf dem Klavier alle Affekte in ihm aufzureizen ...

Er machte daher meist schon beim Mittagstische mit der bescheidensten Zutraulichkeit die Frage an Streicher: ›Werden Sie nicht heute Abend wieder Klavier spielen?‹ – Wenn nun die Dämmerung eintrat, wurde sein Wunsch erfüllt, währenddem er im Zimmer, das oft bloß durch das Mondlicht beleuchtet war, mehrere Stunden auf und ab ging und nicht selten in unvernehmliche, begeisterte Laute ausbrach. Auf diese Art verflossen einige Wochen ...«[144]

Erst dann machte er sich an den Fiesco und schickte ihn an Dalberg. Die Antwort war vernichtend und besagte, »daß dieses Trauerspiel auch in der vorliegenden Umarbeitung nicht brauchbar sei, folglich dasselbe auch nicht angenommen oder etwas dafür vergütet werden könne.«

So sehr unser armer Schiller auch bereute, dass er sich »durch täuschende Versprechungen, durch schmeichelnde leere, glatte, hohle Worte hatte aufreizen lassen, von Stuttgart zu entfliehen«[145], er schluckte es schweigend – und verkaufte seine Uhr, um das Wirtshaus bezahlen zu können.

Doch das reichte nicht: »Die letzten vierzehn Tage mußte man aber dennoch auf Borg leben wo man dann auf der schwarzen Wirtshaustafel recht säuberlich mit Kreide geschrieben sehen konnte, was die Herren Schmidt und Wolf täglich verbraucht hatten.«[146] Herr Schmidt wusste sich allerdings zu helfen: Als Dalberg das Stück nicht nahm, verkaufte er den Fiesco an einen Buchhändler, der das Drama dann drucken ließ.

Aber »der arme Dichter erhielt für den ›Fiesco‹ gerade soviel, um besagte Kreidestriche auslöschen zu lassen, um einige unentbehrliche Sachen für den Winter anzuschaffen und um seine Reise bis Bauerbach ohne Furcht vor neuem Mangel bestreiten zu können.«[147]

Stille Tage in Bauerbach und die erste Charlotte

Für Schiller, der eben noch geschrieben hatte: »Innerhalb drei bis vier Wochen hoffe ich freier Weltbürger zu sein ...«[148], ging das Leben vorerst auf Kosten anderer weiter, denn Bauerbach im Thüringischen war die nächste Station seiner Flucht. Dort besaß Frau von Wolzogen, die wir schon kennen gelernt haben, ein kleines Gutshaus, das sie ihm schon früher für den Fall der Fälle angeboten hatte.

Ein solcher Fall schien nun eingetreten zu sein, als sich in Mannheim ein württembergischer Offizier nach Schiller zu erkundigen begann. Sofort tauchte das Gespenst eines rachsüchtigen Carl Eugen auf, und alle rieten zur Flucht ins ferne Thüringen. Als sich herausstellte, dass jener Offizier kein Spitzel, sondern ein alter Schulfreund war, der ihn besuchen wollte, war Doktor Schmidt nach siebentägiger Reise Anfang Dezember 1782 längst im tief verschneiten Bauerbach eingetroffen und fühlte sich wie im Schlaraffenland: »Ich habe alle Bequemlichkeit, Kost, Bedienung, Wäsche, Feuerung, und alle diese Sachen werden von den Leuten des Dorfs auf das Vollkommenste und Willigste besorgt«[149], meldete er sofort an Streicher, der in Oggersheim zurückgeblieben war.

In dieser Idylle, allein und weit ab von der Welt, brachte er die Louise Millerin zu einem ersten Abschluss – dieses bürgerliche Trauerspiel, das allein schon deswegen revolutionär war, weil es keine Adlige, sondern eine Bürgerliche, die Tochter eines Musikers, zur Heldin hatte, dieses Drama, das die absolutistischen Missstände offen und schonungslos anprangerte, ein Zeitstück, dessen aufwühlende Wirkung wir uns heute gar nicht mehr vorstellen können. Die Entstehungsgeschichte des Stücks klingt wie erfunden, ist aber verbürgt: Die Idee zu diesem Drama der Standesunterschiede kam Schiller, als er bei Carl Eugen vierzehn Tage im Strafarrest saß.

Mehr als ein halbes Jahr lebte Schiller in Bauerbach, vom etwas hypochondrischen und 22 Jahre älteren Bibliothekar Reinwald aus dem benachbarten Meiningen mit Büchern, Papier, Tinte und Schnupftobak (und dem immer gleich pfundweise) wohl versorgt. Umgekehrt versorgte Familie Schiller den alten Junggesellen auch nicht schlecht: 1786 heiratete Wilhelm Friedrich Hermann Reinwald Schillers Schwester Christophine. So klein ist die Welt.[150]

Schiller wiederum ignorierte nach dem Vorbild seiner L. M. die Standesunterschiede und verliebte sich in Bauerbach in eine Adlige. Da Schiller im Laufe der Zeit allein drei adlige Charlotten näher kennen lernte, empfiehlt es sich, die verwechslungsträchtigen Damen mit Zunamen zu führen.

Diesmal ist es die 17-jährige Charlotte von Wolzogen, die Tochter seiner mütterlichen Gönnerin. Der junge Dichter kann ohne sie nicht mehr leben, versteht sich, aber sie, und das ist die übliche Tragik, sehr wohl ohne ihn. Hinzu kommt, dass ein adliger Galan auf ältere Rechte pocht. Unser Dichter verzehrt sich infolgedessen in Eifersucht, sodass ihm der Junggeselle Reinwald empfiehlt, Bauerbach doch lieber zu verlassen. Ebenso rät ihm auch Mama Henriette von Wolzogen auf einem längeren Waldspaziergang, eine Zeit lang zu verreisen, am besten nach Mannheim, wo er doch ohnehin zu tun habe.

Inzwischen hat sich nämlich Erstaunliches begeben. Dalberg, der zwischen Feigheit und Vorsicht lavierende Theaterintendant, war zu der Einsicht gekommen, dass Schiller gar nicht verfolgt werde, dass er als Intendant infolgedessen wieder gefahrlos mit dem Erfolgsdichter umgehen könne. Hinzu kam, dass die Mannheimer Bühne mit ihren Stücken gerade nicht reussierte, während dieser Schiller im Thüringer Wald saß und ein aktuelles und Erfolg versprechendes bürgerliches Sittendrama geschrieben hatte.

Im März 1783 schrieb Schiller ganz verblüfft an Henriette von Wolzogen: »Die Mannheimer verfolgen mich mit Anträgen um mein neues ungedrucktes Stück, und Dalberg hat mir auf eine verbindliche Art über seine Untreue Entschuldigung getan.«[151]

»Ob ich mit Dalberg zu Rande kommen kann, bezweifle ich«, meldete er allerdings am gleichen Tag an Reinwald. »Ich kenne ihn ziemlich, und meine *Louise Millerin* hat verschiedene Eigenschaften an sich, welche auf dem Theater nicht wohl passieren ...«[152] Was er darunter verstand, schrieb er an Dalberg: »Außer der Vielfältigkeit der Charaktere und der Verwicklung der Handlung, der vielleicht allzufreien Satyre, und Verspottung einer vornehmen *Narren-* und *Schurkenart* hat dieses Trauerspiel auch diesen Mangel, daß Komisches mit Tragischem, Laune mit Schrecken wechselt, und, ob schon die Entwicklung tragisch genug ist, doch einige lustige Charaktere und Situationen hervorragen.«[153]

Das sind natürlich alles nur Floskeln, um irgendwelchen Einwänden im Voraus zu begegnen. Im Grunde ist Schiller von seiner Millerin begeistert, und so macht er sich sofort daran, das Stück für das Theater umzuarbeiten.

»Meine L. M. jagt mich schon um fünf Uhr aus dem Bette. Da sitz ich, spitze Federn, und käue Gedanken. Es ist gewiß und wahrhaftig, daß der Zwang dem Geist alle Flügel abschneidet. So ängstlich für das Theater – so hastig, weil ich pressiert bin, und doch ohne Tadel zu schreiben, ist eine Kunst. Doch gewinnt meine *Millerin,* das fühl ich.«[154]

Ende Juli 1783 fährt er für ein paar Wochen zu Verhandlungen nach Mannheim. Höchstens sechs Wochen hatte er eingeplant. Es wurden zwei Jahre daraus; er erhielt die einzige Anstellung seines Lebens als Dramatiker, und die noch schmählich bezahlt.

Es ist ein trostloses Kapitel. Zwar bietet ihm Dalberg überraschend einen Vertrag als Theaterdichter an und Schiller, selig und beglückt, akzeptiert. Aber bald entdeckt er, dass 300 Gulden Reichswährung pro Jahr in einer Stadt wie Mannheim und bei seinen gesellschaftlichen Verpflichtungen eine erbärmliche Summe sind und dass die vertraglich festgelegte Verpflichtung, in einem Jahr drei bühnenreife Theaterstücke abzuliefern, eine entsetzliche Fessel darstellt.

Zwar sind der unglückselige Fiesco und die L. M. nahezu fertig und am vierten Drama, dem Don Carlos, schreibt er längst. Aber Schiller ist nun mal keiner, der auf Termin schreiben kann, und unter Druck schon gar nicht. Es ist hier wie anderswo: Der Zwang beschneidet dem Geist die Flügel.

Hinzu kam, dass im Herbst in Mannheim eine malariaähnliche Seuche ausbrach, die man das kalte Fieber[155] nannte und die zahlreiche Einwohner hinwegraffte. Auch Schiller litt wochenlang an Fieberanfällen, die alle drei Tage wiederkehrten, und war erst im Frühjahr wieder einigermaßen beisammen.

Man nimmt an, dass dieses kalte Fieber, oder genauer: die rabiate Behandlungsmethode, die er sich selbst verordnet hatte, seine Gesundheit so nachhaltig ruinierte, dass sie den Ausgangspunkt seines lebenslangen Siechtums bildete.

»Mein böses kaltes Fieber scheint nunmehr nachlassen zu wollen«, meldete er im November an Frau von Wolzogen, »denn ich habe bereits seit drei Tagen keinen Anfall gehabt. Ich lebe aber auch erbärmlich genug um es vom Hals zu schütteln. Schon 14 Tage habe ich weder Fleisch noch Fleischbrüh gesehen. Wassersuppe heute,

Wassersuppe morgen, und dieses geht so Mittags und Abends. Allenfalls gelbe Rüben oder saure Kartoffeln, oder so etwas dazu.«

Am verheerendsten war seine eigene Rezeptur, die auf Dauer kein Magen aushalten konnte: »Fieberrinde eß ich wie Brot, und ich hab mir sie expreß von Frankfurt verschrieben.«[156] Er nahm zum Beispiel eine ganze Tagesration auf einmal ein, »was freilich oft half, aber ein solches Toben des Magens veranlaßte, daß man glaubte, vergehen zu müssen, und was auf lange Jahre hinaus die übelsten Folgen zurückließ.«[157] (Doch auch in gesunden Tagen entsprach sein Ernährungsfahrplan nicht ganz unseren modernen Vorstellungen: In der Früh ein Brötchen, mittags ein Essen zu vier Schüsseln aus dem Gasthaus und abends allenfalls Kartoffeln in Salz, mal ein Ei oder etwas Ähnliches zu einer Bouteille Bier. Das konnte nichts werden.)

In diesem Zustand und zwischen seinen Fieberanfällen dichtete er wie besessen, und das, wir kennen es schon, fast im wörtlichen Sinne. Luise Schwan, eine Tochter seines Mannheimer Verlegers, hat selbst einen solchen Fall erlebt, als sie mit ihrem Vater eines Abends bei dem Kranken vorbeiging, um nach ihm zu sehen: »An der Saaltüre angekommen, hörten wir ein arges Geschrei, und was sahen wir! Schiller war allein und rannte in Hemdsärmeln auf und ab, gestikulierte und krakeelte ganz barbarisch. Zwei brennende Lichter standen auf einem Tisch mit Papieren mitten im Saal, und alle Läden waren geschlossen. Mein Vater rief ihm zu: Aber, lieber Schiller, was treiben Sie denn, daß Sie hausen wie ein Türke und gestern erst das Fieber hatten. Sind Sie denn ein Mediziner und wollen sich mit Gewalt ruinieren? – Schiller atmete tief auf und sagte: Drum hatte ich gerade den Mohren [im Fiesco] am Kragen. Mein Vater ermahnte ihn sehr, sein Fieber abzuwarten und alle Mohren laufen zu lassen, was er auch versprach.«[158]

Es war halt seine Art zu dichten. Ein Jahr darauf, in der Leipziger Zeit, fand jemand einmal den Dichter auf dem Boden liegend, »... wobei sein Körper in großer Bewegung gewesen sei. Bestürzt sei er zu ihm getreten und habe ihn gefragt, ob ihm etwas zugestoßen? Schiller habe bloß ausgerufen: Lassen Sie mich! Nach einiger Zeit sei der Dichter erschöpft zu ihm gekommen und habe ihm mitgeteilt, daß er soeben den Plan zu einer Szene im *Don Karlos* gefaßt habe.«[159]

Aber auch wenn er beim Dichten nicht trampelte und tobte, gelang es ihm, seine Umgebung zu verstören, zum Beispiel in Mannheim den Schauspieler Müller, bei dem er oft abends zu Besuch war. »Wenn die anderen sich aber entfernten, forderte er mehrmals noch Wein, Kaffee, Tinte und Papier und schrieb die Nacht hindurch mehrere Szenen zu seiner Tragödie ›Kabale und Liebe‹. Müller fand ihn dann gewöhnlich des Morgens ... in einer Art von Starrkrampf, so daß er ihn einmal wirklich für tot hielt ...«[160]

Mit einem solchen Theaterdichter kamen auf die Dauer weder Dalberg noch die Schauspieler zurecht. Da er mit seinem Don Carlos, dem dritten versprochenen Schauspiel der Saison, nicht überkam, und weil sich im Laufe der Zeit Theaterdichter, Schauspieler und Theaterdirektor immer weniger vertrugen, sich sogar gegenseitig beleidigten, beschimpften und verärgerten, lief der Vertrag nach zwei Jahren stillschweigend aus.

Schiller stand nun mit einem noch größer gewordenen Berg von Schulden wieder auf der Straße: Zu seinen unbezahlten Rechnungen aus der Stuttgarter Zeit kamen noch die Schulden, die er gemacht hatte, um das erste (und vorerst einzige) Heft seiner »Rheinischen Thalia«, mit dem Abdruck von Teilen des Don Carlos, im Selbstverlag herauszubringen.

Immerhin wurde im Januar 1784 von Dalberg endlich der Fiesco aufgeführt, den er noch vor Jahr und Tag als unmöglich abgelehnt hatte. Er war kein ganz großer Erfolg, wurde aber bald an zahlreichen Bühnen nachgespielt.[161] Ein Riesenerfolg war dagegen ein Vierteljahr später das tragische Schauspiel um Louise Millerin, das auf Vorschlag Ifflands in Kabale und Liebe umbenannt worden war. Allerdings nannte der streng pietistische Carl Philipp Moritz –

damals noch Lehrer, später Professor, Dichter und Freund Goethes – das Drama »ein Produkt, was unseren Zeiten Schande macht« und meinte: »Alles, was dieser Autor anfaßt, wird unter seinen Händen zu Schaum und Blase.«[162]

Der Hofrat und die zweite Charlotte

Bei allem Triumph auf der Bühne – des Poeten Job als Mannheimer Theaterdichter war der misslungene Versuch, sich mit einem festen Beruf ein verlässliches, regelmäßiges Einkommen zu sichern. Um seine erdrückenden Schulden abzuarbeiten, überlegte Schiller daher, das Medizinstudium fortzuführen und noch einmal mit einem Doktor abzuschließen oder sich in einer anderen Stadt, wie etwa in Berlin, am Theater etwas zu suchen.

Man könnte nun gleich zu seinem nächsten Mäzen und Retter in der Not weitergehen, wenn nicht auch in Mannheim eine seiner adligen Charlotten ins Spiel gekommen wäre. Diesmal war es die mit Wolzogens verwandte Charlotte von Kalb[163], eine 23-jährige, unlustig verheiratete, kapriziöse und schwärmerisch veranlagte junge Dame. Sie himmelte unseren Schiller an, während der sich zur gleichen Zeit um die 18-jährige Tochter Margarethe von Kammerrat Schwan[164] und die Schauspielerin Katharina Baumann[165] bemühte wie vorher schon um Charlotte von Wolzogen – nach dem Motto: »Ich bekenne gern, daß mir das schöne Geschlecht von Seiten des Umgangs gar nicht zuwider ist.«[166]

Man sieht: Wenn man nur wollte, könnte man ebenso prickelnde Bücher über Schillers Verhältnis zur Damenwelt schreiben wie über das von Goethe und darüber spekulieren, wie weit diese Verhältnisse da und dort, angefangen bei der Stuttgarter Laura, tatsächlich geführt haben. Doch davon später mehr.

Im Moment ist Charlotte von Kalb aus einem anderen Grunde interessant: Sie erreichte, dass unser Weltbürger unversehens zum

Hofrat ernannt wurde. Es waren jedenfalls die Kalbs, die zu Weihnachten 1784 am Darmstädter Hof eine Lesung des ersten Aktes von Don Carlos arrangierten. Das war bei Schillers Art zu deklamieren sicherlich für niemanden ein Genuss, aber für einen zufällig anwesenden ausländischen Potentaten eine Gelegenheit, sich mit dem Namen Schiller zu schmücken – so, wie ja auch heute bei Preisverleihungen das Komitee oft durch den Preisträger mehr geehrt wird als umgekehrt.

Unserem Schiller war dieser Potentat nicht fremd, er war ihm fünf Jahre zuvor schon in Stuttgart begegnet, damals allerdings in Begleitung seines weit berühmteren Geheimrates namens Goethe. Dieser Herzog Carl August von Sachsen-Weimar also war gerade in Darmstadt zu Besuch. Bei einem anschließenden Gespräch fühlte sich Schiller durch das herzliche Entgegenkommen des Fürsten zu einer offenen Aussprache seiner Hoffnungen und Wünsche ermutigt – und siehe da, ein erstes Ergebnis zeigte sich bereits am nächsten Morgen. Carl August, dem wohl nicht entgangen sein dürfte, dass er es mit einem Flüchtling und Deserteur zu tun hatte, verlieh ihm in einem Handschreiben huldvoll den »Charakter als Rat« in weimarischen Diensten, machte Schiller also zum Hofrat eines Hofes, den er noch nie, auch nicht aus der Ferne, je gesehen oder gar betreten hatte.

Für einen Weltbürger, der keinem Fürsten diente und als Souverän nur sein Publikum kannte, war diese Entwicklung von eigenartiger Ironie, die der neugebackene Hofrat aber offensichtlich nicht empfand. Im Gegenteil, Hofrat Schiller fühlte sich geehrt, bestätigt und gesichert. Und so schrieb Karl Berger, einer seiner Biographen: »Mit gehobenem Bewußtsein kehrte er am 29. Dezember nach Mannheim zurück. Nun, da er einen ›Charakter‹ hatte, war seine gesellschaftliche und bürgerliche Stellung neu befestigt; die Verleihung des Titels war ein Trost für seine Eltern, eine Sicherung gegen üble Nachreden der Zweifler und Nörgler in Mannheim wie in der Heimat und fraglos auch ein Beruhigungsmittel für die Ungeduld der Gläubiger. In dem Dichter selbst erweckte der Titel die Gewißheit, sich eine Versorgung und ein neues Vaterland erwerben zu können.«[167]

Es ließe sich leicht spotten, aber ohne Geld und ohne Rückhalt kann man sich eben manche Weltanschauungen nicht so konsequent leisten, wie man sie vertritt. Zum Glück hat die Knausrigkeit des Weimarer Herzogs in der Folge nie dazu geführt, dass Schiller seine politische Überzeugung so an einen Fürsten verkaufen musste wie es der Geheimrat Goethe wohl gemusst hätte, wenn er denn eine gehabt hätte.

Alldieweil es mit dem neuen Thüringer Vaterland aber noch nicht so weit ist, haben wir nun genügend Zeit, uns mit Hofrat Schiller alias Doktor Schmidt ins schöne Sachsenland zu begeben und seinen nächsten Wohltäter kennen zu lernen.

Feuertrunken und zufrieden

Der Lockruf nach Sachsen kam im Juni 1784. In Mannheim ging gerade alles in die Brüche; die Gläubiger bedrängten Schiller derart, dass seine Wirtsleute, der Handwerker Hölzel und seine Frau, dem verstörten Dichter ihre Ersparnisse zur Verfügung stellten, um das Schlimmste abzuwenden. Schiller hat es diesen guten Leutchen nie vergessen und ihnen später von Weimar aus mehrfach Geld geschickt, als sie selbst in Not gerieten.[168]

Der Dramatiker Schiller erhielt damals in einer anonymen Sendung, was man heute »Fanpost« nennen würde: vier von »Dichteranbetung« überfließende Briefe, dazu eine kunstvoll mit Stickerei verzierte Brieftasche, eine Komposition von Amalias Lied aus der ersten Szene des dritten Aktes der Räuber und, mit Silberstift auf Pergament gezeichnet, die Porträts der vier Spender, die er sich gerührt über seinen Schreibtisch hängte.

»Ein solches Geschenk ist mir größere Belohnung, als der laute Zusammenruf der Welt, die einzige süße Entschädigung für tausend trübe Minuten«, schrieb er daraufhin an Frau von Wolzogen und träumte seinen Dichterruhm in die ferne Zukunft hinein: »Und wenn ich ... mir denke, daß in der Welt vielleicht mehr solche Zirkel sind, die mich unbekannt lieben und sich freuen, mich zu kennen, daß vielleicht in hundert und mehr Jahren – wenn auch mein Staub schon lange verweht ist, man mein Andenken segnet und mir noch im Grabe Tränen und Bewunderung zollt – dann, meine Teuerste, freue ich mich meines Dichterberufes und versöhne mich mit Gott und meinem oft harten Verhängnis.«[169]

Ein Freund und Mäzen

Erst später erfuhr er, wer die vier Anbeter waren: ein gewisser Christian Gottfried Körner aus Leipzig (übrigens der Vater des berühmten Freiheitsdichters Theodor Körner), seine Braut Minna Stock (die statt Minna eigentlich Anna Maria Jakobina hieß), deren ältere Schwester Dora und ihr Liebhaber Ludwig Ferdinand Huber. Körner hatte das Lied komponiert, Dora die Bilder gezeichnet und Minna die Brieftasche bestickt.

Trotzdem dauerte es sieben Monate, bis Schiller antwortete, denn, so entschuldigte er sich, »meine damalige Gemütsverfassung war diejenige nicht worin man sich solchen Menschen, wie ich *Sie* mir denke, gern zum erstenmal vors Auge bringt. ... darum, meine Teuersten, behielt ich mir die Antwort auf eine bessere Stunde vor ...«[170] Er erzählte dann von seiner Lage und schickte die Ankündigung der Thalia mit, eines der wenigen Dokumente, in denen Schiller über sich selbst und seinen Werdegang berichtet und woraus schon verschiedentlich zitiert wurde.

»Ihr Stillschweigen, edler Mann, war uns unerwartet, aber nicht unerklärlich«, antwortete daraufhin Gottfried Körner. »Menschen, die wir verehren und lieben, sind wir nicht gewohnt zu verdammen, solange ein Grund zu ihrer Entschuldigung übrig bleibt ... Wir wissen genug von Ihnen, um Ihnen nach Ihrem Brief unsere ganze Freundschaft anzubieten ...« Körner lud ihn dringend ein, nach Leipzig zu kommen, denn »es schmerzt uns, daß ein Mann, der uns so teuer ist, Kummer zu haben scheint. Wir schmeicheln uns, ihn lindern zu können, und dies macht uns ihre Freundschaft zum Bedürfnis.«[171]

Aber Schiller kann sich nicht so recht zur Reise entschließen, zum Teil schon einfach deshalb nicht, weil er gar kein Geld hat. Aber da war noch etwas. Als er vier Wochen später an die Körners zurückschreibt, bricht er den Brief mitten im Satz ab und setzt ihn erst zwölf Tage später fort, indem er den angefangenen Satz vollendet und dazu in Klammern bemerkt: »(Hier bin ich neulich durch einen unvermuteten Besuch unterbrochen worden, und diese zwölf Tage ist eine Revolution mit mir und in mir vorgegangen, die dem gegenwärtigen Brief mehr Wichtigkeit gibt, als ich mir habe träumen lassen – die Epoche in meinem Leben macht.) Ich kann nicht mehr in Mannheim bleiben. In einer unnennbaren Bedrängnis meines Herzens schreibe ich Ihnen ... ich kann nicht mehr hierbleiben ... O meine Seele dürstet nach *neuer* Nahrung – nach *bessern* Menschen – nach *Freundschaft, Anhänglichkeit* und *Liebe* ...«[172]

Charlotte und die lodernden Leidenschaften

Was war passiert? Man weiß es nicht genau, aber man muss nicht lange herumraten, wenn man die »Gedenkblätter« liest, die die erblindete 80-jährige Charlotte von Kalb diktiert hat.[173] (Schillers Briefe hat sie vorsichtshalber lieber gleich verbrannt.) In den »Gedenkblättern« beschreibt sie ihre Freundschaft mit dem jungen Dichter, dieses seltsam schwüle Schwanken zwischen Konvention und Libertinage, während ihr ungeliebter Gemahl, der Herr von Kalb, in der fernen Garnison weilt.

Charlotte Numero zwei führte den jungen Mann aus der Provinz in die vornehmen Kreise ein und brachte ihm die feinen Sitten bei; dafür genoss sie es, mit einem berühmten Dichter auszugehen. So kam es zu der kuriosen Tatsache, dass Schiller ihretwegen seine Kabale und Liebe für eine einzige Vorstellung änderte. Als nämlich Charlotte von Kalb eines Tages den Wunsch äußerte, das Stück anzusehen, war guter Rat teuer: Es gibt da die lächerliche Figur eines Höflings, einen Hofmarschall, der ausgerechnet von Kalb heißt – wie peinlich. Es blieb Schiller nichts anderes übrig, als noch schnell ins Theater zu rennen und die Schauspieler kniefällig zu bitten, den Hofmarschall an diesem Abend einmal anders anzureden ...

Dank solcher Tricks blieben die zarten Bande erhalten, und es kam, was kommen musste. Schiller-Biograph Karl Berger schwärmt: Es »sprang die längst schon zur Blüte reife Knospe ihrer edlen Weiblichkeit, erwärmt von dem Strahl einer jugendfrischen Persönlichkeit, die wie sie in hohen Idealen lebte und mit voller Glut der Phantasie und entschlossenen Kraft des Gedankens Zartheit und Milde verband.«[174]

Es war Seelenfreundschaft mit Familienanschluss, und so war es schließlich auch unser Schiller, der in höchster Not den Arzt bestellte, als sie ihren ersten Sohn bekam, woraufhin der herbeigeeilte Vater, Herr von Kalb, den Dichter dankbar an das Bett der jungen Mutter führte und ihn dort die nächsten Wochen sitzen ließ.

Und da war dann endlich die dramatische Begegnung der beiden, die Schiller zwölf Tage vom Briefschreiben abhielt. Es war der Moment, da sie von seiner Absicht erfuhr, nach Leipzig überzusiedeln. »Das Feuer meiner Seele hat sich in ihrem reinen Licht entzündet«, lässt sie Schiller ausrufen; sie wiederum beschwor ihn, den »Bund der Wahrheit« nicht zu trennen. Es kommt zum ersten Du, er war »geängstigt und entzückt«, die Leidenschaften loderten nur so, die »Fesseln der Konvenienz« drohten zu brechen – oder sind gebrochen.

Auskunft gibt hier ein Gedicht Schillers, das »Freigeisterei der Leidenschaft« heißt und – wie üblich – Laura gewidmet ist, die »vermählt war im Jahr 1782«. Die Frage ist nur: Schwindelt er beim Namen und beim Heiratsdatum (Charlotte hatte den Herrn von Kalb 1783 geheiratet)? Oder hat er sich mannhaft beherrscht, wie treuherzige Biographen glauben? Die entscheidende Stelle heißt:

> »Jetzt schlug sie laut, die heißerflehte Schäferstunde,
> Jetzt dämmerte mein Glück –
> Erhörung zitterte auf deinem brennenden Munde,
> Erhörung schwamm in deinem feuchten Blick,

Mir schauerte von dem so nahen Glücke,
Und ich errang dich nicht.
Vor deiner Gottheit taumelte mein Mut zurücke,
Ich Rasender! und ich errang es nicht!

Woher dies Zittern, dies unnennbare Entsetzen,
Wenn mich dein liebevoller Arm umschlang? –
Weil dich ein Eid, den auch schon Wallungen verletzen,
In fremde Fesseln zwang?

Weil ein Gebrauch, den die Gesetze heiligprägen,
Des Zufalls schwere Missetat geweiht?
Nein – unerschrocken trotz ich einem Bund entgegen,
den die errötende Natur bereut.

O zittre nicht – du hast als Sünderin geschworen,
Ein Meineid ist der Reue fromme Pflicht.
Das Herz war mein, das du vor dem Altar verloren,
Mit Menschenfreuden spielt der Himmel nicht ...«

Aber was auch das Ergebnis dieser biographischen Schlüssellochguckerei ist – so jedenfalls kann es nicht weitergehen. Schiller begibt sich auf die Flucht vor Charlotte Nummer zwei (wenn auch nicht für immer) und meldet sich in Leipzig an, von wo aus er kurz darauf bei seinem Verleger Schwan[175] um die Hand der Tochter Margarethe anhält. Woraus aber nichts wird – Irrungen, Wirrungen.

Inzwischen hatte der drei Jahre ältere Körner, Jurist und Konsistorialrat in kirchlichen Diensten und einziger Sohn eines mit Ämtern und Würden wohlversehenen und mit reicher Verwandtschaft gesegneten Predigers aus dem gelehrten Leipziger Patriziat, dezent und unauffällig einen Teil des Schiller'schen Kummers gelindert, indem er einen erheblichen Teil der Schulden beglichen und das Reisegeld nach Leipzig vorgeschossen hatte.

Aufatmen in Leipzig

»Zerstört und zerschlagen« durch die achttägige Reise von Mannheim nach Leipzig »durch Morast, Schnee und Gewässer« kam Schiller endlich am 17. April 1785, einem Sonntag, bei seinen Verehrern an, wo ihn die Gastgeber etwas verängstigt erwarteten.

»Wir waren fast mehr von Furcht als von Freude bewegt«, erzählte Minna später, »als Huber uns den Besuch Schillers ankündigte, denn wir konnten uns den Dichter der *Räuber* ... gar nicht anders als im Wesen und Anzug wie einen Karl Moor oder wie einen von dessen Gefährten aus den böhmischen Wäldern vorstellen, mit Kanonenstiefeln und Pfundsporen, den rasselnden Schleppsäbel an der Seite. Wie sehr waren wir überrascht, als uns Huber einen blonden, blauäugigen, schüchternen jungen Mann vorstellte, dem die Tränen in den Augen standen und der kaum wagte, uns anzureden.«[176]

Der gute Schiller! Es wurden für ihn die fröhlichsten, unbeschwertesten und heitersten Jahre seines Lebens. Schon nach Minuten schwand alle Befangenheit in dem fröhlichen Kreis dieser herzlichen jungen Leute, und ein ums andere Mal versicherte er, dass sie ihn zum glücklichsten Menschen unter der Sonne gemacht hätten.

Da war der schwärmerische, liebenswürdige, wenn auch ziellose, kaum 21-jährige Ludwig Ferdinand Huber, von sieben Geschwistern der einzig überlebende Sohn einer Französin und eines bayerischen Bauernburschen, der es in Paris als Literat zu einer Vermittlerstellung zwischen deutscher und französischer Kultur gebracht hatte. Der junge Huber erinnerte Schiller an seinen Marquis Posa, ja, mit ihm wollte er sogar, pathetisch wie er nun einmal war, »Arm in Arm ... biß vor die Fallthüre der Sterblichkeit dringen.«[177]

Da war Hubers Braut, die vier Jahre ältere Dora Stock, klein und etwas verwachsen, aber mit einem schönen Charakterkopf, überraschend witzig und munter. Da war Körners Braut, Doras zwei Jahre jüngere, »durch edlen Wuchs und liebliche Schönheit ausgezeichnete« Schwester Minna, die als liebenswürdig und herzensgut beschrieben wird.

Diese beiden »lieben Weiberchens«, wie Schiller sie bald nannte, waren die Töchter eines lebenslustigen Leipziger Kupferstechers, dem wir auch in einer anderen Biographie begegnen: Ein gewisser Goethe, damals 16 Jahre alt, hatte sich bei diesem Kupferstecher Stock im Radieren und Holzschneiden geübt ...

Da Körners Vater, der gestrenge und erhabene Superintendent, keine simple »Kupferstechermamsel« als Schwiegertochter haben wollte, durchlebten die beiden genau die Kabale und Liebe, die Schiller auf die Bühne gebracht hatte. Nur dass es bei den beiden gut ausging: Körner ließ sich zur Beruhigung der Gemüter zu einer vorläufigen räumlichen Trennung überreden, nahm eine Stelle in Dresden an und heiratete nach dem Tode seiner Eltern und kurz nach Schillers Ankunft in Leipzig seine Minna.

Jedenfalls war Körner nicht da, als Schiller in Leipzig eintraf. Dafür schrieben sich die beiden so intensiv, dass ihm Körner bald impulsiv das Du anbot (»Du, Körner«, »Du, Schiller«) – eine Geste, zu der sich trotz der angeblich innigen Freundschaft zwischen Goethe und Schiller der Weimarer Gott auch nach Jahren nie entschließen konnte.

Unser jugendlicher Held, der bis dahin außer Frankfurt nur kleine Residenzstädtchen kennen gelernt hatte, genoss das »Klein-Paris« an der Pleiße in vollen Zügen. Die »angenehmste Erholung« war für ihn, sich in Richters Kaffeehaus zu setzen und dem Messetrubel zuzusehen, »unzählige Bekanntschaften« zu machen und sich manchmal auch, bei allem Stolz auf seine Berühmtheit, über den »fatalen Schwarm« der Neugierigen zu ärgern, »die wie Geschmeißfliegen um Schriftsteller herumsumsen« – denn vielen ging es wie Minna. Ihnen »wollte es gar nicht zu Kopfe, daß ein Mensch, der die Räuber gemacht hat, wie andere Muttersöhne aussehen soll, – wenigstens rundgeschnittene Haare, Kurierstiefel und eine Hetzpeitsche hätte man erwartet ...«[178]

Endlich wieder er selbst und nicht mehr der unbekannte Doktor Schmidt, lernte unser Dichter Gott und die Welt kennen, bekam »sehr verführerische Einladungen« nach Berlin und Dresden, tafelte in reichen Kaufmannshäusern und genoss zum ersten Mal das ersehnte Weltbürgertum, wo das Publikum sein Souverän und sein Vertrauter war.

Auch als man kaum drei Wochen später aus dem Trubel der Messestadt zu einer Art Sommerfrische in das nur eine Viertelstunde entfernte Dorf Gohlis hinter die »seufzenden Gepüsche des dunklen Rosentals« zog und sich in einfachen Bauernhäusern einnistete, hielt die Hochstimmung an. Und die Fama will, dass ihm hier, in der Menckestraße 42, im Haus des Bauern Schneider, der Hymnus an die Freude einfiel. (Es wundert einen bei unserem armen Schiller nicht, dass der Sommerwohnsitz bald in Vergessenheit geriet. Erst 1841 entdeckte man die Adresse wieder, gerade noch rechtzeitig, denn das Häuschen stand bereits auf der Abbruchliste. Heute ist dieses Haus, das älteste innerhalb der Leipziger Stadtgrenzen, ein kleines Museum.)

Es war ein ungebundenes Leben. Schon in aller Herrgottsfrühe, zwischen drei und vier Uhr, rannte Schiller, nur im Hausrock und ohne das übliche Halstuch, kreuz und quer über die Felder, wobei ihm der zwölfjährige Haussohn oft mit einer Wasserflasche und einem Glas Wasser folgen musste. Bald kannten die Gohliser den »rothaarigen, langen Mann, mit dem langen Rocke und den großen Taschen darin«, der dann am Vormittag im Schatten eines Lindenbaumes, in der Holunderlaube des Ortsrichters Möbius oder im Park des Gohliser Rokoko-Schlösschens saß und an der Thalia oder am Don Carlos schrieb.

Die Mahlzeiten und die Abende dienten der geselligen Erholung, man kegelte, spielte Karten, las, musizierte und trank Merseburger Bier oder eine Gose, dieses merkwürdige, säuerliche

Leipziger Gebräu aus obergärigem Weißbier, Malz, Kochsalz, Gewürzkräutern und wenig Hopfen, aber dafür mit reichlich Hefe und Milchsäure.

Ende Mai kam ein neuer Hausgenosse hinzu, ein junger Geschäftsmann, rührig, energisch und voller Idealismus, das Gute in der Welt und vor allem in der Literatur zu fördern und dabei nach Möglichkeit auch ganz gut zu verdienen. Als Sohn eines verarmten Bremer Kaufmanns hatte er sich bald zu einem Verleger emporgearbeitet, dessen Namen man heute noch mit einer bestimmten Art schmaler Taschenbuchhefte verbindet: den Göschen-Bändchen.

Besser konnte es Schiller gar nicht treffen: Wann zieht schon der Verleger in das Haus eines Dichters, an dessen Werk er in Zukunft gut verdienen wird, und wann findet ein Dichter so leicht einen potenten Verleger und wohnt mit ihm ein halbes Jahr im gleichen Haus? Zwar konnte sich auch Göschen nicht Schillers »sanftes Betragen und die sanfte Stimmung seiner Seele im geselligen Zirkel, verglichen mit den Produkten seines Geistes«[179] zusammenreimen, aber er versprach: »... in der Stunde des Todes werd' ich mich seiner mit Freuden erinnern.«[180]

Rührung und Pathos lagen damals ohnehin ständig in der Luft, in einer Zeit, da man sich fortwährend weinend um den Hals fiel und mit tränenerstickter Stimme ewige Freundschaft schwor. Unser Schiller war da keine Ausnahme. »Mit hinreißender Beredsamkeit, mit Tränen in den Augen«, so erinnerte sich Göschen an den Dichter, »spornte er wieder und wieder die Freunde an, ja alle Kräfte anzuwenden, ein jeder in seinem Fache, um Menschen zu werden, die die Welt einmal ungern verlieren möchte.«[181]

Es waren Tage, in denen Schiller nach Flucht und Mannheimer Misere die Vergangenheit Revue passieren ließ, neuen Mut fasste und sich selbst anspornte. »Ich fühle die kühne Anlage meiner Kräfte, das mißlungene (vielleicht große) Vorhaben der Natur in mir«, schrieb er an Körner und kam dann wieder auf das Trauma seiner Erziehung, die seine Anlagen unterdrückt hatte: »Eine Hälfte wurde durch die wahnsinnige Methode meiner Erziehung und die Mißlaune meines Schicksals, die zweite und größere aber durch mich selbst zernichtet.« Und dann beschwörend und voller Idealismus: »Tief, bester Freund, habe ich das empfunden, und in der allgemeinen feurigen Gärung meiner Gefühle haben sich Herz und Kopf zu einem herkulischen Gelübde vereinigt, die Vergangenheit nachzuholen und den edlen Wettlauf zum höchsten Ziele von vorn anzufangen ...«[182]

Tatsächlich waren die kurzen Jahre in Leipzig und Dresden ein Wendepunkt. Wirtschaftlich gesichert und vorerst ohne Sorgen, umgeben von Freunden und »lieben Weiberchens«, konnte er entspannen, sich lösen und nach vorn sehen, ohne sich immer mit einem neuen Drama abhetzen zu müssen, konnte lesen statt nur zu produzieren, konnte nachholen, sich mit Geschichte beschäftigen und bilden.

Heiterkeit in Dresden

Als Schiller im Herbst 1785 dem frisch verheirateten Körner und seiner Minna nach Dresden hinterherzog und mit ihnen und Minnas Schwester Dora im Körner'schen Weinberghäuschen in Dresden-Loschwitz residierte, war er von einer inneren Fröhlichkeit, die sich in einem Brief an Huber niederschlug, dem Heitersten, den er je geschrieben hat:

»Was bisher meine heißesten Wünsche erzielten, hab ich nun endlich erlangt. Ich bin *hier*, im Schoße unserer Lieben, aufgehoben wie im Himmel. ... Ich schreibe Dir auf meinem Zimmerchen im Weinberg; über mir höre ich unsere lieben Weiberchen herumkramen in häuslichen Geschäften und mitunter auf dem Klavier klimpern. Wieviel Stimmung gibt mir das zu einer Unterhaltung mit Dir!

Unsere Herreise war wirklich sehr angenehm, schade nur, daß der Abend und die Nacht uns beim Eintritt in die schöne Landschaft überfielen. ... Als auf einmal, und mir zum erstenmal, die Elbe zwischen zwei Bergen heraustrat, schrie ich laut auf. O mein liebster Freund, wie interessant war mir alles! ...

Zwölf Uhr in der Nacht war es, als wir über die Brücke fuhren. Ich sah hinter mir in der Neustadt, in der Gegend, wo ich Körners Haus vermutete, einige Häuser erleuchtet, und mein Herz wollte mich bereden, daß Körners darunter war. ... [Den anderen Morgen] ließ ich mich in einer Portechaise hintragen, weil es ganz entsetzlich regnete, und die Freude unseres Wiedersehens – und einen *solchen* Wiedersehens – war himmlisch. ...

Abends gegen fünf fuhren wir nach dem Weinberge, unterwegs fand ich die himmlischste Gegend. Es liegt eine Stunde vor der Stadt, ist beträchtlich und hat Terrain genug, Körners Erfindungsgeist zu allerlei Ideen zu verführen. ...

Der gestrige Abend hier auf dem Weinberge war mir ein Vorgeschmack von allen folgenden. Während Dorchen und Minna auspackten und im Hause sich beschäftigten, hatten Körner und ich philosophische Gespräche ... O lieber Freund, das sollen göttliche Tage werden.

Diese Nacht habe ich zum ersten Mal unter einem Dache mit unseren Lieben geschlafen. Minna ist ein so liebes Hausweibchen. Sie haben mich gestern Nacht in Prozession auf mein Zimmer gebracht, wo ich alles zu meiner Bequemlichkeit schon bereitet fand. Heute beim Erwachen hörte ich über mir auf dem Klaviere spielen. Du glaubst nicht, wie mich das belebte.

Eben sind sie aus meinem Zimmer gegangen, um mich diesen Brief an Dich schreiben zu lassen. Er ist fertig, und Du hast die kurze Geschichte meines Hierseins bis auf den Augenblick wo ich mich unterschreibe Deinen glücklichen Freund Schiller.«[183]

Und schon geht mit unserem sanften und tränenfeuchten Schiller das Temperament durch, seine Heftigkeit oder das bloße Ungeschick. So, wie er eben auch in Leipzig als Einziger vom Pferd fiel und sich die Hand verstauchte, so machte er an diesem Morgen beim Frühstück den fröhlichen Willkommensumtrunk unter dem Nussbaum zu einer Schweinerei. Minna berichtet die Geschichte mit dem Weinglas: »... die Gläser klangen hell, aber Schiller stieß in seiner enthusiastischen Stimmung so heftig mit mir an, daß sein Glas in Stücke sprang. Der Rotwein floß über das zum erstenmal aufgelegte Damasttuch zu meinem Schrecken.«

Aber es wäre nicht unser Schiller, wenn er in seiner Begeisterung aus der Peinlichkeit nicht sofort eine pathetische Herzensergießung gemacht hätte. »Schiller rief: ›Eine Libation [Trankspende] für die Götter! Gießen wir unsere Gläser aus.‹ Körner und Doris folgten Schillers Beispiel; darauf nahm dieser die geleerten Gläser und warf sie, daß sie sämtlich in Stücke sprangen, über die Gartenmauer auf das Steinpflaster mit dem leidenschaftlichen Ausruf: ›Keine Trennung! keiner allein! sei uns ein gemeinsamer Untergang beschieden!‹«[184] Minna besorgte daraufhin vorsichtshalber silberne Becher.

Es ist diese exaltierte Stimmung im kleinen Körner'schen Kreis, aus der heraus jene pathetische, weltumfassende Hymne entstanden war, die oft vertont wurde, bis sie in den triumphal stampfenden Klängen Beethovens ihr adäquates Gewand fand, und die von fast allen falsch zitiert wird. Es lassen sich jedenfalls pausenlos Wetten gewinnen, wenn man sich im Bekanntenkreis die ersten drei Zeilen der Hymne »An die Freude« aufsagen lässt. Fast jeder wird nach den Zeilen »Freude, schöner Götterfunken, / Tochter aus Elysium« im Brustton der Überzeugung weiterleiern: »Wir betreten freudetrunken, / Himmlische, dein Heiligtum ...« Es heißt aber, und ist in Beethovens Neunter jederzeit richtig anzuhören: »Wir betreten feuertrunken, / Himmlische, dein Heiligtum ...«

Es ist, bei allen sprachlichen Schwächen und ungenauen Bildern, eine Hymne von hinreißendem Schwung und Gefühlsüberschwang, die einen schon beim bloßen Mitsummen zu einem besseren Menschen läutert und fröhlich macht; da bekommt man wieder Mut und Zuversicht (ich zitiere die Originalfassung[185]):

> »Deine Zauber binden wieder,
> was der Mode Schwerd getheilt
> Bettler werden Fürstenbrüder
> wo dein sanfter Flügel weilt.«

Da steht man wieder aufrecht:

> »Festen Mut in schwerem Leiden
> Hülfe, wo die Unschuld weint,
> Ewigkeit geschwornen Eiden,
> Wahrheit gegen Freund und Feind,
> Männerstolz vor Königstronen, – [...]
> Untergang der Lügenbrut!«

Da gerät man in Rausch und singt im Chor:

> »Seid umschlungen Millionen!
> Diesen Kuß der ganzen Welt!
> Brüder – überm Sternenzelt
> muß ein lieber Vater wohnen.«

Hier, in insgesamt 16 Strophen, hat man auf kleinstem Raum gebündelt den ganzen Schiller, den Idealisten, den Pathetiker, den Impulsiven, den Revolutionär, der die überkommenen Schranken einreißt, aber auch den durch rücksichtslose Erziehung Verwundeten mit seiner Sehnsucht nach Liebe, Geborgenheit und Unbeschwertheit.[186]

Er war damals fröhlich, launig und übermütig wie in Schülertagen, und, was Goethe in seiner Feierlichkeit im ganzen Leben nicht fertig brachte, Schiller zeigte Humor. Nicht nur der Hymnus an die Freude, auch dies Gedicht entstand in jener Zeit, während er gleichzeitig am Don Carlos schrieb:

»An die Konsistorialrat Körnersche weibliche Waschdeputation, eingereichet von einem niedergeschlagenen Trauerspieldichter in Loschwitz.

> Dumm ist mein Kopf und schwer wie Blei,
> die Tabakdose ledig,
> mein Magen leer – der Himmel sei
> dem Trauerspiele gnädig.
>
> Ich kratze mit dem Federkiel
> auf den gewalkten Lumpen;
> wer kann Empfindung, wer Gefühl
> aus hohlem Herzen pumpen? ...
>
> Die Wäsche klatscht vor meiner Tür,
> es scharrt die Kammerzofe,
> und mich, – mich ruft das Flügeltier
> nach König Philipps Hofe.
>
> Ich steige mutig auf das Roß;
> in wenigen Sekunden
> seh ich Madrid – am Königsschloß
> hab ich es angebunden.
>
> Ich eile durch die Galerie
> und – siehe da! – belausche
> die junge Fürstin Eboli
> in süßem Liebesrausche.
>
> Jetzt sinkt sie an des Prinzen Brust
> mit wonnevollem Schauer,
> in ihren Augen Götterlust,
> doch in den seinen Trauer.

Schon ruft das schöne Weib Triumph!
Schon hör ich – Tod und Hölle!
Was hör ich? – einen nassen Strumpf
geworfen in die Welle.

Und weg ist Traum und Feerei!
Prinzessin, Gott befohlen!
Der Teufel soll die Dichterei
beim Hemderwaschen holen!

Gegeben in unserm jammervollen Lager ohnweit dem Keller
Friedrich Schiller
Haus- und Wirtschaftsdichter.«

Zur Erholung von derlei Strapazen setzte unser Hausdichter gelegentlich ans andere Elbufer nach Blasewitz über und ging in sein Lieblingslokal, die »Sommerschänke«. (Sie gibt es heute noch als »Schillergarten« neben dem »Blauen Wunder«, der Elbbrücke.) Dort trank er seinen Wein, was bei den Elbweinen eher einem Selbstmordversuch gleichkommt, nahm das Risiko aber wegen der Serviererin auf sich, einer gewissen Justine Segedin. Dass dieses Fräulein damals Justl oder so ähnlich gerufen wurde, ahnt der Kenner, denn diese Justl tauchte später – zum Vergnügen der Körners – in leichter Abwandlung ihres Namens als Marketenderin in Wallensteins Lager auf, wo sie den Ersten Jäger zu dem bekannten Ausruf veranlasste, den inzwischen die Dresdner seit Generationen für den wichtigsten Vers in Schillers Dramen halten: »Was? Der Blitz! Das ist ja die Gustel aus Blasewitz.« (Und nicht, wie jeder schwört: »*Potzblitz,* da ist ja ...«)

Die Dresdner Zeit, im Sommer im Loschwitzer Weinberghäuschen, im Winter in der Stadt, war Atemholen und Erholen, Zeit zum Nachdenken und Umdenken in einem. Doch Schiller wäre nicht Schiller, wenn er nicht bald wieder unrastig geworden wäre.

Dieser Unrast verdanken wir witzigerweise ein ausgesprochen elegisches Schillerporträt. Als ihn der Dresdner Maler Anton Graff im Mai 1786 porträtieren wollte, kasperte Schiller so auf dem Stuhl herum, dass der Maler verzweifelte: »... das war ein unruhiger Geist, der hatte, wie wir sagen, kein Sitzfleisch.« In seiner Not und weil er das Porträt mehrfach anfangen musste, gelang es ihm, den Dichter »in eine Stellung festzubannen, in welcher er, wie er versicherte, sein Lebtag nicht gesessen, die aber von den Körnerschen Damen für sehr angemessen und ausdrucksvoll erklärt wurde.«

Heraus kam ein beliebtes, oft abgedrucktes Bild – und doch nichts als das pure Gegenteil Schiller'scher Art und Mentalität: ein besinnlicher, passiver, träumender Dichter – »er sitzt bequem und nachdenklich, den zur linken Seite geneigten Kopf auf den Arm stützend«[187] – so, wie man sich eben einen Dichter vorstellt, wenn er nicht gerade gen Himmel stürmt.

Es war eine Zeit des Umbruchs. Schiller schrieb und schrieb am Don Carlos, der sich aus einem Liebesdrama ähnlich Kabale und Liebe immer mehr zu einem Gedankendrama entwickelte. Was er aber nebenher neu begann, hatte mit Theater gar nichts zu tun.

»Täglich wird mir Geschichte teurer«

Es waren Prosageschichten. »Verbrecher aus Infamie« nannte er die eine, kaum 25 Seiten starke Erzählung nach einer wahren Begebenheit, geschrieben in der Tradition aufklärerischer moralischer Erzählungen, wie sie im 18. Jahrhundert beliebt waren. Die Geschichte spielt in Württemberg und klagt in erster Linie gesellschaftliche Zustände an, die Menschen ins Verbrechen treiben und ihnen keine Rückkehr erlaubten. Die Erzählung erschien zunächst 1787 anonym in der Thalia und erhielt erst 1792 den heute gebräuchlichen Titel »Der Verbrecher aus verlorner Ehre«.

Die andere Geschichte war »Der Geisterseher«, ein unvollendeter Roman um einen zauberkräftigen Magier und Scharlatan, für den der in die berüchtigte Halsbandaffäre verstrickte Cagliostro als Vorbild diente.

Aber immer wieder überfiel unseren armen Schiller der »schwarze Genius« seiner Hypochondrie; wir würden heute »depressive Verstimmung« sagen. »Ich bin mürrisch und sehr unzufrieden«, notiert er, »kein Pulsschlag der vorigen Begeisterung, ... die Lichter meiner Phantasie sind ausgelöscht.« Und gar: »... ich könnte des Lebens müde sein, wenn es der Mühe verlohnte, zu sterben ...«[188]

Schiller merkt, er muss sich neu etablieren, muss eine solide Basis gewinnen anstelle des windigen Dramengeschäfts mit wetterwendischen Intendanten. Außerdem kann er Körner nicht immer auf der Tasche liegen. Und schließlich: Jetzt, in einer Phase der Entspannung, spürt er, dass er nach einer Periode hektischer Produktivität noch unendlich viel nachzuholen hat. »Ich fühle es schmerzlich, daß ich noch erstaunlich viel zu lesen habe, säen muß, um zu ernten«, erzählt er Körner. »Im besten Erdreich wird der Dornstrauch keine Pfirsiche tragen, aber ebensowenig kann der Pfirsichbaum in einer leeren Erde gedeihen. Unsre Seelen sind nur Destillationsgefäße, aber Elemente müssen ihnen Stoff zutragen, um in vollen saftigen Blättern ihn auszuschwellen.«[189]

Er ist in einer Krise, aber er weiß auch, dass er sie braucht, denn »die Natur bereitet eine Zerstörung, um neu zu gebären.«[190]

Und prompt ist das Neue da: »Täglich wird mir Geschichte teurer. Ich habe diese Woche eine Geschichte des Dreißigjährigen Krieges gelesen, und mein Kopf ist mir noch ganz warm davon. ... Ich wollte, daß ich zehn Jahre hintereinander nichts als Geschichte studiert hätte. Ich glaube, ich würde ein ganz anderer Kerl sein.«[191]

Die Kenner haben jetzt Gelegenheit, sich genießerisch zuzunicken: Da ist also schon als Idee »Der Abfall der Niederlande«, und da ist auch schon als Wunschtraum die Professur für Geschichte, die er drei Jahre später erhalten wird.

Zu den Krisen unseres Helden gehört aber auch, dass sie von Damen wenn schon nicht ausgelöst, so doch wenigstens beschleunigt werden. Diesmal ist es keine Charlotte, sondern eine Henriette, eine 19-jährige Schönheit mit dunklen Glutaugen und tiefschwarzer, üppiger Lockenpracht, die ihm auf einem Ball, als Zigeunerin verkleidet, eine glänzende Zukunft wahrsagte.

Und schon war es passiert: Schiller entflammte, wich nicht mehr von ihrer Seite und verbrachte von Stund an fast jeden Abend bei ihr, der Tochter einer verarmten, dem sächsischen Hof nahe stehenden adligen Offizierswitwe von Arnim. Er überschüttete sie mit teuren Geschenken, für die er sich bei einem Wucherer in neue Schulden stürzte, und merkte gar nicht, dass sie ihn an der Nase herumführte.

Die schöne Henriette hatte nämlich mit ihm ausgemacht, dass sie immer dann eine Kerze ins Fenster stellen werde, wenn sie ihn nicht empfangen könne, weil sie sich ganz der Familie zu widmen habe. Minna Körner aber war dahinter gekommen, dass die Kerze nicht nur den unbequemen Liebhaber abhalten, sondern Nebenbuhler anlocken sollte, und davon gab es zwei: einen Lebemann, den Grafen Waldstein-Dux, und einen jüdischen Bankier ohne Titel, aber dafür mit Vermögen.

Auch als man Schiller die Augen öffnete, dass er als berühmter, wenn auch armer Dichter nur dazu diente, die beiden anderen Liebhaber zu einer Entscheidung anzustacheln, wanderten die kostbaren Geschenke weiter ins Arnim'sche Haus – denn nun war unser Held auch noch eifersüchtig.

Nach zwei Monaten gelang es den beiden Körners, den Verliebten dazu zu überreden, den Frühling im nahe gelegenen Tharandt zu verbringen. Dort langweilte er sich tödlich, tröstete sich mit größeren Mengen »englischem Bier« und verlangte nach Lektüre. Auf Vorschlag der »Weiberchen« schickte Körner zwei anzügliche Werke: den Werther und die »Liaisons dangereuses«[192], doch die Kur schlug fehl: Die Anspielung auf den Werther verstand Schiller gar nicht erst, und die »Gefährlichen Liebschaften« fand er sogar »allerliebst geschrieben.«

Inzwischen sah Frau von Arnim, die Mutter, alle Felle wegschwimmen und tauchte mit Henriettchen in Tharandt auf. Das wäre ja noch gegangen. Aber auch Graf Waldstein erschien auf der Bildfläche, und nun war es mit der Ruhe vorbei: Aussprachen, Liebesschwüre von ihm, aber sie will nicht, Eifersucht jeder gegen jeden, er gegen den Grafen, Henriette gegen Charlotte von Kalb, Liebesschwüre von ihr, aber nun will er nicht mehr. Was leidet die arme Seele. Huber will den Dichter retten und fährt ihn an: »Schüttle Dich zusammen, zum Henker!«, aber da hat sich Schiller schon gefangen. »Ich kann Dir nichts als treue Freundschaft geben«, dichtet er und wirft der schwarzhaarigen Schönen Flattersinn vor. Dabei hatte sie es diesmal ernst gemeint. Auch wenn sie später in Ostpreußen zwei reiche Grafen Kunheim heiratete, erst den Neffen, nach dessen Tod den Onkel – ihre Jugendliebe hat sie nie vergessen. In ihrem Zimmer hing bis zuletzt Schillers Bild, von Efeu umkränzt.

Zurück in Dresden wartet Don Carlos auf den dichtenden Hofrat: letzte Vorbereitungen für den Druck, der Versand der Bühnenfassung an die Theater, einmal in Prosa, einmal in Versen, schließlich noch die Buchausgabe in Jamben. Fünf Jahre hatte ihn der Stoff beschäftigt, jetzt hat er wieder etwas vorzuweisen.

Die Zeit in Dresden geht zu Ende, Stillstand und Krise sind überwunden, unser Held sucht neue Ziele.

Von seinem Verleger Göschen verlangte er eilig ein »gutkonserviertes Exemplar« des ersten Heftes der Thalia, um es dem Herzog von Weimar zu schicken. Noch einmal feierte er mit den Körners, ein letzter Spaziergang im Loschwitzer Wäldchen. Am nächsten Morgen, am 20. Juli 1787, war er, mit dem Heft der Thalia im Gepäck und leerem Beutel in der Tasche, auf dem Weg nach Weimar, um sich dem Herzog in Erinnerung zu bringen und sich, wenn möglich, den »Hofrat« noch mit einer kleinen Leibrente verschönern zu lassen. Zumindest reizte es ihn jetzt, den Vergleich mit anderen zu suchen, um seinen Wert und seine Stellung, kurz: seinen Marktwert, einschätzen zu können.

Auf dem Weg ins Bürgerliche

Im Juli 1787 kommt unser Dichter also nach Weimar, um sich am Musenhof mit seinem Don Carlos zu präsentieren. Wir wissen bereits: Weder der Herzog noch der Große Meister sind im Städtchen.

Charlotte und das Debüt in Weimar

Dafür ist jemand anderer da, und niemanden wird es wundern, dass sie Charlotte heißt. Charlotte von Kalb, um es zu präzisieren, jene junge Dame, die ihn schon einmal in »unnennbaren Bedrängnis« seines Herzes gebracht hatte und deretwegen er einmal einen Brief mitten im Satz liegen ließ und erst zwölf Tage später zu Ende schrieb. Das war damals in Mannheim, bevor er zu Körner nach Leipzig und Dresden ging.

Jetzt, da er von Körner wegging, erwartete sie ihn auf seiner nächsten Station in Weimar. Noch am ersten Abend besuchte er sie und staunte, »daß ich mich schon in der ersten Stunde unseres Beisammenseins nicht anders fühlte als hätte ich sie gestern verlassen. So einheimisch war mir alles an ihr, so schnell knüpfte sich jeder zerrissene Faden unseres Umgangs wieder an ...«[193]

Kein Wunder, dass er vier Tage nach seiner Ankunft an Körner meldete: »Hier ist, wie es scheint, schon ziemlich über mich und Charlotten gesprochen worden. Wir haben uns vorgesetzt, kein Geheimnis aus unserem Verhältnis zu machen ... Einigemal hatte man schon die Diskretion, uns nicht zu stören, wenn man vermutete, daß wir fremde Gesellschaft los sein wollten.«[194]

Das Maul werden sie sich zerfetzt haben in Weimar, selig werden sie gewesen sein, die Honoratioren, die Hofschranzen, die ganze Residenz. Wenn es nicht der Unvergleichliche und seine Charlotte von Stein war, dann eben der neue Dichter mit einer anderen Charlotte. Und schon stellte Schiller acht Tage nach seiner Ankunft fest: »Mein Verhältnis mit Charlotten fängt an, hier ziemlich laut zu werden, und wird mit sehr viel Achtung für uns beide behandelt.«[195] Wie schön.

Charlotte von Kalb bestreitet zwar in ihren Memoiren, dass das Verhältnis ein Verhältnis war – unser Poet aber war sich da nicht so sicher, denn er wunderte sich gleichzeitig über die unveränderte Freundschaft des (abwesenden) Herrn von Kalb, was »zu bewundern ist, da er seine Frau liebt und mein Verhältnis mit ihr notwendig durchsehen muß.«[196]

Andererseits: Wer läuft hier wem nach? »Lange Einsamkeit und ein eigensinniger Hang ihres Wesens haben mein Bild in ihrer Seele tiefer und fester gegründet, als bei mir der Fall sein konnte mit dem ihrigen«[197], stellte Schiller fest und überlegte, ob er nicht lieber Wielands zweite Tochter heiraten sollte, die er eigentlich noch gar nicht kannte. Aber so ging es ihm nun mal: »... ich verehre, ich liebe die herzliche, empfindende Kokette, jede Kokette kann mich fesseln. Jede hat eine unfehlbare Macht auf mich durch meine Eitelkeit und Sinnlichkeit; entzünden kann mich keine, aber beunruhigen genug.«[198]

Wie dem auch sei, Madame von Kalb erwies sich, wie schon in Mannheim und Darmstadt, auch hier von unschätzbarem Wert, wenn es darum ging, den selbst ernannten Weltbürger in die kleine, feine Welt des Adels einzuführen. Sie hatte ihn in Darmstadt mit Herzog Carl August zusammengebracht, sie arrangierte auch hier die notwendigen »Zeremonienbesuche«.

So besuchte er zwei Tage nach seiner Ankunft Wieland[199], den über 25 Jahre älteren Landsmann aus Biberach und das älteste Mitglied des Weimarer Musenhofes, zu dem er »durch ein Gedränge kleiner und immer kleinerer Kreaturen von lieben Kinderchen«[200] vordringen musste, der ihn mit »Wohlwollen und Achtung« empfing und dann zwei Stunden lang über Religion und Philosophie, über Berlin und Wien, über Literatur und Goethe, über Horaz und Lukian redete, nur nicht über den Don Carlos. Aber das konnte ja noch werden, denn, so Wieland, »wir wollen uns Zeit nehmen, einander etwas zu werden, wir wollen aufeinander wirken.«

Bei Herder[201], der zweiten Säule des Weimarer Musentempels, dem er am Tag darauf sein Aufwartung machte, hatte es mit dem Aufeinander-Wirken insofern einige Schwierigkeit, als der Herr Generalsuperintendent in seinem düsteren Haus ein wenig außerhalb der Welt lebte und von Schiller nichts weiter wusste, »als daß er für etwas gehalten wird.« Keine Zeile hatte er von ihm gelesen und den Don Carlos schon gar nicht. Immerhin waren sie sich im »Tyrannenhass« einig, und Schiller fand am Ende: »Ich glaube, ich hab ihm gefallen.«[202] Das war wenigstens etwas.

Der nächste Besuch spielte sich schon unter Fürstlichkeiten ab. Zwar war Herzog Carl August in den Niederlanden und seine Gemahlin, Herzogin Luise, befand sich (oder, wie man bei feinen Leuten sagt: weilte) in Aachen. Aber Anna-Amalia, die Herzoginmutter, war ja noch da – doch wenn Charlotte nicht gewesen wäre, Schiller hätte gar nicht begriffen, dass sie ihn zu sehen wünschte. In einem Brief an Körner beschrieb er das so: »Heute schickte der Kammerherr Einsiedel, den ich weder besucht noch gesehen habe, zu mir und läßt sich entschuldigen, daß ich ihn nicht zu Hause angetroffen habe. Er wollte mir aufwarten, – ich verstand anfangs nicht, was das bedeutete; Charlotte aber glaubt, daß es ein Pfiff wäre, mich zu ihm zu bringen, weil er mich der Herzogin vorstellen sollte. Diese lebt auf dem Lande, eine halbe Stunde von hier. Nun kann ich nicht umhin, mich nächster Tage präsentieren zu lassen.«[203]

Vier Tage später fuhr Schiller brav nach Tiefurt in die Sommerresidenz der Herzoginmutter, Wieland begleitete ihn. »Wir waren zwei Stunden dort, es wurde Tee gegeben und von allem möglichen viel schales Zeug geschwätzt«, schrieb er an Körner und fand, weil sie seine Schriften nicht mochte: »Ihr Geist ist äußerst borniert, nichts interessiert sie, als was mit Sinnlichkeit zusammenhängt«[204] – wobei diese Sinnlichkeit nichts mit Erotik zu tun hat, sondern das von den Weimarer Götzendienern gepflegte »Attachement an die Natur«, an das Sinnfällige wie Musik und Malerei, meint.

Trotzdem war Schiller ganz zufrieden mit sich: »Ich weiß nicht, wie ich zu der Sicherheit meines Wesens, zu dem Anstand kam, den ich hier behauptete. Charlotte versicherte mir auch, das ich es hier überall mit meinen Manieren wagen dürfe. Bis jetzt habe ich, wo ich mich zeigte, nirgends verloren.«[205]

Sich der Herzogin Luise vorzustellen, hatte er dann aber keine Lust mehr, »da ich keine Garderobe habe nach Hof zu gehen, da ich für diese Welt nicht gemacht bin, da ich als ein unbedeutender bürgerlicher Mensch unter dem Adel doch eine sehr precaire Rolle spielen müßte, die meinem Stolz wehtun würd ...«[206]

Trotzdem ließ er sich noch eine Weile unter den Honoratioren herumreichen, wo er sich aber »unter einer höchst abgeschmackten Menschenklasse, den Räten und Rätinnen von Weimar, sehr übel beraten fand ...«[207] Er kam mit Weimar nicht zurecht. Kein Mensch las seinen Don Carlos, Leute wie Wieland, an deren Urteil ihm gelegen war, schwiegen sich erst einmal aus, und Herzoginmutter Amalia sagte auch kein Wort, nachdem ein Kritiker das Drama schlecht gemacht hatte.

Dafür tauchte unvermutet ein Verehrer bei Hofrat Schiller auf, der ihm vollkommen unbekannt war und dessen Begegnung mit ihm er so schilderte:

»Es wird am meiner Tür geklopft.

›Herein.‹

Und herein tritt eine kleine, dürre Figur in weißem Frack und grüngelber Weste, krumm und sehr gebückt.

›Habe ich nicht das Glück‹, sagte die Figur, ›den Herrn Rat Schiller vor mir zu sehen?‹

›Der bin ich. Ja.‹

›Ich habe gehört, daß Sie hier wären und konnte nicht umhin, den Mann zu sehen, von dessen ›Dom Karlos‹[208] ich eben komme.‹

›Gehorsamster Diener. Mit wem habe ich die Ehre?‹

›Ich werde nicht das Glück haben, Ihnen bekannt zu sein. Mein Name ist Vulpius ... Ich bin zufrieden, daß ich Sie gesehen habe.‹ Damit empfahl sich die Figur ...«[209]

Dieses krumme Männchen, gerade 25 Jahre alt, kannte damals auch sonst noch niemand. Heute sind wir alle klüger: Es war natürlich der Bruder von Goethes späterem Bettschatz Christiane und der Verfasser von Schauer- und Ritterromanen, von denen der edle Räuber »Rinaldo Rinaldini« heute noch köstlich zu lesen ist und damals weit populärer war als Goethes Wilhelm Meister.

Alles in allem: Schiller fühlte sich einsam, aber nicht unterlegen. »Das Resultat aller meiner hiesigen Erfahrungen ist, daß ich meine Armut erkenne, aber meinen Geist höher anschlage, als bisher geschehen war«, schrieb er Ende August. »Dem Mangel, den ich in Vergleichung mit anderen in mir fühle kann ich durch Fleiß und Applikation [Eifer] begegnen und dann werde ich das glückliche Selbstgefühl meines Wesens rein und vollständig haben. Mich selbst zu würdigen habe ich den Eindruck müssen kennen lernen, den mein Genius auf den Geist mehrerer entschieden großer Männer macht. Da ich diesen nun kenne und den Vereinigungspunkt ihrer verschiedenen Meinungen von mir ausfindig gemacht habe, so fehlt meinem Urteil von mir selbst nichts mehr.«

Und so redete er sich fast ohne Punkt und Komma gut zu: »Um nun zu werden was ich soll und kann werd ich besser von mir denken lernen und aufhören mich in meiner eignen Vorstellungsart zu erniedrigen. Ich habe viel Arbeit vor mir, um zu meinem Ziele zu gelangen, aber ich scheue sie nicht mehr.«[210]

Schiller mietete ein Logis, in dem vorher Charlotte von Kalb gewohnt hatte – zwei Zimmer und eine Kammer, das Vierteljahr »mit den Möbles 17 und ½ Taler«, dazu für sechs Taler einen »Bedienten, der zur Not schreiben kann«[211] – und verbiss sich in seine historischen Studien. Bis zu zehn Stunden täglich las und schrieb er über den Abfall der Vereinigten Niederlande, denn bei dem fehlenden Echo auf seinen Don Carlos war er gar nicht mehr so sicher, dass das Drama sein eigentliches Gebiet sei. Vielleicht war es ja die Geschichte ...

Die Entdeckung von Jena

Hinzu kam, dass sich vollkommen neue und überraschende Möglichkeiten ergaben, als er im August mit Charlotte von Kalb und deren Freundin Sophie Reinhold, einer Tochter Wielands, für ein paar Tage in das kaum 25 Kilometer entfernte Jena fuhr.

Zunächst rein äußerlich: Jena gefiel ihm besser als das dörfliche Weimar mit seinen zum Teil noch strohgedeckten Katen. Dabei war Jena nach heutigen Begriffen ein Dorf, kaum 600 Meter lang und 600 Meter breit, mit nicht einmal 20 Straßen und eingezwängt in eine hohe Stadtmauer. Doch Jena wirkte anders auf ihn: »... längere Gassen und höhere Häuser erinnern einen, daß man doch wenigstens in einer Stadt ist«[212], notierte er. Da war nichts Leises, Verschlafenes, Gedücktes: »Daß die Studenten hier was gelten, zeigt einem der erste Anblick, und wenn man sogar die Augen zumachte, könnte man unterscheiden, daß man unter Studenten geht, denn sie wandeln mit Schritten eines Niebesiegten ...«

Zum Zweiten: Karl Leonhard Reinhold[213], Sophies Mann und der Schwiegersohn Wielands, war gerade in Jena Professor für Philosophie geworden und dabei, die Universität zur Hochburg der Kant'schen Philosophie zu machen. Nachdem ihn Körner schon längst zum Studium Kants gedrängt hatte, war dies der letzte Anlass für Schiller, das Versäumte nachzuholen und die Dichtung liegen zu lassen.

Und schließlich: Reinhold machte ihn nicht nur mit den Größen der Universität bekannt – also etwa mit dem Philologen

Schütz, dem Herausgeber der angesehenen Allgemeinen Literaturzeitung, der natürlich den Don Carlos kannte und ihn bewunderte, oder mit dem Juristen Gottlieb Hufeland, einem »stillen denkenden Geist voll Salz und tiefer Forschung« – nein, Reinhold versicherte ihm auch, er könne ohne jede Schwierigkeit bis zum nächsten Frühjahr einen Ruf nach Jena erhalten und Geschichte lehren.

Das war ein vollkommen neuer Gedanke, so neu und so ungewohnt, dass Schiller davor zurückschreckte. Er, der Freiheitsdichter, in Lohn und Brot, statt frei und unabhängig – das konnte er sich nicht vorstellen, auch wenn er besser zugesagt hätte. Schließlich brachte ihm das Schreiben nicht genug zum Leben ein, und den Körners ewig auf der Tasche zu liegen, war angesichts seiner ständigen Schulden auch keine Lösung. Und ob er im Weimarer Herzog einen Mäzen finden würde und finden wollte, war zweifelhaft. Als Herzog Carl August im Oktober endlich ein paar Tage in Weimar war, machte Schiller jedenfalls keinen ernsthaften Versuch, ihn in dieser Sache zu sprechen.

Es ist eine Ironie des Lebens, dass Schiller zwei Jahre später in Jena seine erste Vorlesung hielt und eine Professur bekam, die ihm nichts einbrachte. Und damit kommt wieder der Olympier ins Spiel.

Goethe lobt den Konkurrenten fort

Damit sind wir wieder an der Stelle, wo wir »diesen Menschen, diesen Goethe« verlassen haben, um das Leben unseres Helden bis zu jenem Punkte anzusehen.

Wir erinnern uns: Voll gegenseitiger Abneigung waren die beiden an jenem 7. September 1788 auseinander gegangen, und es herrschte, wie man heute sagen würde, Funkstille. Umso überraschender war es, dass ein paar Wochen später der Geheime Regierungsrat Voigt, der bisherige offizielle Stellvertreter Goethes, bei

Hofrat Schiller vorsprach, ihm berichtete, dass in Jena der Lehrstuhl für Geschichte frei geworden sei und ihn schließlich fragte, ob er daran interessiert wäre.

Schiller fühlte sich geehrt. Soeben war der erste (und, wie sich zeigen sollte, auch einzige) von sechs geplanten Bänden seiner »Geschichte des Abfalls der Vereinigten Niederlande von der spanischen Regierung« erschienen und hatte Furore gemacht – und schon kam das Angebot einer Professur.

Was er zwei Jahre zuvor noch hatte vorbeigehen lassen – diesmal war er bereit, seine Freiheit gegen eine erhoffte Sicherheit und ein festes Einkommen einzutauschen. Er sagte zu, und schon schrieb der zuständige Geheimrat Goethe nach Fühlungnahme mit den Fürsten von Weimar, Gotha, Meiningen, Coburg und Hildburghausen, die gemeinsam für die Universität Jena zuständig waren, am 9. Dezember 1788 ein »gehorsamstes Promemoria« an das Geheime Konzilium:

»Herr Friedrich Schiller, welchem Serenissimus vor einigen Jahren den Titel als Rath ertheilt, der sich seit einiger Zeit theils hier, theils in der Nachbarschaft aufgehalten, hat sich durch seine Schriften einen Nahmen erworben, besonders neuerdings durch eine Geschichte des Abfalls der Niederlande von der Spanischen Regierung Hoffnung gegeben, daß er das historische Fach mit Glück bearbeiten werde. Da er ganz und gar ohne Amt und Bestimmung ist; so gerieth man auf den Gedancken: ob man selbigen nicht in Jena fixieren könne, um durch ihn der Akademie neue Vortheile zu verschaffen.«[214]

Nicht ganz so schwach wie diese fachliche Empfehlung war die charakterliche Einschätzung – beide zusammen würden heute vielleicht gerade ausreichen, die Stelle eines wissenschaftlichen Hilfsassistenten zu besetzen: »Er wird von Personen die ihn kennen, auch von seiten des Characters und der Lebensart vorteilhaft geschildert, sein Betragen ist ernsthaft und gefällig und man kann glauben, daß er auf junge Leute guten Einfluß haben werde.«[215]

Mitte Dezember erhielt Schiller über Goethe die Mitteilung der Regierung, er solle sich auf die Professur einrichten. Und dann las er mit Erstaunen: »Es will derselbe diese Lehrstelle ohne alle Besoldung und Emolument [Gewinn] bekleiden«[216] – und nun wurde ihm klar: »Man hat mich übertölpelt ...«[217] Es war nicht nur eine unbezahlte Stelle, also das Letzte, was er suchte – er erhielt lediglich die Kolleggelder, also die Hörergebühren –, sondern er musste sogar noch draufzahlen. »Diese Professur soll der Teufel holen«, beschwerte er sich bei Körner, »sie zieht mir einen Louisd'or nach dem andern aus der Tasche. Die Geheimen Kanzleien von Gotha und Koburg haben sich bereits mit Kontos für Expeditionsgebühren eingestellt, und mit jedem Posttag drohen mir noch zwei andere von Meiningen und Hildburghausen. Jede kommt mich gegen fünf Taler und die gothasche auf sechs zu stehen. Der Magisterquark soll auch über 30 Taler, und die Einführung auf die Universität ihrer 6 kosten. Da hab ich nun schon eine Summe von 60 Talern zu erlegen, ohne was anderes als Papier dafür zu haben.«[218]

Warum aber hat Goethe die Professur »mit Lebhaftigkeit befördert« und Schiller auch noch Mut dazu gemacht? Warum hat sich der Olympier überhaupt für einen Mann eingesetzt, der ihm verhasst war? Die Antwort ist einfach: Das beste Mittel, den Konkurrenten loszuwerden, war, ihn wegzuloben.

Richard Friedenthal versucht das in seiner Goethe-Biographie gar nicht erst zu vertuschen: »Die Werke dieses Mannes« – gemeint ist Schiller –, »für die ganz Deutschland begeistert ist, wie es nur über seine« – und das sind Goethes – »ersten Jugendarbeiten gejubelt hat, erscheinen ihm wirr, abstrus oder in den philosophischen Aufsätzen verkehrt, ja gefährlich in vielem. Daß gerade dieser Mann sich in Weimar etabliert und eine gewisse Macht wird, ist ihm fatal. Er schneidet ihn, so lange als möglich und soweit er es eben tun kann, ohne einen offenen Eklat zu verursachen. Er versucht ihn auf gute Art loszuwerden und ... verfällt schließlich auf den Vorschlag, Schiller als Dozent an die Universität Jena zu berufen ...«[219]

Im Vertreiben von missliebigen Dichtern hatte der Olympier offenbar Übung, auch wenn der Fall Jakob Michael Reinhold Lenz schon einige Jahre zurücklag. Als der zwei Jahre jüngere, geniale und etwas verrückte Sturm-und-Drang-Dichter Lenz, ein Freund aus Straßburger Tagen, 1776 in Weimar auftauchte, kam es wegen einer »Eseley« zu einem Zerwürfnis. Goethe war tödlich beleidigt und erreichte dessen Ausweisung (!) aus Weimar. An den Weimarer Kammerherrn von Einsiedel schrieb er als Begründung: »Ich habe mich gewöhnt, bey meinen Handlungen meinem Herzen zu folgen und weder an Misbilligung noch an Folgen zu dencken. Meine Existenz ist mir so lieb, wie jedem anderen, ich werde aber just am wenigsten Rücksicht auf sie irgend etwas in meinem Betragen ändern.«[220]

Im Wegbeißen war der Olympier groß.[221] Wer ihm nicht passte, wer ihm nicht gefiel, wer ihm in die Quere kam, wurde weggestoßen oder fallen gelassen. So ging es Charlotte von Stein, so ging es Herder, Hölderlin, Fichte und Kleist. Später hat er auch Karl August Böttiger[222], den Rektor des Weimarer Gymnasiums und Redakteur des Wieland'schen »Teutschen Merkur«, fortgeekelt. Nur weil der mit seinen Klatsch- und Tratschgeschichten die Weimarer Großen dort darstellte, wo sie klein waren. Diese »Canaillerien« brachten ihm Titulierungen wie »Lügner«, »Schmeißfliege« oder – noch derber – »Arschgesicht« ein, der Dichterfürst freute sich gar, wenn man Böttiger »die Haut über die Ohren« ziehen würde. Warum also nicht auch diesmal seinem Herzen folgen, geradewegs an sich selbst denken und Schiller wegbeißen?!

Schiller war wütend und schrieb sarkastisch an Körner: »Könntest Du mir innerhalb eines Jahrs eine Frau mit 12 000 Talern verschaffen, mit der ich leben, an die ich mich attachieren könnte, so wollt ich Dir in fünf Jahren – eine Friederiziade, eine klassische Tragödie und weil Du doch so darauf versessen bist, ein halb Dutzend schöner Oden liefern – und die Akademie in Jena möcht mich dann im Asch [sic] lecken.«[223]

Körner tröstete ihn, so gut er konnte: »Was Du von der Professur schreibst, hat mich nicht erbaut. Es ist jetzt zu spät über die Sache zu reden; aber soviel muß ich Dir doch sagen, daß Jena an *Dir* und Du nicht an dem Professorentitel eine Akquisition machst. An Deiner Stelle würde ich wenigstens merken lassen, daß ich das fühlte. Es gibt Professoren in Jena, die man zwei Meilen davon kaum dem Namen nach kennt ...«[224]

Ein triumphaler Einstieg

Das war, Gott sei Dank, bei unserem Schiller ganz anders. Seine berühmte Antrittsvorlesung am 26. Mai 1789 wurde zu einem triumphalen Ereignis, auch wenn er vier Wochen davor noch keine Ahnung hatte, worüber er lesen würde und sich unter der Hand erkundigen mußte, wie man wen an der Universität anzureden hatte.

Als er seine Antrittsvorlesung »Was heißt und zu welchem Ende studiert man Universalgeschichte« hielt, rannte buchstäblich die halbe Universität zusammen, die damals aus knapp 800 bis 900 Studenten bestand. Im Reinhold'schen Hause hatte er für abends sechs Uhr den Hörsaal belegt, der rund 100 Plätze hatte. Aber, so schrieb er an Körner: »Halb sechs war das Auditorium voll. Ich sah aus Reinholds Fenster Trupp über Trupp die Straße heraufkommen, welches gar kein Ende nehmen wollte. ... die Menge wuchs nach und nach so, daß Vorsaal, Flur und Treppe voll gedrängt waren und ganze Haufen wieder gingen. Jetzt fiel es einem der bei mir war ein, ob ich nicht noch für diese Vorlesung ein anderes Auditorium wählen sollte. Griesbachs Schwager war gerade unter den Studenten, ich ließ ihnen also den Vorschlag tun bei Griesbach zu lesen und mit Freuden ward er aufgenommen.

Nun gabs das lustigste Schauspiel. Alles stürzte hinaus und in einem hellen Zug die Johannisstraße hinunter, die eine der längsten in Jena, von Studenten ganz besät war. Weil sie liefen was sie konnten, um in Griesbachs Auditorium einen guten Platz zu bekommen, so kam die Straße in Alarme und alles an den Fenstern in Bewegung. Man glaubte anfangs es wäre Feuerlärm und am Schloß kam die Wache in Bewegung. Was ist denn? Was gibts denn? hieß es überall. Da rief man denn! Der neue Professor wird lesen.

Du siehst, daß der Zufall selbst dazu beitrug, meinen Anfang recht brillant zu machen. Ich folgte in einer kleinen Weile von Reinhold begleitet nach, es war mir als wenn ich durch die Stadt, die ich fast ganz durchzuwandern hatte, Spießruten liefe.

Griesbachs Auditorium ist das größte und kann, wenn es voll gedrängt ist 3 und 400 Menschen fassen. Voll war es diesmal und so sehr daß ein Vorsaal und noch die Flur bis an die Haustür besetzt war und im Auditorio selbst viele sich auf die Subsellien [Bänke] stellten. Ich zog also durch eine Allee von Zuschauern und Zuhörern ein und konnte den Katheder kaum finden, unter lautem Pochen, welches hier für Beifall gilt, bestieg ich ihn und sah mich vor einem Amphitheater von Menschen umgeben.

So schwül der Saal war, so erträglich wars am Katheder, wo alle Fenster offen waren und ich hatte doch frischen Odem. Mit den zehn ersten Worten, die ich selbst noch fest aussprechen konnte, war ich im ganzen Besitz meiner Contenance und las mit einer Stärke und Sicherheit der Stimme, die mich selbst überraschte.«[225]

Aber auch hier stand sich Schiller wieder selbst im Wege, wie ein Berliner Schulmann berichtet: »Ich gestehe indessen, daß es mir schwer ward, die Ursachen seines übergroßen Beifalls zu finden. Er las alles Wort vor Wort ab, in einem pathetischen, deklamatorischen Ton, der aber sehr häufig zu den simplen historischen factis und geographischen Notizen, die er vorzutragen hatte, gar nicht paßte. Überhaupt aber war die ganze Vorlesung mehr Rede als unterrichtender Vortrag. Der Reiz der Neuheit und die Begierde, einen berühmten theatralischen Dichter nun auf dem Katheder in einer ganz neuen Situation zu sehen, mochte wohl am meisten den Zusammenfluß so vieler Hörer bewirkt haben ...«[226]

Genauso war es. Am Anfang, und erst recht am ersten Tag, gingen die Wogen der Begeisterung noch hoch: »Meine Vorlesung machte Eindruck, den ganzen Abend hörte man in der Stadt davon reden und mir widerfuhr eine Aufmerksamkeit von den Studenten, die bei einem neuen Professor das erste« – das heißt bisher ohne – »Beispiel war. Ich bekam eine Nachtmusik und Vivat wurde dreimal gerufen.«[227] Glückwunsch unserem Schiller, der mit Triumphen und öffentlichen Ehrungen sonst nicht gerade gesegnet war.

Leider hielt dieser Erfolg nicht an: Am nächsten Tag kamen noch einmal vierhundert Zuhörer, bald aber hielt er seine Vorlesungen vor kaum zwei, drei Dutzend Studenten. Und – armer Schiller! – nach der Zahl der Hörer bemaß sich sein Honorar ...

Wenn auch Golo Mann 1959 in einem freundlichen Aufsatz über »Schiller als Geschichtsschreiber«[228] zu retten suchte, was zu retten war: Unser Dichter war alles andere als ein Historiker. Ein Manko, das ihm selbst und erst recht Körner von Anfang an bewußt war, aus dem er aber das Beste zu machen suchte: Die Geschichte war für ihn einfach ein Magazin für seine Phantasie, und die Tatsachen mußten sich gefallen lassen, was sie unter seinen Händen wurden.

Zwar, so Golo Mann, nahm er »sein historisches Handwerk ernst, solange er es betrieb. Er las viel und kritisch, bevor er an die Arbeit ging; man hat nachgewiesen, daß er, für den ›Abfall der Niederlande‹, nahezu mit allem Kontakt nahm, was damals auf deutsch und französisch überhaupt gedruckt vorlag«, aber »archivalische Studien zu treiben, hatte er weder Zeit noch Lust.«[229]

Mehr Erzähler als Historiker

Er war eben kein Historiker, er war Erzähler. Seine historischen Schriften sind journalistisch gelungene, verständliche Darstellungen wissenschaftlicher Stoffe. Er fand nichts Neues, er übersetzte es nur ins Lesbare. Er war, um es mit einem heutigen Begriff zu umschreiben, auf diesem Gebiet schlicht und einfach ein Sachbuchautor, der populärwissenschaftlich verständlich schrieb. Was er wollte, war in seinen eigenen Worten: »... daß eine Geschichte historisch treu geschrieben sei, ohne darum eine Geduldprobe für den Leser zu sein, und wenn er einem anderen das Geständnis abgewinnt, daß die Geschichte von einer verwandten Kunst etwas borgen kann, ohne deswegen notwendig zum Roman zu werden.«[230]

So war denn Schillers Antrittsvorlesung auch kaum mehr als ein gelungener, sprachlich schwingender, blumiger und anregender Essay. Ich will einfach einmal eine Seite zitieren, die zugleich deutlich macht, was er unter Universalgeschichte verstand:

»Welche Zustände durchwandert der Mensch, bis er von *jenem* Äußersten zu *diesem* Äußersten, vom ungeselligen Höhlenbewohner – zum geistreichen Denker, zum gebildeten Weltmann hinaufstieg? – Die allgemeine Weltgeschichte gibt Antwort auf diese Frage.

So unermeßlich ungleich zeigt sich uns nämlich das Volk auf dem nämlichen Landstriche, wenn wir es in verschiedenen Zeiträumen anschauen! Nicht weniger auffallend ist der Unterschied, den uns das gleiche Geschlecht, aber in verschiedenen Ländern darbietet. Welche Mannigfaltigkeit in Gebräuchen, Verfassungen und Sitten! Welcher rasche Wechsel von Finsternis und Licht, von Anarchie und Ordnung, von Glückseligkeit und Elend, wenn wir den Menschen auch nur in dem kleinen Weltteil Europa aufsuchen! Frei an der Themse, und für diese Freiheit sein eigner Schuldner; hier unbezwingbar zwischen seinen Alpen, dort zwischen seinen Kunstflüssen und Sümpfen unüberwunden. An der Weichsel kraftlos und elend durch seine Zwietracht; jenseits der Pyrenäen durch seine Ruhe kraftlos und elend. Wohlhabend und gesegnet in Amsterdam ohne Ernte; dürftig und unglücklich an des Ebro unbenutztem Paradiese. Hier zwei entlegene Völker durch ein Weltmeer getrennt und zu Nachbarn gemacht durch Bedürfnis, Kunstfleiß und politische Bande; dort die Anwohner eines Stroms durch eine andere Liturgie unermeßlich geschieden! Was führte Spaniens Macht über den Atlantischen Ozean in das Herz von Amerika, und nicht einmal über den Tajo und Guadiana hinüber? Was erhielt in Italien und Teutschland so viele Throne und ließ in Frankreich alle, bis auf einen, verschwinden? – Die Universalgeschichte löst diese Fragen.

Selbst daß *wir* uns in diesem Augenblicke hier zusammenfanden, uns mit diesem Grade von Nationalkultur, mit dieser Sprache, diesen Sitten, diesen bürgerlichen Vorteilen, diesem Maß von Gewissensfreiheit zusammenfanden, ist das Resultat vielleicht aller vorhergegangenen Weltbegebenheiten: die ganze Weltgeschichte würde wenigstens nötig sein, diesen einzigen Moment zu erklären.«

So geht es noch über Seiten und Seiten, bis Schiller endlich fragt: »Was und wieviel von diesem historischen Stoff gehört nun in die *Universalgeschichte?*« und gleich die Antwort gibt: »Aus der ganzen Summe dieser Begebenheiten hebt der Universalhistoriker diejenigen heraus, welche auf die heutige Gestalt der Welt und den Zustand der letzt lebenden Generation einen wesentlichen, unwidersprechlichen und leicht zu verfolgenden Einfluß gehabt haben. ... Die wirkliche Folge der Begebenheiten steigt von dem Ursprung der Dinge zu ihrer neuesten Ordnung herab; der Universalhistoriker rückt von der neuesten Weltlage aufwärts dem Ursprung der Dinge entgegen ...«

Doch er wäre nicht Schiller, wenn er am Ende nicht vom Historiker zum Moralisten würde und mit dem ganzen Pathos eines »Seid-umschlungen-Millionen« endete:

»Ein edles Verlangen muß in uns entglühen, zu dem reichen Vermächtnis von Wahrheit, Sittlichkeit und Freiheit, das wir von der Vorwelt überkamen und reich vermehrt an die Folgewelt wieder abgeben müssen, auch aus *unsern* Mitteln einen Beitrag zu legen und an dieser unvergänglichen Kette, die durch alle Menschengeschlechter sich windet, unser fliehendes Dasein zu befestigen. Wie verschieden auch die Bestimmung sei, die in der bürgerlichen Gesellschaft Sie erwartet – etwas dazusteuern können Sie alle! Jedem Verdienst ist eine Bahn zur Unsterblichkeit aufgetan, zu der wahren Unsterblichkeit meine ich, wo die Tat lebt und weitereilt, wenn auch der Name ihres Urhebers hinter ihr zurückbleiben sollte.«

Für Vorlesungen reichte dieser populärwissenschaftliche Stil auf die Dauer nicht aus. Auch wenn er es ab und zu überspielte, war ihm durchaus klar, daß die Studenten auf manchen Gebieten mehr wußten als er, der Professor – zumal ihm Körner auch noch ins Gewissen redete und seine plötzliche Leidenschaft für Geschichte gehörig zurechtstutzte:

»Wir sind einverstanden, daß Du bei Deinen Arbeiten auf Einträglichkeit Rücksicht nehmen mußt, daß Studium der Geschichte Deinen Ideenvorrat vergrößert, Dir in der Zukunft einen ehrenvollen Wirkungskreis und ökonomische Unabhängigkeit versichert, auch Deinem Geist eine Beschäftigung, die seiner nicht unwürdig ist, darbieten kann. Dagegen behaupte ich aber: ... Daß eine ausschließende Beschäftigung mit Geschichte Dir nicht einträglicher ist, als dichterische Arbeiten. Ich gebe zu, daß Du zu dieser Laune bedarfst, aber diese ist bei Dir nicht so selten, als Du Dir vielleicht einbildest ... Als Dichter hast du Sprache, Kunstfertigkeit, Phantasie vor Tausenden voraus. Als Geschichtsschreiber stehest Du Tausenden in allem nach, was vieljähriges Studium erfordert.«[231]

Ein neuer Trend, eine neue Charlotte

Trotzdem: Der neue Professor fühlte sich wohl in Jena, und so blieb er dort die nächsten zehn Jahre. Er hatte sich in der »Schrammei«, also bei den redseligen Jungfern Schramm, eine Studentenbude gemietet, drei helle Zimmer und besaß zum ersten Mal in seinem Leben einen eigenen Schreibtisch, den er sich hatte zimmern lassen.

Und so tat unser vagabundierender Weltbürger unversehens einen Ausspruch, der eine Wende in seinem Leben markieren sollte: »Ich bin in Jena zum erstenmale eigentlicher bürgerlicher Mensch, der gewisse Verhältnisse außer sich zu beachten hat ...«[232]

Damit war, wie sich bald herausstellte, nicht nur die Professur gemeint. »Ich bin bis jetzt ein isolierter Mensch in der Natur herumgeirrt, und habe nichts als Eigentum besessen«, sinnierte er. »Alle Wesen, an die ich mich fesselte haben etwas gehabt, das ihnen teurer war als ich, und damit kann sich mein Herz nicht behelfen. Ich sehne mich nach einer bürgerlichen und häuslichen Existenz, und das ist das einzige, was ich jetzt noch hoffe ... Ich muß ein Geschöpf um mich haben, das *mir* gehört, das ich glücklich machen *kann* und *muß*, an dessen Dasein mein eigenes sich erfrischen kann.«[233]

Als er das schrieb, kannte er bereits jene junge Dame, die er einmal heiraten würde. Nur war ihm das noch nicht aufgegangen. Auch sie hieß – Charlotte.

Professor Schiller und die dritte Charlotte

Um den Anfang der Beziehung zu dieser neuen Charlotte zu finden, müssen wir rund zwei Jahre zurückgehen. Noch vor seiner Jenaer Zeit war Schiller immer wieder von seiner ersten Wohltäterin, der Frau von Wolzogen, nach Bauerbach eingeladen worden, wo er schon einmal – im Jahre 1782 – ganz zufrieden als Eremit gehaust und seine Kabale und Liebe geschrieben hatte.

Als er nun fünf Jahre später, im Dezember des Jahres 1787, von Weimar aus nach Bauerbach reiste, war ihm die Gegend fremd geworden, und das einzige, von dem er Körner berichtete, waren ein paar neue Bekanntschaften, die er über die Wolzogens in der Umgebung gemacht hatte.

In Rudolstadt erinnerte sich zum Beispiel später eine der Gastgeberinnen daran, wie damals zwei Reiter die Straße entlanggekommen waren: »Sie waren in Mäntel eingehüllt; wir erkannten unseren Vetter Wilhelm von Wolzogen, der sich scherzend das halbe Gesicht mit dem Mantel verbarg; der andere Reiter war uns unbekannt und erregte unsere Neugier. Bald löste sich das Rätsel durch den Besuch des Vetters, der um die Erlaubnis bat, seinen Reisegefährten, Schiller, ... am Abend bei uns einzuführen.«[234] Schiller wiederum vermeldete an Körner: »In Rudolstadt habe ich mich auch einen Tag aufgehalten, und wieder eine recht liebenswürdige Familie kennen lernen. Eine Frau von Lengefeld lebt da mit einer verheirateten und einer noch ledigen Tochter. Beide Geschöpfe sind (ohne schön zu sein) anziehend und gefallen mir sehr.«[235]

Das war ein Fortschritt, denn Schiller hatte die beiden Geschöpfe schon einmal, aber ohne jede Begeisterung, ein paar Jahre zuvor in Mannheim gesehen, als Mama von Lengefeld mit ihnen aus dem Schweizer Vevey kam, wo sie in einem Mädchenpensionat gerade feine Sitten gelernt hatten.

Jetzt war das Küken, Charlotte, einundzwanzig und trauerte gerade in schwermütigen Tagebucheintragungen einem schottischen Kapitän namens Heron nach, den sie bei Frau von Stein kennengelernt hatte und der ihr mitten im zarten Liebesgetändel eröffnen mußte, daß ihn Ehre und Vaterland zum Kriegsdienst nach Ostindien riefen. Erst kamen von dem blonden Schotten noch einige zärtliche Briefe, die sie recht wehmütig stimmten; dann tauchte, von Frau Mama freundlich gefördert, ein Major von Knebel auf, ein sehr viel älterer Herr, der ihr – vergeblich – den Kummer mit Heiratsanträgen vertreiben sollte.

Das erste Kennenlernen

Das war die Situation, als unser Schiller mit seinem Freund Wolzogen bei den Lengefelds auftauchte. Es war trübe, es regnete, und Charlotte hatte jene Art von Kopfschmerzen, die unglückliche junge Damen von Stand damals hatten, sodaß ihre Schwester Caroline, drall und agil, einige Mühe hatte, sie zu einem Gespräch mit den Gästen zu animieren. »Und wirklich«, so weiß hundert Jahre später ein Biograph, »die sonst so Schweigsame, gefesselt von dem lebhaften Geiste des rasch sich heimisch fühlenden Fremden, ging mehr als je aus sich heraus.«[236]

Auch wenn wir nicht wüßten, daß sie Charlotte hieß und nicht ahnten, worauf alles hinauslief – allein die Art, wie jener Biograph sie beschreibt, würde einen auf die richtige Fährte kommenden Glücks für den Helden führen: » ... ihre schlanke Erscheinung offenbarte die ganze Anmut ihrer sanften, heiteren Seele. Auf den feinen Zügen ihres lieblichen, von einer Fülle brauner Locken umrahmten Gesichts lag ein Hauch sinniger Träumerei, während der schöne Mund die Gabe ›unnachahmlichen Schmollens‹ verriet; aus den blauen Augen aber sprachen Unschuld und Güte.«[237]

Und dann erst ihr edler Charakter, der »vom Lebensodem reinster Weiblichkeit erfüllt« war: »Hilfsbereite Güte war der Grundzug ihres Wesens, die Fähigkeit des Anschmiegens ihr schönstes weibliches Talent: ganz für andere, zumal für den geliebten Mann, zu leben und, wenn es sein mußte, sich zu opfern, war ihr ein natürlicher und erhebender Gedanke ...«[238]

Wer würde solch einen Engel nicht sofort beglückt heiraten? Unser Dichter jedenfalls nicht. Denn da war ja noch Caroline, drei Jahre älter als die Schwester, geistreich, belesen, plaudersam und seit zwei Jahren mit dem Geheimen Legationsrat Friedrich von Beulwitz von vornherein so unglücklich verheiratet, dass sie nach ihrer Scheidung wenn schon nicht unsern armen Schiller, so doch seinen Freund Wilhelm von Wolzogen heiratete, in den sie sich bereits vor Jahren auf der Heimfahrt von Vevey verliebt hatte (bevor noch Frau Mama die Sache mit Herrn von Beulwitz eingefädelt hatte).

Man kann die Geschichte nun ganz verschieden weitererzählen, je nachdem, ob man die Überschriften »Mann zwischen zwei Frauen« und »Zwei Seelen wohnen, ach ...« bevorzugt oder »Das ideale Brautpaar«, das, ein für allemal füreinander bestimmt, durch alle Fährnisse hindurch und über alle Anfechtungen hinweg den zarten Keim der Liebe hegt und pflegt, bis er zur vollen Blüte einer Ehe gedeiht.

Schüchterne Minne

Denn da sind einmal die Briefe, in denen Schiller wie ein Jüngling scheu, aber spürbar glücklich auf Charlottens Zuneigung eingeht. Es sind Briefe, die man mit Rührung liest: »Ich möchte Ihnen oft soviel sagen, und wenn ich von Ihnen gehe, habe ich nichts gesagt. Bin ich bei Ihnen, so fühle ich nur, daß mir wohl ist, und ich genieße es mehr still, als daß ich es mitteilen könnte.«[239] Oder etwas später: »Ich habe mir die Trennung von Ihnen durch Vernünfteleien zu erleichtern versucht, aber sie halten die Probe nicht aus, und ich fühle, daß ich einen Verlust an meinem Wesen erlitten habe. Seien Sie mir tausendmal gegrüßt, und empfangen sie hier meine ganze Seele ...«[240]

Das sind nicht nur Floskeln einer tränenreichen Zeit, das sind nicht nur Höflichkeiten gegenüber einem jungen Mädchen, das den berühmten Dichter andächtig anhimmelt; das sind keine leidenschaftlichen Schwüre, sondern Zeichen einer stillen Zuneigung, die für Schiller nach all seinen Erlebnissen mit den anderen Charlotten so überraschend, neu und unerwartet sind, daß ihm, dem wortgewaltigen Dichter, die Worte fehlen.

So schreibt er ihr einmal nach langen Monaten der Bekanntschaft, er habe gehofft, sie hätte ihn »ohne Worte verstanden, und alle die Menschen und menschenähnlichen Wesen um uns her hätten unsre Sprache nicht gestört. Ich hatte in meinem ›Don Carlos‹ eine Stelle, die ich mit der ganzen Szene, worin sie stand, weggelassen habe. Diese Stelle drückt am besten aus, was ich hier meine.

> Schlimm, daß der *Gedanke*
> erst in der *Worte* tote Elemente
> zersplittern muß, die Seele sich im Schalle
> verkörpern muß, der Seele zu erscheinen.
> Den treuen Spiegel halte mir vor Augen,
> der meine Seele *ganz* empfängt und *ganz*
> sie widergibt; dann, dann hast du genug,
> das Rätsel meines Lebens aufzuklären!

Damals, als ich diese Worte schrieb, hätte ich nicht gedacht, daß ich sie einmal für mich selbst würde reden lassen müssen ...«[241]

Versteh einer diesen Schiller. War er schüchtern oder feige? Was war los? Warum ständig diese dunklen Andeutungen? Hatte er

Angst vor einer Entscheidung, vor einer Bindung? Gerade in dieser Zeit hatte er seinem Freund Körner geschrieben, daß er in jedem Falle heiraten wolle, daß aber sein Herz noch frei sei. Ja, hatte er also dann seiner Charlotte die ganze Zeit etwas vorgemacht? Oder war es die etwas herbe, in sich verschlossene, sogar »frostige«[242] Art von Charlotte, die er für spröde Ablehnung hielt, wie er ihr später gestand?[243]

Nein, ich glaube, dieser Schiller war mit seinen satten dreißig Jahren Lebenserfahrung und nach all den verschiedenen Charlotten ganz einfach durcheinander und verwirrt, bis ihm die dralle Caroline endlich mitteilte, wo es langging.

Und wenn man schon indiskreterweise die Liebesbriefe fremder Leute zu lesen bekommt – nur weil sie berühmt sind und die Briefe nicht rechtzeitig verbrannt haben –, dann auch diesen entscheidenden Brief vom 3. August 1789:

»Ist es wahr, teuerste Lotte? Darf ich hoffen, daß Caroline in Ihrer Seele gelesen hat und aus ihrem Herzen mir beantwortet hat, was ich mir nicht getraute zu gestehen? O wie schwer ist mir dieses Geheimnis geworden, das ich, solange wir uns kennen, zu bewahren gehabt habe! Oft ... nahm ich meinen ganzen Mut zusammen und kam zu Ihnen mit dem Vorsatz, es Ihnen zu entdecken; aber dieser Mut verließ mich immer wieder.

Ich glaubte, Eigennutz in meinem Wunsche zu entdecken, ich fürchtete, daß ich nur *meine* Glückseligkeit dabei vor Augen hätte, und dieser Gedanke scheuchte mich zurück. ...

Vergessen Sie jetzt alles, was Ihrem Herzen Zwang auferlegen könnte, und lassen Sie nur Ihre Empfindungen reden. Bestätigen *Sie,* was Caroline mich hoffen ließ. Sagen Sie mir, daß Sie *mein* sein wollen und meine Glückseligkeit Ihnen kein Opfer kostet ...«[244]

Na endlich! Und schon kommt auch seine Charlotte etwas ins Stammeln, als sie zwei Tage darauf – immer noch per Sie – antwortet:

»Schon zweimal habe ich angefangen, Ihnen zu schreiben, aber ich fand immer, daß ich zu *viel fühle* um es ausdrücken zu können.

Caroline hat in meiner Seele gelesen; u. aus meinem Herzen geantwortet.

Der Gedanke zu Ihrem Glück beitragen zu können steht hell u. glänzend vor meiner Seele. Kann es treue, innige Liebe und Freundschaft, so ist der warme Wunsch meines Herzens erfüllt, Sie glücklich zu sehen. – Für heute nichts mehr, Freitag sehen wir uns, wie freue ich mich unsern Körner zu sehen! u. Sie lieber in meiner Seele lesen zu laßen, wie *viel Sie mir sind* ... Ewig

Ihre treue Lotte«[245]

Sie hatte ihn, wie sie ihm später, schon in vertraulichem Du, erzählte, vom ersten Moment an gemocht, als er an jenem Dezembertag in Rudolstadt auftauchte und den Schwestern anschließend seinen Don Carlos schickte. »Es war schon immer eine geheime Ahnung in meiner Seele, glaube ich, daß mir Deine Briefe einmal alles sein würden, als Du den Karlos an Wolzogens schicktest; ich fand das Billet und behielt es sorgfältig, denn ich weiß es nicht, es freute mich so, und es war mir lieb, etwas von Dir zu haben. Auch wartete ich so ängstlich den Sonntag, wie Du versprochen hattest, herzukommen; mit jedem Tritt, den ich hörte, dachte ich, Du kämst, es war mir nicht ganz recht, daß Du ausbliebst.«[246]

Klopfende Herzen, seliges Erröten, Zuneigen und Zurückschrecken, Warten und Sehnen – wer kennt das nicht? Und so ist auch diese Geschichte zwischen Friedrich und Lotte eine ganz normale Geschichte. Man heiratet, bekommt Kinder und ist, wenn's gut geht, treu bis in den Tod.

Irrungen, Wirrungen

Nur: Die Geschichte läßt sich eben auch anders erzählen. Friedrich und Lotte haben sich von Herzen mit Schmerzen gefunden, man duzt sich. Und er schreibt an die »Liebste« und »Teuerste« – aber es ist nicht Lotte, sondern Caroline, die er so anredet, während er an Körner von seiner Braut Lotte nur als von »der Lengefeld« schreibt.

Oft richtet er seine Briefe – eine echte und einmalige Rarität in der Liebesbriefliteratur – gar nicht mehr an seine Lotte allein, sondern gleich an beide Schwestern, als wenn er mit beiden verlobt und die eine nicht schon längst verheiratet wäre: »Seid mir gegrüßt, Teuerstes meiner Seele!« oder: »Die süße Überzeugung, daß Ihr mein seid, daß nichts Euch mir entreißen kann, sollte mir das Leben erheitern ...«[247] Ja, da schreibt er doch tatsächlich an die beiden Schwestern, er sei sich »Eures Besitzes gewiss ...«[248] und küßt dann bei passender Gelegenheit, wie ein Zeuge erstaunt bemerkte, Caroline feuriger als seine Braut Charlotte.

Wilhelm von Humboldt vermutete sogar, Schiller heirate seine Charlotte nur, um als glückliche Mitgift die Caroline zu behalten.[249] »Wenn ich Caroline ansah«, schrieb er wenige Wochen vor Schillers Hochzeit an seine Frau, »über ihn hingelehnt, das Auge schwimmend in Tränen, den Ausdruck der höchsten Liebe in jedem Zuge – ach, ich kanns Dir nicht schildern, wie mirs dann ward ...«[250]

Und Schiller selbst? Caroline notierte etwa um die gleiche Zeit: »Ich war ein paar Minuten mit ihm allein, er schloß mich feuriger an sein Herz und verbarg sein Gesicht in meinen Händen, ich konnte wenig sprechen ... Ach, was nennt die Seele, wenn sie in ein Gefühl aufflammt!«[251]

Arme Charlotte. Was Schiller im Kopf umging, war nämlich schlicht und einfach eine Ménage à trois, ein Dreiecksverhältnis, wie er es schon einmal mit der anderen Charlotte (damals: von Kalb) und ihrem Mann vorhatte.

Die neue Charlotte tröstet er sehr abstrakt und zweideutig, indem er erst sie anspricht, dann aber plötzlich mitten im Satz von »euch« redet und Caroline einbezieht: »Du kannst fürchten, liebe Lotte, daß Du mir aufhören könntest zu sein, was Du mir bist? So müßtest Du aufhören, mich zu lieben! Deine Liebe ist alles, was Du brauchst, und diese will ich Dir leicht machen durch die meinige. Ach, das ist eben das höchste Glück in unserer Verbindung, daß sie auf sich selbst ruht und in einem einfachen Kreise sich ewig um sich selbst bewegt, daß mir die Furcht nicht mehr einfällt, Euch jemals weniger zu sein oder weniger von Euch zu empfangen ...«

Und dann mit einer Deutlichkeit, die eine Braut sicherlich nicht beglückt: »Frei und sicher bewegt sich meine Seele unter Euch – und immer liebevoller kommt sie von einem zu dem andern zurück – derselbe Lichtstrahl ... laßt mir die stolz scheinende Vergleichung – derselbe Stern, der nur verschieden widerscheint aus verschiedenen Spiegeln.«

Ja, Schiller wird noch deutlicher und gröber: »Caroline ist mir näher im Alter und darum auch gleicher in der Form unserer Gefühle und Gedanken. Sie hat mehr Empfindungen in mir zur Sprache gebracht als Du meine Lotte, – aber ich wünschte nicht um alles, daß dieses anders wäre, daß Du anders wärest, als Du bist. Was Caroline Dir voraus hat, mußt Du von mir empfangen; Deine Seele muß sich in meiner Liebe entfalten, und *mein* Geschöpf mußt Du sein, Deine Blüte muß in den Frühling meiner Liebe fallen. Hätten wir uns später gefunden, so hättest Du mir diese schöne Freude weggenommen, Dich für mich aufblühen zu sehen ...«[252]

Arme Charlotte. Denn bei aller poetischen Verbrämung – und es mag früher nicht ganz so machohaft geklungen haben wie heute, vor allem nicht, wenn ein neun Jahre älterer und berühmter Mann so redet: Es war noch nie der Inbegriff des Glücks, als Braut ein Vierteljahr vor der Hochzeit gesagt zu bekommen, man sei nur der nachwachsende, nachblühende Ersatz für die geliebtere Schwester. Schon gar nicht, wenn der Herr Bräutigam unentwegt laut darüber nachdenkt, wie man dann, mit oder ohne Herrn von Beulwitz, zusammenziehen könnte.

Entsprechend trostlos war die Hochzeit. Sie fand, angeblich um sich vor studentischen Überraschungen zu schützen, am 22. Februar 1790 abends um halb sechs außerhalb von Jena in der abgeschlossenen Dorfkirche von Wenigenjena[253] statt – nur mit Mama Lengefeld und Caroline als Trauzeugen. Die anschließende Hochzeitsfeier bestand aus einigen Tassen Tee, die Schiller gemeinsam mit den drei Frauen trank: Da war Frau von Lengefeld, geborene von Wurmb, seit langem Witwe (ihr Mann war der 28 Jahre ältere und bereits vor der Hochzeit durch einen Schlaganfall fast ganz gelähmte, ehemals Fürstlich Schwarzburgische Landjägermeister Carl Christoph von Lengefeld gewesen), eine verschrumpelte, liebe, aber konservative Dame, die zu ihrem Schrecken plötzlich einen bürgerlichen Schwiegersohn hatte, wenn er auch Hofrat und Professor war; da war Caroline von Beulwitz, spätere von Wolzogen, die bis an ihr Lebensende unseren armen Schiller vergebens liebte, die mit ihrer Schillerbiographie als »eine der genauesten Kennerinnen Schillers das falscheste Bild von ihm entworfen hat, das sich aber tief einwurzelte«[254], und der man auf ihren Grabstein schrieb: »Sie irrte, litt, liebte«; und da war schließlich Charlotte, die junge Frau Schiller, »das uninteressante Lolochen«, wie Wilhelm von Humboldt sie einmal nannte. Arme Charlotte.

Ende gut – alles gut

Aber nein! Denn es folgt wider Erwarten die Variante »Das ideale Brautpaar«. Mit Hilfe einer Zofe richtet sich das junge Glück in der Junggesellenwohnung des Professors Schiller ein, und nach acht Tagen Eheleben meldet der Ehemann seinem Freund Körner: »Was für ein schönes Leben führe ich jetzt. Ich sehe mit fröhlichem Geist um mich her, und mein Herz findet eine immerwährende sanfte Befriedigung außer sich, mein Geist eine schöne Nahrung und Erholung. Mein Dasein ist in eine harmonische Gleichheit gerückt; nicht leidenschaftlich gespannt, aber ruhig und hell gingen mir die Tage dahin. Ich habe meiner Geschäfte gewartet und mit mehr Zufriedenheit mit mir selbst.«[255]

Und im August erfährt Huber: »Mit jedem Tag verjüngt sich dieses Gefühl der Freude in meinem Herzen, und die glückliche Existenz eines holden Wesens um mich her, dessen ganze Glückseligkeit sich in die meinige verliert, verbreitet ein sanftes Licht über mein Dasein ...«[256]

Nun ist es natürlich völlig unpassend, Briefe an die »liebste« Caroline zu zitieren, die er ebenfalls in dieser Zeit verfaßt hat. »Du bist mein«, schrieb er da, und: »... Freilich ist es anders, wenn meine ganze Seele in Worten und Augen sich gegen Dich ausbreiten darf, aber nur die ungewisse Sehnsucht macht die Entbehrung für mich zum Schmerz.«

Immerhin dachte er dabei auch an seine Frau: »Lolo ist gar lieb, und ich freue mich, sooft ich sie sehe, ihres lieben Daseins um mich. Sie ist vergnügt und auch sehr wohl.« Dann aber wünscht er sich sogleich: »Möchtest auch Du Beides sein, meine Liebste, möchtest auch Du immer und immer um mich leben und weben ...«[257]

Und bald darauf – nur mit anderen Worten – das Gleiche noch einmal. Er schrieb, nachdem er an Charlotte das »liebliche Spiel ihrer sanften Seele« gelobt hat: »Wenn Du nun erst wieder um mich lebst und es ununterbrochen bleibst, liebste Seele, ja es werden schöne Tage sein ...«[258]

Derweil lebte er friedlich und äußerlich zufrieden mit seiner Lotte, und Wilhelm von Humboldt philosophiert: »Wenn man gar nicht liebt, läßt sich mit jedem Weibe erträglich leben ... Nein, Schiller ist jugendlich, unerfahren, hat gefehlt und wird zu hart büßen, weil er die, an der seine ganze Seele hängt, nicht glücklich sehen wird.«[259]

In den üblichen Schillerbiographien werden solche Zitate tunlichst weggelassen – nicht nur, weil es jetzt schwierig wird, das Schiller'sche Familienidyll mit der anschmiegsamen Hausfrau und den vier Kinderlein zu malen. Und doch: Auch wenn man nicht in die Menschen hineinsehen kann, eines ist sicher: Unser armer Schiller mußte diese Heirat nicht »zu hart büßen« – es sei denn, man nimmt die lebensgefährliche Krankheit, die ihn im Jahr darauf befiel, als psychosomatischen Ausdruck dieser Krise.

Die Wirklichkeit, von außen und im Nachhinein betrachtet, war jedenfalls anders. Es dauerte zwar einige Zeit, aber die stille, sanfte Seele dieser Lolo zog den Ungebärdigen von Tag zu Tag mehr in ihren ruhigen Lebenskreis.

Die liebste Caroline wurde nicht verdrängt, sie verschwand nicht, aber sie verlor an Bedeutung und Einfluß. Sie wurde, wie es sich gehört, im Lauf der Zeit zur bloßen Schwägerin, die dann auch brav in ihrer späteren Schiller-Biographie die verräterischen Liebesbriefe ins Moralisch-Anständige umfälschte, indem sie aus dem »Ihr« und »Euch« ein einfaches »Du« machte und an den leidenschaftlichen Stellen die »liebste Caroline« durch die »theure Lotte« ersetzte.

Da zitiert man erleichtert den Brief, den Caroline von Humboldt ein Jahr nach Schillers Hochzeit an ihren Mann, Wilhelm von Humboldt, schrieb und in dem sie von Schiller berichtete: »Er sprach einmal mit mir von Lottchen und seiner Art, mit ihr zu leben, so recht im Ton der Ruhe, nicht der Resignation. Er sagte sogar, wie er sich überzeugt hätte, daß er mit Carolinen nicht so glücklich gelebt haben würde wie mit Lottchen ...«[260]

Und gleich noch einmal Frau von Humboldt: »Gestern kam Schiller mit Lottchen an. Es tat mir unendlich wohl, sie wiederzusehen und die beiden lieben Wesen um mich zu fühlen. Lottchen hat so in allem den süßen Ausdruck der Ruhe, der Zufriedenheit, des innigsten Wohlseins – es wird mir wohl und weh, wenn ich sie neben Schiller sehe, wenn sie sich so öffentlich Du nennen und er sie ›liebe Frau‹ ruft.«[261]

Das könnte gespielt sein, genauso, wenn Lolochen, die »personfizierte Lieblichkeit ... an seiner Größe hinaufstaunt«, wie jemand notierte.[262] Aber wenn Schiller an Körner schreibt, daß es ihm auch bei anderen Geschäften Freude macht, »nur zu denken, daß sie um mich ist«, dann ist das unverstellt und echt, besonders, wenn es weiter heißt: »... ihr liebes Leben und Weben um mich herum, die kindliche Reinheit ihrer Seele und die Innigkeit ihrer Liebe, gibt mir selbst eine Ruhe und Harmonie, die bei meinem hypochondrischen Übel ohne diesen Umstand fast unmöglich wäre.«[263]

Und wer wollte endlich noch am Glück des großen Schiller zweifeln, wenn er sich, ganz wie andere Menschen auch, danach sehnt, seine »kleine Maus wiederzuhaben«[264]?

Daß da noch keiner einen Film daraus gemacht hat: Das Bild des idealen Paares taucht nach Irrungen und Wirrungen wieder strahlend in den Biographien auf, Gott sei Dank. Obwohl Professor Schiller in diesem Jahr oft bis zu 14 Stunden am Tag arbeitet, meint man in Verehrerkreisen, das Jahr 1790 könnte vielleicht das glücklichste in seinem Leben gewesen sein.

Da ist was dran. Zumal Schiller im Jahr darauf schwer erkrankte und sich nie wieder richtig erholte. Von da an wurde sein Leben ein einziger Wettlauf zwischen Erschöpfung und geradezu unheimlicher Arbeitswut. Doch davon später.

Zum Vergleich: Der Olympier und sein Bettschatz

So wenig Schiller und der Unvergleichliche auch gemeinsam hatten, eine feste und dauerhafte Bindung sind beide zufällig fast zur gleichen Zeit eingegangen, wenn auch in unterschiedlichen Lebensaltern und auf verschiedene Art.

Im Sommer 1788 lernte Schiller in Rudolstadt gerade seine Charlotte näher kennen, und Goethe kam am 18. Juni aus Italien zurück. Als der Olympier gut drei Wochen später im Weimarer Park spazieren ging, bekam er die Bittschrift eines jungen, 25-jährigen Gelehrten überreicht, der ihn bei seinem beruflichen Fortkommen um Hilfe bat. Dieser junge Mann war allerdings so geschickt, nicht selbst aufzukreuzen, sondern seine zwei Jahre jüngere

Schwester ganz »zufällig« in den Park zu schicken. Er wußte, weshalb: Sie hatte fröhliche, lachende Augen und volle Lippen, war klein, rundlich und doch zierlich von Gestalt.

Der junge Mann hatte richtig getippt. Das Mädchen machte sein Knickschen, der Olympier machte Augen, und allen war geholfen. Sie hatte einen Liebhaber gefunden, der Weimarer Gott seine spätere Frau, der junge Gelehrte bald eine passende Anstellung und ganz Weimar jahrelang einen herrlichen Stoff zum Klatschen.

Den jungen Gelehrten kennen wir schon, das krumme Männchen hatte ja ein Jahr zuvor bereits Schiller seine Aufwartung gemacht. Seine Schwester, Christiane Vulpius, 16 Jahre jünger als der Unvergleichliche, lernen wir jetzt kennen.

Sie war das dritte Kind aus der Familie des Fürstlich Sächsischen Amtsarchivars Johann Friedrich Vulpius, der nur leider das Pech gehabt hatte, Jahre zuvor in Unehren entlassen zu werden, so daß Christiane seit ihrem sechzehnten Jahr zum Familienunterhalt beitragen musste.[265]

Christiane war stets und ständig das Gegenteil.

War Goethe der elitäre und reiche Patriziersohn, war sie nichts weiter als eine kleine Kunstblumenmacherin in der Bertuch'schen Blumenfabrik. War Frau von Stein die vornehme Lilie, war sie die einfache, natürliche Wiesenblume; war Charlotte Schiller ein scheues Reh, war sie das zutrauliche Schäfchen; war das Residenzstädtchen der Hort der Geistesheroen, war sie die ungebildete Landpomeranze; lebte ihr Olympier mit seinen Gedanken in Arkadien, ging sie in den Garten und verkaufte Gemüse, um die Kasse aufzubessern; schrieb er nach Regeln, schrieb sie, wie Goethes Mutter, nach Gehör, schrieb »lans Mann« und meinte Landsmann, schrieb »dickdiren« und meinte diktieren, schrieb »sückdes« und meinte schicktest.

Wenn er sich verkünstelte und sie sein kleines Erotikon[266] nannte, schrieb sie ihm, sie habe ihn lieb und fühle sich ganz »hasig«, während er sie nach guter alter Fetischistenmanier bat: »Schicke mir bei nächster Gelegenheit deine letzten, neuen, schon durchgetanzten Schuhe, ... daß ich nur wieder etwas von dir habe und an mein Herz drucken kann.«[267]

Ihre Vergnügungen waren simpel. Als der Meister die Vollendung von »Hermann und Dorothea« feierte, wünschte sich seine Christiane »einen halben Stein Seife«. Er schickte sie ihr aus Jena mit der Bemerkung, »damit Du Dich auch auf Deine Art mit mir freuen könntest.«[268] Kurz, »sie liebte drei Dinge: den ›Geheimrat‹, den Wein und den Tanz.«[269]

Vier Kinder hatten sie zusammen, und nur der Älteste blieb am Leben (weil nur das erste Kind überlebt, wenn das Blut des Mannes positiven und das der Frau negativen Rhesusfaktor aufweist), die anderen wurden tot geboren oder starben unmittelbar nach der Geburt.

Dreißig Jahre blieben die beiden friedlich-schiedlich bis zu Christianes Tod zusammen, zwanzig davon, so Schiller, »unter elenden häuslichen Verhältnisse(n), die er zu schwach ist zu ändern.«[270] Siebzehn Jahre lang verlangte es die gesellschaftliche Heuchelei, daß der Minister und Geheimrat Goethe seine Donna Vulpia wie einen Domestiken bei allen offiziellen Anlässen in den hinteren Gemächern versteckte (wo sie nicht allein, sondern »anstandshalber« mit ihrer Schwester Ernestine und Tante Juliane eingezogen war), daß er bei Hofe und in Gesellschaft als Junggeselle galt und stets allein empfangen wurde. Siebzehn Jahre lang störte es diesen alten Egoisten aber auch nicht, seine Lebensgefährtin und die Mutter seiner Kinder zu verleugnen, ohne sie zu verreisen und ohne sie zur Kur zu fahren. Er hatte es bequem zu Hause, hatte seinen Bettschatz, wie Goethes Mutter in ihrer direkten Art bemerkte. Was wollte er mehr?

Das wurde erst anders, als Christiane im Jahr 1806, am 14. Oktober, in ihrer beherzten Art ihren Geheimrat (statt er sie!) vor den Franzosen schützte, die nach der Schlacht von Jena und Auerstedt in Weimar einzogen, Goethes Haus besetzten und ihn bedrohten.

Da endlich fiel es dem alten Feigling ein, daß auch er vielleicht Verantwortung trug, und das seit langem, und nicht nur gegenüber Christiane, sondern auch gegenüber seinem illegitimen Sohn.

Drei Tage danach schrieb er, endlich einmal erschüttert, einen ungekünstelten, leicht derangierten Brief an den Oberkonsistorialrat Günther, der in seiner lakonischen, fast atemlosen und unverschnörkelten Wortwahl einsam aus seinen Briefen hervorragt:

»Dieser Tage und Nächte ist ein alter Vorsatz bey mir zur Reife gekommen; ich will meine kleine Freundin, die so viel an mir gethan und auch diese Stunden der Prüfung mit mir durchlebte, völlig bürgerlich anerkennen, als die Meine.

Sagen Sie mir würdiger geistlicher Herr und Vater wie es anzufangen ist, daß wir, sobald als möglich, Sonntag, oder vorher getraut werden. Was sind deßhalb für Schritte zu thun? Könnten Sie die Handlung nicht selbst verrichten, ich wünschte daß sie in der Sakristey der Stadt-Kirche geschähe.

Geben Sie dem Boten, wenn er Sie trifft, gleich Antwort. Bitte! Goethe.«[271]

Gleich zwei Tage später, am 19. Oktober, tauschten Goethe und sein Bettschatz die Ringe, in die als Datum der 14. Oktober 1806 eingraviert war. Der Hausgenosse Riemer und der sechzehnjährige Sohn August waren Trauzeugen, als Christiane und Goethe »in allhiesiger Fürstl. Hofkirchen-Sacristei von dem Herrn Oberconsistorial-Rath Günther in der Stille copuliert wurden«.

Im Übrigen änderte sich nichts: Er redete sie weiter als »liebes Kind« an, sie sagte weiter »Sie« zu ihm und »lieber Geheimrat«.

Praktisch, wie sie war, errechnete Frau von Goethe den Schaden des Franzoseneinfalls in den Frauenplan, der zu ihrer Ehe führte, mit 2000 Talern und zwölf Eimern Wein.

Damit genug des langen Seitenblicks auf Christiane Vulpius, weit und breit die einzig unverbildete, aber auch ungebildete Figur unter den Weimarer Götzen, die im Alter boshaft Goethes »dicke Hälfte« genannt wurde.

Da hatte es Schiller endlich einmal besser. Er kam nicht mit einer kleinen Arbeiterin daher, sondern mit einer Adligen, die bei Hof eingeführt war, seit Kindertagen als Liebling der Frau von Stein galt und Selbstbewußtsein genug besaß, Goethe immer nur ironisch den »Großen Meister« zu nennen. Da herrschten geordnete Verhältnisse, da mußte sich keiner schämen, da mußte man nichts vertuschen. Sogar Goethe fing an, mit ihr zu scherzen und kleine Geschenke zu schicken; ja, es kam, o Wunder, sogar eine Zeit, in der sich der Olympier den Umgang mit dem verhassten Schiller gestattete.

Krankheit und Wende

Wir können zufrieden sein. Wir haben unseren jugendlichen Helden heil bis hierher gebracht. Wir haben ihn aus den Klauen von Herzog Carl Eugen befreit, als Theaterdichter berühmt gemacht und auf die Flucht geschickt, mit verschiedenen Charlotten zusammengebracht, nach Dresden, Leipzig und Weimar begleitet, ihm in Jena eine Professur verschafft und ihn schließlich mit einer der Charlotten verheiratet. Was will man mehr?

Aber im Leben geht es manchmal zu wie im Theater. Gerade, wenn man denkt, nun sei alles in bester Ordnung, kommt das berühmte retardierende Moment, der Held gerät in Gefahr, und alles ist wieder offen. An einer solchen Stelle befinden wir uns jetzt.

Gerade ist unser Held dabei, die Geschichte des Dreißigjährigen Krieges zu schreiben, und wie immer ist es für ihn eine Fron. Umsorgt von Lolo, seinem Mäuschen, arbeitet er vierzehn Stunden Tag für Tag, liest und schreibt, schreibt und liest wie besessen. In nicht ganz vier Monaten hat er die ersten beiden Bände für Göschens »Historischen Kalender für Damen« geschrieben und ist voller Hoffnung.

Doch nun, ein Jahr nach der Hochzeit, Anfang 1791 also, ist er so erschöpft, leergelaufen und kaputt, daß ihn die Krankheit einholt, die ihn bis zu seinem Tode nicht mehr loslassen wird.

Dabei waren es doch heitere, fröhliche Tage. Am letzten Tag des Jahres 1790 fuhr er mit seiner Charlotte ins damals kurmainzische Erfurt und verbrachte dort mit ihr und Caroline eine Zeit in unbeschwerter Geselligkeit mit Freunden, besuchte Konzerte und Theater, um dann schließlich am 3. Januar, dem Geburtstag des Mainzer Kurfürsten, feierlich als Mitglied in die Kurfürstliche Akademie nützlicher Wissenschaften aufgenommen zu werden.

Am Nachmittag um fünf gab es deswegen ein feierliches Konzert, gefolgt von einem Festmahl, an dem Schiller zufrieden mit sich und der Welt teilnahm, bis ihn plötzlich ein heftiges Unwohlsein packte. Mit einer Sänfte mußte er in sein Quartier gebracht werden. Der schnell herbeigerufene Arzt diagnostizierte ein Katarrhfieber und stellte Schiller alsbald zumindest so weit wieder her, daß er nach einer Woche mit seiner Charlotte in das kaum zwanzig Kilometer entfernte Weimar reisen konnte.

Dort stellte er sich, noch halbtot, sieben Jahre nach seiner Ernennung zum Hofrat, zum ersten Mal bei Hofe vor, ließ die Frau Gemahlin bei Frau von Stein und fuhr am 11. Januar allein nach Jena weiter, um seine Vorlesungen wieder aufzunehmen.

Kaum angekommen, schrieb er an seine Lolo: »Es ist mir ganz wohl, ich huste auch nicht mehr. Die ordentliche Lebensart und Ruhe werden mich in wenigen Tagen wieder völlig gesund machen ...«[272] Wer Schiller kennt, der weiß, daß solche optimistischen Mitteilungen regelmäßig das Gegenteil und damit eine Katastrophe ankündigen.

Krise

Vier Tage später schrieb er mit zittriger Hand seiner Charlotte, die Krankheit sei wiedergekommen, sie möge die nächstbeste Kutsche nehmen und ihn pflegen. Wie man aus den Symptomen rückschließen kann, hatte er offenbar eine rasch verlaufende Lungenentzündung, zu der später eine Rippenfell- und eine Bauchfellentzündung hinzukamen. Eine davon hätte bereits genügt, um sich Sorgen zu machen.

Liest man den Bericht, den Schiller später an seinen Freund Körner geschrieben hat, dann gewinnt man freilich den Eindruck, daß solche Attacken damals weniger gefährlich waren als die medizinische Behandlung, die auf eine systematische Schwächung des Patienten hinauslief.

Schiller litt zum Beispiel an Lungen- und Seitenstichen, an hohem Fieber, Beklemmungen, Husten und spuckte Blut mit Eiter vermischt. Die Therapie? Sie bestand aus den üblichen Aderlässen, Zugpflastern, Blutegeln, Brech- und Abführmitteln – und das war's dann auch schon und reichte hin, den ohnehin geschwächten Patienten an den Rand des Todes zu bringen.

»Mein geschwächter Magen«, berichtet er später, »brach drei Tage lang alle Medizin weg. In den ersten sechs Tagen konnte ich keinen Bissen Nahrung zu mir nehmen, welches mich bei so starken Ausleerungen der ersten und der zweiten Wege und der Heftigkeit des Fiebers so sehr schwächte, daß die kleine Bewegung, wenn man mich vom Bette nach dem Nachtstuhl trug mir Ohnmachten zuzog, und daß mir der Arzt vom siebenten bis zum eilften Tage nach Mitternacht mußte Wein geben lassen.

Nach dem siebenten Tage wurden meine Umstände sehr bedenklich, daß mir der Mut ganz entfiel ... Erst acht Tage nach Aufhören des Fiebers vermochte ich einige Stunden außer dem Bette zuzubringen, und es stand lange an, ehe ich am Stocke herum kriechen konnte.«[273]

Der Weimarer Herzog schickte seinem Hofrat zur guten Besserung ein »halb Dutzend Bouteillen Madera«[274], die ihm zusammen mit ungarischem Wein vortrefflich bekamen, auch wenn Beklemmungen und ein fortlaufender Schmerz an einer bestimmten Stelle der Brust spürbar blieben und ihn beunruhigten. »Ich vermag es hier niemand zu sagen, was ich von diesem Umstand denke, aber mir ist, als ob ich diese Beschwerden behalten müßte«[275], schrieb er im April an Körner und sollte recht behalten.

Anfang Mai kam in Rudolstadt der nächste Rückfall, der ihn dem Tode nahe brachte und vermutlich dadurch verursacht wurde, daß Eiter das Zwerchfell durchbrach, was normalerweise tödlich endet. Bei Schiller hinterließ es eine chronische Bauchfellentzündung mit schmerzhaften Verdauungsstörungen, die er nie wieder los wurde.

So quälend es ist, man muß diesen Bericht zwischen Todesangst und Hoffnung ganz und in Ruhe lesen, um zu verstehen, unter welchen Umständen, Beeinträchtigungen und Ängsten Schiller die restlichen 15 Jahre seines Lebens zubrachte und schrieb.

»... es war ein heftiges Asthma, wahrscheinlich von Krämpfen im Zwerchfell erzeugt, auf das sich eine Schärfe geworfen hatte. Unter den wiederholten und periodisch zurückkehrenden Anfällen waren zwei, einer am Sonntag vor achtzehn Tagen [am 8. Mai 1791], der andere am Dienstag, fürchterlich. Der Atem wurde so schwer, daß ich, über der Anstrengung Luft zu bekommen, bei jedem Atemzug ein Gefäß in der Lunge zu zersprengen glaubte. Bei dem ersteren stellte sich ein starker Fieberfrost ein, so daß die Extremitäten ganz kalt wurden, und der Puls verschwand. Nur durch immer kontinuiertes Anstreichen konnte ich mich vor der Ohnmacht schützen.

Im heißen Wasser wurden mir die Hände kalt, und nur die stärksten Friktionen brachten wieder Leben in die Glieder. Man hat alles angewendet, was nur die Medizin in solchen Fällen Wirksames hat; besonders aber zeigte sich das Opium, das ich in starken Dosen nahm, Kampfer mit Moschus, Klistiere und Blasenpflaster wirksam. Eine Aderlässe [sic] am Fuß machte die dringende Gefahr der Erstickung notwendig. ... Ich warf während dieser ganzen Zeit niemals Blut aus, und nach überstandenem Paroxysmus, der zuweilen fünf Stunden währte, konnte ich ganz frei respirieren.

... Was daraus werden soll, weiß ich nicht; doch ich habe jetzt weniger Furcht, als vor vier Wochen. Überhaupt hat dieser schreckliche Anfall mir innerlich sehr gut getan. Ich habe dabei mehr als einmal dem Tode ins Gesicht gesehen, und mein Mut ist dadurch gestärkt worden. Den Dienstag besonders glaubte ich nicht zu überleben; jeden Augenblick fürchtete ich der schrecklichen Mühe des Atemholens zu unterliegen; die Stimme hatte mich schon verlassen, und zitternd konnte ich bloß schreiben, was ich gern noch sagen wollte.«[276]

Er hatte dabei weniger Angst um sich als um seine Charlotte, die wir sträflicherweise ganz aus den Augen verloren haben: »Mein Geist war heiter«, schrieb er an Körner, »und alles Leiden, was ich in diesem Moment fühlte, verursachte der Anblick, der Gedanke an meine gute Lotte, die den Schlag nicht würde überstanden haben.«[277]

Wirklich, was muß die verängstigte Charlotte all die Zeit empfunden haben! Hatte sie, die sich gegenüber ihrer Schwester Caroline ein bißchen wie Aschenputtel vorkam, den genialen Dichter geheiratet, um ihn gleich im ersten Jahr wieder zu verlieren? Und wie sollte es weitergehen, wie sollte sie seine Anfälle überstehen, die sie nur hilflos mit ansehen konnte? Es war ein Leben unter dem Fallbeil: Wie lange würde das so gehen? Und wenn sie Kinder bekamen, würden sie sie gemeinsam aufziehen können?

Früher, zu Zeiten meiner Eltern, hätte man noch Ausdrücke hingeschrieben wie »tapfere, kleine Frau« oder behauptet, Frauen berühmter Männer hätten von Anfang an nichts anderes im Sinn gehabt oder nichts lieber getan, als sich zur Vervollkommnung ihres Helden klaglos aufzuopfern. Wir wollen es anders halten und uns einfach vorstellen, was wir an ihrer Stelle fühlten.

Dabei hilft uns ein Augenzeuge aus jener Zeit, der Livländer Karl Gotthardt Graß, der, wie viele andere Freunde, in jenen Tagen Krankenwache hielt. Nach dem Tod Schillers schrieb er an Charlotte: »Erinnern Sie sich eines Augenblick, der mir unvergeßlich ist, als Schiller in Rudolstadt so krank war: Ich befand mich in seinem Zimmer und hatte, indem ich am Fenster stand und las, mir das Bild des Leidenden und das Edle, Große, welches seine Form und seine Züge anschwebte, tief eingeprägt. Er ... lag da, leicht entschlummert, wie ein Marmorbild.

Sie befanden sich im Nebenzimmer ... und von Zeit zu Zeit kamen Sie an die Tür, um nach Schillern umzusehen. Sie sahen ihn also da liegen und nahten auf bloßen Strümpfen, und ebenso leise knieten Sie mit gefalteten Händen vor seinem Bette hin. Ihr loses dunkles Haar floß über die Schulter ... Sie hatten es wohl kaum bemerkt, daß noch jemand im Zimmer war. Der ohnmächtige Kranke schlug indes etwas die Augen auf. Er erblickte Sie; mit Leidenschaft umschlangen plötzlich seine Arme Ihr Haupt, und so blieb er auf Ihrem Nacken ruhen, indem ihn die Kraft von neuem verließ. Verzeihen Sie, daß ichs wagte, Ihnen eine Szene zu schildern, die so heilig und himmlisch war, daß nur Unsterbliche sie belauschen sollten. Begreifen Sie nun, daß ich Schiller und Sie nie vergessen konnte?«[278]

Tod ...

Und nun kommt, wie in jedem vernünftigen Theaterstück, nach dem retardierenden Moment die Peripetie, der Umschwung; der Knoten des Dramas beginnt sich zu lösen, die überraschende Wende tritt ein.

Ahnungsloser Auslöser ist der junge deutsch-dänische Dichter Jens Baggesen[279], der eines Tages – genauer: im August 1790 – nach Jena kam und die Schillers kennenlernte, sie, »eine schöne, nette, sanfte, graziöse, runde, liebenswürdige Frau mit Lächeln«, und ihn, »lang, hehr, bleich«[280].

Weiter notierte er in seinem Tagebuch, was ihm andere über die finanzielle Lage des Dichters erzählt hatten, »daß ich fast darüber weinen möchte. Er hat nur 200 Taler jährlich Gehalt und braucht jährlich über 1200 – weil er durchaus elegant leben muß (seine schwache Seite). Aus dieser Ursache muß er wie ein Pferd arbeiten von Morgen bis Abend. Er hat wenig Zuhörer, weil er keine Gabe und keine Geduld zum Lesen hat – hängt von dem pressierenden Verleger ab – und ist immer in wachsenden Schulden ...«[281]

Für uns nichts Neues, aber für einen jungen Mann wie Baggesen, der sich selbst für unbegrenzt begeisterungsfähig hält, Grund genug, um in seiner dänischen Heimat als überzeugter Apostel des »neuen Messias der Dichtung« aufzutreten und die Damenwelt für einen Mann einzunehmen, der wegen seiner Räuber und der Luise Millerin als Kraftgenie »übel berüchtigt« ist. Schwieriger war es, Baggesens Gönner, den Erbprinzen Friedrich Christian von Schleswig-Holstein-Sonderburg-Augustenburg, für den Dichter zu begeistern. Es gelang mit einer Lesung des ersten Aktes von Don Carlos, den der hochmögende Erbprinz, neugierig geworden, dann über Nacht zu Ende las.

Inzwischen hatte sich die Nachricht von Schillers Krankheit in aller Welt verbreitet. Am 19. Juni meldete die »Oberdeutsche allgemeine Literaturzeitung« sogar etwas voreilig seinen Tod.

An dieser Stelle kann ich nun ergänzend zu den bereits angekündigten drei Beisetzungen unseres Helden eine weitere, zu Herzen gehende Trauerfeier vermelden.

Baggesen und sein Kopenhagener Freundeskreis wollten gerade in Hellebäk, einem nördlich von Helsingör gelegenen Landsitz, zusammenkommen, um drei Tage in Natur- und Kunstgenuß zu schwelgen, als sie die Todesnachricht erreichte. Man wollte das Fest absagen, kam aber überein, eine Gedenkfeier daraus zu machen, und wie das zuging, schilderte Baggesen in einem Brief an den Jenenser Professor Reinhold:

»Stellen Sie sich den romantischsten, erhabensten, naturgrößten Ort vor, den man diesseits der Alpen finden kann, weit von der Stadt, am donnerrollenden Nordmeer. Hier lagerten sich drei einander liebende Paare [Baggesen, Graf Schimmelmann, Baron Schubert und ihre Frauen], sechs wenigstens das Gute wollende, das Schöne liebende Seelen, im vertrauten Kreise nebeneinander. Am Tisch sprudelte der geistige Champagner, mein und des Grafen Lieblingswein [Schiller'sche Dichtung]. Plötzlich fing Ihr Baggesen an zu lesen: Freude! schöner Götterfunken usw. ... und Instrumente – Klarinetten, Hörner und Flöten ... fielen ein, indem alle wie durch Zauber zum Mitsingen hingerissen wurden:

> Chor: Seid umschlungen Millionen!
> Diesen Kuß der ganzen Wlt!
> Brüder! überm Sternenzelt
> muß ein lieber Vater wohnen.«[282]

Und als Baggesen dann noch ein eigenes Gedicht vortrug:

> »Unser toter Freund soll leben!
> Alle Freunde, stimmet ein!
> Und sein Geist soll uns umschweben
> Hier in Hellas' Himmelshain.
>
> Jede Hand emporgehoben!
> Schwört bei diesem freien Wein:
> Seinem Geiste treu zu sein
> Bis zum Wiedersehen dort oben!« –

da war es soweit, daß »die Tränen aus allen Augen stürzten. Nachher kamen vier junge Knaben und vier unschuldige Mädchen mit Blumenkränzen, in weißen Kleidern, als Hirten und Hirtinnen. Man tanzte. Das Wetter wurde schöner und schöner – so verflossen drei Tage, wie drei Minuten, in unaufhörlichem feierlichen Genuß. So feierten wir Schillers Tod – ...«

... und Auferstehung

Der Tote war inzwischen längst dabei, zum ersten und einzigen Mal in seinem Leben auszuspannen und zur Kur ins böhmische Karlsbad zu fahren, »um seine sehr geschwächten Verdauungswerkzeuge zu stärken«[283].

Während der Olympier Jahr um Jahr und dann immer gleich für Monate zur Kur fuhr und so insgesamt rund drei Jahre seines Lebens mehr oder weniger nichts tuend in Böhmen verbrachte, blieb unser armer Schiller nur vier Wochen in Karlsbad, weil er eben wirklich arm war. Allein das eine Jahr Krankheit hatte ihn 1400 Taler gekostet, also das Einkommen mehrerer Jahre. Ihn retteten nur erhebliche Vorschüsse, die ihm der Verleger Göschen auf den Damenkalender für 1792 zahlte, der ohnehin nur durch die Hilfe Körners, Wielands und anderer rechtzeitig fertig wurde.

Von Herzog Carl August kam wie üblich nichts. Zwar hatte Schiller beim Herzog eine Gehaltserhöhung erbeten, da er sich nicht mehr, wie bisher, auf seine Einkünfte als Schriftsteller verlassen könne; Carl August sah sich aber »alleweile« außerstande und schickte in seiner Güte als einmaligen Zuschuß ganze 250 Taler. Immerhin hatte er sich ja auch schon zu einem halben Dutzend Bouteillen Madera hinreißen lassen, so war er gar nicht. Außerdem zahlte er ja jährlich das Mehrfache an den Dichterfürsten, nämlich 1600 Taler pro Jahr.

Hilfe kam beschämenderweise aus Kopenhagen. Durch Baggesen war der dänische Erbprinz Friedrich Christian längst für den deutschen Dichter eingenommen. Als der Thronfolger 1791 Deutschland bereiste, hätte er Schiller sogar beinahe in Karlsbad getroffen – doch Schiller war einen Tag zuvor abgereist. Erbprinz Friedrich Christian traf dort jedoch auf eine gewisse Dora Stock, die Begleiterin einer Herzogin, die ihm viel von der mißlichen Lage des berühmten Dichters erzählte.

Die Welt ist klein, und die Zahl der Wohltäter begrenzt. Wir kennen nämlich diese Dame schon: Dora Stock war Körners Schwägerin, und somit war es im Grunde auch hier wieder die Familie Körner, die unauffällig und aus dem Hintergrund für das Wohl Schillers sorgte. Der Erbprinz hörte sich weiter um, und was er erfuhr, bestätigte nur die triste Lage des Dichters, der, wie jemand schrieb, bei 200 Talern nicht wisse, »ob er sein Geld in die Küche oder in die Apotheke tragen solle«[284]. Er »würde Hunger sterben im eigensten Sinne des Wortes«, schrieb der dänische Prinz erschüttert nach Hause, »– und so etwas kommt vor im Zeitalter der Aufklärung«[285].

Aber es kam eben auch etwas anderes vor. Während es keinem Deutschen einfiel, in dieser Notlage als Mäzen aufzutreten, schrieb der dänische Prinz zusammen mit seinem Finanzminister Graf Schimmelmann Ende November 1791 »mit einer ehrerbietigen Schüchternheit« einen Brief an Schiller, nannte ihn einen edlen Mann und machte ein Angebot:

»Ihre durch allzu häufige Anstrengung und Arbeit zerrüttete Gesundheit bedarf, so sagt man uns, für einige Zeit einer großen Ruhe, wenn sie wiederhergestellt, und die Ihrem Leben drohenden Gefahr abgewendet werden soll. Allein Ihre Verhältnisse Ihrer Glücksumstände verhindern Sie, sich dieser Ruhe zu überlassen. Wollten Sie uns wohl die Freude gönnen, Ihnen den Genuß derselben zu erleichtern? Wir bieten Ihnen zu dem Ende auf drei Jahre ein jährliches Geschenk von tausend Talern an.

Nehmen Sie dieses Anerbieten an, edler Mann! Der Anblick unserer Titel bewege Sie nicht es abzulehnen ...«[286]

Das war die Wende und Schiller schrieb überglücklich an Körner: »Ich muß Dir unverzüglich schreiben, ich muß Dir meine Freude mitteilen, lieber Körner. Das, wonach ich mich schon so lange ich lebe aufs feurigste gesehnt habe, wird jetzt erfüllt. Ich bin auf lange, vielleicht auf immer meine Sorgen los; ich habe die längst gewünschte Unabhängigkeit meines Geistes ...

Wie mir jetzt zu Mute ist, kannst Du denken. Ich habe die nahe Aussicht, mich ganz zu arrangieren, meine Schulden zu tilgen und, unabhängig von Nahrungssorgen, ganz den Entwürfen meines Geistes zu leben. Ich habe endlich einmal Muße zu lernen und zu sammeln, und für die Ewigkeit zu arbeiten.«[287]

Und was hieß das für Schiller? Gleichzeitig mit dem Dankschreiben an seine dänischen Gönner bestellte er in Leipzig Kants »Kritik der reinen Vernunft«, um sich nun endlich, endlich mit der Kant'schen Philosophie zu beschäftigen, die ihn seit langem reizte.

»Ich treibe jetzt mit großem Eifer Kantische Philosophie«, meldete er kurz darauf an Körner, und: »Mein Entschluß ist unwiderruflich gefaßt, sie nicht eher zu verlassen, bis ich sie ergründet habe, wenn mich dies auch drei Jahre kosten könnte.«[288]

Zum ersten Mal in seinem Leben fühlte Schiller sich frei und unabhängig und mußte nicht um sein Leben schreiben. Tatsächlich war jetzt drei Jahre lang von hehrer Dichtkunst und historischen Stoffen keine Rede mehr. Schiller brachte den »Dreißigjährigen Krieg« zu Ende, das ja; veröffentlichte ein paar theoretische Schriften wie »Über die tragische Kunst«, »Über den Grund des Vergnügens an tragischen Gegenständen« oder über »Anmut und Würde«, dachte an den Wallenstein, aber das war auch schon alles.

Atemholen

Zum ersten Mal in seinem Leben stand das Private im Vordergrund, nicht der Beruf, zum ersten Mal war nicht ständig vom Dichten die Rede, sondern von Reisen, von Kutschen und vom Wohnen im Grünen.

Neben seinem Kantstudium, das er in einer Runde junger Leute vor allem diskutierend betrieb, um sich dann beim Kegeln oder Kartenspiel zu erholen, unternahm er, immer wieder aufgehalten oder unterbrochen von Fieberanfällen, zum ersten Mal seit langer Zeit im Frühjahr 1792 wieder eine größere Reise: Er fuhr mit seiner Lolo nach Dresden und verbrachte vier Wochen bei Körners zu einer »geistigen Badekur«.

Zurück in Jena, ließ er die Vorlesungen ausfallen und privatisierte. Im September kam für vier Wochen Schillers Mutter aus Schwaben angereist mit ihrer jüngsten, jetzt 15-jährigen Tochter Nanette, es war ein Wiedersehen nach zehn Jahren.

Im Winter 1792 auf 1793 kränkelte Schiller wieder so stark, daß er nach eigenen Berechnungen kaum fünf Mal ins Freie kam. Und da nun auch Lolo im Frühjahr an einer unerklärlichen Krankheit litt, zogen sie aus der »Schrammei« aus, jener Pension, in der Schiller seit seiner Junggesellenzeit gelebt hatte, und zogen in ein Gartenhäuschen außerhalb der Stadt.

Unserem geplagten Helden war es dabei mit seinen 32 Jahren »zu Mute wie einem Gefangenen, der zum ersten Mal wieder ans Tageslicht kommt«[289]. Er fühlte sich so wohl wie seit langem nicht und ging, wie ein Augenzeuge erstaunt an Körner schrieb, jetzt wieder früher ins Bett und stand früh auf, »und das bekömmt ihm besser«[290].

Es ist offenbar die Zeit der Familientreffen. Nach Mutter und Nanette sah er im Juni auch seine Schwester Christophine wieder, die, wie man sich erinnert, seinerzeit den 22 Jahre älteren Bibliothekar Reinwald geheiratet hatte, der Schiller in seinem Bauerbacher Refugium mit Büchern und Schnupftobak versorgt hatte.

Damit nicht genug. Als sich zur großen Überraschung herausstellte, daß Charlottens unerklärliches Leiden eine ganz normale Schwangerschaft war, beschloß Schiller in einem patriotischen Anfall, in sein »Vaterland« Schwaben zu reisen, »um einem Sohn oder Mädchen das auf d. Wege ist ein beßres Vaterland zu verschaffen, als Thüringen ist.«[291]

Der eigentliche Grund war, daß weder seine Schwiegermutter noch Schwägerin Caroline noch Schillers Schwester Luise abkömmlich waren, um Lolo in ihrer sogenannten schweren Stunde beizustehen. Es blieb somit nur Mama Schiller in Stuttgart übrig. Das traf sich ganz gut, denn Vater Schiller würde im Oktober ohnehin seinen 70. Geburtstag begehen.

Es eilte schon. Denn da unser naives werdendes Elternpaar sieben ganze Monate lang die Schwangerschaft einfach nicht bemerkt hatte, mußte man zusehen, daß man noch rechtzeitig im Schwabenländle eintraf.

Genauso traumtänzerisch wurde auch die Reise vorbereitet. Schiller ging einfach nicht auf die Schikanen, Tricks und Grobheiten der Fuhrleute, Aufpacker und Frachtkärrner ein – weil er sie gar nicht begriff. »Alle diese Handwerksstückchen waren bei Schiller verloren«, beobachtete ein Augenzeuge. »Er sah alles in rosenfarbnem Licht; daß die Kerls grob werden könnten oder Geld erpressen wollten, fiel ihm gar nicht ein; sie waren ihm gutmütige Dummköpfe, denen er mit gutem Rat beistand, wie sie die Reise, die Fracht, die Ladung usw. einrichten sollten.« Immer wenn sie mit neuen, geldtreibenden Schwierigkeiten kamen, war Schiller mit hundert Gegenvorschlägen dermaßen eifrig und hilfsbereit, »daß die Grobians völlig deroutiert [verwirrt] nach Hause gingen, um in einer Stunde wiederzukommen, neue Schwierigkeiten zu machen und ebenso abgefertigt zu werden.«[292]

Wieder im »Vaterland«

Elf Jahre nach seiner Flucht aus Stuttgart kam Schiller Anfang August des Jahres 1793 wieder ins Schwäbische und zog Bilanz.

Zunächst war da noch Carl Eugen, der Despot. Hofrat Professor Schiller, der fürchtete, wie der Freiheitsdichter Schubart einfach verhaftet zu werden, schrieb vorsichtshalber an ihn, bat um Vergebung und wartete in der Reichsstadt Heilbronn, also außerhalb des herzoglichen Machtbereiches, auf Antwort. Er erhielt keine, aber durch Freunde bekam er die Zusicherung, der Herzog werde den Flüchtling einfach ignorieren.

Daraufhin wagte er die Übersiedelung nach Ludwigsburg, inzwischen eine verödete und verschlafene Fürstenresidenz mit kaum 5000 Einwohnern, in deren wenig benutzten Gassen und Plätzen zur Freude Futter suchender Hühner das Gras zwischen den Pflastersteinen wuchs. Da war nichts mehr von der rauschenden Pracht aus Kindertagen. In der Lateinschule traf er noch seinen alten Lehrer Jahn, der den Jenaer Professor nun selbst aufs Podium schickte und Unterricht in Logik, Rhetorik und Geschichte erteilen ließ, so daß die Schüler ihn immer wieder auf der Straße baten: »O, Herr Schiller, verzählet Se uns au wieder a G'schichtle!«[293]

Es gab auch Enttäuschungen: Schiller traf die alten, daheim gebliebenen Freunde wieder und fand sie eng, verbauert und kleinkariert.

Und es gab Glück und Freude: Am 14. September kam das Kind zur Welt, Carl Friedrich Ludwig, der erste Sohn – unerwartet früh, aber das war schließlich auch kein Wunder, wenn man mit einer hochschwangeren Frau tagelang in rumpelnden Postkutschen durch die Gegend gefahren war. Höchst erfreut schrieb der junge Vater an den Herausgeber der Allgemeinen Literaturzeitung: »Ich zeige Ihnen mein neuestes Produkt an, liebster Freund, nicht damit Sie es im Intelligenzblatt bekannt machen, sondern daß Sie sich mit mir freuen sollen. Ich bin seit fünf Tagen Vater zu einem gesunden und munteren Sohn, der mir als Erstling meiner Autorschaft in diesem Fach unendlich willkommen ist ...«[294]

Und es gab auch einen Todesfall, der indes weniger Trauer als Genugtuung auslöste: In den Armen seiner Franzl war am 24. Oktober 1793 Herzog Carl Eugen in Hohenheim gestorben, der Mann, der so brutal in das Leben Schillers eingegriffen hatte. Als sein Sarg in der Nacht nach Ludwigsburg überführt wurde, erlebte der ehemalige Eleve den nächtlichen Zug als Augenzeuge. Was für Gefühle und Gedanken werden ihm durch den Kopf gegangen sein! Überliefert sind die Worte, als er später an der Fürstengruft vorüberging: »Er hatte große Fehler als Regent, größere als Mensch; aber die erstern wurden von seinen großen Eigenschaften weit überwogen, und das Andenken an die letztern muß mit dem Toten begraben werden ...«[295] De mortuis nil nisi bene.

Doch gerade dort, wo er am meisten gelitten hatte, erlebte Schiller jetzt Verehrung. Kurz nach dem Tode des »alten Herodes« besuchte er die Carlsschule, wo er mit großen Ehren empfangen wurde. »Das Andenken des berühmtesten aller Zöglinge der Akademie«, so der Biograph Berger, »war dort, an der Stelle seiner jugendlichen Leiden und ersten Geistesflüge, seit Jahren mit Stolz und Liebe gepflegt worden: er war der Heros der Jugend, und man zeigte den fremden Besuchern Schillers Bett und das Stückchen Land, das ihm einst zur Bestellung zugewiesen war und jetzt ›Schillergarten‹ genannt wurde.

Nun aber, als er selbst erschien und in den großen Speisesaal eintrat, da wurde er von vierhundert begeisterten Zöglingen mit brausendem Jubel begrüßt: vor jeder Tafel unter Begleitung des Intendanten und seiner Offiziere anhaltend, empfing er ›mit Huld und sichtbarer Rührung‹ ein besonderes Hoch. So holten Carls ›Söhne‹ nach, was ihr ›Vater‹ versäumt hatte: die Wiederkehr des Dichters ward wie ein sühnendes Fest gefeiert.«[296] Ein Jahr darauf wurde die Carlsschule geschlossen.

Und da war schließlich die Familie. Zur Taufe des »Goldsohnes« war die ganze Familie vereint. Großmutter Schiller und Nanette waren da, aber auch Hauptmann Johann Caspar Schiller, der sich nicht einmal durch schmerzhaftes »Gliederreißen« – ein Andenken an »acht ernsthafte Campagnes« – von seiner Teilnahme am Familientreffen abhalten ließ. Lolo hat sich jedenfalls zeitlebens an das rührende Bild der ehrwürdigen, glücklichen Großeltern erinnert.

Hier endlich in Ludwigsburg und dann in Stuttgart konnte die Familie Schiller frei und ungehindert zusammenkommen wie nie zuvor. Großmutter Schiller war ohnehin ständig da und kümmerte sich um den Enkel, Großvater Schiller nutzte sein Rheuma aus, machte ganz in der Nähe Badeurlaub und besorgte – ganz Schwabe – die preiswertesten Einkaufsquellen, denn »eine kleine Ersparnis sammelt sich doch, und da ihr jetzt ein Kind habt, so ist dies schon ein Beweggrund mehr an sich zu halten«[297].

Zum siebzigsten Geburtstag des Hauptmanns waren dann alle, auch Enkelsohn »Carlgen«, auf der Solitude versammelt. Es war seit langen Jahren die erste, aber auch die letzte Geburtstagsfeier, die Eltern und Sohn gemeinsam feiern konnten.

»Ihr Liebsten meines Herzens«, schrieb der Siebzigjährige später zum Abschied, »ach wie hab' ich Gott gedankt, Euch alle von Angesicht zu sehen, und da ich Euch nun gesehen habe, vielleicht das letzte Mal gesehen habe, was soll ich gegen die Vorsehung murren, daß wir uns schon wieder trennen müssen. Nun der gute Gott ist allenthalben. Er kann Euch, er kann mich wohl noch erhalten, daß wir uns in Zukunft noch einmal umarmen ...«[298]

Es hat nicht sollen sein. Zwei Jahre später, am 7. September 1796, starb der alte Haudegen nach langer Krankheit in seinem Häuschen bei Schloß Solitude, eigensinnig, rücksichtslos und voll »Eigenlieb« bis zuletzt. Schiller hatte noch acht Louisdor Reisegeld spendiert, damit seine Schwester Christophine ihren Mann, den alten Griesgram Reinwald, eine Weile allein ließ und nach Stuttgart reiste, um der Mutter bei der Pflege zu helfen. Frau und Tochter, die den Hauptmann monatelang pflegten, hatten es schwer, und Madame Schiller beklagte sich: »Die gutte Fene [= Christophine] kan sich auch nicht mit ihm stellen. und wie bethaure ich sie, daß sie ein Übel verleßt und ein anderes dagegen erhält, ich habe mich freulich schon ettliche 40 jahr schon so gewöhnen missen ...«[299]

Schiller war bereit, die erlöste Witwe bei sich in Jena aufzunehmen, sie aber wollte im Schwabenland bleiben und zog zu Tochter Luise, die den Pfarramtskandidaten Johann Gottlieb Frankh geheiratet hatte und in Cleversulzbach wohnte. Dafür ließ Schiller von da an, obwohl er selbst nie Geld hatte, seiner Mutter vom Verleger Cotta auf seine Rechnung jedes Vierteljahr dreißig Gulden als Unterstützung anweisen.

Genau an dem Tag, an dem Schiller das eigene Haus in Weimar bezog, ist 1802 die »Frau Majorin« in jenem Pfarrhaus zu Cleversulzbach gestorben, in das dreißig Jahre später Eduard Mörike einzog. Mörike kümmerte sich dann um das verfallene Grab, stellte ein steinernes Grabkreuz auf, meißelte mit eigener Hand die Worte »Schillers Mutter« ein und schrieb ein Epigramm »Auf das Grab von Schillers Mutter«:

»... Eines Unsterblichen Mutter liegt hier bestattet; es richten Deutschlands Männer und Fraun eben den Marmor ihm auf.«[300]

Im Mai des Jahres 1794 war Schiller von seiner Schwabenreise wieder zurück in Jena. Das Dreivierteljahr in seiner Heimat hatte ihn verändert. Walter Hoyer faßt es so zusammen:

»Die alten Freunde aus der Heimat hatten mit Verwunderung bemerkt, wie aus dem ›brausenden‹ jungen Schiller ein reifer, vollendeter, inniger Mann geworden war; doch konnten sie kaum ahnen, wie weit der, der hier auf altvertrautem Boden noch einmal Umschau hielt und sich zu neuen Werken sammelte, über sie hinausgewachsen war.

Aber auch die Jenaer mußten gestehen, daß die Veränderung nicht allein der Gesundheit Schillers zuträglich gewesen sei, sondern auch seine ›Geistesform‹, wie Humboldt es nannte, vollendet und seine Bildung abgeschlossen habe. Die an ihm beobachtete Ruhe und Milde mochte ein Zeichen dafür sein, daß er seiner selbst nun wieder sicher geworden war, daß er nun Abschluß und Ergebnis der eigenen ästhetischen Erziehung voraussah, und neue Schaffenskräfte sich wieder ihn ihm regten.«[301]

Einen Monat nach seiner Rückkehr begann für Schiller ein neuer Lebensabschnitt. Er schrieb zur allgemeinen Überraschung an den Geheimrat Goethe.

Dieser Mensch, dieser Goethe

Da konnte unser armer Schiller Professor werden, da konnte er heiraten, beinahe sterben, totgesagt werden und mühsam wieder auferstehen, da konnten, alles zusammen, sechs Jahre seit dem ersten Treffen vergehen – vom Olympier kam kein Wort, keine Zeile.

Sie mochten sich immer noch nicht, sie konnten noch immer nichts miteinander anfangen. Warum sollten sie auch? Den Don Carlos lehnte Goethe noch immer ab, und was dieser Schiller neuerdings in seinem Aufsatz »Anmut und Würde« im Sinne der Kant'schen Philosophie gesagt hatte, machte ihn wütend, da er sich persönlich in seiner Naturauffassung angegriffen fühlte: Anstatt die »große Mutter Natur« als eigene Kraft anzusehen, die sich selbstständig und lebendig nach eigenen Gesetzen von ganz unten zum Höchsten entwickelt, mußte er da etwas von empirischen und menschlichen Natürlichkeiten lesen, die den Ideen gegenüberstanden.

Es war eine Sache der Weltanschauung im eigentlichen Sinne: Der eine lebte von dem, was er sah, der andere von dem, was er dachte. Der eine fand: »Lebendiges Gefühl der Zustände und Fähigkeit es auszudrücken, macht den Poeten«[302], der andere, Schiller also, definierte: »Was sich nie und nirgend hat begeben, das allein ist Poesie.« Kurzum: Der eine fühlte sich als Realist, der andere als Idealist, und so blieb es bei der »ungeheuren Kluft«, die zwischen ihren Denkweisen klaffte und die nun umso deutlicher zutage trat, es blieb bei den Geistesantipoden, die mehr als ein Erddiameter voneinander schied. »An eine Vereinigung war nicht zu denken«[303], stellte der Große Meister kategorisch fest, da halfen auch keine Vermittlungsversuche von Freunden.

Der erste Schritt aufeinander zu

In diese Leere und in diesen Zustand der souveränen Nichtbeachtung hinein schrieb Schiller plötzlich einen Brief an den Göttergleichen; einen Brief nicht an seinesgleichen, nicht von einem berühmten Dichter an den berühmten Kollegen, nein, da schreibt ein gehorsamster Diener an einen hochzuverehrenden, hochwohlgeborenen Herrn und bat. Das kam an.

Und so klang das dann, wenn der hohe Herr von so minderen Geistern wie Wilhelm von Humboldt und Fichte, dem Historiker Woltmann und Schiller um Mitarbeit in der Zeitschrift »Die Horen« gebeten wurde:

»Hochwohlgeborner Herr,
hochzuverehrender Herr Geheimer Rat.
Beiliegendes Blatt enthält den Wunsch einer Sie unbegrenzt hochschätzenden Gesellschaft, die Zeitschrift, von der die Rede ist, mit Ihren Beiträgen zu beehren, über deren Rang und Wert nur *eine* Stimme unter uns sein kann. Der Entschluß Euer Hochwohlgeboren, diese Unternehmung durch Ihren Beitritt zu unterstützen, wird für den glücklichen Erfolg derselben entscheidend sein, und mit größter Bereitwilligkeit unterwerfen wir uns allen Bedingungen, unter welchen Sie uns denselben zusagen wollen ...
Hochachtungsvoll verharre ich
Euer Hochwohlgeboren
gehorsamster Diener und aufrichtigster Verehrer.
Jena, 13. Juni 1794.
F. Schiller.«[304]

Das Wunder geschah: Der hochzuverehrende Herr Geheime Rat schätzten sich glücklich und würden mit Freuden und von ganzem Herzen mit von der Partie sein, denn gewiß wird »eine nähere Verbindung mit so wackeren Männern, als die Unternehmer sind, manches, das bei mir ins Stocken geraten ist, wieder in einen lebhaften Gang bringen.«[305]

Da müssen wir einen Augenblick anhalten und rechnen. Die wackeren Männer waren nämlich eigentlich noch zu jung und zu unbekannt, um beim Großen Meister, derzeit 45 Jahre alt, eine solche Freude auszulösen, wo er doch sonst immer recht erhaben über den Dingen schwebte.

Wilhelm von Humboldt war 27 und hatte gerade als Privatgelehrter in Jena angefangen. Allerdings hatte er sein Humanitätsideal bereits in seiner staatsphilosophischen Schrift formuliert, die für eine freie Persönlichkeitsentfaltung eintrat und den Staat überflüssig machen wollte. Von seinen Sprachstudien und seiner Reform des Bildungswesens war noch lange keine Rede.

Johann Gottlieb Fichte war 32 Jahre alt und frischgebackener Professor für Philosophie in Jena. Er war dem Großen Meister schon deswegen suspekt, weil er Kantianer war, aber auch, weil er so ungezogene Sachen sagte wie über die Fürsten, die in größter Trägheit und Unwissenheit erzogen und »allemal wenigstens um ihre Regierungsjahre hinter ihrem Zeitalter zurück«[306] seien.

Karl Ludwig Woltmann, 24, war als Vertreter Schillers eben zum Geschichtsprofessor berufen worden und ein noch unbeschriebeneres Blatt. Der einzige wirklich bekannte Mann war der verhaßte Schiller.

Und ausgerechnet dem schreibt der Meister jetzt: »Erhalten Sie mir ein freundschaftliches Andenken und sein Sie versichert, daß ich mich auf einer öftere Auswechslung der Ideen mit Ihnen recht lebhaft freue.«[307]

Kann das wahr sein? Was soll man von dieser Wendung um einhundertachtzig Grad halten? Was war passiert?

Wir haben es schon gelesen, aber noch nicht ganz erfaßt: Beim Großen Meister war manches »ins Stocken geraten«. Zu lange, und wie er jetzt merkte: allzulange, hatte er sich auf seinem Ruhm ausgeruht; er schien wie gelähmt. Was er zuletzt an zeitbedingter

Reaktion auf die Französische Revolution produziert hatte, war an Gehalt und Wirkung so schwach, daß damals wie heute kein Mensch Goethe als den Autor von Stücken wie »Der Großkophta«, »Der Bürgergeneral« oder »Die Aufgeregten« vermutet hätte. Statt dessen hatte er sich umso fester an seine naturwissenschaftlichen Studien geklammert »wie an einen Balken im Schiffbruch.«

Man kann es ganz deutlich sagen: Der Unvergleichliche war unter diesen Umständen geradezu dankbar, daß ihn ein Mann wie Schiller aus seiner Lethargie herausholte, daß er wieder aufwachte und im literarischen Geschäft Anschluß fand, um nicht hinter den Ruhm des Konkurrenten zurückzufallen.

»Ein glückliches Ereignis«

Einen Monat später, im Juli 1794, kam es zu dem, was der Große Meister in der Rückschau ein »glückliches Ereignis« genannt hat: Schiller und Goethe trafen sich zufällig und kamen ins Gespräch.

Beide hatten an einer Sitzung der »Naturforschenden Gesellschaft« in Jena teilgenommen, und Goethe erinnert sich an das Gespräch, das zugleich die grundlegend verschiedenen »Weltanschauungen« der beiden deutlich macht:

»... wir gingen zufällig beide zugleich heraus, ein Gespräch knüpfte sich an, er schien an dem Vorgetragenen teilzunehmen, bemerkte aber sehr verständig und einsichtig und mir sehr willkommen, wie eine so zerstückelte Art, die Natur zu behandeln, den Laien, der sich gern darauf einließe, keineswegs anmuten könne.

Ich erwiderte darauf: daß sie den Eingeweihten selbst vielleicht unheimlich bleibe und daß es doch wohl noch eine andere Weise geben könne, die Natur nicht gesondert und vereinzelt vorzunehmen, sondern sie wirkend und lebendig, aus dem Ganzen in die Teile strebend darzustellen. Er wünschte hierüber aufgeklärt zu sein, verbarg aber seine Zweifel nicht; er konnte nicht eingestehen, daß ein solches, wie ich behauptete, schon aus der Erfahrung hervorgehe.

Wir gelangten zu seinem Hause[308], das Gespräch lockte mich hinein; da trug ich die Metamorphose der Pflanzen lebhaft vor und ließ, mit manchen charakteristischen Federstrichen, eine symbolische Pflanze vor seinen Augen entstehen. Er vernahm und schaute das alles mit großer Teilnahme, mit entschiedener Fassungskraft; als ich aber geendet, schüttelte er den Kopf und sagte: ›Das ist keine Erfahrung, das ist eine Idee.‹ Ich stutzte, verdrießlich einigermaßen: denn der Punkt, der uns trennte, war dadurch aufs strengste bezeichnet. Die Behauptung aus ›Anmut und Würde‹ fiel mir wieder ein, der alte Groll wollte sich regen; ich nahm mich aber zusammen und versetzte: ›Das kann mir sehr lieb sein, daß ich Ideen habe, ohne es zu wissen, und sie sogar mit Augen sehe.‹«[309]

Das klingt ein wenig ironisch und vielleicht auch ein wenig beleidigt, aber der erste Schritt war getan. Sie stritten an diesem Abend noch eine Weile hin und her, mit dem Ergebnis, daß keiner als Sieger hervorging, jeder sich aber für unüberwindlich hielt, auch wenn der Große Meister sich bei manchen Sätzen Schillers ganz unglücklich gefühlt hatte.

»miteinander fortwandern«

Es war denn auch Schiller, der den Kontakt weiterspann und dem Unvergleichlichen ein paar Wochen später einen langen Brief schrieb, in dem der »gehorsamste Diener Schiller« elegant und souverän die jeweils eigene Entwicklung und ihr Verhältnis zueinander analysierte. Ich möchte aus diesem entscheidenden Brief einige Passagen zitieren.

Zunächst beschreibt er, wie die Gespräche auf ihn selbst gewirkt haben: »Die neulichen Unterhaltungen mit Ihnen haben meine ganze Ideen-Masse in Bewegung gebracht, denn sie betrafen einen Gegenstand, der mich seit etlichen Jahren lebhaft beschäftigt. Über so manches, worüber ich mit mir selbst nicht so recht einig werden konnte, hat die Anschauung Ihres Geistes (denn so muß ich den Totaleindruck Ihrer Ideen auf mich nennen) ein unerwartetes Licht in mir angesteckt. Mir fehlte das Objekt, der Körper zu mehreren spekulativen Ideen, und Sie brachten mich auf die Spur davon ...«[310]

Doch dann, und das ist das Interessante, erfahren wir, was der zehn Jahre jüngere Schiller von Goethe hielt und wie er ihn einschätzte. Da heißt es zum Beispiel in kritischem Vergleich zu sich selbst: »Ihr beobachtender Blick, der so still und rein auf den Dingen ruht, setzt Sie nie in Gefahr, auf den Abweg zu geraten, in den sowohl die Spekulation als die willkürliche und bloß sich selbst gehorchende Einbildungskraft sich so leicht verirrt. In Ihrer richtigen Intuition liegt alles und weit vollständiger, was die Analysis mühsam sucht, und nur weil es als ein Ganzes in Ihnen liegt, ist Ihnen Ihr eigener Reichtum verborgen; denn leider wissen wir nur das, was wir scheiden.

Geister Ihrer Art wissen daher selten, wie weit sie gedrungen sind und wie wenig Ursache sie haben, von der Philosophie zu borgen, die nur von Ihnen lernen kann. Diese kann bloß zergliedern, was ihr gegeben wird, aber das Geben selbst ist nicht die Sache des Analytikers, sondern des Genies, welches unter dem dunkeln, aber sichern Einfluß reiner Vernunft nach objektiven Gesetzen verbindet.«

Und schließlich formuliert er, im Vergleich und Gegensatz zu seiner eigenen spekulativen, idealistischen Haltung, wie der Ältere die Welt sieht, und das muß man langsam, vielleicht sogar zweimal lesen:

»Lange schon habe ich, obgleich aus ziemlicher Ferne, dem Gang Ihres Geistes zugesehen und den Weg, den Sie sich vorgezeichnet haben, mit immer erneuerter Bewunderung bemerkt. Sie suchen das Notwendige der Natur, aber Sie suchen es auf dem schwersten Wege, vor welchem jede schwächere Kraft sich wohl hüten wird. Sie nehmen die ganze Natur zusammen, um über das Einzelne Licht zu bekommen; in der Allheit ihrer Erscheinungsarten suchen Sie den Erklärungsgrund für das Individuum auf. Von der einfachen Organisation steigen Sie, Schritt vor Schritt, zu den mehr verwickelten auf, um endlich die verwickeltste von allen, den Menschen, genetisch aus den Materialien des ganzen Naturgebäudes zu erbauen. Dadurch, daß Sie ihn der Natur gleichsam nacherschaffen, suchen Sie in seine verborgene Technik einzudringen. Eine große und wahrhaft heldenmäßige Idee, die zur Genüge zeigt, wie sehr Ihr Geist das reiche Ganze seiner Vorstellungen in einer schönen Einheit zusammenhält.«

Besser kann man Wesen und Denkart des guten alten Goethe nicht zusammenfassen. Besser aber lassen sich auch die beiden diametral entgegengesetzten Grundeinstellungen nicht versöhnen, als es Schiller am Schluß versucht:

»Beim ersten Anblicke zwar scheint es, als könne es keine größeren Opposita geben als den spekulativen Geist, der von der Einheit, und den intuitiven, der von den Mannigfaltigkeiten ausgeht. Sucht aber der erste mit keuschem und treuem Sinne die Erfahrung und sucht der letzte mit selbsttätiger freier Denkkraft das Gesetz, so kann es gar nicht fehlen, daß nicht beide einander auf halbem Wege begegnen werden.«

Auf diese Epistel des eifrig aufschauenden Schiller reagiert der Olympier freundlich herablassend: »Zu meinem Geburtstage, der mir diese Woche erscheint, hätte mir kein angenehmer Geschenck werden können als Ihr Brief, in welchem Sie, mit freundschaftlicher Hand, die Summe meiner Existenz ziehen und mich, durch Ihre Theilnahme, zu einem emsigern und lebhafteren Gebrauch meiner Kräfte aufmuntern.« Denn, so Goethe ein paar Sätze weiter, Schiller werde bei ihm bald »eine Art Dunkelheit und Zaudern« entdecken, »über die ich nicht Herr werden kann, wenn ich mich ihrer gleich sehr deutlich bewußt bin.«[311]

Und so wirkt der Blick in die Zukunft zunächst fast ein wenig gezwungen und lustlos, »... da es nun scheint, als wenn wir, nach einem so unvermuteten Begegnen, miteinander fortwandern müßten«. Doch ein paar Zeilen später liest es sich schon besser: »Haben wir uns wechselseitig die Punkte klargemacht wohin wir gegenwärtig gelangt sind so werden wir desto ununterbrochner gemeinschaftlich arbeiten können.«

Das gab Hoffnung, und Schiller antwortete postwendend und bescheiden: »Erwarten Sie bei mir keinen großen materiellen Reichtum von Ideen; dies ist, was ich bei Ihnen finden werde. ... Sie bestreben sich, Ihre große Ideenwelt zu simplifizieren, ich suche Varietät für meine kleine Besitzung. Sie haben ein Königreich zu regieren, ich nur eine etwas zahlreiche Familie von Begriffen, die ich herzlich gern zu einer kleinen Welt erweitern möchte.«[312]

Die vierzehntägige »Konferenz«

Und dann geschah schon wieder Seltsames und Wunderbares. Der Erhabene lud Schiller – nach all den Jahren betonter Nichtachtung – auf einmal zu sich nach Weimar in den Palast am Frauenplan ein, und das nicht nur auf eine Tasse Kaffee oder gar für einen Abend, nein: »... ich werde vierzehn Tage so allein und unabhängig sein, als ich so bald nicht wieder vor mir sehe. Wollten Sie mich nicht in dieser Zeit besuchen? bei mir wohnen und bleiben? ... Wir besprächen uns in bequemen Stunden, sähen Freunde die uns am ähnlichsten gesinnt wären und würden nicht ohne Nutzen scheiden.«[313]

Wie sich die Zeiten ändern. Am 7. September des Jahres 1788 hatten sich die beiden zum ersten Mal getroffen und gegenseitig spontan abgelehnt – »dieser Mensch, dieser Goethe ...« Auf den Tag genau sechs Jahre später, am 7. September 1794, nahm der gleiche Schiller erfreut die Einladung dieses Menschen nach Weimar an, allerdings mit der »ernstlichen Bitte, daß Sie in keinem einzigen

Stück Ihrer häuslichen Ordnung auf mich rechnen mögen, denn leider nötigen mich meine Krämpfe gewöhnlich, den ganzen Morgen dem Schlaf zu widmen, weil sie mir des Nachts keine Ruhe lassen, und überhaupt wird es mir nie so gut, auch den Tag über auf eine *bestimmte* Stunde sicher zählen zu dürfen ...«[314]

So war's dann auch: Zwar waren die beiden oft zusammen, einmal sogar von halb zwölf am Vormittag bis nachts elf Uhr, aber ein Genuß war es für Schiller selten. Als er eines Tages Frau von Stein besuchen wollte, bekam er auch unterwegs Krämpfe und mußte umkehren. Ohnehin ging die Unterhaltung mehr vom Großen Meister aus, der ihm seine mehr oder weniger schlüpfrigen Römischen Elegien vorlas, über seine Arbeit sprach und ihn bat, seinen Egmont für eine Theateraufführung einzurichten.

Fazit des Olympiers: »Wir wissen nun, mein Wertester, aus unsrer vierzehntägigen Konferenz: daß wir in Prinzipien einig sind und daß die Kreise unseres Empfindens, Denkens und Wirkens teils koinzidieren, teils sich berühren; daraus wird sich für beide gar mancherlei Gutes ergeben ...«[315]

Nach vierzehn Tagen Zusammensein und als Beginn einer angeblich innigen Freundschaft ist das ein eher mageres Kommuniqué, auch wenn Schiller zum »Wertesten« avanciert ist.

Immerhin hat es bei den beiden im Laufe von zehn Jahren zu einer Korrespondenz von über tausend Briefen, Briefchen und Zetteln gereicht, die zu lesen noch heute seinen Reiz hat.

Immerhin haben sich die beiden im Laufe der Jahre gegenseitig so gründlich über ihre Pläne und Arbeiten ausgesprochen und zu neuen Werken angeregt, dass der alte Patriarch später glatt behaupten konnte, er sei durchaus in der Lage, den Demetrius zu vollenden, den Schiller als Fragment hinterlassen hatte.[316] Entscheidend auch, dass der tägliche Kleinkram nun seinen Stellenwert erhielt und die zunehmende Vertrautheit der beiden markierte.

Die »innige Freundschaft«

Endlich also können jetzt all jene aufatmen, die schon immer gewusst haben, dass unsere beiden Nationaldichter zu Recht auf dem Denkmalsockel als Freunde nebeneinander stehen. Endlich ist es genau so, wie wir uns das immer vorgestellt haben: Hier stehen nicht zwei Dichter nebeneinander, die sich gegenseitig kritisch abschätzen, einordnen und ein bisschen verachten, nein, hier treffen zwei alte Freunde aufeinander, die sich einfach besuchen und ein Schwätzchen halten. Wenn er mal in Jena ist, kommt der Dichterfürst zum Beispiel gern nachmittags so gegen vier Uhr zu Schillers, nimmt irgendwo Platz, liest, zeichnet oder lässt sich von Schiller junior, dem dreijährigen Karl Friedrich, malträtieren und wartet, bis Herr und Frau Schiller auftauchen.

Bei einer Tasse Tee im trauten Kreis taut der Große Meister dann auf, besonders, wenn er sich mit Zitrone und Arrak seinen Punsch zusammenbraut. Dabei reden die beiden über Gott und die Welt, während Schiller unaufhörlich im Zimmer herumrennt, um seinen Erstickungsanfällen und Krämpfen zu entgehen. Erst nach dem Abendbrot verabschiedet sich der Gast wieder.[317]

Oft geht es aber auch die halbe Nacht hindurch: »Wir sitzen von abend um 5 bis nachts 12, auch 1 Uhr beisammen und schwatzen«[318], meldete Schiller an Wilhelm von Humboldt und schrieb doch tatsächlich »schwatzen«.

Und dann erst, als sie gemeinsam die Xenien aushecken, diese Spottverse auf prominente Zeitgenossen, da hocken sie zusammen, feilen an Bosheiten und »lachen unbändig« wie übermütige Schuljungen, die eben »Fritz ist doof« aufs Pflaster gekritzelt haben. Wann hat der Erhabene sonst je laut gelacht, ja auch nur gelächelt?

Dass es zu diesem gelösten Verhältnis kam, ist sicherlich nicht nur das Verdienst Schillers. Madame Schiller wusste nämlich, warum der Große Meister neuerdings so oft und so gern in Jena war.

Nicht Schillerns wegen, nein, ganz egoistisch um seiner selbst willen: Hier war er nicht Amtsperson und Ausstellungsstück wie in Weimar, hier konnte er sich leger geben, hier entging er vor allem den »häuslichen, zu der Welt in Weimar nicht passenden Verhältnisse(n)«[319], wie Frau Schiller das Zusammenleben mit Donna Vulpia dezent umschreibt.

Es hat mit Sicherheit auch mit Charlotte Schiller zu tun, die der Große Meister länger kannte als der eigne Ehemann: »… seine Gattin, die ich, von ihrer Kindheit auf, zu lieben und zu schätzen gewohnt war, trug das Ihrige bei zu dem dauernden Verständnis …«[320], notiert der Olympier, lässt die »liebe Frau« ständig grüßen und schickt auch mal »der liebwerten Frau Wöchnerin ein Glas Eau de Cologne zur Erquickung«[321], das er in die eben eingetroffenen Bogen des Musenalmanachs einwickelt.

Madame Schiller jedenfalls ist darüber glücklich, lobt das freundschaftliche Verhältnis der beiden, findet auch, dass ihnen dadurch ein neuer schöner Lebensgenuss aufgegangen sei, und schickt dem Geheimrat bei Gelegenheit eine Schachtel »Zwiebacke«, die der vergnügt aufaß. Am nächsten Tag retournierte er die leere Schachtel an den Dichterkollegen und legte zum Dank »statt dieser Speise ein paar Stück des philosophischen Journals«[322] hinein.

Hofrat Schiller wiederum – so weit sind sie schon intim! – bestellt beim Kollegen Goethe »dreiundsechzig Ellen Tapeten von schöner grüner Farbe und zweiundsechzig Ellen Einfassung, welche ich ganz Ihrem Geschmack und Ihrer Farbentheorie überlasse«[323] und ist damit wohl einer der Ersten überhaupt, die ihre Wände freiwillig und bewusst nach der Goethe'schen Farbenlehre tapezieren ließen.

Nachdem die Schillers Ende 1799 von Jena nach Weimar übergesiedelt waren, konnte sich Schiller eine Zeit lang vor Einladungen kaum retten. Am 23. Dezember lockt ihn Goethe: »Ich dächte, Sie entschlössen sich auf alle Fälle, um halb neun zu mir zu kommen.

Sie finden geheizte und erleuchtete Zimmer, wahrscheinlich einige zurückgebliebene Freunde, etwas Kaltes und ein Glas Punsch. Alles Dinge, die in diesen langen Winternächten nicht zu verachten sind.«[324]

Noch zweimal kam vor Silvester so ein Billett, zu Silvester selbst hatte sich der Olympier sogar höchstselbst bei Schillers angesagt und bedankte sich dann auch artig: »Ich war im stillen herzlich erfreut, gestern abend mit Ihnen das Jahr und, da wir einmal 99ger sind, auch das Jahrhundert zu schließen ...«[325]

Im neuen Jahr ging es so weiter, der »liebste Freund« hätte fast jeden zweiten Abend im Haus am Frauenplan zubringen können, wohin er immer »schönstens eingeladen« war. Und Gründe für einen Besuch gab's genug. Mal borgte sich der Dichterfürst Wein aus, mal lockte er mit Wildbret vom Schwein und mal mit drei Teleskopen, um den Mond und den Saturn anzusehen. Freundschaft kann auch anstrengend sein.

Wirklich innige Freundschaft?

Man hat nach all dem einen schweren Stand und macht sich unbeliebt, wenn man jetzt plausibel machen will, dass diese »innige Freundschaft« im Grunde keine war.

Denn da schreibt zum Beispiel der 49-Jährige an den zehn Jahre jüngeren Rivalen: »Sie haben mir eine zweite Jugend verschafft und mich wieder zum Dichter gemacht, welches zu sein ich so gut als aufgehört hatte«[326]; ja, er fand sogar, dass er mit dem Tod des Freundes die Hälfte seines Daseins verloren[327] und sein früher Tod einen Riss in sein Leben gebracht habe, »welchen weder Zeit noch Mitwelt zu heilen imstande war«[328]. In der »Konfession des Verfassers zur Farbenlehre« spricht er 1810 gar von seinem »unersetzlichen Schiller« und zu Eckermann, seinem Sprüchesammler, sagt er: »Er war ein prächtiger Mensch ... Alle acht

Tage ein anderer, ein vollendeterer; jedesmal, wenn ich ihn wiedersah, erschien er mir vorgeschritten in Belesenheit, Gelehrsamkeit und Urteil. Seine Briefe sind das schönste Andenken, das ich von ihm besitze.«[329]

Schiller wiederum hielt – in einem offiziellen Schreiben – seine »Bekanntschaft mit Goethe« auch nach sechs Jahren »für das wohltätigste Ereignis« seines ganzen Lebens: »Wenn er nicht als Mensch für mich den größten Wert von allen hätte, die ich persönlich je habe kennenlernen, so würde ich sein Genie nur in der Ferne bewundern. Ich darf wohl sagen, daß ich in den sechs Jahren, die ich mit ihm zusammen lebte, auch nicht einen Augenblick an seinem Charakter irre geworden bin.«[330]

Das alles klingt gut, das lässt jedes Deutschlehrerherz hüpfen. Nur: Es besagt genau genommen nichts, es sind schöne Bemerkungen nach außen, sozusagen zum Fenster hinaus, nie zueinander. Keiner der beiden hat je zurückgenommen, was er am Anfang vom anderen gedacht oder gesagt hat. Auch nach sechs Jahren nennt Schiller das angeblich so innige Verhältnis noch immer nur eine »Bekanntschaft«.

Und wie innig muss der Große Meister ihn geliebt haben, dass er ihn in seinen Tagebüchern über die Jahre hin nie anders als »Hofrat Schiller« genannt hat? Was ist denn das für eine »Freundschaft«, die in zehn langen Jahren engen Kontakts beim steifen »Sie« bleibt, während Goethe Leute wie Herzog Carl August seit Ewigkeiten duzt?

Was ist das für eine »Freundschaft«, die Monate braucht, um nach dem Tode Schillers endlich und mühsam und kunstvoll einen »Epilog zu Schillers Glocke« zu drechseln, um dann zum ersten Mal und ohne jede persönliche Trauer den »lauten Schmerz« um den angeblichen Freund in der Öffentlichkeit mit wohlklingenden Poesiealbumversen zu ertränken: »Denn er war unser!« Ach ja?

Und was für ein hohles Pathos:

»Indessen schritt sein Geist gewaltig fort
Ins Ewige des Wahren, Guten, Schönen,
Und hinter ihm, im wesenlosen Scheine,
liegt, was uns alle bändigt, das Gemeine.«

Als ihn wirklich einmal etwas berührte und umtrieb, als er einen echten Schmerz bewältigen musste, als er in Marienbad vor dem Unsinn einer grotesken Greisenhochzeit bewahrt blieb, da kam er schneller zu Stuhle, da gab ihm ein Gott sehr schnell zu sagen, was er litt: Unmittelbar nach der missglückten Werbung um die 19-jährige Ulrike und innerhalb von acht Tagen entstand damals die berühmte so genannte Marienbader Elegie.

Die Wahrheit ist: Solange sie nebeneinanderher lebten, war der Olympier höchst sparsam mit freundlichen Worten über seinen »Freund«. Je länger der tot war, je mehr die Umwelt vom Meister Sätze von bleibendem Wert erwartete, je ungefährlicher es im Abstand der Jahre war, den Rivalen zu loben, desto großartiger wurde Schiller, bis er allmählich neben Christus stand: »Jedes Auftreten von Christus, jede seiner Äußerungen gehen dahin, das Höhere anschaulich zu machen. Immer von dem Gemeinen steigt er hinauf, hebt er hinauf ... Schillern war eben diese echte Christus-Tendenz eingeboren, er berührte nichts Gemeines, ohne es zu veredeln«[331], so der Große Meister zwei Jahre vor seinem eigenen Tode an seinen Duzfreund Zelter.

Er selber war nicht so, er kam zum Beispiel gar nicht erst auf die Idee, der Witwe etwa zum Tode ihres Mannes zu kondolieren oder den Schiller'schen Erben das ihnen zustehende Honorar für die Ausgabe des Briefwechsels zu geben, sodass schon Schillers Zweitältester, Ernst, vom »angebliche(n) Freund unseres Vaters«[332] sprach.

Die Wahrheit ist: Weder ihr Charakter, weder ihre Treue noch ihre Zuneigung hielt die beiden zusammen, der schmale Weg der »Poesie« war der einzige Berührungspunkt zwischen den beiden

Antipoden. Jeder wirkte wie ein Katalysator, der beim anderen eine Reaktion bewirkt, aber selbst unverändert bleibt.

Die Wahrheit ist: Sie brauchten sich, sie regten sich an – mehr steht einfach nicht in den Aussagen der beiden –, aber sie liebten sich nicht. Anregungen im Beruflichen sind noch keine Sympathiebeweise, Fachsimpelei noch keine Freundschaft; das kennt jeder aus dem eigenen Berufsleben.

Die Wahrheit ist: Dieses angeblich in der Menschheitsgeschichte so einmalige Verhältnis war nichts weiter als eine simple Zweck- und Arbeitsgemeinschaft, oder, wie es auch vornehm genannt wurde, eine »Wirkungsgemeinschaft«.

Wüsste man sonst nichts über unsre beiden Dichter, dann würde allein schon die Lektüre ihrer Korrespondenz nichts anderes nahe legen: »Nicht die Kurve eines persönlichen Verhältnisses mit seinen Krisen und Höhepunkten, wie dies etwa für die Briefe an Jacobi, Lavater, Herder u. a. der Fall ist, spiegelt sich in den Briefen an Schiller primär, sondern die Abfolge sachlicher, gegenstandsbezogener Fragestellungen.«[333] So jedenfalls der Kommentar der Hamburger Goethe-Ausgabe zu dem Briefwechsel der beiden.

Diese Einschätzung ist nicht einmal so neu, wie man denken könnte: Schon 1830, als der Große Meister gerade seinen Briefwechsel mit Schiller veröffentlicht hatte, sprach der Publizist und Kritiker Ludwig Börne von einer bloß »didaktischen Freundschaft«: »Schiller und Goethe benutzten sich als Bücher: es ist eine didaktische Freundschaft, ein wechselseitiger Unterricht zwischen ihnen. Unsere beiden Dichter haben eigentlich ganz verschiedene Muttersprachen. Freilich versteht jeder auch die des anderen, soviel man sie aus Buch und Umgang lernen kann; aber Goethe macht sich's wie ein Franzose immer bequem und redet mit Schiller seine eigene Sprache, und Schiller, als gefälliger Deutscher, spricht mit dem Ausländer seine ausländische.«

Und dann ganz deutlich und herrlich plastisch: »Von ihrer Freundschaft halte ich nicht viel. Sie kommen mir vor wie der

Fuchs und der Storch, die sich bewirten: der Gast geht hungrig vom Tische, der Wirt, übersatt, lacht im stillen. Doch kommt der Storch Schiller besser dabei weg als der Fuchs Goethe. Ersterer kann in Goethes Schüssel sich wenigstens seinen spitzen idealen Schnabel wetzen; Goethe aber, mit seiner breiten realistischen Schnauze, kann gar nichts aus Schillers Flasche bringen.«[334]

Ganz in diesem Sinne schrieb auch Georg Gottfried Gervinus[335], der Begründer der deutschen Literaturgeschichtsschreibung, im Jahr 1836 gegen die (bis heute anhaltende[336]) sakrale Überhöhung des angeblichen Freundschaftsverhältnisses an und stellte fest, dass die Welt vielleicht nie »zwei so total und in aller Hinsicht verschiedene Menschen in so naher und in einer so ganz eigenthümlichen Verbindung gesehen hat.«[337]

Den Gedanken einer bloßen Wirkungsgemeinschaft haben dann 1937 Irmgard Hofmann und noch einmal 1952 Hans Pyritz mit Vehemenz vertreten[338] und sind, wie zu erwarten, mit ihrer These im Gestrüpp verehrender Dioskurenliteratur hängen geblieben, ohne die Öffentlichkeit je zu erreichen. Publizisten haben es da leichter, da sie überhaupt erst jenseits der dornigen Gelehrtenpfade das Wort ergreifen, welchselbiges zudem meist vergnüglicher zu lesen ist. Ein gutes Beispiel ist da die Goethe-Biographie von Richard Friedenthal.

Darin bringt er die uns längst geläufige Bemerkung Schillers, dass »dieser Mensch, dieser Goethe« ihm sehr im Wege sei, schon weil dessen Genie so leicht vom Schicksal getragen werde, während er selbst noch bis auf diese Minute kämpfen müsse. Dann meint Friedenthal, es sei eher ein Kampf als eine Freundschaft zwischen den beiden gewesen, und fährt fort:

»Etwas von dieser Stimmung ist Schiller ständig verblieben, auch in der Zeit seines intimen Umganges mit Goethe, den man mit dem Wort Freundschaft nur ungenügend bezeichnet, so herzerfrischend es sein mag, sich die beiden Dichter da innig vereint zu denken, Hand in Hand, wie sie auf dem Denkmal dargestellt sind.

Es ist kein ›Hand-in-Hand‹ geworden, eher eine Art Waffenstillstand zwischen zwei großen Mächten, die sich aufs höchste respektieren und über die Demarkationslinien hinweg miteinander verkehren, und wie ein Notenaustausch wirken viele ihrer Briefe.«[339] »Der radikale Unterschied unserer Naturen«[340], den Schiller noch nach Jahren feststellte, war einfach nicht zu überbrücken.

Nicht ohne Grund hatte Schiller denn auch das Gegensatzpaar von der naiven und sentimentalischen Dichtung gefunden – unter dem wir uns heute freilich leicht etwas anderes vorstellen, weil Schiller für unser Empfinden die vollkommen falschen Worte gebraucht hat.

Unter »sentimentalisch« verstand er nichts Weinerliches, im Gegenteil, sentimentalisch hieß damals so viel wie reflektierend. Sentimentalisch war man und dichtete man, wenn man die Wirklichkeit an Grundsätzen, an Ideen und Idealen maß, wenn man also nachdachte, bevor man die Phantasie zuließ, wenn man den Verstand zum Denken benutzte und nicht einfach unbefangen drauflos erlebte und dichtete. Kurz, wenn man so idealistisch war wie eben Schiller, auf den die dichterische Beschreibung einer Gegend mehr Eindruck machte als der Anblick der Natur selbst[341], und dem Körner einmal schrieb, bei ihm seien bloß Diktion und Versbau poetisch, »der Stoff hingegen mehr ein Produkt des Verstandes, als der Phantasie ...«[342]

»Naiv« war demgegenüber das Unreflektierte, das Naturnahe und Naturverbundene, das Realistische. Die Griechen waren für ihn naiv, naiv war für Schiller auch der Olympier, der wie ein »Nachtwandler«[343] schrieb, der erst alles befingern musste und dessen naiven Empirismus in der Naturforschung Schiller bespöttelte.

Was also haben sie schon gemeinsam außer dem Ruhm und der Tatsache, dass sie gleichzeitig nebeneinander gelebt und gewohnt haben?

Schiller lebte ein Leben voller Unrast, Arbeit, Fleiß und Krämpfen, ein Leben vom Kopf her, vom Gedanken und nicht aus dem Bauch; »das Leben des anderen«, so Egon Friedell über den Großen Meister, »war nichts als Wachstum, Entwicklung, Wachstum. Wie ein Kristall langsam anwächst, ... immer neue Glieder ansetzend, in klaren rechtwinkligen, gleichmäßigen Formen, so wuchs auch er, nichts eigenmächtig wegnehmend oder hinzufügend, verlangsamend oder beschleunigend. Und als er die größte Höhe und Umfänglichkeit erreicht hatte, die einem Menschen möglich ist, starb er; setzte keine neuen Kristalle mehr an, sondern blieb stehen, leuchtend, gradkantig, in spiegelnden unverrückbaren Flächen, ein unsterbliches menschliches Kunstwerk, weithin sichtbar für die Jahrhunderte. ... Er setzte sich niemals in Widerspruch zu dem, was wir Schicksal nennen, weder zu seinen Umständen noch zu seinen Zuständen, weder zum Weltlauf noch zu sich selbst. ... Schiller dagegen war ein dramatischer Organismus. Seine Biographie ist ein Drama von Schiller: die Jugend setzt bereits sehr wirksam ein, als Meisterstück einer straff gespannten, aufregenden Disposition, und dann gehts immer weiter durch bunte und heftige Konflikte, in atemlosem Tempo, nur hie und da unterbrochen durch etwas deklamatorische Philosophie, bis die gewaltsame und tragische Katastrophe eintritt, hochdramatisch, mitten auf dem Höhepunkt der Handlung kerzengrad abfallend ...«[344]

Da paßt nichts zusammen. Der Dichterfürst brauchte die Anschauung – dem anderen genügte die Idee. Der eine brauchte das Auge, bei ihm beruhte das Erleben auf dem Schauen – der andere lebte von der Musik und fand, seine poetischen Ideen stammten immer aus einer gewissen musikalischen Gemütsstimmung. Der eine war der Statiker, in dessen Mittelpunkt das Ruhende, das reine Sein stand – der andere der geborene Dynamiker, der das Werdende, das Bewegte brauchte. Der eine war ein Lyriker, der niemals ein richtiges Drama geschrieben hat und ruhig und gelassen im Zimmer stehend diktierte – der andere war der geborene Dramatiker, der sich jede Zeile schnaubend und stampfend erkämpfte.

Der eine war Naturforscher – der andere Historiker. Der eine war eher eine träge Natur und betrieb alles nur als Hobby, als Amateur, als Gelegenheitsforscher, Gelegenheitsdichter, Gelegenheitsdenker – der andere arbeitete sich unaufhaltsam, fieberhaft, ohne Umwege und aus eigenem Antrieb zu Tode. Der eine war ein reicher Patriziersohn, der nur nahm und genoss, aber nicht kämpfte – der andere der Kleinbürgersohn, der sich alles selbst erobern musste.

Der eine kreiste, angefangen beim Werther bis hin zu den Wahlverwandtschaften, um die mitmenschlichen Irrungen und Wirrungen – der andere variierte in allen seinen Dramen das Trauma seiner Jugend, die Sehnsucht nach Freiheit, und war so ein politischer Dichter. Der eine hatte sich von Anfang an auf die Seite der Herrschenden geschlagen und ließ auch noch vom Hof sein fünfzigjähriges Jubiläum im Dienste des Herzogs feiern[345] – der andere hatte die Unabhängigkeit von den Herrschenden wenigstens gesucht, um nur sich und seiner Leserschaft verantwortlich zu sein.

Da paßt nichts zusammen. Das einzige gemeinsame Projekt, die Horen, war jedenfalls ebenso ein Misserfolg wie die Xenien, die sie gemeinsam dichteten.

Horen, Xenien und Balladen

Die Horen, eigentlich drei anmutig durch die Jahreszeiten tanzende junge Damen in wehenden Gewändern, die Wachstum, Schönheit, Zuverlässigkeit und einiges mehr verkörpern, waren in diesem Falle das literarische Ergebnis eines Pokers zwischen dem Verleger Cotta und unserm Schiller.

Wenn es nach dem Verleger gegangen wäre, hätte Schiller nämlich den Rest seines Lebens als Herausgeber einer Tageszeitung mit dem pompösen Titel »Allgemeine Europäische Staatenzeitung« zugebracht und wäre damit seine ewigen Geldsorgen losgewesen. Ein festes Gehalt von zweitausend Gulden, eine gute Gewinnbeteiligung und, im Fall seines Todes, eine Jahrespension von mindestens sechshundert Gulden für die Witwe – das waren schon recht verlockende Aussichten.

Auf der anderen Seite: Bei seinem labilen Gesundheitszustand die Tretmühle eines täglichen journalistischen Geschäfts auf sich zu nehmen, dazu die Skepsis, ob sich für eine intelligente und anspruchsvolle Zeitung genügend Abonnenten finden ließen, und schließlich überhaupt seine Unlust, tagespolitische Schriftstellerei zu betreiben – unser Dichter war in einer Zwickmühle. Er schlug also, wenn schon, denn schon, stattdessen eine »litterarische Monathsschrift, Die Horen«, vor. Das wiederum begeisterte Cotta überhaupt nicht, aber der Geschäftsmann wusste sich zu helfen: Er hielt den Geldbeutel mit den vielen schönen Gulden hoch und versuchte so, ihn zu überreden, doch noch und in jedem Fall den Vertrag für die Tageszeitung zu unterschreiben.

Poker und Erpressung

Damit ging das Pokerspiel erst richtig los: Wenn Schiller für die Zeitung unterschrieb, dann sollte Cotta gleichzeitig einen Vertrag für die literarische Zeitschrift unterzeichnen. Da stand Unterschrift gegen Unterschrift, Unternehmen gegen Unternehmen, auch wenn es noch so unsinnig war, denn beides hätte Schiller nie geschafft. Das wussten beide, und infolgedessen unterschrieb keiner. Das war am 28. Mai des Jahres 1794.

Vierzehn Tage später schrieb Schiller an den Olympier jenen Brief, den wir schon kennen. Er lud ihn zur Mitarbeit an den Horen ein, obwohl er mit Cotta keinerlei Vertrag hatte.

Was war passiert? Schiller hatte das einzig Richtige getan, nämlich auf seine innere Stimme gehört und von ihr die alte Weisheit erfahren, dass Geld allein nicht glücklich macht und die Allgemeine Europäische Staatenzeitung schon gar nicht.

Er hatte eine ganz andere Vision: Die »ganze lesende Welt« wollte er zu einer großen Kulturgemeinde zusammenschließen, die besten Köpfe der Nation sollten für ihn schreiben und die Horen zu einer Stätte allumfassender, menschlicher und freier Bildung machen. Eine Stätte der kühnen Wahrheit sollten die Horen sein, der Darstellung des Schönen dienen. Kurz, sie sollten, jenseits des Tagesgeschäfts, ein Königtum des Geistes begründen.

Schiller rief einen Redaktionsausschuss zusammen, er schrieb an den Unvergleichlichen, er schrieb an Kant – und erst dann, einen Tag später, schrieb er an Cotta und eröffnete ihm, dass er die Horen herausbringen werde oder gar nichts, denn – und das ist schon eine infame Erpressung – »Was mich betrifft, so ist dies der einzig mögliche Weg, daß Sie der Verleger aller meiner zukünftigen Schriften werden ...«[346]

Was wollte Cotta dagegen machen? Schiller hatte das Pokerspiel gewonnen, Cotta hatte einen neuen, berühmten Autor und Göschen, der bisherige Verleger, das Nachsehen. Im Dezember

1794 kündigte der Herausgeber die neue Zeitschrift mit einem auserlesenen Stab von Mitarbeitern an – um nur die heute noch bekannten zu nennen: Fichte, Humboldt, Goethe, Kant, Herder, Klopstock, Voß und Lichtenberg –, und einen Monat später erschien bei Cotta die erste Nummer der Horen, als wenn es nie anders geplant gewesen wäre.[347]

Die Sache ließ sich gut an, glattweg tausend Exemplare wurden verkauft, was zu damaligen Zeiten jeden Verleger vor Glück fast erschauern ließ, und Hofrat Schiller tat ein Übriges: Er hatte keine Hemmungen, die neuen Hefte auf Kosten des Verlages durch bestellte Rezensenten überall lobend besprechen zu lassen. Das trieb den Absatz schon nach einem Vierteljahr auf beinahe 1800 verkaufte Exemplare hoch. Die Rechnung ging also auf, aber nur für kurze Zeit: Erst waren alle Mitarbeiter Feuer und Flamme gewesen, aber als es Ernst wurde, taten sie nichts. Herder und Goethe wollten erst einmal abwarten, Fichte hatte keine Zeit, Kant wünschte Glück, schickte aber nichts. Insgesamt ließ ein Viertel der angekündigten Mitarbeiter nichts mehr von sich hören oder schickte ein, zwei kleinere Beiträge von solcher Langeweile oder solchem Tiefsinn, dass die Horen bald als dunkel, unlesbar und elitär verschrien waren. Nur ein Beitrag wurde wegen seiner »Klarheit, Bestimmtheit und Energie des Ausdrucks« gelobt. Es war genau »jenes unendlich elende Machwerk« eines dieser Autoren, das unser armer Schiller nur mit schlechtem Gewissen aufgenommen hatte.

Man kam einfach nicht zusammen. Da half es auch nichts, dass Schiller sich abrackerte und seine kunsttheoretischen Aufsätze über die ästhetische Erziehung der Menschheit und über naive und sentimentalische Dichtung abdruckte. Das machte alles nur noch schlimmer, so genau wollte es keiner wissen, man wollte eher unterhalten sein. Aber auch des Olympiers »Unterhaltung deutscher Ausgewanderter«, eine eher schwache Arbeit, fand keine Zustimmung, selbst unter den Gutwilligen nicht. Ob da der »Wilhelm

Meister« mehr Jubel ausgelöst hätte, konnte Schiller zu seinem großen Kummer nicht testen: Der Unvergleichliche hatte den Meister einem anderen Verlag gegeben.

Die Rechnung ging eben nicht auf, und die Ankündigung, »unser Journal soll ein Epoche machendes Werk sein, und alles, was Geschmack haben will, muß uns kaufen und lesen«[348], war nichts weiter als eine fromme Hoffnung.

Es half auch nichts, dass der Dichterfürst seine verständlichen, wenn auch zum Teil bedenklichen »Römischen Elegien« beisteuerte, die selbst der liberale Herzog Carl August zum Teil als zu deutlich empfand – zum Beispiel diese:

>»... die Liebste
>Fürchtet, römisch gesinnt, wütende Gallier nicht;
>Sie erkundigt sich nie nach neuer Märe, sie spähet
>Sorglich den Wünschen des Mannes, dem sie sich eignete, nach.
>Sie ergötzt sich an ihm, dem freien, dem rüstigen Fremden,
>Der von Bergen und Schnee, hölzernen Häusern erzählt;
>Teilt die Flammen, die sie in seinem Busen entzündet,
>Freut sich, daß er das Gold nicht wie die Römer bedenkt.
>Besser ist ihr Tisch nun bestellt; es fehlt an Kleidern,
>Fehlet am Wagen nicht, der nach der Oper sie bringt.
>Mutter und Tochter erfreun sich ihres nordischen Gastes,
>Und der Barbar beherrscht römischen Busen und Leib.«[349]

Wenn das so weitergehe, empörte man sich, könne man die Horen ja nächstens gleich mit »u« schreiben.

Kein Wunder, Schiller verlor die Lust, höhnte, die Plattitüde sei wohl immer noch der beste Empfehlungsbrief, und begann, die nächstbesten Manuskripte abzudrucken. Einmal hatte er dabei sogar Glück. Bei dem anonym erschienenen Roman »Agnes von Lilien« rätselten selbst sachverständige Leute, ob er nun von Goethe oder von Schiller stamme. Er war aber von einer sonst unbekannten

Dame, die unser Schiller freilich nur zu gut kannte: Caroline von Wolzogen, seine ehemalige Nebenbraut.

So kam, was kommen musste: Mit dem Ende des dritten Jahrganges wurden die Horen sang- und klanglos begraben, und Schiller meldete an den Dichterfürsten: »Eben habe ich das Todesurteil der drei Göttinnen Eunomia, Dike und Irene [= die Horen] förmlich unterschrieben. Weihen Sie diesen edeln Toten eine fromme christliche Träne, die Kondolenz aber wird verbeten.«[350] Zurück blieben zwei irritierte und halbwegs beleidigte Dichter, die den Unverstand des Publikums beklagten, statt einmal darüber nachzudenken, ob sie die richtige Zeitschrift gemacht hatten.

Vor allem der Dichterfürst, ausgerechnet der, der in den letzten Jahren ohnehin wenig Erfolg gehabt hatte, war wütend und schlug vor, in der Schlussnummer der Horen alle Verrisse abzudrucken und seinerseits mit höhnischen Bemerkungen zu verreißen. Das fand Kollege Schiller nicht so gut, denn es gehört von jeher zu den Regeln, dass der Rezensierte nicht beleidigt zurückschlägt; aber der heilige Zorn des Großen Meisters war nicht zu bremsen. Denn nicht nur die literarische Welt hatte ihn beleidigt, auch als Naturwissenschaftler fühlte er sich gerade mal wieder vollkommen unverstanden. Hatte es doch der Göttinger Professor (und Satiriker) Lichtenberg schon wieder gewagt, seine Farbenlehre einfach totzuschweigen.

Das Fass war voll, und der Erhabene befand in seinem Grimm, die Zeit des »Verschweigens, Verrückens und Verdruckens« sei nun endgültig vorbei. Der Olympier lechzte ganz einfach nach Rache, und einen Tag vor Heiligabend des Jahres 1795 teilte er Schillern mit, welch himmlische Inspiration ihn jüngst überkommen hatte: Nicht platte Rache wollte er jetzt üben, nein, ein humoristisch-satirisches Gastgeschenk wollte er seinen Gegnern machen – genau so, wie das schon der alte Martial mit seinen »Xenien«[351], seinen Spottgedichten, getan hatte.

Peinliche Gastgeschenke

Wir kommen damit zum nächsten Reinfall unsrer beiden Dichter, den Xenien. Kaum war Weihnachten vorbei, lieferte der Meister die ersten Epigramme ab, und bald dichteten beide wie besessen nach der schnell erfundenen Faustregel: Kein Tag ohne Epigramm oder, da sie ja gebildet waren: Nulla dies sine epigrammate.

Absichtlich verschränken sie dabei ihre Verse durch wechselseitige Ideen und Verbesserungen so miteinander, dass man bei den meisten Xenien bis heute nicht sagen kann, von wem sie eigentlich stammen. Sie sind also im wahrsten Sinne des Wortes ein Gemeinschaftswerk.

Nach vier Wochen hatten sie schon über zweihundert beisammen, und Schiller hatte alle Mühe, die durchfallartige Produktion des Olympiers zu dämpfen oder, wenn das schon nicht gelang, wenigstes zu kanalisieren. Denn da war nichts von abgeklärtem Dichterfürsten, da war ein zorniger Mann in mittleren Jahren, den der zehn Jahre jüngere Kollege mit seiner Friedfertigkeit kaum auf Spur halten konnte, ein beleidigter, Blitze schleudernder Zeus, der von oben herab Zensuren verteilte und andächtige Gefolgschaft forderte. Was ursprünglich als »fröhliche Posse« und »Schabernack«[352] gemeint war, war bitterer und humorloser Ernst geworden.

So saßen die beiden denn oft in Jena zusammen, um zu sichten und zu dichten, und ab und zu hörten die Hausbewohner angeblich ein unbändiges Gelächter, das aber wohl kaum an den Xenien liegen konnte, denn die sind weder witzig noch elegant oder sonderlich geschliffen und schon gar nicht geistreich. Dazu war Schiller viel zu gutmütig und der Dichterfürst zu humorlos. Eher sind sie von erhabener Langeweile, schon weil man oft nicht weiß, an wen sie sich richten oder wohin sie zielen. Was macht man um Himmels willen mit Xenien wie dieser:

> »Gern dien' ich den Freunden, doch tu' ich es leider mit Neigung
> Und so wurmt es mich oft, daß ich nicht tugendhaft bin.«

Und wie lustig oder bissig ist eine Xenie, die ohne Überschrift nur noch ein Gemeinplatz ist und mit Überschrift niemanden persönlich angreift:

> »Kant und seine Ausleger
> Wie doch ein einziger Reicher so viele Bettler in Nahrung
> Setzt! Wenn die Könige baun, haben die Kärrner zu tun.«

Als im Oktober 1796 eine Auswahl von 414 solcher Xenien im »Musenalmanach für das Jahr 1797« erschien, war die Aufregung allerdings groß. Jeder las ängstlich nach, ob er darin vorkam, viele rätselten, wer gemeint sein könnte, kurz, alle Welt regte sich auf und war beleidigt über die »Sudelköche in Jena und Weimar«[353]. Manche rächten sich mit »Gegengeschenken«, die oft genug ins Persönlich-Gehässige abglitten und beispielsweise den Dichterfürsten und seine Christiane aufs Korn nahmen.

Von diesen »Gegengeschenken« ist allerdings nur ein Epigramm übrig geblieben, das in witziger Form genau das aufspießte, was die beiden Herren Dichtern tatsächlich oft genug missachtet hatten: das Versmaß, die metrische Form.

> »In Weimar und in Jena macht man Hexameter wie der;
> Aber die Pentameter sind doch noch exzellenter.«[354]

Die drei Auflagen des Musenalmanachs können jedenfalls nicht darüber hinwegtäuschen, dass der Eindruck der Xenien ingesamt deprimierend war. »Grob und schal«, nannten sie die einen, »ungezogen« die anderen, Schillers dänische Gönner und Geldgeber waren »ganz grimmig«[355], Kant sprach von einem »unwürdigen Benehmen«[356], der Dichter Gleim fand diese Art »Katzbalgereien« verabscheuungswürdig, Herder nannte die Xenien »mager«, und Wieland stellte fest, die beiden hätten sich selbst »durch diese Ergießung ihrer Laune und – Galle einen unendlichemal größern Schaden getan, als alle ihre literarischen Widersacher und Diaboli ihnen zusammengenommen in ihrem ganzen Leben hätten tun können«[357]

Und noch schlimmer: Auch alle führenden Blätter wie »Die neue allgemeine deutsche Bibliothek«, die »Oberdeutsche allgemeine Literaturzeitung«, Reichardts »Deutschland« oder Wielands »Teutscher Merkur« erklärten die Xenien in deutlichen Worten für vollkommen misslungen. Der von Voß herausgegebene »Kosmopolit« zum Beispiel fand sie »entweder plump oder hämisch oder flach und sinnlos, fast sämtlich aber ohne eigentlichen poetischen Wert«[358].

So kommt Egon Friedell mit bewährter Bosheit zum Schluss: »Erst den nachgeborenen Oberlehrern ist es vorbehalten geblieben, sich für sie zu begeistern, indem sie von dem primitiven Kalkül ausgingen: wenn von zwei Autoren jeder einzelne Hervorragendes schaffe, so müsse das, was sie gemeinsam leisten, doppelt wertvoll sein.«[359]

Vom Zauberlehrling zur Bürgschaft

Dass die beiden sich mit den Xenien nichts Gutes getan hatten, dämmerte dem Dichterfürsten erstaunlich bald. Jedenfalls teilte er dem Hofrat Schiller schon kurz nach dem Erscheinen des Musenalmanachs mit, »nach dem tollen Wagestück mit den Xenien müssen wir uns bloß größer und würdiger Kunstwerke befleißigen und unsere proteische [schwankende, wetterwendische] Natur, zur Beschämung aller Gegner, in die Gestalten des Edlen und Guten umwandeln.«[360] Schriebs und begann, sich wieder mit »Hermann und Dorothea« zu beschäftigen, während der Herr Kollege in Jena erneut seine Studien zum Wallenstein aufnahm.

Daneben unterhielten sie sich über die Kunstmittel des Epischen und Dramatischen, studierten die Poetik des Aristoteles, lasen Dramatiker wie Shakespeare, Sophokles und Euripides und kamen zu dem Ergebnis, dass beide Gattungen ihre typischen Merkmale hätten, eine gewisse Vermischung aber zulässig und nötig sei. Das Fazit: Der Epiker hat die Handlung als vollkommen vergangen darzustellen, der Dramatiker als gegenwärtig. Der Epiker, so unser Schiller, strebe Nacherleben an, der Dramatiker Miterleben. Oder noch anders: Die dramatische Handlung bewege sich vor einem, um die epische bewege man sich selbst, während sie still zu stehen scheine.

Das Wesen der Dichtkunst liege aber nun darin, das Vergangene mit dramatischen Mitteln zu vergegenwärtigen, während die mitreißende Wirkung des Dramatischen wiederum Momente der Ruhe brauche, um sozusagen den Gegenstand umkreisen zu können. Die eigentliche Aufgabe der Kunst sei demnach, dieses »wechselseitige Hinstreben« der beiden Dicht-Arten zu vollziehen, ohne sie diffus zu vermischen, verbunden mit der notwendigen künstlerischen Überhöhung, denn »zweierlei gehört zum Poeten und Künstler: daß er sich über das Wirkliche erhebt und daß er innerhalb des Sinnlichen stehen bleibt ...«[361]

Warum komme ich auf einmal mit Theorie, wo es doch genug zu erzählen gibt? Weil diese Diskussion unsere beiden Dichter zum Stoff für den nächsten Musenalmanach geführt hat und uns zu unserem nächsten Thema bringt, das am Rande eben jener Epik und Lyrik angesiedelt ist: der Balladendichtung.

Balladen sind, so belehren uns die Kenner, eine uralte Gattung, die einst aus dem Tanzlied hervorgegangen ist. Das geht zurück bis ins 9. Jahrhundert zu den noch stabreimenden Heldenliedern wie dem Hildebrandslied, das setzt sich fort bei den Spielmannsliedern im 13. Jahrhundert, das geht über in die Volksballaden und die Volkslieder, die dann Herder in seinen berühmten »Stimmen der Völker in Liedern« gesammelt hat, das endet beim Bänkelsang und bei Moritaten wie der von Mackie Messer, mit der Brecht die Dreigroschenoper eröffnet.

Der Themenkreis ist begrenzt: Es geht um den Menschen, der oft den magischen, unbestimmbaren, unheimlichen Mächten ausgeliefert ist. Elfen, Trolle und Geister spielen da eine beherrschende Rolle, düstere Nächte und wallende Nebel sind beliebte Szenarien. Das Ergebnis sind dann so klassische Balladen wie Bürgers »Lenore« oder des Meisters »Erlkönig« oder »Der Zauberlehrling«.

Man muss das so ausführlich erklären, weil einem sonst leicht entgeht, dass die Balladen Schillers genau das nicht sind und dass sie deshalb etwas Neues darstellen. Auch bei ihm kämpft der Mensch zwar gegen das Fatum, das Schicksal, anders geht es nun mal nicht, sonst entsteht keine Geschichte. Aber die geheimnisvolle Symbolwelt der Ballade ist aufgegeben, das Hintergründige fehlt, bei Schiller sind die Personen »nur um der Idee willen da«.[362] Nehmen wir als Beispiel die Ballade »Der Handschuh«: Es wird spannend erzählt, wie sich die Arena allmählich mit Löwen und Leoparden füllt, wie die Dame Kunigunde den Handschuh hinunterfallen lässt, wie sie den Ritter anstachelt, den Handschuh als Liebesbeweis wieder zu holen, wie der Ritter zum Entsetzen der anderen mitten unter die Löwen springt, den Handschuh ergreift, ihn der Dame vor die Füße wirft und sie verlässt: »Den Dank, Dame, begehr' ich nicht!«

Da kommt nichts nach außer der Moral: Man kann den Bogen auch überspannen. Die Ballade als moralisches Lehrstück und gedichteter Knigge, oder, um es fachgerechter auszudrücken: eine ideentragende Ballade.

Aus dem »Erlkönig« dagegen kann man keine solche Lebensweisheit entnehmen, da passiert Unheimliches, Unvermeidliches, da kann man keine Moral ableiten und keine Regel, um so eine dramatische Lage künftig zu vermeiden. Aus der »Bürgschaft« wiederum lässt sich eine Nutzanwendung ziehen, sie ist ja auch nur geschrieben worden, um zu illustrieren: Treue macht sich bezahlt und löst Edelmut aus.

Und noch eine Besonderheit bei Schiller: In seinen Balladen überwiegt das episch-dramatische Element – da passiert was, da kommt es zu folgenschweren Entscheidungen, da zittert man mit –, das Lyrische spielt kaum eine Rolle. Ein Lied wie das »Heidenröslein« (»Sah ein Knab' ein Röslein stehn, Röslein auf der Heiden ...«) wäre ihm nie eingefallen, so wie dem Großen Meister umgekehrt unter keinen Umständen eine vergleichsweise nüchterne Ballade wie »Der Ring des Polykrates« in den Sinn gekommen wäre.

Doch ich habe vorgegriffen; die Balladen sind ja noch gar nicht geschrieben, der frustrierte Dichterfürst hat ja gerade eben erst große und würdige Kunstwerke zur Beschämung seiner Gegner angemahnt, das so genannte »Balladenjahr« fängt überhaupt erst an.

Das Balladenjahr

Die beiden hatten nämlich im wunderschönen Monat Mai des Jahres 1797 beschlossen, nach dem Reinfall mit den Horen und den Xenien wieder Herzhafteres zu bieten. Sie sichteten den Stoff, berieten sich miteinander, teilten ihn nach Lust und Neigung untereinander auf und fingen an, um die Wette Balladen zu dichten.

Der Meister, eben fertig mit »Hermann und Dorothea«, machte sich an den »Schatzgräber«, jene nächtlich-schaurige Geschichte im klassischen Balladenstil, in der sich einer, »Arm an Beutel, krank am Herzen«, in schwarzer und stürmischer Nacht bei einer mitternächtlichen Verschwörung dem Bösen verschreibt und dadurch immer genügend Geld hat: »Tages Arbeit, Abends Gäste! Saure Wochen! Frohe Feste!« – Es ist das Teufelsmotiv aus dem Faust.

Dann folgt »Die Braut von Korinth«, jene bedenkliche Liebesgeschichte mit der vertauschten Braut, die im Flammentod endet:

> »Liebe schließet fester sie zusammen,
> Tränen mischen sich in ihre Lust;
> Gierig saugt sie seines Mundes Flammen,
> Eins ist nur im andern sich bewußt.
> Seine Liebeswut
> Wärmt ihr starres Blut;
> Doch es schlägt kein Herz in ihrer Brust.«

Und, einmal in Fahrt, gleich hinterher »Der Gott und die Bajadere«, eine ebenso fatale Liebesgeschichte, die aber diesmal noch auf dem Scheiterhaufen zur Erlösung führt:

> »Es freut sich die Gottheit der reuigen Sünder;
> Unsterbliche heben verlorene Kinder
> Mit feurigen Armen zum Himmel empor.«

Später wird es dann im Faust heißen: »Wer immer strebend sich bemüht, den können wir erlösen.« (Tatsächlich brachte ihn »dieser Dunst- und Nebelweg« der Balladen zum Fauststoff zurück.[363])

Bei Schiller dagegen wird keiner erlöst, da ist keine Nacht- und Nebelaktion im Gange, da ist heller Tag, und tausend Leute sehen zu, wie einer um der Liebe willen die Götter versucht, kurz, Schiller schreibt mit dem »Taucher« ein richtiges Drama, er rackert sich mit einer Ballade ab, die zum Entsetzen späterer Schülergenerationen kein Ende nimmt, sodass ihn sogar der Meister ermuntert: »Lassen Sie Ihren Taucher je eher je lieber ersaufen. Es ist nicht übel, da ich meine Paare in das Feuer und aus dem Feuer bringe, daß Ihr Held sich das entgegengesetzte Element aussucht.«[364]

Und was für ein Schluss! Der Jüngling ist mit dem Becher kaum wieder aufgetaucht, da lockt ihn der König noch einmal und verspricht ihm die Tochter. »Laßt, Vater, genug sein das grausame Spiel!«, fleht sie, aber zu spät:

»Da ergreift's ihm die Seele mit Himmelsgewalt,
Und es blitzt aus den Augen ihm kühn,
Und er siehet erröten die schöne Gestalt,
Und er sieht sie erbleichen und sinken hin,
Da treibt's ihn, den köstlichen Preis zu erwerben,
Und stürzt sich hinunter auf Leben und Sterben.

Wohl hört man die Brandung, wohl kehrt sie zurück,
Sie verkündigt der donnernde Schall –
Da bückt sich's hinunter mit liebendem Blick;
Es kommen, es kommen die Wasser all,
Sie rauschen herauf, sie rauschen nieder,
Den Jüngling bringt keines wieder.«

Und dann geht es Schlag auf Schlag mit den Balladen. Im Juni der »Handschuh« und »Der Ring des Polykrates«, im Juli der »Ritter Toggenburg«, im August »Die Kraniche des Ibykus« und im September »Der Gang zum Eisenhammer«: sechs Balladen in einem einzigen Sommer nach langen Jahren poetischer Abstinenz. Es ist wie eine Befreiung aus dem engen Gehäuse des Professoralen, ein Ausbrechen aus dem Reich des Gedankens zurück zur anschaulichen Darstellung.

Da hatte Schiller, daran ist nun gar kein Zweifel, etwas vom Kollegen Goethe übernommen. »Sie gewöhnen mir immer mehr die Tendenz ab«, schrieb er ihm, »… vom Allgemeinen zum Individuellen zu gehen und führen mich umgekehrt von einzelnen Fällen zu großen Gesetzen fort.«[365] Es ist der Unterschied zwischen einem deduktiven Verfahren, das vom Allgemeinen zum Besonderen führt und damit an Anschaulichkeit verliert, und einem induktiven, das sich aus Details zusammensetzt und immer das Allgemeine, Vorstellbare im Auge behält. Schiller muss die Idee, die Moral seiner Balladen nicht mehr mit Worten erklären wie in einem Aufsatz, der Grundgedanke wird vielmehr aus der Darstellung selbst deutlich, das Gegenständliche ist zugleich selbst Ausdruck der Idee. Oder wie Körner lobte: »Solche Gedichte setzen keine Bekanntschaft mit besondern Ideen voraus, sie wirken allgemein und befriedigen deswegen den gebildeten Leser nicht weniger.«[366]

Ein Beispiel. Bei den Kranichen des Ibykus kamen die Vögel ursprünglich nur zweimal vor, und dann auch nur als ein mageres Vogelpaar: Einmal als Zeugen der Mordtat und einmal, als sie über das Theater hinwegfliegen und den Mörder zum verräterischen Ruf veranlassen: »Sieh da! Sieh da, Timotheus, die Kraniche des Ibykus!«

Der Große Meister, der den Stoff ursprünglich selbst bearbeiten wollte, ihn dann aber seinem Kollegen überließ, schlug dagegen vor, das Motiv der Kraniche durch zwei Dinge noch plastischer hervorzuheben: Einmal sollten aus den mageren zwei Kranichen eine unheimliche, den Himmel verdunkelnde Schar von Kranichen werden, die selbst schon wie ein Omen wirkt; und zum Zweiten sollte man das magische Motiv der Dreizahl ausnutzen, indem Ibykus den Vögeln schon auf dem Wege und noch vor dem Mord begegnet und sie anruft. Denn, so der Meister: »Das Zufällige macht eigentlich das Ahnungsvolle und Sonderbare in der Geschichte ... Sie sehen, ... daß es mir darum zu tun ist, aus diesen Kranichen ein langes und breites Phänomen zu machen, welches sich wieder mit dem langen, verstrickenden Faden der Eumeniden ... gut verbinden würde.«[367]

Und so liest es sich dann auch in der fertigen Ballade:

>»... Und in Poseidons Fichtenhain
> Tritt er mit frommem Schauder ein.
> Nichts regt sich um ihn her, nur Schwärme
> von Kranichen begleiten ihn,
> Die fernhin nach des Südens Wärme
> In graulichtem Geschwader ziehn.
>
> ›Seid mir gegrüßt, befreund'te Scharen!
> Die mir zur See Begleiter waren,

Zum guten Zeichen nehm ich euch,
Mein Los, es ist dem euren gleich.
Von fernher kommen wir gezogen
Und flehen um ein wirtlich Dach.
Sei uns der Gastliche gewogen,
Der von dem Fremdling wehrt die Schmach!‹

Und munter fördert er die Schritte
Und sieht sich in des Waldes Mitte,
Da sperren, auf gedrangem Steg,
Zwei Mörder plötzlich seinen Weg.
Zum Kampfe muß er sich bereiten,
Doch bald ermattet sinkt die Hand.
Sie hat der Leier zarte Saiten,
Doch nie des Bogens Kraft gespannt.

Er ruft die Menschen an, die Götter,
Sein Flehen dringt zu keinem Retter,
Wie weit er auch die Stimme schickt,
Nichts Lebendes wird hier erblickt.
›So muß ich hier verlassen sterben,
Auf fremdem Boden, unbeweint,
Durch böser Buben Hand verderben.
Wo auch kein Rächer mir erscheint.‹

Und schwer getroffen sinkt er nieder,
Da rauscht der Kraniche Gefieder,
Er hört, schon kann er nicht mehr sehn,
Die nahen Stimmen furchtbar krähn.
›Von Euch, ihr Kraniche dort oben!
Wenn keine andre Stimme spricht,
Sei meines Mordes Klag erhoben!‹
Er ruft es, und sein Auge bricht ...«

Jetzt bringt das nächste, das dritte Erscheinen der Kraniche die erwartete, lang ersehnte Lösung, und das Schicksal nimmt seinen Lauf. Unvermutet tauchen sie über dem Amphitheater auf, der Mörder ruft erschreckt sein »Sieh da! Sieh da, Timotheus ...!«, und dann heißt es weiter:

> »... Und finster plötzlich wird der Himmel,
> Und über dem Theater hin
> Sieht man, in schwärzlichem Gewimmel,
> Ein Kranichheer vorüberziehn ...«
>
> Doch dem war kaum das Wort entfahren,
> Möcht er's im Busen gern bewahren;
> Umsonst, der schreckensbleiche Mund
> Macht schnell die Schuldbewußten kund.
> Man reißt und schleppt sie vor den Richter,
> Die Szene wird zum Tribunal,
> Und es gestehn die Bösewichter,
> Getroffen von der Rache Strahl.«

Das gefiel auch dem Großen Meister. Er lobte Schiller und animierte ihn sofort zu noch größeren Werken: »Wenn Sie nur noch für diesen ›Almanach‹ mit der ›Glocke‹ zustande kommen! denn dieses wird eins der vornehmsten und besonderen Zierden desselben sein.«[368]

Festgemauert in der Erden ...

Einmal im Schwung, machte sich Schiller also daran, den Balladen noch eine folgen zu lassen, die wie keine andere populär wurde: Das Lied von der Glocke. Doch dazu kam es vorerst nicht, wieder einmal wurde er krank, und der Unvergleichliche tröstete ihn, »die

›Glocke‹ muß nur umso besser klingen, als das Erz länger in Fluß gehalten und von allen Schlacken gereinigt ist«[369].

Wenn Zeit ein Maßstab für Qualität und Güte ist, dann muss das Erz für die Glocke schließlich überirdisch rein gewesen sein. Den Winter über war Schiller ständig krank und »der Kopf ganz verwüstet«[370], dann nahm ihn der Wallenstein wieder gefangen, und so vergingen noch einmal zwei Jahre, bis der über zehn Jahre alte Plan Wirklichkeit wurde. Erst im September 1799 ging die Glocke in die Druckerei – als furioses Schlussstück im Musenalmanach für das Jahr 1800, dem Letzten, den unser Dichter herausgab:

> »Festgemauert in der Erden
> steht die Form, aus Lehm gebrannt.
> Heute muß die Glocke werden,
> Frisch, Gesellen! seid zur Hand.
> Von der Stirne heiß
> Rinnen muß der Schweiß,
> Soll das Werk den Meister loben;
> Doch der Segen kommt von oben.«

Alles zusammen um die 430 Verse, abwechselnd die genaue Schilderung des Glockengusses und parallel dazu und dazwischen die jeweilige Nutzanwendung und Moral fürs tägliche Leben. Der Glockenguss als Sinnbild des Daseins. Wird die Glocke gebrannt, erfahren wir, wie

> »Wohltätig ist des Feuers Macht,
> Wenn sie der Mensch bezähmt, bewacht ...«

Kühlt die Glocke aus, ist vom bürgerlichen Feierabend die Rede und der ruhigen Nacht,

> »Die den Bösen gräßlich wecket,
> Denn das Auge des Gesetzes wacht ...«

Wenn der Meister dann die Lehmform zerschlägt, um die fertige Glocke herauszuheben –

> »Wenn die Glock soll auferstehen,
> Muß die Form in Stücke gehen« –

folgt im moralischen Teil erst die allgemeine Nutzanwendung:

> »Der Meister kann die Form zerbrechen
> Mit weiser Hand, zur rechten Zeit,
> Doch wehe, wenn in Flammenbächen
> Das glühnde Erz sich selbst befreit!«

Wer würde das zu bezweifeln wagen; das ist mit Sicherheit ein guter Ratschlag: Leute, paßt auf, überlasst alles dem Fachmann! Aber wenige Zeilen später sind wir plötzlich beim Thema Revolution:

> »Wenn sich die Völker selbst befrein,
> Da kann die Wohlfahrt nicht gedeihn«,

heißt es da, und damit man nur ja begreift, um was es geht, fallen die Stichwörter von 1789:

> »Freiheit und Gleichheit! Hört man schallen,
> Der ruh'ge Bürger greift zur Wehr,
> Die Straßen füllen sich, die Hallen,
> und Würgebanden ziehn umher;
> Da werden Weiber zu Hyänen
> Und treiben mit Entsetzen Scherz ...
> Der Gute räumt den Platz dem Bösen,
> Und alle Laster walten frei.«

Die Glocke also als ein Leitfaden für Ruhe und Ordnung, als Warnung vor Aufruhr und Selbstbefreiung – ideal für die Spießbürger und Philister jener Jahre, für den kommenden Herrn Biedermeier und für das satte Bürgertum des 19. Jahrhunderts – *ein* Grund für die unwahrscheinliche Verbreitung und Popularität des Liedes.

Dabei war Schiller die Idee zur Glocke noch vor der Französischen Revolution gekommen, nämlich im Jahr 1788 in Rudolstadt. In jenem Sommer, da er ständig feurig und begeistert Familie von Lengefeld besuchte und dort in der Umgebung aus Neugier auch ein paar Mal eine Glockengießerei besichtigte. Lange ruhte die Idee. Erst neun Jahre später, 1797, hatte er sich dann vor seiner Erkrankung die Krünitz'sche »Ökonomisch-technologische Enzyklopädie« besorgt und noch einmal über die Glockengießerkunst nachgelesen. Denn bei aller dichterischen Freiheit: Die Fakten sollten stimmen. (So hatte er auch die »Kraniche des Ibykus« zur Überprüfung eigens an einen Gymnasialdirektor geschickt, um sicher zu sein, dass auch alle erwähnten Details aus dem alten Hellas korrekt waren.)

Doch wie das dann so geht, da hatte der Professor Schiller ganz gründlich recherchiert, da haben seitdem unzählige Generationen von Schülern die Glocke auswendig gelernt, aber erst einem sonst reichlich unbekannten Herrn Alexander Moszkowski blieb es vorbehalten, im Jahr 1898 auf einen entscheidenden Fehler hinzuweisen:

»Was Schiller vergessen hat.

Als er kam zu dieser Stelle:
›Friede sei ihr erst' Geläut'‹,
Äußerte der Altgeselle:
Meister, Ihr seid sehr zerstreut!
Fertig, glaubtet Ihr,
Wär die Glocke hier,
Und da habt ihr unterdessen
Ja den Klöppel ganz vergessen!

...

> Drum prüfe, eh' die Zeit dahin ist,
> Ob in der Glock' ein Klöppel drin ist,
> Sonst weiß man deinem Werk nicht Dank.
> Gefährlich ist's, den Leu zu wecken,
> Verderblich ist des Nashorns Stoß,
> Jedoch der schrecklichste der Schrecken,
> das ist die Glocke, klöppellos ...«[371]

Tatsächlich, der Klöppel fehlt, aber wen stört das schon angesichts der unzähligen bekannten Zitate und Lebensweisheiten? Humboldt fand sogar, das Lied von der Glocke sei die Beglaubigung des vollendeten Dichtergenies. Nur die Brüder Schlegel in Jena waren beim Lesen der Glocke vor Lachen fast von den Stühlen gefallen – den Siegeszug der Glocke hat das nicht aufhalten können.

Mosjöh Gille

Die brave, gutbürgerliche und obrigkeitsfreundliche »Glocke« war im Musenalmanach des Jahres 1800 erschienen und ein Jahr zuvor entstanden. Es gehört zu den aparten Details im Leben Schillers, dass er das Gedicht als Ehrenbürger eben jenes Staates geschrieben hat, dessen revolutionäres Entstehen er verurteilte, obwohl er ohne dessen Umsturz nie französischer Ehrenbürger geworden wäre.

Es ist dies eine jener Stellen, an denen man eben doch spürt, dass seit dem Leben unseres Helden 200 Jahre vergangen sind und die Welt sich ein Stück weitergedreht hat. Heute sind wir es längst gewohnt, die Französische Revolution von 1789 als Fortschritt anzusehen, aus dessen – freilich blutigen – Wirren unser heutiges Verständnis von Freiheit und Gleichheit und, in seltenen Fällen, gar Brüderlichkeit resultiert. Die Zeitgenossen damals, auch wenn sie, wie Schiller, erst für die Revolution waren, sahen darin bald nur noch Mord und Totschlag, Schreckensherrschaft und Willkür.

Wir heute sind an Revolutionen und Umstürze der verschiedensten Art gewöhnt, die Zeitgenossen damals nicht. Die Bauernkriege lagen viel zu weit zurück, der Unabhängigkeitskrieg der Amerikaner viel zu weit weg, und die Befreiungskriege von 1813 bis 1815 waren noch längst nicht in Sicht. Die Menschen konnten einfach nicht abschätzen, wo das Ganze hinführen würde. Mochte man mit dem Absolutismus noch so unzufrieden sein – er war offenbar immer noch besser als der Terror der Freiheit. Da wusste man wenigstens, woran man war, wenn nur der Herrscher kein Tyrann war. Und welcher Mäzen, um Himmels willen, hätte Leute wie unsern Dichter am Leben erhalten sollen, wenn nicht ein Mann wie Herzog Carl August?

Und so schrieb Schiller, der die Revolution erst begeistert begrüßt hatte, im Juli 1793: »Der Versuch des französischen Volkes, sich in seine heiligen Menschenrechte einzusetzen, und eine politische Freiheit zu erringen, hat bloß das Unvermögen und die Unwürdigkeit desselben an den Tag gebracht, und nicht nur dieses unglückliche Volk, sondern mit ihm auch einen beträchtlichen Teil Europens, und ein ganzes Jahrhundert, in Barbarei und Knechtschaft zurückgeschleudert.«[372]

Er war nicht gegen eine Revolution und die Beseitigung überlebter Formen – seine Dramen predigen ja nichts anderes –, aber Schiller war der Meinung, dass das Volk noch nicht reif dafür war: »Der Moment war der günstigste, aber er fand eine verderbte Generation, die ihn nicht wert war, und weder zu würdigen noch zu benutzen wußte. Der Gebrauch, den sie von diesem großen Geschenk des Zufalls macht und gemacht hat, beweist unwidersprechlich, daß das Menschengeschlecht der vormundschaftlichen Gewalt noch nicht entwachsen ist, daß das liberale Regiment der Vernunft da noch zu frühe kommt, wo man kaum damit fertig wird, sich der brutalen Gewalt der Tierheit zu erwehren, und daß derjenige noch nicht reif ist zur *bürgerlichen* Freiheit, dem noch so vieles zur *menschlichen* fehlt.«

Und dann noch einmal ganz grob und deutlich: »... es waren also nicht freie Menschen, die der Staat unterdrückt hatte, nein, es waren bloß wilde Tiere, die er an heilsame Ketten legte.«

Mit solchen Sätzen lässt sich der Dichter der Räuber natürlich nicht zum Freiheitskämpfer hochstilisieren. Aber Schiller hatte einfach, im Gegensatz zu seinem verehrten Kant, der auch die Auswüchse der Französischen Revolution zu ertragen lehrte, resigniert: »... was hier zehn große Menschen aufbauen, werden dort funfzig Schwachköpfe wieder niederreißen ...«, befand er.

Und so schrieb er als pessimistischer Idealist jenen Satz, mit dem er allen Demokraten auf lange Zeit jegliche Hoffnung nahm: »Politische und bürgerliche Freiheit bleibt immer und ewig das heiligste aller Güter, das würdigste Ziel aller Anstrengungen und das große Centrum aller Kultur – aber man wird diesen herrlichen Bau nur auf dem festen Grund eines veredelten Charakters aufführen, man wird damit anfangen müssen, für die Verfassung Bürger zu erschaffen, ehe man den Bürgern eine Verfassung geben kann.«

Als Schiller diese Sätze schrieb, hatte ihm die französische Nationalversammlung am 26. August 1792, »im vierten Jahr der Freiheit«, längst zusammen mit anderen Männern, »die durch ihre Schriften und durch ihren Mut der Sache der Freiheit gedient und die Befreiung der Völker vorbereitet haben«, die Ehrenbürgerschaft verliehen.

Es dauerte dann allerdings noch fünf Jahre, genauer bis zum 1. März 1798, bis Schiller das noch von Danton unterschriebene Dokument mehr oder weniger durch Zufall in die Hände bekam.

Kein Wunder. Denn die Namen der anderen Geehrten waren deutlich zu lesen, unter ihnen Leute wie George Washington, der erste Präsident der USA, der Schweizer Pädagoge Pestalozzi oder Dichter wie Klopstock und Campe, insgesamt 18 Männer. Den Namen Schiller sucht man vergebens, obwohl er dasteht. Man muss nur darauf kommen, dass er phonetisch wiedergegeben ist, so, wie ein Franzose eben so etwas Komisches wie »Schiller« in seiner Sprache schreiben würde, nämlich »Gille«.[373]

Genauso obskur wie der Name war der Weg, auf dem dieser Monsieur Gille seiner Ehre teilhaftig wurde. Am 10. März, fünf Monate vor der Auszeichnung durch die Nationalversammlung, war in Paris im Théâtre du Marais ein Stück aufgeführt worden, in dem ein »chef de brigands«, also ein Räuberhauptmann, namens Robert, angetan mit Jakobinermütze und in wilder Rhetorik, das Publikum zu Begeisterungsstürmen hinriss. Andere Bühnen folgten, der Erfolg war stets der gleiche.

Es waren Schillers Räuber, von einem gewissen La Martelière bis zur Unkenntlichkeit bearbeitet und in ihrer französisierten Fassung kaum wieder zu erkennen. La Martelière wiederum hieß gar nicht so, sondern Schwindenhammer und stammte aus dem oberelsässischen Städtchen Pfirt, nicht weit vom altwürttembergischen Mömpelgard. Aus Mömpelgard wiederum stammten zahlreiche Mitschüler Schillers aus seiner Stuttgarter Sklavenzeit – möglich also, dass auf diesem Umwege der Ruhm Schillers von Deutschland über Montbéliard nach Paris gekommen war ...

Aber das sind ebenso Vermutungen wie man auch darüber spekulieren kann, wie denn Schiller noch im Jahr 1792 von seiner Ehre erfahren hat, wenn die Urkunde doch jahrelang in Straßburg liegen blieb, bis sie auf Vermittlung des Braunschweiger Pädagogen Campe an Mosjöh Gille weitergeleitet wurde.

Fest steht, dass Schiller zunächst von der Ehre sehr angetan und bereit war, sich selbst in Frankreich zu engagieren, denn das Bürgerdekret gab ihm ausdrücklich das Recht, »bei dem großen Vernunftakt« mitzureden, der sich in Frankreich angeblich vollzog. Anlass war die Gefangennahme und Behandlung Ludwigs XVI.

»Weißt Du mir niemand, der gut ins Französische übersetzte, wenn ich etwa in den Fall käme, ihn zu brauchen?«, schrieb er im Dezember 1792 an Körner. »Kaum kann ich der Versuchung widerstehen, mich in die Streitsache wegen des Königs einzumischen, und ein Memoire darüber zu schreiben.

Mir scheint diese Unternehmung wichtig genug, um die Feder eines Vernünftigen zu beschäftigen; und ein deutscher Schriftsteller, der sich mit Freiheit und Beredsamkeit über diese Streitfrage erklärt, dürfte wahrscheinlich auf diese richtungslose[n] Köpfe einigen Eindruck machen. ... ich glaube, daß die Franzosen gerade in dieser Sache gegen fremdes Urteil nicht ganz unempfindlich sind.« Denn, so seine Meinung: »Der Schriftsteller, der für die Sache des Königs öffentlich streitet, darf bei dieser Gelegenheit schon einige wichtige Wahrheiten mehr sagen als andere und hat auch schon etwas mehr Kredit.«[374]

Zu spät. Der Übersetzer war bereits gefunden, mit Göschen war verabredet, wie die Schrift erscheinen sollte, als wenige Wochen später, am 21. Januar 1793, Ludwig XVI. von den Jakobinern mit der Guillotine hingerichtet wurde. Schiller war ernüchtert. Mit diesen »elenden Schinderknechten« wollte er nichts mehr zu tun haben, auch wenn sie sich als Freiheitshelden ausgaben. Das war nicht seine Idee von Freiheit, und er verzichtete auf den »jugendlichen Kitzel, den Menschen das Bessere aufzudringen, weil unvorbereitete Köpfe auch das Reinste und Beste nicht zu gebrauchen wissen.«[375]

Es war der Rückzug aus dem »praktischen Kosmopolitismus« hin zur ästhetischen Erziehung des Menschengeschlechts, in der er nun die Hauptaufgabe des Dichters sah. Denn wenn er auch die nachrevolutionären Wirren ablehnte – den Ideen der Revolution blieb er, den jemand boshaft einen »französischen Bürger in weimarischer Pension«[376] genannt hatte, treu. In diesem Sinne bedankte er sich daher auch im März 1798 bei Campe, als er endlich von ihm die Urkunde mit der französischen Ehrenbürgerschaft erhalten hatte: »Die Ehre, die mir durch das erteilte französische Bürgerrecht widerfährt, kann ich durch nichts als meine Gesinnung verdienen, welche den Wahlspruch der Franken von Herzen adoptiert; und wenn unsere Mitbürger über dem Rhein diesem Wahlspruch immer gemäß handeln, so weiß ich keinen schönern Titel, als einer der ihrigen zu sein.«[377]

So oder so: Das Grundthema seines Lebens war und blieb die Freiheit, nachdem er in seiner Jugend die Unfreiheit zur Genüge kennen gelernt hatte.

Das Motto »in Tirannos« jedenfalls, das der Verleger werbewirksam den rebellischen Räubern vorangestellt hatte, könnte als Generalthema auch über seinen anderen Dramen stehen. »Die Verschwörung des Fiesco zu Genua« ist die Verschwörung der Nobili gegen die tyrannische Herrschaft des Dogen Andrea Doria, er wird in dem Augenblick umgebracht, als er selbst die Herrschaft anstrebt: »Wenn Genua frei ist, stirbt Fiesco«, schworen die Republikaner.

Kabale und Liebe war schon von der Form her die reine Aufsässigkeit. Der klassischen Forderung, dass der tragische Konflikt auf der Bühne nur von hohen Standespersonen ausgetragen werden dürfe, wurde zum ersten Mal und gleich rabiat zuwidergehandelt: Luise Millerin ist eine Bürgerliche, die Tochter eines Musikus; die Personen sprechen nicht, wie ein ungeschriebenes Gesetz es seinerzeit befahl, in kunstvollen Versen, sondern in ordinärer Prosa. Und dann gar noch der Konflikt und die Forderung, dass »... die Schranken des Unterschieds einstürzen ... von uns abspringen all die verhaßten Hülsen des Standes – Menschen nur Menschen sind« – das war, wie es in einem Lexikon heißt, »ein Dolchstoß in das Herz des Absolutismus«.[378]

Bei anderen Dramen genügen einfache Stichworte – im Don Carlos der berühmte Satz »... geben Sie Gedankenfreiheit!« und im Wilhelm Tell die letzten Worte des Stückes: »Und frei erklär ich alle meine Knechte.« Ob bei der Jungfrau von Orleans, ob beim Abfall der Niederlande – das Stichwort heißt jedes Mal Freiheit vom Überkommenem, vom Überlebten. Denn im Grunde glaubte Schiller trotz allem unbeirrt an die Revolution zum Guten:

> »Der Mensch ist frei geschaffen, ist frei,
> Und würd' er in Ketten geboren,
> Laßt Euch nicht irren des Pöbels Geschrei,
> Nicht den Mißbrauch rasender Toren.
> Vor dem Sklaven, wenn er die Ketten bricht,
> Vor dem freien Menschen erzittert nicht!«[379]

Der übliche Gegensatz

Ein kleiner kritischer Seitenblick hinüber zum Dichterfürsten bringt auch an dieser Stelle wieder den erwarteten Gegensatz. »Er gehört durchaus zu den gleichgültigen Naturen für alles Politische und Deutsche«, stellte zum Beispiel Wilhelm von Humboldt 1814 während der Befreiungskriege fest und hatte auch gleich die Analyse parat: »Egoismus, Kleinmütigkeit und zum großen Teil ganz gerechte Menschenverachtung, die man aber nur nicht so anwenden muß, tragen zusammengenommen dazu bei.«[380]

Und Frau von Stein monierte kurz darauf: »Goethe, wie man sagt, hat seinen Sohn nicht wollen mit den Freiwilligen gehen lassen, und ist er der einzige junge Mensch von Stand, der hier zu Haus geblieben. Sein Vater scheint gar unsern jetzigen Enthusiasmus nicht zu teilen; man darf nichts von politischen Sachen bei ihm reden. Und doch ist gewiß seit Jahrhunderten nichts Interessanteres vorgekommen! Er liest auch keine Zeitungen ...«[381]

Aber bis in die tiefsten Tiefen vor Ehrfurcht zu erschauern und es für den schönsten Tag seines Lebens zu halten, als er 1808 in Erfurt von Napoleon an dessen Frühstückstisch zwischen zwei Bissen angesprochen wurde und im Übrigen ein, zwei Stunden lang stehend, kerzengerade und gehorsam, zuhören musste, wie Napoleon mit seinen Generälen verhandelte – das paßte in seine Welt: Napoleon traf den großen Goethe, da waren zwei Royalisten beisammen, die Ebene stimmte.[382]

Und das ist keine Einzelmeinung. In der bereits 1936 erschienenen Analyse »Die Verbürgerlichung der deutschen Kunst, Literatur und Musik im 18. Jahrhundert« von Leo Balet und E. Gerhard, die nach dem Zweiten Weltkrieg sowohl in der DDR als auch in der Bundesrepublik neu veröffentlicht wurde, kommt der Unvergleichliche noch viel schlechter weg:

»Der Unterschied zwischen Goethe und Schiller in bezug auf ihr Verhältnis zu dem Leben ihrer Zeit kann man in wenigen Worten folgendermaßen zusammenfassen: Goethe war, so lange er sich überhaupt mit seiner Gegenwart auseinandersetzte, der typische Bourgeois – Schiller war der typische Citoyen.

Goethe stellte alle Fragen des gesellschaftlichen Seins vom Privatleben des bürgerlichen Individuums, beziehungsweise seines bürgerliche Ichs aus, und die Beantwortung war unbewußt stark beeinflußt von dem Vorteil, den er persönlich davon erhoffte.

Schiller stellte die Fragen des gesellschaftlichen Seins vom Standpunkt des öffentlichen, allgemeinen, politischen Lebens seiner Klasse und beantwortete sie unbekümmert um eventuellen privaten Nutzen.

Da Goethe alles auf sich bezog, konnte er sich selbstverständlich nur so lange für die Wirklichkeit interessieren, als er für sich persönlich etwas dabei gewinnen oder verlieren konnte. Trug sie, zum Beispiel zu seinem Ruhm, nichts bei, so verwandelte sich seine Aktivität in Passivität. Er stellte sich dann neben die Wirklichkeit, oder besser gesagt, darüber, und von seinem Olymp herab betrachtete er mit kalten, unbewegten Augen das Weltgeschehen. ...

Schiller dagegen lebte in der Wirklichkeit. Er stand niemals wie Goethe abseits vom Leben als innerlich unbeteiligter Zuschauer. Er stand mitten darin. ... Er mußte unbedingt daran mitbauen, nicht für sich, sondern einzig und allein für die bürgerliche Zukunft.

Goethe war politisch kurzsichtig, immer rückwärts gerichtet, konservativ. Er kämpfte noch für den Despotismus, als die Despoten selbst schon den Despotismus aufgegeben hatten.

Schiller war politisch weitsichtig, vorwärts gerichtet, revolutionär. ... Schillers Jugendwerke ›Die Räuber‹, ›Fiesco‹, ›Kabale und Liebe‹ und ›Don Carlos‹ waren revolutionäre Kunst. Seine ›Geschichte des Abfalls der vereinten Niederlande von der spanischen Regierung‹ war eine revolutionäre Schrift ...«[383]

Das klingt so ungerecht, wie es tatsächlich auch ist, denn was der Dichterfürst nachträglich und viele Jahre später seinem Eckermann anvertraut und dieser aus seiner anhimmelnden Sicht wiedergab, klingt beim ersten Hören anders. Es gibt da eine längere Passage vom 4. Januar 1824 – es ist die einzige! –, in der Eckermann seinen Goethe zum Thema Französische Revolution Stellung nehmen lässt:

»Es ist wahr, ich konnte kein Freund der Französischen Revolution sein, denn ihre Greuel standen mir zu nahe und empörten mich täglich und stündlich, während ihre wohltätigen Folgen damals noch nicht zu ersehen waren. Auch konnte ich nicht gleichgültig dabei sein, daß man in Deutschland *künstlicherweise* ähnliche Szenen herbeizuführen trachtete, die in Frankreich Folge einer großen Notwendigkeit waren. ... Weil ich nun aber die Revolutionen haßte, so nannte man mich einen *Freund des Bestehenden*. Das aber ist ein sehr zweideutiger Titel, den ich mir verbitten möchte ...«

Der Meister versucht hier genau jenen Vorwürfen seiner Zeitgenossen zu begegnen, die hundert Jahre später auch Balet und Gerhard formulierten. »Man beliebt einmal«, so Goethe dazu, »mich nicht so sehen zu wollen, wie ich bin, und wendet die Blicke von allem hinweg, was mich in meinem wahren Licht zeigen könnte. Dagegen hat Schiller, der, unter uns, weit mehr Aristokrat war als ich, der aber weit mehr bedachte, was er sagte, als ich, das merkwürdige Glück, als besonderer Freund des Volkes zu gelten ...«[384]

Der Dichterfürst, das verkannte Genie. Dabei hatte er doch, im Gegensatz zum Kollegen Schiller, tatsächlich über die Französische Revolution ein »Politisches Drama in fünf Akten« geschrieben, was ihm aber zur öffentlichen politischen Einschätzung seiner Person nichts nützte, da er es weder beendete noch veröffentlichte. Es waren »Die Aufgeregten«, ein zu recht völlig unbekanntes Werkchen, das erst in der Werkausgabe letzter Hand erschien und in dem eine auf den Onkel wartende und Strümpfe strickende Luise seufzte: »Was die Französische Revolution Gutes oder Böses stiftet, kann ich nicht beurteilen; so viel weiß ich, daß sie mir diesen Winter einige Strümpfe mehr einbringt.«[385]

Eigenheim und Adel

Es wird gut sein, einen Moment anzuhalten und nachzusehen, an welcher Stelle der Biographie wir inzwischen angekommen sind. Unser Held ist jetzt – also im Jahr 1798 – 39 Jahre alt und offensichtlich in einer aktiven Phase. Jahr um Jahr ist etwas Neues entstanden, als müsste es so sein: erst die Horen, dann die Xenien, schließlich die Balladen. Es ist, als wenn plötzlich ein Knoten gerissen wäre, als wenn, um mich einmal poetisch zu verkünsteln, eine Knospe nach langem Frost unversehens aufgeblüht wäre.

Fast zehn Jahre lang war Friedrich Schiller als Dichter und Poet wie von der Bildfläche verschwunden und hatte dem Historiker und Theoretiker Platz gemacht. Zehn Jahre lang hatte er getan, was er sich erträumt hatte: sich mit Geschichte beschäftigt, gelesen, Kant studiert – einfach Wissensstoff aufgeholt. So waren zehn lange Jahre zwischen dem Don Carlos und den Balladen verstrichen.

Dabei ging es ihm mit der Historie wie dem Olympier mit der Farbenlehre: Gedankt hat es ihm keiner. Hätte der eine nur Historisches geschrieben und der andere nur gegen Newton gekämpft, kein Mensch würde die beiden heute noch kennen. Genau das, worauf sie stolz waren, war unwichtig für die Nachwelt.

Die Jenaer Jahre waren für Schiller eine Phase der Verwandlung. Sie begannen mit der Professur, von der bald nur noch der Titel übrig war, nachdem erst die Hörer weggeblieben waren, er dann in eine Krise geriet, todkrank wurde und am Ende die Vorlesungen ganz aufgab.

Er hatte geheiratet, der einfache Bürgerliche eine Adlige, er war auf einmal etabliert, er wurde geehrt, er bekam nach seiner Krankheit vom dänischen Prinzen ein Stipendium, das ihn zum ersten Mal die quälenden Geldsorgen vergessen ließ, er fuhr endlich wieder einmal in seine schwäbische Heimat, die er als Flüchtling verlassen hatte, jetzt ein geachteter, berühmter Mann.

Die Jenaer Zeit und das Jahr in der schwäbischen Heimat hatten klärend gewirkt. Sie hatten ihm Sicherheit und Selbstbewusstsein gegeben und hatten ihm Anerkennung gebracht: Er hatte zu sich selbst gefunden. Er hatte gegen »diesen Menschen, diesen Goethe« aufgeholt; er war es, der jetzt den Dichterfürsten mitzog, nicht umgekehrt.

So kam es von ganz allein, dass er zum Eigentlichen zurückfand, dass er nicht mehr theoretisierte, sondern, wie es Körner immer schon gefordert hatte, wieder zum Dichter wurde: Nach dem Intermezzo der Balladen kehrte er gleich mit einem Riesendrama, dem Wallenstein, zur Bühne zurück.

Eine neue Phase, die Letzte, begann. Vieles war zusammengekommen. Zu Beginn ein Ruf nach Tübingen, dann seine Vereinsamung in Jena, zuletzt eine beängstigende Krankheit seiner Charlotte. Er musste sich entscheiden, er entschied sich für Weimar und das Drama.

Entscheidung gegen Tübingen

Während seiner Schwabenreise hatte Schiller einmal Tübingen besucht, es hatte ihm gut gefallen, und im lockeren Gespräch hin und her war auch die Rede davon gewesen, er könne ja hier genauso gut lehren wie in Jena. Ein Jahr nach seiner Rückkehr aus dem Schwabenländle hatte er – das war im Frühjahr 1795 – dann tatsächlich einen Ruf an die Universität Tübingen erhalten. Bei einem nicht gerade verlockend hohen, aber steigenden Gehalt sollte er ordentlicher Professor der höheren Philologie und Ästhetik werden, was auch immer das hieß.

Es war der erste und einzige Versuch seines Heimatlandes, »daß der treffliche Mann dem Vaterlande [= Württemberg] wieder gewonnen werden könnte«[386], und Schiller stand zum ersten Mal vor der ernsthaften Entscheidung, aus Jena wegzugehen.

Und was geschah? Mit dem Hinweis auf seinen Gesundheitszustand, der ihm das Abhalten regelmäßiger Vorlesungen verbiete, lehnte er ab, sehr zum Kummer seines Tübinger Verlegers Cotta, der sich einen engeren Kontakt mit seinem berühmten Autor gewünscht hätte. Das klang nach Ausrede, denn seine Kränkelei war ja nichts Neues.

Die Universität Tübingen gab jedoch noch nicht auf und bot ihm im zweiten Anlauf einen Job an, den mancher von uns für seinen Traumberuf halten würde: eine Lebensstellung mit festem, regelmäßigem Einkommen ohne jede Verpflichtung. Er sollte nur einfach da sein, brauchte keine Vorlesungen zu halten und konnte den Kontakt mit den Studenten ganz nach Belieben gestalten.

Etwas Besseres konnte sich Schiller eigentlich gar nicht wünschen: Er und seine Familie wären auf Lebenszeit finanziell gesichert gewesen, er hätte wieder in der Nähe seiner Eltern und in der vertrauten Heimat gelebt, er hätte sein Leben einrichten können, wie er wollte – aber auch unter diesen nahezu überirdischen Bedingungen war er nicht bereit, den Ruf anzunehmen.

Warum nicht? Für viele Biographen gibt es nur einen Grund für diese Absage: die angeblich so innige Freundschaft mit dem Unvergleichlichen. Das klingt natürlich gut, lässt sich aber durch nichts belegen. Stattdessen beobachten wir einen ziemlich gewitzten Professor, der das Gleiche machte, was auch heute Professoren tun, wenn sie einen Ruf erhalten: Er feilschte um ein höheres Gehalt.

Schiller schrieb also sofort an den Weimarer Geheimen Rat Voigt und bat um eine Zusicherung des Herzogs, sein Gehalt für den Fall zu verdoppeln, dass ihn eine zunehmende Kränklichkeit an der schriftstellerischen Tätigkeit hindern werde. Das wurde ihm zugesichert.

Mehr wollte und brauchte er nicht, und so schrieb er Anfang April nach Tübingen: »Das Resultat meiner Überlegungen ist, daß ich beßer thue, in meinen bißherigen Verhältnissen zu bleiben, vorzüglich deßwegen, weil es gar keinen Anschein hat, daß ich, meiner Gesundheit wegen, demjenigen würde entsprechen können, was man von einem academischen Lehrer mit Recht erwartet, und was ich in einem solchen Fall mir selbst zur Pflicht machen würde.«

Das war zumindest ehrlich. Es widerstrebte ihm offenbar, Geld für eine Leistung zu nehmen, die er zwar gar nicht erbringen musste, die man aber doch heimlich von ihm erwartete – wozu sonst würde man ihn nach Tübingen rufen. Da war die Lage in Jena mit seinem Carl August viel einfacher: »Hier in Jena und Weimar erwartet man nichts dergleichen von mir, und unser Herzog weiß, daß keine academischen Functionen von mir geleistet werden können. Hier täusche ich also niemand, und kann daher mit völliger Zufriedenheit leben«, schrieb er mit entwaffnender Aufrichtigkeit nach Tübingen. »Auch hat mir der Weimarische Hof soviele Beweise von einer uneigennützigen Achtung gegeben, daß ich es mir kaum würde verzeyhen können, ihn, wenn es auch meinem Vaterland wäre aufzuopfern.«

Da grenzt es nahezu ans Pfiffige, wenn er jetzt auch das, was er sich eben erst erbettelt hat, als reine Güte des Herzogs darstellt – »Noch ganz neulich erklärte mir der Herzog, daß mein Gehalt mir verdoppelt werden soll, sobald ich Unterstützung nöthig haben würde« – und dann schließt: »Setzen Sie sich nun in meine Lage. Ich bin überzeugt, Sie würden Sich entschließen wie ich ...«[387]

Mit anderen Worten: Bei aller Aufbruchstimmung – Schiller war entschlossen, in Thüringen, in Jena zu bleiben. Hier redigierte er die Horen, hier stellte er die Xenien zusammen, hier dichtete er seine Balladen, hier schrieb er gerade in zweijähriger Mühsal den Wallenstein. Von hier aus fuhr er zu den Bühnenproben nach Weimar, wo er um die Jahreswende 1798/99 die triumphale Aufführung der Wallenstein-Trilogie erlebte.

Sie festigte seinen Ruf als Dramatiker, sie brachte ihm aber auch glattweg von der regierenden Fürstin ein silbernes Kaffeeservice ein und von seiner Durchlaucht, dem Fürsten, die huldvolle Einladung, nach Weimar umzuziehen, um sich endlich mehr dem Theater widmen zu können.

Angesichts solcher allerhöchsten Güte kam Schiller ins Denken. Er ging in sich, besah sich Jena, prüfte seinen Umgang, bedachte seine Pläne und entdeckte eine plötzliche Abneigung gegen die Stadt, die er jahrelang als anregend empfunden hatte. Im Herbst schrieb er nach Weimar:

»Durchlauchtigster Herzog, Gnädigster Fürst und Herr.

Die wenigen Wochen meines Aufenthalts in Weimar und in der größern Nähe Eurer Durchlaucht in letzten Winter und Frühjahr haben einen so belebenden Einfluß auf meine Geistesstimmung geäußert, daß ich die Leere und den Mangel jedes Kunstgenusses und jeder Mitteilung, die hier in Jena mein Los sind, doppelt lebhaft empfinde. Solange ich mich mit Philosophie beschäftigte, fand ich mich hier vollkommen an meinem Platz; nunmehr aber, da meine Neigung und meine verbesserte Gesundheit mich mit neuem Eifer zur Poesie zurückgeführt haben, finde ich mich hier wie in eine Wüste versetzt.«[388]

Plötzlich war ihm aufgefallen, »daß ein Platz, wo nur Gelehrsamkeit, und vorzüglich die metaphysische, im Schwange geht«, einem Dichter nicht zuträglich ist. Was er brauchte, war die »Anschauung des Theaters«, also das Miterleben der Proben, die ganzen Vorbereitungen. Aus diesem Grunde, so fand er, »hat alles dies ein lebhaftes Verlangen in mir erweckt, künftighin die Wintermonate in Weimar zuzubringen.«

Und schon ist für unseren Dichter wieder einmal die willkommene und wie immer sofort erkannte Gelegenheit gekommen, um von Geld zu reden. »Indem ich aber dieses Vorhaben mit meinen ökonomischen Mitteln vergleiche«, belehrte er den Herzog, »finde ich, daß es über meine Kräfte geht, die Kosten einer doppelten Einrichtung und den erhöhten Preis der meisten Notwendigkeiten in Weimar zu erschwingen ...«

Er bat also, die doppelte Haushaltsführung »durch eine Vermehrung meines Gehalts gnädigst zu erleichtern« – und tatsächlich, er bekam 200 Taler mehr und ein Holzdeputat, was ihm »bei dem teuren Holzpreise in Weimar« sehr zustatten kam. Reich wurde er dadurch nicht: Seine Jahrespension betrug trotz der Aufbesserung erst 400 Taler – ein Bruchteil dessen, was der Unvergleichliche bekam; bei ihm waren es inzwischen 3000 Taler.

Und schon bereitete Schiller seine Winterresidenz in Weimar vor, als ihn eine Krankheit aufschreckte.

Ein Nervenfieber

Diesmal war es seine Lolo. In der Nacht zum 12. Oktober 1799 hatte sie ihr drittes Kind geboren, die erste Tochter, die drei Tage später, am 15. Oktober, auf den Namen Caroline Luise Friederike getauft wurde. Lolo befand sich »für die Umstände recht leidlich.«[389] Doch kurz darauf befiel sie ein »Nervenfieber«, eine Krankheit, die wir heute unter diesem Namen nicht mehr kennen und die vermutlich eine Neuritis, also eine Nervenentzündung, umschreibt.

»... sie phantasiert schon drei Tage, hat diese ganze Zeit keinen Schlaf und das Fieber ist oft sehr stark«, schrieb Schiller. »Wir schweben noch immer in großer Angst.« Zum Glück war gerade die Schwiegermama da, denn »... meine Frau kann nie allein bleiben und will niemanden um sich leiden als mich und meine Schwiegermutter. Ihre Phantasien gehen mir durchs Herz ...«

So ging es Tag für Tag, Woche um Woche. Vier Wochen lang ein Kampf auf Leben und Tod. Zwar ließ das Fieber nach, aber nun kam es zu heftigen »Verrückungen des Gehirns«, Charlotte tobte, erkannte niemanden mehr. Der Arzt behandelte sie mit Mitteln aus dem damals üblichen Schreckensarsenal, wie Opium, Moschus, Kampfer, Zinkblumen, Zugpflaster, Senfumschlägen, Salmiak und Tollkirsche – aber immer wieder kam es zu »phrenetischen Akzessen«, sodass sie Angst hatten, es könne zwischen Leben und Tod noch ein schreckliches Drittes geben, den Wahnsinn.

Der Arzt verschrieb schließlich kalte Umschläge um den Kopf, Lolo erkannte für Augenblicke ihre Mutter, ihren Mann – dann fiel sie wieder in Lethargie, sprach tagelang keine Silbe. »Eine hartnäckige Stumpfheit, Gleichgültigkeit und Abwesenheit des Geistes ist das Symptom, das uns am meisten quält und ängstigt. Gott weiß wohin dies alles noch führen wird; ich kenne keinen ähnlichen Fall ...«[390]

Schiller war am Ende. Vier Wochen dauerte die Krise, dann setzte langsam die Gesundung ein. Die Angst blieb. Mir geht der Satz nach, dass ihre Phantasien ihm ans Herz gingen – was mag er gehört haben? Sehnsüchte, Vorwürfe, Ängste? Wir wissen es zum Glück nicht, es geht auch nur die beiden an. Aber ich denke, dass Lolos Krankheit beide verwandelt hat, dass sie für beide eine Zäsur darstellte. Denn kaum dass Lolo genesen war, verwirklichten die beiden einen Schritt, der zwar nicht endgültig sein sollte, es aber wurde: Sie verließen Jena und zogen ins benachbarte Weimar. »Alle Erinnerungen an die letzten acht Wochen mögen in dem Jenaer Tal zurückbleiben«, versprach er ihr, »wir wollen hier ein neues heiteres Leben anfangen ...«[391]

Entscheidung für Weimar

So zog Lolo mit ihrem Schiller sozusagen direkt aus dem Bett heraus, mit einem Kleinkind und den beiden älteren Söhnen nach Weimar. Es lief alles so überstürzt, dass sie noch nicht einmal zusammen in eine Wohnung ziehen konnten, denn das neue Domizil musste erst noch renoviert werden.

Schiller hatte die Wohnung übrigens, wie praktisch, von einer seiner früheren Charlotten übernommen, nämlich der Frau von Kalb. Den Kalbs war die Wohnung in der Windischengasse am Rathaus zu kostspielig geworden. Im Grunde war sie auch für Schillers zu teuer: Sie kostete 122 Taler Jahresmiete, also fast ein Drittel des inzwischen erhöhten Gehalts unseres Dichters.

Hier zog erst einmal Schiller mit dem dreijährigen Ernst nebst Dienstboten ein, während Lolo mit dem Baby und dem sechsjährigen Karl bei Frau von Stein unterkam. In den folgenden zwei Wochen besuchten sie sich nicht nur täglich, er schrieb ihr in dieser Zeit auch acht Briefe. »Ich mache Feierabend von meinem Geschäft und sage meiner guten Maus noch einen Gruß ...«[392] war zum Beispiel eine der Botschaften, die das Dienstpersonal sofort und ohne zu zögern die gerade eben zweihundert Meter zu Frau von Steins Haus hinüberbringen musste. Nach vierzehn Tagen konnten seine Charlotte und die kleine Caroline einziehen.

Endlich im eignen Haus

Aus der Absicht, nur die Wintermonate in Weimar zu verbringen, wurde ein Umzug für immer, aber es dauerte noch einmal zwei Jahre, bis sie aus der Windischengasse in ein eigenes Haus ziehen konnten.

Dabei war Schiller von seinem schwäbischen Erbe schon längst überwältigt worden, und er war getreu dem urschwäbischen Lebenszweck »Schaffe, schaffe, Häusle baue ...« schon in Jena zum Hausbesitzer geworden. Wenn er sowieso nie Geld hatte, so sagte er sich, konnte er sich auch gleich für 1200 Taler ein Gartenhäuschen kaufen und für einige hundert Taler umbauen lassen. Wie üblich, half ihm dabei sein Verleger Cotta aus, der diesmal einen ansehnlichen Vorschuss auf den Wallenstein gab.

Zwar hatte Familie Schiller in Jena eine recht bequeme Wohnung in der Schloßgasse 17 im Griesbach'schen Anwesen – es war das gleiche Haus, in dem er einst seine triumphale Antrittsvorlesung gehalten hatte –, aber mit der Zeit war ihm die Stadtluft leid und er brauchte »leichtere Luft und Bewegung«[393], um wieder am Schreibtisch arbeiten zu können. So hatte er zugegriffen, als draußen vor der Stadt am Leutrabach ein geräumiges Gartenhaus zum Verkauf stand.

»Ich begrüße Sie aus meinem Garten, in den ich heute eingezogen bin«, hatte er im Mai 1797 ganz selig an den Großen Meister geschrieben. »Eine schöne Landschaft umgibt mich, die Sonne geht freundlich unter, und die Nachtigallen schlagen. Alles um mich herum erheitert mich, und mein erster Abend auf eigenem Grund und Boden ist von fröhlicher Vorbedeutung ...«[394] (Heute ist dieses »Landhaus«, damals noch einige hundert Schritt von der Stadtmauer entfernt, eine kleine Oase mitten in einer lärmenden Innenstadt.)

Der arme Hausbesitzer sparte an nichts. Zur Verschönerung hatte er im Jahr darauf sogar den guten Cotta gebeten, bei seinem Besuch der Leipziger Messe einen preiswerten »Toilettentisch für meine Frau mit einem Spiegel und Zubehör«[395] zu kaufen – eine Kostbarkeit, die es in der Provinz offenbar nur zu überhöhten Preisen gab. Noch ein Blitzableiter aufs Haus und nebenan im Garten noch ein Extrahäuschen mit einem Bad – was für ein unerhörter Luxus! – so ließ es sich leben ...

Nach dem Umzug nützte das alles nun nichts mehr, auch wenn Schiller das Gartenhaus von Weimar aus noch ab und zu aufsuchte; zuletzt, um dort im Frühjahr des Jahres 1801 die Jungfrau von Orleans in Ruhe zu Ende zu schreiben, weil ihm die Weimarer Wohnung in der Windischengasse zu laut war.

Der Wunsch nach mehr Ruhe war denn auch einer der Gründe, weshalb sich unser Dichter nach einer neuen Bleibe umsah, die er im Februar 1802 tatsächlich sozusagen »im Umsehen« fand, nämlich genau auf der Rückseite seiner Wohnung in der Windischengasse. Von dort ging der Garten bis zur nächsten Straße, der Esplanade, durch, und eben dort hatte sich Jahre vorher ein Kaufmann namens Schmidt ein Gartenhaus gebaut, das der Engländer Joseph

Charles Mellish von Blyth, ein Verehrer des Dichters und der Übersetzer der Maria Stuart, kurz zuvor erworben hatte.

Obwohl von der Lage her nichts weiter als ein Gartenhaus, hatte es einen gutbürgerlichen Zuschnitt: Die Front sechs Fenster breit, mit Beletage, darüber in der Mitte ein Giebelzimmer, gerahmt von Mansarden – alles zusammen im Stil der Zeit, mit einem Hauch von Klassizismus überweht.

Heute liegt das Gartenhaus in einer Reihe mit anderen Häusern, die Esplanade heißt Schillerstraße, das Wohnhaus »Schillerhaus« und ist ein Museum. Jeder, der vom Frauenplan und dem Goethehaus herkommt, spürt dasselbe: »Was, so klein ...«

Dabei war es damals mit 4200 Talern teuer genug, zumal der berühmte Dichter natürlich auch diesmal nicht ausreichend Geld für ein Haus hatte ... das sich ein unbekannter englischer Schriftsteller ohne weiteres leisten konnte.

Mit anderen Worten: Unser armer Schiller musste Vorschüsse erbetteln, Anleihen aufnehmen und das Haus mit Hypotheken belasten. Cotta stellte 1430 Taler bereit, die Weimarer fürstliche Kammer räumte ihm einen Kredit in gleicher Höhe ein. Schwiegermama Lengefeld gab ein Darlehen von 600 Talern, und schließlich kam noch eine Hypothek von 2200 Talern zu 4 Prozent hinzu.

Im Juni 1802 konnte man endlich auch das Jenaer Gartenhaus für 1150 Taler an einen Jenenser Professor verkaufen, sodass die Kaufsumme mit den somit vorhandenen 6810 Talern längst gesichert war; das übrige Geld ging dann freilich schnell für notwendige Umbauten drauf. Und als Schiller drei Jahre später starb, war das Haus noch längst nicht schuldenfrei.

Zum Vergleich: Der Olympier und seine Häuser

Auch hier hatte es der Dichterfürst wieder mal etwas leichter gehabt. Die zwei Häuser, die er in Weimar besaß, hatten ihn keinen Pfennig gekostet. Als er mit 26 Jahren nach Weimar kam, kaufte der

Herzog ein kleines Haus im Grünen, abseits vom Hoftrubel, nahe der Ilm, und schenkte es ihm im April 1776 als Einstand. Es ist das berühmte Gartenhaus, das nicht weit vom Schloss im Park liegt und in dem der Meister mehr als sechs Jahre wohnte, bevor er in den Frauenplan umzog. Hier hatte er Charlotte von Stein empfangen, hierhin hatte er später heimlich seine Christiane bestellt, bevor er sie in den Frauenplan aufnahm.

Das Haus am Frauenplan hatte Herzog Carl August seinem Minister und Freund 1782 als Dienstwohnung zur Verfügung gestellt. Dagegen ist nichts zu sagen, man kann höchstens verwundert fragen, was ein Alleinstehender in dem riesigen Haus mit seinen über 30 Räumen sollte. Dass der Herzog das Haus im Jahr 1794 dem 45-Jährigen schenkte, einfach nur so, die Kosten für die Renovierung inklusive – das kann einen schon empören.

Es traf ja keinen Armen. »Goethe lebt von den Renten seines großen Kapitals«, stellte Herzog Carl August 1788 fest, »welches so sicher zu stehen scheint, daß keine äußeren Zufälle oder Mängel ihm Furcht für Schwächung derselben einflößen können.«[396]

So konnte es sich der Dichterfürst leisten, völlig unnötigerweise in Ober-Roßla, etwa zehn Kilometer hinter Weimar und kurz vor Apolda, im Jahr 1798 ein Gut zu kaufen und als Gutsbesitzer aufzutreten, obwohl ihn seine Mutter gewarnt hatte: »das Gut scheint mir zu groß vor dich – du bist kein Landmann ... 45 000 rth!! [= Reichsthaler] da wurde mir ganz schwindlich vor Augen ...«[397] Fünf Jahre später verkaufte er es wieder.

Was ihn aber nicht hinderte, sich in der Zwischenzeit, im Frühjahr 1799, auch noch in Jena einen Garten samt Häuschen zuzulegen, um da fern von Weimar in Ruhe arbeiten zu können und gelegentlich kleine Feste zu feiern. So bestellte er einmal bei seiner Christiane »6 Flaschen roten Wein, ein paar Fläschchen Bischofsessenz, etwas Cervelatwurst und für den ersten Abend etwas Kaltes zu essen, auch einige Stückchen Wachslicht«.[398] Dann aß der Dichterfürst mit »seinen Kindern« im Garten, wobei

Christiane einfach als Kind mitgezählt wird, denn er besass nur den Sohn August.

Der Meister hatte es ja. Um seine diversen Latifundien aufzusuchen, kaufte er sich 1799 zwei Wallache und eine Kutsche, zwei Kutschgeschirre, zwei Pferdedecken, zwei Trensen und zwei Halfter für die Kleinigkeit von 600 Talern – von solchen Summen versuchte unser armer Schiller ein Jahr lang zu leben.

Schließlich wurde Goethe das Haus am Frauenplan zu klein, und so erwarb er 1815 das Nachbarhaus des verstorbenen Kanzleibeamten Johann Wilhelm Treuter dazu, um sich dort mit seinen Sammlungen und Kunstschätzen ungehindert ausbreiten zu können.

Und Herzog Carl August ließ sich dann auch wieder nicht lumpen. Ehe der Olympier Gefahr lief, sich seine naturwissenschaftlichen Apparate selbst kaufen zu müssen, schenkte sie ihm der Herzog, und der Goethebiograph Chamberlain räsoniert: »Gewiß: Goethe war Goethe; doch ohne Carl August wäre er nicht der Goethe geworden, den wir heute verehren.«[399] Schließlich war der Meister als Sechzigjähriger ja auch ganz von allein zur gleichen Ansicht gekommen: »Dem Herzog von Weimar bin ich von jeher alle Bedingungen eines tätigen und frohen Lebens schuldig geworden« – ein Satz, der unserem Schiller bestimmt nicht eingefallen wäre.

Und doch war der Unvergleichliche nie ganz zufrieden und hielt sich gar noch für selbstlos. »Einen Parvenu wie mich«, schrieb er einmal dem Kanzler Müller, »konnte bloß die entschiedenste Uneigennützigkeit aufrecht halten ..., ich habe meinen schriftstellerischen Erwerb und zwei Drittel meines väterlichen Vermögens hier zugesetzt.«[400] Der Ärmste. Großvater Goethe hinterließ ein Familienvermögen von 90 000 Gulden in Grundstücken und Hypotheken, dazu 17 Ledersäcke mit Bargeld. Da konnte der Meister schon etwas zusetzen, schließlich verdiente er ja auch noch an seinen Büchern. So nahm Goethe zwischen seinem 28. und 31. Lebensjahr neben seinem Gehalt als Geheimrat aus dichterischen Arbeiten jährlich zwischen 1200 und 3000 Gulden ein. Allein von Cotta bekam er im Lauf der Zeit rund 156 000 Taler.

Bei seinem Tod hinterließ Goethe ein Barvermögen von etwa 30 000 Talern, was nach heutiger Kaufkraft mehr als einer halben Million Euro entspricht, dazu zwei Häuser, seine Sammlungen und einigen Hausrat. Dank seiner pedantischen Buchführung wissen wir, dass schon der 29-jährige Junggeselle zum Beispiel 34 Tischtücher, 267 Servietten, 108 Handtücher sowie 194 Hemden mit und 82 Hemden ohne Manschetten besaß, insgesamt also die Kleinigkeit von 276 Hemden, die ja alle mal gekauft sein wollten.

Dafür knauserte er zum Ausgleich dermaßen an Eckermanns Gehalt, dass der Ärmste vierzehn Jahre warten musste, bis er genug verdiente, um seine Braut heiraten zu können. Auch im Palast am Frauenplan hielt der alte Geizkragen das Geld zusammen – solange er es nicht für sich selbst brauchte – und sah auf auf Zucht und Ordnung. Nach dem Tod seines Sohnes August nahm er der Schwiegertochter einfach die Schlüssel zur Speisekammer ab und ließ das Brot für die einzelnen Angestellten abwiegen.[401]

Der geadelte Bürger

Als Hausbesitzer war Schiller nun also anerkannter Bürger des Residenzstädtchens und Musenhofes Weimar, wo das Dreigestirn Goethe, Schiller und Herder leibhaftig und in Laufnähe beisammen wohnten.

Und was tat unser gütiger und beglückter Herzog? Wenn er unserem Dichter zum Einstand schon kein Haus schenkte, dann adelte er ihn wenigstens. Ende April 1802 ins eigene Haus eingezogen, hielt Schiller schon am 16. November das Adelsdiplom in der Hand und war plötzlich als Friedrich von Schiller kein Bürgerlicher mehr.

Damit hatte der dicke Herzog zweierlei erreicht: Er hatte Schiller ohne größere Ausgaben etwas Gutes tun können, und er hatte

Johann Gottfried Herder seine höchste Ungnade spüren lassen. Das heißt, genau genommen war die Reihenfolge umgekehrt und die Dichterehrung nur ein Nebenprodukt: Um seinen Ärger an Herder auszulassen, hatte er Schiller den Adelstitel besorgt.

Herder war nämlich kurz vorher ebenfalls geadelt worden, aber nicht von Weimars, sondern von Bayerns Gnaden. Das war eine große Sünde. Herder hatte sich im Bayerischen ein Gut gekauft, das nur ein Adliger besitzen durfte, hatte daher den bayerischen Kurfürsten um einen Adelsbrief gebeten und ihn erhalten – und das alles ohne Wissen und Zutun des Weimarer Potentaten. Carl August war empört und sann auf Vergeltung: Herders Adel sollte an seinem Hof nicht anerkannt werden.

Nun war es gar nicht so einfach, bei Kaiser Franz I. den Adelsantrag für Schiller zu begründen, eine Aufgabe, die dem Geheimrat Voigt zufiel. Bei ihm bedankte sich Schiller denn auch mit freundlicher Ironie: »Es ist freilich keine kleine Aufgabe«, schrieb er, »aus meinem Lebenslauf etwas herauszubringen, was sich zu einem Verdienst um Kaiser und Reich qualifizierte, und Sie haben es vortrefflich gemacht, sich zuletzt an dem Ast der deutschen Sprache festzuhalten.«[402] Er spielte damit auf die abenteuerliche Begründung an, Schiller habe den Adelstitel auch deswegen verdient, weil sein Vater »im siebenjährigen Krieg unter den Reichstruppen für die Kaiserin-Königin gloriosen Angedenkens gefochten« habe.[403]

Wichtiger als die Begründung war dann am Ende freilich die Vorausbezahlung der »Taxen« in Höhe von 428 Gulden und 30 Kronen, und schon war der ehemalige flüchtige Regimentsmedikus »sammt seinen ehelichen Leibeserben und derselben Erbeserben beiderley Geschlechts ... der Schaar, Gesellschaft und Gemeinschaft anderer adeliger Personen dergestalt zugeeignet, zugefüget und verglichen, als ob sie von ihren vier Ahnen, väterlicher und mütterlicher Seits in solchem Stande hergekommen und gebohren wären.«[404]

Damit hatte Schiller hier mit dem Dichterfürsten gleichgezogen, den der Herzog im Alter von 33 Jahren hatte adeln lassen.[405] Herr von Schiller nahm die Sache allerdings nur so ernst, wie sie es verdiente. An Wilhelm von Humboldt schrieb er zum Beispiel: »Sie werden gelacht haben, da Sie von unserer Standeserhöhung hörten, es war ein Einfall von unserem Herzog, und da es geschehen ist, so kann ichs um der Lolo und der Kinder willen mir auch gefallen lassen. Lolo ist jetzt recht in ihrem Element, da sie mit ihrer Schleppe am Hofe herumschwänzelt ...«[406]

Das durfte seine Lolo bisher nämlich nicht, obwohl sie als geborene von Lengefeld adliger Herkunft war. Ihre Schwester hingegen, die frühere Nebenbraut Caroline, die durfte, denn sie hatte den adligen Wilhelm von Wolzogen geheiratet. Da nun beide in Weimar lebten, war es zu der kuriosen Situation gekommen, dass die eine Schwester bei Hofe verkehren durfte, die andere nicht.

Die Sitten waren sogar noch strenger: Wäre Lolo nicht schon von Geburt adlig gewesen, so hätte ihr der verliehene Adel ihres Fritz nichts genutzt. Sie hätte auch dann immer noch keinen Zugang zum Hofe gehabt. Es stimmte schon: »... in einer kleinen Stadt ... wie Weimar ist es immer ein Vorteil, daß man von nichts ausgeschlossen ist, denn das fühlt sich hier doch zuweilen unangenehm, wenn man in einer größeren Stadt davon gar nichts gewahr wird ...«[407]

Eine gute Gelegenheit, sich wieder einmal klarzumachen, in was für einer Zeit Schiller gelebt und sein bürgerliches Trauerspiel Kabale und Liebe geschrieben hat, welche Privilegien und verkrusteten Sitten damals die Hofetikette bestimmten, was die Stände damals noch bedeuteten. Alles Dinge, die längst von den bösen Demokraten bekämpft wurden, deren Abschaffung aber noch viele Jahrzehnte brauchen würde und wovon sich bis heute noch genügend Relikte an den europäischen Königshöfen erhalten haben und von Royalisten und der Regenbogenpresse gar noch bewundert werden.

Die Welt in der Mansarde

Im Leben der Familie Schiller änderte sich durch den Adelsbrief nichts, außer dass er sich den Degen umschnallen und den Zopf aufsetzen musste, wenn er zu Hofe ging. Inzwischen hatte man sich im neuen Haus wohnlich eingerichtet: Das Erdgeschoss war den Wirtschaftsräumen und der Dienerschaft vorbehalten, in der Beletage fand das Familienleben statt, und oben unterm Dach lag, genau wie bei Spitzwegs armem Poeten, das Reich des Dichters.

Der Arbeitsraum ist ein einfaches Mansardenzimmer, genau wie im Jenaer Gartenhaus, und es hat auch heute seinen Reiz, auf den knarrenden Dielen hineinzugehen und einfach dazustehen. Da ist, links vom Fenster, der Schreibtisch mit dem Globus, der Schnupftabakdose und der Uhr unterm Glassturz, die seine Todesstunde anzeigt. Da sind dahinter an der Wand die beiden Degen, da sind Bilder, Stühle, ein Bett und ein Nachttisch, fast alles Gegenstände und Möbel, die Schiller noch selbst benutzt hat.

Hier also hat er gelebt, in dieser Dichterklause hat er geschrieben, hier ist er gestorben. Es waren nur drei kurze Jahre, und von all seinen Dramen hat er nur zwei hier geschrieben, die Braut von Messina und den Tell. Vom Demetrius, den er gerade angefangen hatte, haben wir nur den ersten Akt.

Das stille Mansardenzimmer und den Schreibtisch noch vor Augen – das ist, so finde ich, eine gute Gelegenheit, zurückzuschauen und die Dramen der letzten Jahre Revue passieren zu lassen.

Es waren Jahre geradezu manischer Besessenheit. Im August 1799 – der Wallenstein war beendet, Maria Stuart in Arbeit – hatte er an Körner geschrieben, er werde sich »für die nächsten sechs Jahre ganz ausschließlich an das Dramatische halten.«[408] Es waren

Worte von unheimlicher Prophetie, die er so natürlich nicht gemeint haben konnte. Nach sechs Jahren war er tot.

Der Paukenschlag mit dem Wallenstein

Angefangen hatte diese Dramenwut mit einem Stoff, auf den er bei seinen Studien zum Dreißigjährigen Krieg gestoßen war und den er seit 1791 jahrelang vor sich hergeschoben hatte: Wallenstein. Es war ein Stoff, der ihn reizte, der sich ihm aber einfach verweigerte. Halb verzweifelt schrieb er Ende 1796 an Körner: »Ich brüte noch immer ernstlich über dem *Wallenstein,* aber noch immer liegt das unglückselige Werk formlos und endlos vor mir da. ... Der Stoff ist, ich darf wohl sagen, im höchsten Grade ungeschmeidig für einen solchen Zweck ...«

Und dann zählt er auf, was davon so unmöglich war: »Es ist im Grund eine Staatsaktion und hat, in Rücksicht auf den poetischen Gebrauch, alle Unarten an sich, die eine politische Handlung nur haben kann, ein unsichtbares, abstraktes Objekt, *kleine* und *viele* Mittel, zerstreute Handlungen, einen furchtsamen Schritt, eine (für den Vorteil des Poeten) viel zu kalte und trockene Zweckmäßigkeit, ohne doch diese bis zur Vollendung und dadurch zu einer poetischen Größe zu treiben; denn am Ende mißlingt der Entwurf doch nur durch Ungeschicklichkeit.«

Damit noch lange nicht genug: »Die Base, worauf Wallenstein seine Unternehmung gründet, ist die Armee, mithin für mich eine unendliche Fläche, die ich nicht vors Auge und nur durch unsägliche Kunst vor die Phantasie bringen kann: ich kann also das Objekt, worauf er ruht, nicht zeigen, und ebenso wenig das, wodurch er fällt; das ist ebenfalls die Stimmung der Armee, der Hof, der Kaiser.«

Selbst seine Hauptfigur, jener kaiserliche General Albrecht von Wallenstein, Herzog von Friedland, der nach Differenzen mit der kaiserlich-spanischen Partei am habsburgischen Hof geheime Verhandlungen mit Franzosen, Sachsen und Schweden geführt hatte und 1634 in Eger ermordet wurde, dieser ehrgeizige, machthungrige, im Charakter schwankende Feldherr, der nicht für das Wohl des Reiches kämpfte, sondern um selbst herrschen zu können – sogar diese Hauptfigur sträubte sich widerborstig gegen eine Darstellung als Bühnenheld.

»... die Leidenschaft selbst, wodurch er bewegt wird, Rachsucht und Ehrbegierde, sind von der kältesten Gattung. Sein Charakter endlich ist niemals edel und darf es nie sein, und durchaus kann er nur furchtbar, nie eigentlich groß erscheinen. ... Mit einem Wort, es ist mir fast alles abgeschnitten, wodurch ich diesem Stoff nach meiner gewohnten Art beikommen könnte, von dem Inhalte habe ich fast nichts zu erwarten, alles muß durch eine glückliche Form bewerkstelligt werden, und nur durch eine kunstreiche Führung der Handlung kann ich ihn zu einer schönen Tragödie machen.«[409]

Dieser Kampf mit der Form, der in rund hundert Briefen an den Olympier dokumentiert ist, hat denn auch über drei Jahre gedauert – und Schiller hat ihn, wie man weiß, offensichtlich gewonnen, auch wenn dadurch das Monstrum einer dreiteiligen Tragödie entstand. Aber genau darin bestand der Trick: Da die Rolle der Armee und Wallensteins Stellung in ihr im Ablauf der dramatischen Handlung nicht darstellbar waren, machte er sie kurz entschlossen selbst zum Stück. In »Wallensteins Lager« ist die Masse der eigentliche Held; Wallenstein, der Titelheld tritt – und das ist die Raffinesse – gar nicht auf, obwohl er unentwegt präsent ist, es wird immer wieder über ihn geredet. Aus dem Mosaik dieser Aussagen entsteht so allmählich ein Bild des Helden, den der Zuschauer aber erst an den folgenden Theaterabenden leibhaftig zu sehen bekommt.

So lief dann auch die Uraufführung der Trilogie in Weimar ab. Als »Das Lager« zum ersten Mal am 12. Oktober 1798 im Weimarer Hoftheater gegeben wurde, fühlte man sich gut unterhalten, man staunte, manche waren sogar ergriffen.

Als ein Vierteljahr später »Die Piccolomini« uraufgeführt wurden, war die Neugier so groß, dass das Haus ausverkauft war. Beim

Kampf um die Plätze verfeindeten sich sogar Professorenfamilien untereinander.

Als wieder ein Vierteljahr später »Wallensteins Tod« (damals noch unter dem einfachen Titel »Wallenstein«) gegeben wurde, waren »auch die Unempfindlichsten fortgerissen«[410], und Lolo beschrieb ihrer Schwägerin Christophine die Ergriffenheit, die im Theater geherrscht habe: »Es schluchzte alles im Theater; selbst die Schauspieler mußten weinen, und bei den Proben, ehe sie sich mehr daran gewöhnten, konnten sie vor Weinen kaum fortsprechen. ... Mich selbst hat die Vorstellung so gerührt, daß ich mich nicht zu fassen wußte; ob ich gleich Alles kannte und Schiller mir es mehr wie einmal gelesen hatte, so war der Effekt derselbe, als ob ich es zuerst dargestellt sähe.«[411]

Auch die Buchausgabe der Trilogie war ein Riesenerfolg. Die Auflage von 4000 Exemplaren war binnen zwei Monaten vergriffen – für damalige Zeiten ein Bestseller.

Ein Teil der Wirkung kam zweifellos auch daher, dass sich Schiller am Ende entschlossen hatte, die fertige, in Prosa geschriebene Trilogie in Verse umzugießen – weil es ein Unding sei, ein Gedicht in Prosa zu schreiben, denn nur die gebundene Rede gebe dem Ganzen erst die nötige Überhöhung und Form.

Man kann das an einem Beispiel deutlich machen. Im Original stehen zu Beginn der Piccolomini zwei sprachlich wenig überzeugende Sätze, die man sich in ihrer Verschwommenheit nie merken würde:

»Gut, daß Ihrs seid, daß wir Euch heben! Wußt ichs doch, Graf Isolan bleibt nicht aus, wenn sein Chef auf ihn gerechnet hat.«

Als leichtfüßige Jamben sind diese Sätze in den Zitatenschatz eingegangen:

> »Spät kommt Ihr – Doch Ihr kommt! Der weite Weg,
> Graf Isolan, entschuldigt Euer Säumen.«

»Die königliche Heuchlerin«: Maria Stuart

Kaum mit dem Wallenstein fertig, stürzte sich Schiller auf das nächste Stück, und wieder war es ein historischer Stoff, an dem sich schon andere versucht hatten. Diesmal ging es nicht um zwei verfeindete Brüder wie bei den Räubern, sondern um verfeindete Cousinen und Königinnen, um Elisabeth und Maria aus dem Hause der Tudor, die »königliche Heuchlerin«[412], wie Schiller sie einmal nannte. Der Tatbestand ist simpel: Die historische Maria Stuart war in einem zweifelhaften Prozess verschiedener Mordversuche an Königin Elisabeth angeklagt, zum Tode verurteilt und 1587 hingerichtet worden.

Das neue Thema gab sich längst nicht so widerborstig wie der Wallenstein. »Ein paar tragische Hauptmotive haben sich mir gleich dargeboten und mir großen Glauben an diesen Stoff gegeben, der unstreitig sehr viele dankbare Seiten hat«[413], meldete Schiller im April 1799 an den Olympier, und der freute sich postwendend etwas skeptisch, »über das Zutrauen das Sie zu Maria Stuart haben.«[414]

Am 4. Juni begann er »dieses Opus mit Lust und Freude«, und schon begeisterte er sich für die »tragische Qualität« des Dramas, die allerdings nicht von der Hauptfigur direkt ausgeht: »Meine Maria wird keine weiche Stimmung erregen«, kündigte er an, »... das Pathetische muß mehr eine allgemeine tiefe Rührung als ein persönliches und individuelles Mitgefühl sein. Sie empfindet und erregt keine Zärtlichkeit, ihr Schicksal ist nur heftige Passion zu erfahren und zu entzünden. Bloß die Amme fühlt Zärtlichkeit für sie.«[415]

Um die Tragik schon vom ersten Moment an deutlich zu machen, führt das Stück nicht auf die Katastrophe zu, sondern fängt mit ihr an: Die Hinrichtung Marias steht schon im ersten Akt und damit von Anfang an fest. Die Vorgeschichte wird dann in der Handlungszeit von drei Tagen aufgerollt. Im Zentrum des Stücks steht dabei das (historisch nicht belegte) Treffen der beiden Königinnen, bei dem sich Maria als die Überlegenere zeigt:

> »Regierte Recht, so läget *Ihr* vor mir
> Im Staube jetzt, denn *ich* bin Euer König.
> *(Elisabeth geht schnell ab, die Lords folgen ihr in der höchsten Bestürzung)*«[416]

Maria stirbt, aber Elisabeth erscheint als die Gerichtete. Das Drama, ein Stück von großer pathetischer Wucht, wird daher gewöhnlich als Läuterungsdrama interpretiert, auch wenn neuere Autoren darin lieber einen Hinweis auf die Französische Revolution erkennen wollen.[417] (Ich bin unter diesen Umständen nicht so leichtsinnig, mich auf das gefährliche Gebiet der Interpretation zu begeben, wo man vom nächstbesten Rezensenten nur erfahren kann, dass man seinen Schiller vollkommen missverstanden hat. Ich gebe vielmehr den altmodischen Rat, die Stücke einmal selbst zu lesen und sich ein eigenes Urteil zu bilden.)

Nach seiner Devise, »eine mittlere Gattung von Stoffen herzustellen, welche die Vorteile des historischen Dramas mit dem erdichteten vereinigt«, ist Schiller übrigens mit den geschichtlichen Tatsachen freizügig umgegangen, hat zum Beispiel die beiden Königinnen um Jahrzehnte verjüngt, weil sich das auf der Bühne besser macht und vor allem, weil dann die Auswahl unter den passenden Schauspielerinnen größer war, oder er hat Personen und Situationen dazu erfunden.

Eine seiner Erfindungen brachte ihn denn auch prompt in Schwierigkeiten. Er hatte die Maria Stuart am 8. Juni des Jahres 1800 in der Ruhe des Jagdschlösschens von Ettersburg beendet, einem wenig eindrücklichen und harmlosen kleinen Schloss einige Kilometer nordwestlich von Weimar, das dem Hof gehörte.[418] Kaum zurück in der Residenz, funktionierte schon die Zensur, obwohl keiner der Beteiligten es so genannt hätte. Wundersamerweise kannten Serenissimus nämlich bereits den Inhalt des gerade eben beendeten Stückes, das die Schauspieler nun in aller Eile auswendig lernen mussten, denn die Premiere fand sechs Tage nach der Fertigstellung des Textes, also am 14. Juni, statt.

Jedenfalls zeigten sich Serenissimus bestürzt, bestellten den Geheimrat Goethe zu sich und verlangten, dass eine Szene gestrichen würde, die als reine Effekthascherei die Gläubigen verprellen könnte. Die Effekthascherei bestand darin, dass Schiller im siebten Auftritt des letzten Aktes eine Szene eingebaut hatte, in welcher der heimliche Priester Melvil der Maria die Kommunion reicht.

Es blieb dem Geheimrat Goethe nichts weiter übrig, als an Schiller zu schreiben: »Der kühne Gedanke, eine Kommunion aufs Theater zu bringen, ist schon ruchbar geworden, und ich werde veranlaßt, Sie zu ersuchen, die Funktion zu umgehen. Ich darf jetzt bekennen, daß es mir selbst dabei nicht wohl zumute war, nun, da man schon zum voraus dagegen protestiert, ist es in doppelter Betrachtung nicht rätlich ...«[419]

Das Abendmahl auf offener Bühne unterblieb und wurde durch eine Beichte ersetzt. Da hatte Schiller also etwas dazu gelernt, der Herzog aber auch: Beim nächsten Stück, der Jungfrau von Orleans, forderten Serenissimus rechtzeitig und ohne Heimlichtuerei den Text vor der Premiere zur allerhöchsten Überprüfung an.

Die Weimarer Premiere der Maria Stuart war ein großer Erfolg und der Dichterfürst gab ihr die Weihe, indem er feststellte: »Man hatte alle Ursache, mit der Aufführung sehr zufrieden zu sein, so wie das Stück mich außerordentlich erfreut hat.«[420] Aus Jena waren die Studenten trotz glühender Hitze wagenweise angereist und selbst einfache Bauern wurden unter dem Publikum gesichtet.

Als Anfang Juli die Maria Stuart dann auch im Lauchstädter Sommertheater, nicht weit von Merseburg und Halle an der Saale, gespielt wurde, war der Andrang so groß, dass sich der Kassierer den Weg zum Theater sparen konnte: Man holte am Nachmittag ie Billets gleich in seiner Wohnung ab und verteilte sie zu rpreisen. Trotzdem fanden mehr als zweihundert Menschen Platz. Der Regisseur gar meinte, das Stück habe so gefallen, »daß ich mich einer solchen Sensation nicht erinnern kann. Das einstimmige Urteil von allen Zuhörern war: es ist das schönste Schauspiel, welches Deutschlands Bühne je dargestellt hat ...«[421]

Fast ein Jahr nach der Premiere erst erschien dann die Buchausgabe der Maria Stuart, die in kurzer Zeit drei Auflagen erlebte und deren Übersetzungen zur Verbreitung des Stückes im Ausland beitrug. In einer französischen Bearbeitung wurde Maria Stuart gleich fünfzig Mal am Théâtre français aufgeführt, und Madame de Staël, die Vorkämpferin deutschen Geistes und der romantischen Schule in Frankreich, nannte das Stück das rührendste unter allen deutschen Trauerspielen. Nur in England war die Maria Stuart kein Erfolg, weil die große Elisabeth nicht allzu gut wegkam.

Visionen der Freiheit: Die Jungfrau von Orleans

Um die Freiheit und die Befreiung eines Volkes geht es im nächsten Drama, das in knapp zehn Monaten entstand und im Jahr 1801 uraufgeführt wurde: die Jungfrau von Orleans. Es ist die rührende Geschichte eines naiven lothringischen Bauernmädchens, das im so genannten Hundertjährigen Krieg zwischen Frankreich und England mit seinen Visionen und überirdischen Stimmen die französischen Truppen 1429 bis 1430 von Sieg zu Sieg führte, um dann in die Hände der Engländer zu fallen und im Alter von 19 Jahren als Hexe verbrannt zu werden.

Dass bei Schiller noch mehr daraus wurde, versteht sich von selbst, denn das Stück bezieht seine Tragik aus dem Konflikt der natürlichen Menschlichkeit Johannas und dem von ihr angenommenen Gebot, eben nicht menschlich zu sein – das heißt, dass sie keinen Feind schonte und jeder irdischen Liebe entsagte.

Kurioserweise war es gerade diese keusche Jungfernschaft der Johanna, die zunächst eine Aufführung in Weimar verhinderte. In Biographien ist da oft von »kleinlichen Bedenken« des Herzogs die Rede, ohne dass erklärt wird, worin sie denn begründet waren.

Das Geheimnis lässt sich leicht lüften. Serenissimus hatten geruht, das Manuskript der Jungfrau anzufordern, hatten es durchgelesen (um nicht zu sagen: zensiert) und durchblicken lassen, das Stück könne nicht gespielt werden. Der angebliche Grund: Voltaire habe das feierliche Thema längst ruiniert, indem er jene Jungfrau in seinem satirisch-frivolen Epos »La pucelle d'Orléans« ganz anders dargestellt habe. Bei Voltaire steigt der heilige Saint-Denis vom Himmel, um im Kampf gegen England eine Jungfrau zu suchen, deren Tugend den Krieg beenden könne. Er findet sie in der Person einer vulgären Herbergsmagd und hat nun alle Hände voll zu tun, ihre ständig bedrohte Tugendhaftigkeit zu schützen, was ihm je länger, desto weniger gelingt – eine Geschichte, die seit Jahrzehnten (zum Teil als Raubdruck) kursierte und unserem Carl August nicht unbekannt war.

Doch diese Begründung war nur vorgeschoben. Denn nachdem das Stück auf größeren und kleineren Bühnen längst heimisch war, gaben Serenissimus unter der Bedingung nach, »daß jede andere als die Jagemann die Johanna spiele«[422]. Caroline Jagemann, im reizvollen Alter zwischen 20 und 25, war Schauspielerin und Sängerin in Weimar, und dass sie die Jungfrau nicht spielen sollte, lag nicht etwa daran, dass sie eine schlechte Aktrice war, im Gegenteil. Was sie für die Rolle der Jungfrau ungeeignet erscheinen ließ, war die allgemein bekannte Tatsache, dass Demoiselle Jagemann die Geliebte (und später als Frau von Heygendorf die offizielle Mätresse) des Herzogs war. Die Jagemann als Jungfrau, nein, das ging zu weit, da hätte man sich wieder mal das Maul zerfetzt.

So kam es, dass wegen einer Mätresse die Uraufführung der Jungfrau von Orleans im September 1801 in Leipzig stattfand. Auch sie wurde zu einem Triumph für Schiller.

Am 17. September auf der Heimreise von Dresden nach Weimar besuchte er mit seiner Lolo die dritte Aufführung. Schon bei seinem Erscheinen im überfüllten »Theater am Ranstädter Tor« wurde er mit Pauken und Trompeten, mit Beifall und Vivat-Rufen empfangen. Als nach dem ersten Akt der Vorhang fiel, tobte das Theater erst recht, alles schrie: »Es lebe Friedrich Schiller!«, die Pauken und Trompeten fielen ein. »Der bescheidene Dichter dankte aus seiner Loge mit einer Verbeugung«, erinnerte sich ein Augenzeuge,[423] »aber nicht allen war es gelungen, den Allbewunderten zu sehen. Du kannst daher denken, wie nach Beendigung des Stücks alles aus dem Hause strömte, um ihn zu erblicken. Der weite Platz von dem Schauspielhaus an bis hinab zum Ranstädter Tor stand dicht gedrängt voll Menschen. Jetzt trat er heraus, und im Nu war eine Gasse gebildet. Stimmen geboten, das Haupt zu entblößen, und so ging denn der Dichter durch die Menge seiner Bewunderer, die alle mit entblößtem Haupte da standen, hindurch, während hinten Väter ihre Kinder in die Höhe hoben und riefen: ›Dieser da ist es!‹

Mag doch ein anderer hiervon halten, was er wolle, mir hat es Freudentränen entlockt ...«

Es sei unserm armen Schiller gegönnt, obwohl die Aufführung selbst schwach war. Vor allem seine Jamben wurden so »gräßlich malträtiert«, dass ihm schon der Gedanke kam, das Stück für auswärtige Bühnen in Prosa umzuschreiben, die ohnehin bei den Schauspielern beliebter war. Da fiel es nicht auf, wenn sie den Text nicht konnten und frei extemporierten. Bei Jamben war das schon vom Rhythmus her schwieriger, ein Grund, warum ein Theatermacher beim Tode Schillers aufgejauchzt haben soll: »Gott sei Dank, daß iss gestorben verfluchtes Jambenmacher!«[424]

Auf anderen Bühnen ging es noch ganz anders zu. In Dresden zum Beispiel hatte man schon vor dem Wort Jungfrau Angst und fürchtete blasphemische Verwechslungen mit der himmlischen Jungfrau Maria, sodass man das Stück gleich lieber »Johanna Darc«

nannte. Das ging im Stück weiter: Johanna war nicht mehr von der »Mutter Gottes«, sondern vom »Genius Frankreichs« begeistert; statt »Gott und die Jungfrau!« rief man »Tod den Feinden, Sieg den Franken!« Für Gott wurde Himmel, für Teufel böser Geist gesagt. Solche Rücksichten verlangten offenbar die christliche Empfindsamkeit, die Anwesenheit des französischen Botschafters und einer jugendlichen Prinzessin, der man nicht solche frivolen Dinge zumuten konnte wie »deiner Agnes Liebe«: Stattdessen war die Rede von »deines Volkes Liebe.«

Mit noch anderen Schwierigkeiten hatten die Provinzbühnen zu kämpfen. Als man in Weimar endlich mit zweijähriger Verspätung die Jungfrau aufführen konnte, weil zufällig eine Demoiselle Malcolmi auftauchte und für die so offenkundig wenig jungfräuliche Jagemann einspringen konnte, erwies sich das Ensemble als zu klein, sodass manche Schauspieler zwei oder drei Rollen übernehmen mussten. Auch der Fundus war dem Stück nicht gewachsen. Helme und Rüstungen aus silbern angemalter Pappe mussten den Prunk des Krönungszuges darstellen, als Krönungsmantel hätte fast eine blauseidene Gardine herhalten müssen, wenn man sich nicht doch noch in letzter Minute entschlossen hätte, einen roten Mantel aus unechtem Samt anzuschaffen, der lange Zeit das kostbarste Stück der Hoftheatergarderobe blieb.

Das antike Muster: Die Braut von Messina

Die Braut von Messina hatte wieder andere Tücken. Sie kam als antikes Drama daher, mit ernsten, Verse ratternden Chören, sie hatte nichts mit der aufrüttelnden Idee der Freiheit zu tun wie die Jungfrau von Orleans, sondern mit unausweichlicher Notwendigkeit, mit der tragischen Kette von Ursache und Wirkung, mit Schuld und Schicksal – kurz, mit einem Stoff, der die Zuschauer bestenfalls ergriff, aber nicht begeisterte.

Es war der bewusste Versuch, an das antike Theater anzuknüpfen und es zu aktualisieren. Zusammen mit dem Großen Meister hatte sich Schiller ja in der Horen-Periode lange genug intensiv mit dem klassischen Theater beschäftigt und Autoren wie Sophokles gelesen und bewundert. So erinnern in der »Braut« die Handlung und bestimmte Konstellationen von Personen zum Teil bis ins Detail an die Phönizier des Euripides, das ausgesetzte Kind in der »Braut«, die Beatrice, stammt aus dem Ödipus des Sophokles, anderes von Aischylos. Und so konstruiert ist denn auch die Geschichte: Es geht um zwei sizilianische Brüder, die um eine Frau streiten, ohne zu ahnen, dass sie ihre Schwester ist. Das Ganze endet, wie bei griechischen Dramen üblich, gleich mit dem Untergang des ganzen Geschlechts: Als Don Cesar seinen Bruder Manuel in den Armen der Beatrice überrascht, tötet er ihn und bringt sich selbst um, denn, so die letzten, zur Spruchweisheit gewordenen Zeilen:

»Das Leben ist der Güter höchstes nicht,
Der Übel größtes aber ist die Schuld.«

Das Stück hört damit ebenso mit einer zum Zitat gewordenen Sentenz auf, wie es mit einer solchen beginnt: Wenn der Vorhang aufgeht, sagt Donna Isabella, die Mutter der feindlichen Brüder, mit großer Feierlichkeit einen Satz, den wir heute gern als Entschuldigung benutzen: »Der Not gehorchend, nicht dem eignen Triebe ...«

Als die Braut von Messina am 19. März 1803 in Weimar Premiere hatte, war die Aufführung ein solcher Erfolg, dass der Olympier noch tagelang unter einem Rüffel des Herzogs zu leiden hatte. Schuld daran war die Begeisterung junger Zuschauer. Schon nachmittags um vier Uhr war das Theater rappelvoll gewesen, denn auf 32 Wagen waren Jenaer Studenten angereist gekommen. Als sie nach der Aufführung in ein gewaltiges Hoch auf den Dichter ausbrachen, kam es zum Eklat. Ein Hoch auf seine Durchlaucht, ja, aber das hier war unerhört, das war ja schon Aufruhr und widersprach jeglicher Hofsitte und Etikette. Durchlaucht waren denn auch höchst indigniert. Den Ärmsten, der als Erster ein Hoch ausgebracht hatte, ausgerechnet der Sohn eines Hofrates, ließ der Herzog wegen dieses Frevels über den Jenaer Kommandanten sogar polizeilich verwarnen. So streng waren damals die Sitten. Auch der Bühnenleiter selbst, niemand anderes als Goethe, hatte der »verwünschten Akklamation« wegen »ein paar böse Tage«.[425]

Unser Schiller aber genoss, wie schon bei der »Jungfrau« in Leipzig, nun auch bei der Braut die öffentliche Anerkennung. Ort des Geschehens war, wir kennen ihn schon, der kleine, heute noch rührend anzusehende Badeort Lauchstädt, wo der Große Meister inzwischen anstelle des baufälligen Theaterchens einen neuen Musentempel hatte errichten lassen – ein kleines Hoftheater, in dem bis heute auf der unverändert erhaltenen Bühne gespielt wird.

Dort wurde im Juli 1803 von der Weimarer Schauspieltruppe die Braut von Messina gegeben. Schiller war hingereist. »Seine Ankunft daselbst«, so der Weimarer Schauspieler und Regisseur Anton Genast, »erweckte ein großes Interesse bei den versammelten Badegästen, denn alt und jung schwärmte noch weit mehr für ihn als für Goethe. Aber *wie anders bewegte sich Schiller in der Gesellschaft Goethe gegenüber!* Die bunte Menge beängstigte ihn förmlich, und Ehrenbezeigungen, die Goethe als etwas Selbstverständliches aufnahm, wurden ihm unheimlich und machten ihn schüchtern; darum suchte er zunächst die einsamen Wege auf, um den ewigen Begrüßungen zu entgehen; aber wenn es hieß: ›Schiller ist dahin ausgegangen‹, wählte man gewiß den Weg, wo man ihm begegnen mußte.

Er ging gewöhnlich gebeugten Hauptes durch die Massen, jedem, der ihn grüßte, freundlich dankend. Wie ganz anders war Goethe unter diesem Publikum, was alljährlich fast dasselbe war, einhergeschritten, stolz wie ein König, mit hocherhobenem Haupt, dasselbe bei einem Gruß nur gnädig neigend.«[426]

Schiller machte es daher auch nichts aus, mittags brav mit 120 anderen Leuten im Kursaal zu essen. Abends freilich, das war eben der Unterschied, ging er zusammen mit Heinrich Eugen, dem Prinzen von Württemberg, ins Theater, dem Neffen eben jenes Carl Eugen, unter dem er in seiner Jugend so gelitten hatte. Was für ein Wandel ...

Diese Aufführung der »Braut« am 3. Juli 1803 bekam ihren eigenen Reiz, als während des Stückes ein Gewitter ausbrach und auf so unheimliche Weise das schicksalhafte Geschehen auf der Bühne unterstützte, dass manche Zuschauer verängstigt aus dem Theater stürzten. Gerade als der Chor im letzten Akt die Verse deklamierte:

»Wenn die Wolken getürmt den Himmel schwärzen,
Wenn dumpftosend der Donner hallt,
Da, da fühlen sich alle Herzen
In des furchtbaren Schicksals Gewalt.
Aber auch aus entwölkter Höhe
Kann der zündende Donner schlagen,
Darum in deinen fröhlichen Tagen
Fürchte des Unglücks tückische Nähe ...«,

fiel der wirkliche Donner mit einem so fürchterlichen Knallen ein, dass der Schauspieler, der den Cajetan spielte, unwillkürlich mit einer Geste nach oben wies, »die das ganze Publikum ergriff ...«[427]

Damit war für den Dichter der Tag aber noch nicht zu Ende. »Man hat mir gestern nach dem Ball noch in später Nacht eine Musik gebracht, wobei viele Studenten aus Halle und Leipzig waren, so daß ich noch nicht so recht habe ausschlafen können; auch des Morgens haben sie mich mit Musik begrüßt«[428], meldete er am nächsten Tag seiner Lolo.

Die eigentliche, die vergnügliche Geschichte hat Schiller weggelassen. Ich will sie hier zitieren, weil sie deutlich macht, wie Schiller im Gegensatz zum Dichterfürsten seinen Ruhm ohne alle Überheblichkeit genoss.

Ein Student erinnert sich: »Zu uns Hallensern hatten sich auch Leipziger und Jenenser Studenten gesellt, und als der unvermeidliche Ball überstanden war, zogen wir zusamt vor die Fenster Schillers und brachten ihm ein Halloh mit Gesang und Musik. So viel wir konnten, rückten wir ihm auch auf die Stube, wo sich der von uns tüchtig angelärmte große Dichter so burschikos liebenswürdig benahm, daß einer der Unsrigen ihn keck einlud zu einem Mahle, das der reiche Vater eines Kommilitonen in seinem Gartensaale uns anrichtete. Schiller lehnte zwar die Einladung ab, zögerte indes doch einen Augenblick, so daß, nachdem wir abgezogen waren, ich der Meinung war, eine Deputation an ihn würde nachträglich unsern Wunsch durchsetzen. Im Nu bildetete sich die Deputation, die mich zum Sprecher wählte.

Wir fanden den Dichter, wie er eben ins Bett steigen wollte, und was ich ihm nun mit klopfendem Herzen in ängstlicher Verlegenheit gesagt haben mag, müßt ein andrer wissen, sonst ists für ewige Zeiten vergessen ... Denn meine Rede hat gewiß nicht so viel geholfen als der tolle Einfall der anderen Kerle, von denen jeder ein Kleidungsstück Schillers ergriff, der Nächststehende auch mir eins über meine in rhetorischer Gebärde ausgestreckten Hände warf, so daß wir alle den Eingeladenen umgaben wie Kammerdiener, bereit ihn anzuziehen. Das Gelächter Schillers machte uns dreister, und fast willenlos fuhr er in die Kleider.

Mehr gezogen und getragen als gehend brachten wir ihn richtig in den Saal, wo uns überschwengliches Jauchzen empfing. Fast eine Stunde blieb Schiller bei uns, wahrhaftig ein Bursche unter Burschen. ... Die Vivats, versteht sich, rissen während der Anwesenheit des Dichters gar nicht ab, und er mußte es sich gefallen lassen, sein herrliches Lied *Freude schöner Götterfunke* nicht in vollendeter Harmonie zu hören.

... Wir blieben, als auf seinen Wunsch Schiller nur von wenigen und ohne Getöse zurück nach seiner Wohnung begleitet worden war, in Saus und Braus bis zum hellen Morgen, wo wir es uns dann nicht nehmen ließen, unsern Abgott nochmals mit Gesang und Musik zu stören ...«[429]

Insgesamt aber war Die Braut von Messina kein Erfolg, und Körner hatte den Dichter mit Recht vorgewarnt, nicht auf allzu großen Beifall zu hoffen, denn – so nun auch die Einsicht Schillers – »ist das Stück ja kein Stück fürs Volk, also auch für die Kasse kein Gewinn«[430]. Zu ungewohnt war die Form (nicht ohne Grund hatte Schiller der Buchfassung des Stücks schnell noch ein paar Seiten »Über den Gebrauch des Chors in der Tragödie« vorangesetzt), zu wenig schillerisch die Thematik.

Das Volksstück: der Wilhelm Tell

Schiller ging in sich, der Große Meister schenkte ihm den Stoff, und so schrieb er nach gründlicher Vorbereitung in wenigen Wochen, so schnell wie noch nie, sein populärstes Stück, den Wilhelm Tell, das Drama über den biederen Helden im Befreiungskampf der Schweizer Urkantone gegen Österreichs Landvögte, damals, weit, weit zurück in den Jahren um 1300.

Am 18. Februar 1804 notierte Schiller in seinen Kalender: »Den Tell geendigt«, und der Kollege Goethe fand ihn »fürtrefflich geraten«. Vom Dichterfürsten haben wir auch eine anschauliche Schilderung, wie das Stück entstand:

»Schiller behauptete, der Mensch müsse können, was er wolle, und nach dieser Manier verfuhr er. Ich will Ihnen ein Beispiel geben: Schiller stellte sich die Aufgabe, den *Tell* zu schreiben. Er fing damit an, alle Wände seines Zimmers mit soviel Spezialkarten der Schweiz zu bekleben, als er auftreiben konnte. Nun las er Schweizer Reisebeschreibungen, bis er mit Weg und Steg des Schauplatzes ... auf das Genaueste bekannt war. Dabei studierte er die Geschichte der Schweiz; und nachdem er alles Material zusammengebracht hatte, setzte er sich über die Arbeit und buchstäblich genommen stand er nicht eher vom Platz auf, bis der *Tell* fertig war. Überfiel ihn die

Müdigkeit, so legte er den Kopf auf den Arm und schlief. Sobald er wieder erwachte, ließ er sich nicht, wie ihm fälschlich nachgesagt worden, Champagner, sondern starken schwarzen Kaffee bringen, um sich munter zu halten. So wurde der Tell in sechs Wochen fertig; er ist aber auch wie aus *einem* Guß!«[431] Selbst seine schärfsten Gegner, die Brüder Schlegel, die beim Lesen der »Glocke« noch vor Lachen von den Stühlen gefallen waren, waren des Lobes voll.

Es zeigte sich, dass das Schauspiel als wahres Volksstück tatsächlich zu jeder Art nationaler oder pädagogischer Verwendung gut war, »sei es als vaterländisches Festspiel, sei es als Sonnabendnachmittag-Volks- und Schüleraufführung mit verbilligten Preisen, sei es schließlich als Lektüre in den unteren Schulklassen, die in den Vorhof der Klassik eingeführt werden und hier die Tür finden sollen, die sich am leichtesten öffnet«[432].

Der Tell, sein letztes Drama – übrigens das Einzige, das nicht tragisch ausgeht –, das Schauspiel mit dem berühmten Apfelschuss, brachte Schiller den größten Erfolg seines Lebens. Von der Buchausgabe des Tell wurden in wenigen Wochen zehntausend Stück verkauft, damals ein Erfolg sondergleichen. Im Laufe der Jahre wurde der Tell in alle gängigen Sprachen übersetzt, selbst ins Illyrische, Slowenische, Kroatische, Türkische, Armenische und Hebräische.

An Ruhm und Popularität hatte unser Schiller den Dichterfürsten damit endgültig überrundet, der Mainzer Kurfürst nannte ihn »Teutschlands ... ersten teutschen Dichter«[433].

Das Publikum hatte verstanden: Der Tell war sein Stück, sein Anliegen. Den Rütlischwur –

> »Wir wollen sein ein einzig Volk von Brüdern,
> in keiner Not uns trennen und Gefahr.
> Wir wollen frei sein, wie die Väter waren,
> Eher den Tod, als in der Knechtschaft leben.
> Wir wollen trauen auf den höchsten Gott
> Und uns nicht fürchten vor der Macht der Menschen.«

– den Rütlischwur also nahmen die Deutschen als Aufforderung zur eigenen nationalen Einheit, als Kampfansage gegen Willkür und Gewalt. Und so, wie in den Räubern, im ersten Drama, gegen Tyrannei und für die Freiheit gekämpft wurde, so forderte auch das letzte Schauspiel Schillers den Widerstand gegen die Tyrannei, ja, es fordert so unverhohlen zum Tyrannenmord auf, dass die Nazis 137 Jahre später im Jahre 1941 den Tell selbst als Schullektüre verboten:

>»Nein, eine Grenze hat Tyrannenmacht,
> Wenn der Gedrückte nirgends Recht kann finden,
> Wenn unerträglich wird die Last – greift er
> Hinauf getrosten Mutes in den Himmel
> Und holt herunter seine ew'gen Rechte,
> Die droben hangen unveräußerlich
> Und unzerbrechlich, wie die Sterne selbst –
> ...
> Zum letzten Mittel, wenn kein andres mehr
> Verfangen will, ist ihm das Schwert gegeben –.«[434]

Das Fragment: Demetrios

Ruhm und Erfolg animierten Schiller zu neuen Taten. An Plänen fehlte es nicht, obwohl er noch ein paar Jahre zuvor Körner um Ideen gebeten hatte, denn »an Stoffen fehlt es mir am meisten«[435]. Jetzt standen mehr als dreißig Themen auf seinen »Dramenlisten«, darunter heroische wie die Sizilianische Vesper, große Gestalten wie Heinrich der Löwe oder Rudolf von Habsburg; aber auch eine Fortsetzung der Räuber war geplant unter dem Titel »Die Braut in Trauer« oder, als Gegenstück zum Don Juan, ein Drama, dessen Titel wie von Karl May erfunden klingt: »Elfriede oder die Braut der Hölle«.

Er entschied sich, noch bevor der Wilhelm Tell am 17. März 1804 in Weimar uraufgeführt wurde, wieder für ein historisches Drama und schrieb in seinen Kalender: »Mich zum Demetrius entschlossen.« Es ist die Geschichte des geheimnisumwobenen Jünglings, der sich als der echte Sohn Iwans des Schrecklichen ausgab und durch glückliche Umstände dem mörderischen Anschlag des Usurpators Boris Godunow entgangen war.

Was Schiller an dem Thema gereizt hatte, war der Nachweis, dass ein Mensch nur dann zu Großem fähig ist, wenn er auch voll und ganz von sich überzeugt ist: »Schiller lässt«, so die Zusammenfassung eines Lexikons[436], »seinen Demetrius bis zu seinem Sieg über den Zaren Boris Godunow im Glauben, tatsächlich der wahre Demetrius zu sein. Diese Überzeugung vom rechtmäßigen Anspruch auf den Thron gibt Demetrius die Kraft, sich zum Oberhaupt des Volkes zu machen. Als ihm jedoch, auf dem Gipfel des Erfolgs, der Mörder des wahren Demetrius seine wirkliche Herkunft entdeckt und gesteht, er habe ihn als den falschen Demetrius heranwachsen lassen, um sich an Zar Boris zu rächen, verliert er sein Selbstbewusstsein und damit seine Macht.«

Penibel wie immer suchte sich Schiller in die Details des Stoffes einzuarbeiten. Seinem Schwager von Wolzogen, der sich gerade in Petersburg aufhielt, schrieb er: »Daß ich die abenteuerliche Expedition des falschen Demetrius jetzt dramatisch bearbeite, hat Dir Caroline geschrieben ... Sollte Dir etwas in die Hände fallen, was darauf Bezug hat und mich fördern könnte, so erinnere Dich meiner. Kostüme aus jener Zeit (es ist jetzt zweihundert Jahre), Münzen, Prospekte von Städten und dergleichen wären mir sehr willkommen ...«[437]

Er ist nicht mehr dazu gekommen, den Demetrius zu beenden.

Krankheit und Ende

Das Jahr 1804 mit seinem großen Erfolg, dem Tell, war für Schiller nicht nur ein Jahr der Genugtuung und des Triumphes, es war auch ein Jahr der Unruhe, der Unrast und der Krankheit.

Er war jetzt 44 Jahre alt, Lolo erwartete das vierte Kind, und der Familienvater machte sich Gedanken, wie es weitergehen sollte. Wenn er mit »ungehinderten Geisteskräften« das fünfzigste Jahr erreichte, so seine Rechnung, dann würde er hoffentlich so viel Geld beisammen haben, um seiner Familie die Unabhängigkeit zu sichern. Der Kalender, in den er seine voraussichtlichen Einnahmen und Ausgaben bis zum Jahre 1809 bereits eingetragen hatte, ist noch erhalten.

Es war die alte Misere: Sein Gehalt betrug noch immer erst 400 Taler im Jahr, wo doch selbst ein Theatermann wie Iffland schon tausend verdiente. Um leben zu können, musste er jährlich 1500 Taler aus dem Laufenden zusetzen. Nun verdiente er ja, zumindest im Moment, nicht schlecht durch Theatertantiemen und den Druck seiner Schriften. Nur: Für eine Rücklage blieb nichts übrig.

Hinzu kam, dass er sich auf einmal in Weimar nicht mehr wohl fühlte. »Es gefällt mir hier mit jedem Tage schlechter«, schrieb er kurz und bündig an seinen Schwager von Wolzogen, »und ich bin nicht Willens in Weimar zu sterben.«[438] Allerdings wusste er nicht, wohin. In Schwaben und am Rhein, so fand er, konnte er mit seinem Einkommen ganz gut leben; jedenfalls war »es überall besser als hier, und wenn es meine Gesundheit erlaubte, so würde ich mit Freuden nach dem Norden ziehen.«

Berliner Intermezzo

Und er wusste ganz genau, wo er mit Freuden hinwollte: nach Berlin. Dort war Iffland inzwischen Direktor des Berliner Nationaltheaters, dort führte man seine Stücke mit Erfolg auf, dort lockte ihn das geistige Leben. Ein Besuch in Berlin war daher schon seit längerem geplant, aber nie war etwas daraus geworden.

Doch keine sechs Wochen nach der Uraufführung des Wilhelm Tell hatte er sich plötzlich »Knall und Fall« mit der schwangeren Lolo und den beiden Söhnen auf den Weg gemacht, war am 1. Mai 1804 im Hotel de Russie in Berlin abgestiegen und freute sich darauf, seinen »Sehkreis zu erweitern«[439].

Und da standen sie nun, die Provinzler, und staunten die riesige Stadt an. 200 000 Einwohner hatte Berlin damals – weniger als Erfurt heute. Da gab es in den Hauptstraßen seltsame »größere Laternen an eisernen Stangen«, da hatten die Straßen Namen und die Häuser Nummern, hier ging es ungezwungen zu, und im Gegensatz zum Dichterfürsten, der 1778 zum ersten und einzigen Mal in Berlin gewesen war, genoss der Erfolgsautor Schiller den »verwegenen Menschenschlag« mit seiner lauten Unruhe.

Er ging in Mozarts Zauberflöte und Glucks Iphigenie, ihm zu Ehren wurden vier seiner Stücke, die Braut von Messina, die Jungfrau von Orleans, Wallensteins Tod und die Räuber gespielt. Und wem täte das nicht wohl: Von der ersten Vorstellung an huldigte ihm das Publikum im Parkett und später auf der Straße, wenn man ihn erkannte.

Er wurde von Prinz Louis Ferdinand zu einem Festmahl in sein Palais an der Weidendammbrücke eingeladen, wo es seinen Lieblingswein, einen weißen Montrachet, in solchen Mengen gab, dass er das Palais mit schwerem Kopf verließ.

Am 13. Mai steht in seinem Kalender die dürre Notiz: »Bei der Königin«. Königin Luise, eine seiner treuesten Verehrerinnen, hatte ihn mit der ganzen Familie nach Sanssouci eingeladen, wo der elfjährige Carl und der drei Jahre jüngere Ernst mit dem Kronprinzen und dessen Bruder, dem späteren Kaiser Wilhelm I., spielten, während das Ehepaar Schiller vornehm konversierte.

Man vermutet, dass Königin Luise die Gelegenheit nutzte, den Dichter für Berlin zu gewinnen, denn bald war die Rede davon, Schiller wünsche, für mindestens einige Jahre in Berlin zu bleiben, um als Mitglied der Akademie für das Nationaltheater tätig zu sein und bei der Erziehung der Prinzen mitzuwirken. Die Gehaltsbedingungen sollten sich dabei nach den Berliner »Bedürfnissen« richten, und die waren offenbar gewaltig: Ein jährliches Gnadengehalt von 3000 Talern und der Gebrauch einer Hofequipage waren das verlockende Angebot.

Noch wurde aber nichts unterschrieben, denn Schiller wollte damit noch solange warten, »bis er die Auflösung seines Verhältnisses in Weimar mit der erforderlichen Zartheit bewirkt haben würde ...«[440]

Mit Weimar versöhnt

Noch ein zwangloses Frühstück in Sanssouci, zu dem auch das Königspaar erschien, und schon fuhr Familie Schiller wieder südwärts und kam am 21. Mai wohlbehalten in Weimar an. Lolo weinte fast vor Freude, als sie nach der trostlos flachen märkischen Landschaft die Hügel und Berge Thüringens wieder sah, und der Schwabe Schiller gestand Körner: »Wenn ich nicht auf meine Familie reflektieren müßte, würde es mir in Weimar immer am besten gefallen.«[441]

Er war hin- und hergerissen: »Berlin gefällt mir und meiner Frau besser als wir erwarteten. Es ist eine große persönliche Freiheit, und eine Ungezwungenheit im bürgerlichen Leben. Musik und Theater bieten mancherlei Genüsse an, obgleich beide bei weitem nicht das leisten, was sie kosten. Auch kann ich in Berlin eher Aussichten für meine Kinder finden, und mich vielleicht, wenn ich erst dort bin, noch auf manche Art verbessern. ... Auf der anderen

Seite zerreiße ich höchst ungern alte Verhältnisse, und in neue mich zu begeben, schreckt meine Bequemlichkeit.«

Es ging ihm wie damals, als er sich entscheiden musste, ob er nach Tübingen gehen oder in Thüringen bleiben wollte. Und prompt tat er das Gleiche wie damals: Er schrieb an den Herzog und wartete auf ein Angebot. »Ich weiß, was ich der Gnade Euer Durchlaucht schuldig bin, und ich glaube nicht zu den feilen Menschen zu gehören, die aus Leichtsinn oder Gewinnsucht die heiligsten Bande auflösen«, kratzfüßelte er, aber: »Ich bin 44 Jahre alt, meine Gesundheit ist schwach, und ich muß auf die Zukunft denken ...«[442]

Schon am nächsten Tag antwortete Durchlaucht: »Von ihrem Herzen erwartete ich mir, ... daß Sie so handeln würden« und bat ihn, die Summe zu nennen, die es ihn auf die Dauer nicht reuen ließe, »das kleinere Verhältnis dem größeren vorgezogen zu haben.«

Der verblüffte Schiller beriet sich mit dem Unvergleichlichen, bat schlicht und einfach um die Verdoppelung seiner Bezüge mit der späteren Aussicht auf weitere 200 Taler und – bekam sie anstandslos. Damit war der Fall klar: »Ihre Großmut, gnädigster Herr, fixiert nun auf immer meinen Lebensplan. Jedem Gedanken an eine Veränderung kann ich mit frohem Herzen entsagen ...«[443]

Es ist dies eine der Stellen, an denen ehrfürchtige Goethefans den Eindruck zu vermitteln suchen, ohne den Meister sei nichts gelaufen. So schreibt Friedrich Burschell in seiner Schillerbiographie: »Obwohl direkte Zeugnisse fehlen, ist mit Sicherheit anzunehmen, daß sein Verhältnis zu Goethe ... ihn schließlich zum Bleiben in Weimar bestimmte.«[444]

Davon kann keine Rede sein. Eben dass Schiller den Großen Meister in diesem Zusammenhang überhaupt nicht erwähnt, ist ja das Bezeichnende. So schrieb er wegen des Berlinplanes ausführlich an Körner und erwähnte als Gründe, in Weimar zu bleiben, nur seine Bequemlichkeit, den Herzog und das Geld – von einem Verhältnis, gar einem engen, zum Unvergleichlichen ist keine Rede.

Und dass »Goethes gute Dienste bewirkten, daß er vom Herzog eine Verdoppelung seiner Pension erhielt«[445], strapaziert die Güte des Olympiers an der falschen Stelle. Wie auch im Falle Tübingen war der Herzog wohl selber im Stande, sich auszurechnen, ob er es sich leisten konnte, den berühmten Schiller laufen zu lassen, oder ob er, schon aus einem schlechten Gewissen heraus, ihm nicht lieber etwas mehr Geld gab, auch wenn das immer noch viel weniger war, als der Dichterfürst bekam.

Eher kann man fragen, ob unser Schiller hier nicht wieder einmal raffinierter war als man ihm zugetraut hätte und ob er nicht aus Sorge um die finanzielle Zukunft, also »der Not gehorchend, nicht dem eignen Triebe ...«, wieder mal ein wenig gepokert hat.

Krankheit als Motor

Es war sein letzter großer Aufbruch. Von nun an beherrschte die Krankheit sein Leben mehr als je zuvor, auch wenn er sie immer wieder mit seinem Willen zu überspielen versuchte. Seine Charlotte war der Überzeugung, dass bereits das Leben in der Militärakademie »den ersten Grund gelegt hat zu Schillers Kränklichkeit«[446], und wollte man alle Krankheiten, Anfälle und Beschwerden aufzählen, es würde eine lange, trostlose Liste, wo *ein* Tag glücklicher Stimmung mit fünf oder sechs Tagen Leiden aufgewogen würde. Manchen Winter war er viermal krank, selbst das Treppensteigen wurde zur Qual. Da hatte er ständig Schmerzen in der Brust, da war die Krankheit »mehr Seitenstich als Lungenentzündung«[447], da hatte er Krämpfe und Fieberfröste, Ohnmachten und Koliken.

»Bei wenigen Schriftstellern sind Krankheits- und Lebensgeschichte so weitgehend identisch wie bei dem Regimentsmedicus und späteren Klassiker des deutschen Theaters«, resümiert der Literaturwissenschaftler Gert Ueding[448] und spricht vom »Krankheitsgewinn«, denn, so wieder Schiller: »Auch die Kränklichkeit ist zu was gut, ich hab ihr viel zu danken.«[449]

Produktivität und Krankheit gehören bei ihm zusammen, Arbeit ist bei ihm jedoch kein Heil-, eher ein Betäubungsmittel, das ihn Schmerzen vergessen lässt. »Überhaupt sind ihm anstrengende Arbeiten das sicherste Mittel für den Augenblick«, notierte ein Augenzeuge. »Man sieht, in welcher ununterbrochenen Spannung er lebt und wie sehr der Geist bei ihm den Körper tyrannisiert, weil jeder Moment geistiger Erschlaffung bei ihm körperliche Krankheit hervorbringt.«[450]

Es ist ein unheilbares Leiden, denn jeder Versuch, die rastlose Tätigkeit durch eine heilende Ruhe zu ersetzen, würde bei ihm erst recht die Krankheit auslösen. Daher das Fazit jenes Augenzeugen: »Schiller lebt ein sonderbares Leben. Ausgemacht scheint mir indessen, daß gerade diese Art von Existenz ihm nötig war, um das zu leisten, was er ... geleistet hat, aber ich fürchte, er wird dabei zugrunde gehen.«

Es war nur eine Frage der Zeit, denn als Flucht vor dem Leiden dienten ihm genau jene Anregungsmittel, die den ohnehin schwachen Körper weiter schwächten: Tabak, Alkohol und starker Kaffee.

Das einzige Mittel, das ihm beim Atmen Erleichterung verschaffte, ohne ihn zu vergiften, waren die berühmten fauligen Äpfel im Schreibtischfach. Die Geschichte stammt übrigens vom Olympier: »Ich besuchte ihn eines Tages«, erzählte er seinem Eckermann[451], »und da ich ihn nicht zu Hause fand, und seine Frau mir sagte, daß er bald zurückkommen würde, so setzte ich mich an seinen Arbeitstisch, um mir dieses und jenes zu notieren. Ich hatte aber nicht lange gesessen, als ich von einem heimlichen Übelbefinden mich überschlichen fühlte, welches sich nach und nach steigerte, so daß ich endlich einer Ohnmacht nahe war. Ich wußte anfänglich nicht, welcher Ursache ich diesen elenden, mir ganz ungewöhnlichen Zustand zuschreiben sollte, bis ich endlich bemerkte, daß aus einer Schieblade neben mir ein sehr fataler Geruch strömte. Als ich öffnete, fand ich zu meinem Erstaunen, daß sie voll fauler Äpfel war. Ich trat sogleich an ein Fenster und schöpfte frische Luft, worauf ich mich denn augenblicklich wiederhergestellt fühlte. Indes war seine Frau hereingetreten, die mir sagte, daß die Schieblade immer mit faulen Äpfeln gefüllt sein müsse, indem dieser Geruch Schillern wohltue und er ohne ihn nicht leben und arbeiten könne.«

Wie eine Kerze verlischt

Als Schiller mit seiner Lolo Ende Juli für einige Wochen nach Jena zog, um dort mit dem vertrauten Hausarzt die Geburt des vierten Kindes zu erwarten, musste man sich weniger Sorgen um Mutter und Kind machen – die Geburt ging glatt – als vielmehr um Schiller. Kurz vor der Geburt hatte er sich bei einer abendlichen Ausfahrt ins Dornburger Tal erkältet und mit einer so heftigen Kolik ins Bett legen müssen, dass der Arzt das Ende befürchtete. »Ich halte es nicht mehr aus, wenn es nur schon aus wäre«[452], schrie Schiller in seiner Not, während sich nebenan Lolo um ihr Neugeborenes kümmerte. Man nimmt nach heutiger Erkenntnis an, dass die Bauchfellentzündung, die er seit zehn Jahren hatte, in eine Darmverschlingung übergegangen war.

»Nach und nach fange ich an, mich wieder zu erholen und einen Glauben an meine Genesung zu bekommen, den ich seit acht Wochen beinahe ganz verloren hatte«[453], tröstete er sich und Körner im Oktober, aber wirklich erholt hat er sich nie wieder. Erst zwei Monate nach der Rückkehr aus Jena ging es etwas bergauf, und seine Charlotte fühlte sich »als eine zum Leben Wiedergekehrte ..., da diese Periode der Angst nun vorüber ist.«[454] Zu der Zeit meldete eine süddeutsche Zeitung (wieder einmal) seinen Tod.

Schiller beschäftigt sich erneut mit dem Demetrius, und er schreibt auf Goethes Wunsch, der selbst keine Lust hatte, in vier

Tagen das kleine Festspiel »Die Huldigung der Künste«, mit der der Hof die russische Zarentochter Maria Pawlowna, die Frau des Weimarer Erbprinzen, begrüßte. (Diese Zarentochter war es, die nach dem Tod des Dichters die Erziehungskosten der beiden Schillersöhne bis zu ihrem zwanzigsten Lebensjahr übernahm – nicht etwa der Herzog und schon gar nicht der Große Meister, der angeblich liebste Freund.)

Im Januar kommen die Fieberanfälle wieder, Schiller wird immer wieder ohnmächtig, versucht dies aber vor seiner Frau zu verheimlichen. Im März wagt er sich zum ersten Mal wieder aus dem Haus und besucht den Unvergleichlichen, der an einer Nierenkolik krank gelegen hatte.

Am 25. April 1805 schreibt er hoffnungsvoll an Körner: »Die bessere Jahreszeit läßt sich endlich auch bei uns fühlen und bringt wieder Mut und Stimmung; aber ich werde Mühe haben, die harten Stöße, seit neun Monaten, zu verwinden, und ich fürchte, daß doch etwas davon zurückbleibt; die Natur hilft sich zwischen vierzig und fünfzig nicht mehr als im dreißigsten Jahr. Indessen will ich mich ganz zufrieden geben, wenn mir nur Leben und leidliche Gesundheit bis zum fünfzigsten Jahr aushält ...«[455]

Es war sein letzter Brief an Körner, zwei Wochen später war Schiller tot. Das Ende kam schnell. »Zwölf Tage vor seinem Tode war er noch bei Hofe«, erinnerte sich J. H. Voß der Jüngere. »Ich half ihn schmücken und freute mich seines gesunden Aussehens und seiner stattlichen Figur im grünen Galakleide.

Zwei Tage danach [also am 1. Mai] war er zum letzten Mal im Schauspiel. Als ich am Schluß des Stückes, meiner Gewohnheit gemäß, in seine Loge hinaufging, um ihn nach Hause zu führen, hatte er ein heftiges Fieber, daß ihm die Zähne klapperten. Als er zu Hause kam, ward ein Punsch gemacht, durch den er sich zu erholen pflegte. Den folgenden Morgen fand ich ihn matt auf dem Sofa liegend, in einem Mittelzustand von Schlafen und Wachen. ›Da liege ich wieder‹, sagte er mit hohler Stimme ...

Sein Zustand wurde von Tage zu Tage gefährlicher und schien schon vier Tage vor seinem Tode rettungslos. Die Augen lagen tief im Kopfe; jede Nerve zuckte krampfartig ...

Den Abend verfiel er in eine Fieberphantasie und verharrte in diesem Zustand vierundzwanzig Stunden. Als sein Bewußtsein zurückkehrte, ließ er sich sein jüngstes Kind bringen. Er wandte sich mit dem Kopf um, nach dem Kinde zu, faßte es an der Hand und sah ihm mit unaussprechlicher Wehmut ins Gesicht. Dann fing er bitterlich an zu weinen und steckte den Kopf ins Kissen und winkte, daß man das Kind wegbringen möchte.«[456]

Dann kam der 9. Mai, und seine Lolo erinnert sich: »Er ahnte nicht die nahe Trennung, wenigstens sagte er mir es nicht. Aber als seine hohe Natur unterlag, als der Krampf sein Gesicht verstellte, da hob ich den gesunkenen Kopf auf, ihn in eine bessere Lage zu bringen, und er lächelte mich freundlich an, und seine Augen hatten den Ausdruck der Verklärung. Ich sank an seinen Kopf, und er küßte mich. Dies war das letzte Zeichen seiner Besinnung; ich aber schöpfte Hoffnung daraus.«[457]

Danach saßen die beiden Schwestern, Charlotte und Caroline, eine Weile erschöpft im Nebenzimmer, als ein Bedienter kam und das Ende meldete. Beide gingen wieder hinüber, Caroline berichtet:

»Gegen drei Uhr trat vollkommene Schwäche ein; der Atem fing an zu stocken. Meine Schwester kniete an seinem Bette, sie sagte, daß er ihr noch die Hand gedrückt. Ich stand mit dem Arzt am Fuße des Lagers, und legte gewärmte Kissen auf die erkaltenden Füße. Es fuhr, wie ein elektrischer Schlag über seine Züge; dann sank sein Haupt zurück, und die vollkommenste Ruhe verklärte sein Antlitz; seine Züge waren die eines sanft Schlafenden.«[458]

Schillers zweite Beisetzung

Auf welch unwürdige Art und Weise Friedrich Schiller nachts in einem Massengrab beigesetzt worden ist, wissen wir bereits. Normalerweise wäre das Buch also hier zu Ende, Schiller ist bereits beerdigt.

Doch das war ja nicht das letzte Mal, und wir nutzen die Gelegenheit, Schiller ein weiteres Mal beizusetzen. Schließlich sind seit seiner letzten Beerdigung schon 21 Jahre vergangen. Wer nun aber glaubt, dem Herzog Carl August, der Stadt Weimar oder unserem Olympier sei nun spät, aber doch noch, ein rettender Einfall gekommen, wie man den weltberühmten Dichter angemessen in einem eigenen Grab und mit einem eigenen Grabstein beisetzen könne, der hat noch nicht begriffen, was für ein klein kariertes und engstirniges Nest der Weimarer »Musenhof« mitsamt Herzog und Dichterfürst war.

Nächtliche Grabräuber

Der Anlass, sich im Jahr 1826 noch einmal mit Schiller zu beschäftigen, war prosaisch: Das Kassengewölbe war voll und sollte geräumt werden. Das heißt, die Überreste der gestapelten Leichen sollten zusammengetragen und am Rande des Friedhofs verscharrt werden. Das war ein reiner Verwaltungsakt, und wenn nicht Bürgermeister Carl Leberecht Schwabe – der gleiche Mann, der sich schon 21 Jahre zuvor um die Beerdigung gekümmert hatte – zufällig davon erfahren hätte, wären dabei auch die Gebeine Schillers für immer verschwunden.

So aber berief Schwabe eine kleine Kommission zusammen und veranlasste rechtzeitig eine amtliche Öffnung des Kassengewölbes, um nach Schillers Gebeinen zu suchen. Das geschah am 13. März 1826, nachmittags um vier, wie der Stadtschreiber Carl Aulhorn in seinem Protokoll vermerkt.

Zusammen mit dem Totengräber stiegen die Herren an diesem Nachmittag auf Leitern in das Gewölbe hinunter und begannen bei Fackelschein ihre makabre Arbeit. Zwischen halb zerfallen, über- und nebeneinander gestapelten Särgen suchten sie nach den Überresten Schillers – ein aussichtsloses Unterfangen, denn die Särge waren in der Feuchtigkeit der Gruft so morsch geworden, dass sie beim bloßen Anfassen zerfielen, wenn sie nicht schon längst zusammengebrochen waren. Selbst die Metallschilder an den Särgen mit den eingravierten Namen waren bis auf zwei verrottet und zerfallen – und die gehörten einem Hofchirurgen, der 1790 gestorben war, und einer »von Eggloffstein«.

Die Herren fanden das Unternehmen sinnlos, stiegen wieder nach oben und beschlossen, wenigstens die noch am besten erhaltenen Särge heraufschaffen zu lassen, um sie bei Lichte zu untersuchen. Das geschah ein paar Tage später, und das einzige Ergebnis war, dass sich die Leute über die Störung der Friedhofsruhe aufregten. Bestürzt notierte Schwabe: »Wir gelangten nach dritthalbstündigem Aufenthalt in dem Gewölbe und stetem Nachforschen zu der traurigen Überzeugung, daß es schlechthin unmöglich sei, Gewißheit und Wahrheit darüber zu erlangen, welches hier die irdischen Überreste Schillers seien ...«[459]

Das wäre das blamable Ende der Geschichte gewesen, wenn sich Bürgermeister Schwabe damit zufrieden gegeben hätte. Das aber tat er nicht, sondern kam zu der Überlegung, dass das Suchen nach einem Sarg nicht ganz dasselbe sei wie das Suchen nach Gebeinen, und die lagen noch massenhaft herum.

So weit gekommen, tat nun Bürgermeister Schwabe ganz entgegen echter Beamtenart etwas Illegales: Ohne die Behörden oder den zuständigen Mann vom Kassengewölbe zu fragen, bestellte er den Totengräber Bielke und drei Tagelöhner für nachts zwölf Uhr auf den Friedhof, vergatterte sie zu tiefstem Stillschweigen und brach mit ihnen – es war der 19. März 1826 – in dunkler Nacht klammheimlich ins Kassengewölbe ein. Erst unten im Gewölbe wagte man, einige Laternen anzuzünden, und begann, die Trümmer der Särge in der einen und die Knochen in einer anderen Ecke aufzuschichten, während der Herr Bürgermeister auf der Leiter saß und durch »eifriges Tabakrauchen« gegen den Moderduft und die unheimliche Stimmung anqualmte.

Eine Szene, wie sie in einem Gruselfilm nicht schöner vorkommen könnte. So ging es drei Nächte lang von Mitternacht bis zwei, drei Uhr morgens. Am Ende der geheimen Grabräuberei hatte Schwabe 23 Schädel beisammen, die er in einen Sack stecken und in seine Wohnung tragen ließ. Dort stellte er, um das makabre Spiel fortzusetzen, noch mitten in der Nacht die Schädel nebeneinander auf einen Tisch, und »kaum war dies geschehen, so rief er auch schon, auf einen Schädel zeigend, aus: ›Das muß Schillers Schädel sein!‹«[460] Der Grund? Er fand nur einen einzigen Schädel »durch seine Größe und durch edle, regelmäßige Gestaltung« ausgezeichnet. So einfach ist das also: Edle Menschen haben auch edle Schädel, sogar noch im Tode.

Zum Glück sind wir nicht allein auf derart ehrfürchtige Eindrücke angewiesen. Entscheidend war: Es handelte sich um den einzigen Schädel, der ein vollständiges, wohl erhaltenes Gebiss aufwies. Allerdings fehlte der Unterkiefer, und so hat, Erbarmen, die Grabräuberei immer noch kein Ende: »Des regsten Eifers voll« stieg Schwabe ein viertes Mal mit dem Totengräber in die mulmige Gruft, suchte Kinnladen und fand eine, die genau in die Gelenkgruben des edlen Totenkopfes paßte. Sie hatte als Einzige noch alle Zähne mit Ausnahme eines einzigen Backenzahnes – also genau so, wie sich alle Bekannten, inklusive des Großen Meisters, erinnerten.[461]

Aber Schwabe gab sich damit nicht zufrieden. Er rief nun drei Sachverständige zu sich: den Geheimen Hofrat und Leibarzt Doktor Huschke, den Obermedizinalrat Doktor von Froriep und seinen Bruder, den Hofrat und Leibarzt Doktor Schwabe. Diese drei Herren vermaßen nun den Schädel und verglichen ihn mit der noch vorhandenen Totenmaske. Alles stimmte: Höhe und Breite der Stirn, die Entfernung der Augenhöhlen voneinander und deren Weite, die Entfernung der Ohröffnungen, die Höhe des Gesichts von der Nasenwurzel bis zum Kinn, der Abstand der beiden Kiefergelenke und die Entfernung der beiden Jochbeine. Einstimmig erklärten daher die drei Mediziner, dass dies der wahre und authentische Totenschädel des Dichters sei.

Aber noch immer gab sich Schwabe nicht zufrieden. Er lud jetzt alle Bewohner Weimars und der Umgebung, die Schiller noch gekannt hatten, zu einer Prüfung ein. Viele kamen, standen vor der langen Reihe der dreiundzwanzig Schädel, verglichen sie mit dem Gipsabguss der Totenmaske, die auf einem anderen Tisch stand und kamen ohne jede Ausnahme zum gleichen Ergebnis, nämlich dass eben jener edle Schädel der echte sei.

Der Schädel im Schließfach

Erhob sich nun die Frage: Wohin mit dem Schädel? Eine Frage, die Weimar vollständig überforderte. Als Schwabe den Fund bekannt gab, waren erst einmal die Kirchenbehörden beleidigt, weil bei der Suche nach dem Schiller'schen Sarg auch der desolate Zustand des Kassengewölbes und das Unvermögen der Kirchenverwaltung beim Umgang mit prominenten Toten zu Tage gekommen war.

Großherzog Carl August und der Olympier wiederum zeigten sich beglückt, zollten dem Bürgermeister Schwabe die »dankendste Anerkennung«[462], waren aber verzweifelt. Das hieß ja, die sprichwörtlichen schlafenden Hunde zu wecken: Wohin mit Schillern? Alle spöttischen, mokanten und empörten Hinweise auf das fehlende Grabdenkmal des Dichters hatte man über zwei Jahrzehnte hin standhaft überhört, schließlich war unser armer Schiller ja auf den angeblichen Wunsch der trauernden Witwe hin im Kassengewölbe abgelegt worden.

Die trauernde Witwe hatte sich freilich längst für einen »Schillerhain« mit Denkmal ausgesprochen. Als daraus offenbar nichts wurde, hatte sie im Mai 1818 ihren Kindern aufgetragen, »daß, wenn ich sterbe, ehe es mir gelungen ist, das Grab ihres geliebten Vaters selbst an einem einzelnen, dazu allein bestimmten Platz zu errichten«, die Kinder einen entsprechenden Grabplatz aussuchen und »es so einrichten lassen, daß die Reste des geliebten Vaters neben den meinigen ruhen.«[463]

Im Jahr 1823 plädierte sie dann noch einmal dafür, auf dem neuen Kirchhof von Weimar einen Grabplatz zu suchen, »wo der geliebte Vater ruhen soll, auch ich, und noch zwei Plätze für die Schwestern oder einige Freunde«, denn, so die Logik, auch »der Großherzog hat dort einen Platz für sich und seine Gemahlin.«[464]

Genau das hatte nun auch Schwabe vorgeschlagen: »Welche Zierde für den von mir so sehr gepflegten Gottesacker, wenn in einem einfachen Sarkophag, mit einer nur einfachen Säule hier Schillers Schädel der Erde übergeben würde, und zwar auf dem höchsten Punkt des Gottesackers, daß jeder Fremde ... schon von der Ferne aus das Grab des geliebten Dichters erblicken und frei und ungehindert auf einem jedem zugänglichen Platz sich der Grabstätte nähern konnte!«[465]

Das wäre genau das gewesen, was die Familie Schiller wollte und was seit Jahren gefordert wurde: ein würdiges, allen zugängliches Grabmal. Schwabe hatte den Platz auf dem neuen Friedhof auch Kanzler von Müller und Schillers Schwägerin Caroline gezeigt, beide waren einverstanden – aber wer waren schon die beiden, als nun auch Serenissimus höchstderoselbst nachzudenken geruhten und »nur als Privatmann seine ohngefähre Ansicht«[466] kundgaben.

Diese Privatansicht bestand in der Erkenntnis, »ob es nicht am würdigsten wäre, wenn Schillers Schädel, statt in die verhüllende und zerstörende Erde versenkt zu werden, lieber für immer auf der Bibliothek, in einem besonderen, anständig einzurichtenden Behältnis, aufbewahrt würde.«[467]

Es war eine perfide Methode, mit falschen Argumenten seine Privatmeinung durchzusetzen. Einundzwanzig Jahre hat es niemanden gekümmert, dass Schillers Schädel unzugänglich versteckt war und verrottete. Aber auf einmal, als nun endlich von einem würdigen Grabmal die Rede ist, darf er nicht beerdigt, sondern soll – was ist denn das für eine Alternative? – wie ein Buch in einer Bibliothek abgelegt werden.

Das hatte freilich den großen Vorteil, dass keine Schillergedenkstätte die Blicke von der Fürstengruft ablenkte, die sich Carl August eben erst auf dem neuen Friedhof errichtet hatte. Es war zudem wesentlich billiger. Und schließlich: Bei der abstrusen Bibliothekslösung konnte sich der Herzog der Zustimmung des Dichterfürsten sicher sein. Solange kein eigenes Denkmal für den »lieben Freund« daraus wurde, war dem Olympier alles recht. In jedem Fall war es das genaue Gegenteil dessen, was die Hinterbliebenen wünschten und seit Jahren angestrebt hatten.

Aber Höchstderoselbst und der Große Meister hatten es so beschlossen, und so fand am 17. September 1826 morgens um elf in der großherzoglichen Bibliothek eine gespenstische Feier statt: Der Kopf des Dichters Friedrich von Schiller wurde im Sockel unter der Dannecker'schen Schillerbüste in einem verschließbaren Fach beigesetzt.

Es war ein sinniges Arrangement: Auf der einen Seite des Saales stand eine Marmorbüste des noch längst nicht verewigten, aber immerhin 77-jährigen Olympiers, ihm gegenüber aus weißem Carraramarmor die Dannecker-Büste des kaum halb so alten Dichterkollegen, die auf Befehl des Herzogs der Schiller'schen Familie gegen ihren Willen für 200 Dukaten abgekauft worden war.

Dazwischen standen an diesem Vormittag ein reichliches Dutzend Honoratioren, unter ihnen als einziger Hinterbliebener der zweitälteste Sohn, Ernst von Schiller, Assessor des Königlichen Appellationshofes zu Köln am Rhein – denn Charlotte von Schiller war unvermutet kurz zuvor gestorben.[468]

Mitglieder des Hoftheaters sangen unter Begleitung der Hofkapelle eine von Riemer gedichtete, von Kapellmeister Hummel komponierte und zum Glück nicht überlieferte Kantate, dann begann die Feier, bei der mit keinem Wort die Verdienste des Toten hervorgehoben, wohl aber ständig der »gnädigste Befehl« und der »edelste Wunsch und Willen« des Herzogs erwähnt wurden, den Toten so und nicht anders beizusetzen.

Nur Ernst von Schiller, der als Erster sprach, meuterte in untertänigster Weise. Er beschrieb, dass »ein natürliches Gefühl sowohl den hinterbliebenen Angehörigen als auch dessen Freunden es anfänglich wünschenswert erscheinen ließ, dieses Haupt dem Schoß der Erde wiederzugeben«, fügte aber nicht gerade übermäßig beglückt hinzu, dass »diese Empfindungen der erhabenen Ansicht seiner königlichen Hoheit des Großherzogs weichen« mussten.[469] Auch die kuriose Beisetzung in der Bibliothek führte er auf den »erhabenen Wunsch« des Herzogs zurück, ebenso wie die »fernere Bestimmung«, wie mit dem Schließfach zu verfahren sei.

Diese Bestimmung sah vor, dass der Schlüssel des Schließfachs dem zuständigen obersten Chef der Bibliothek übergeben wurde, der dann jeweils entschied, »welcher weitgereiste Wanderer« diese geheiligte Stätte betreten und den Schädel sehen dürfte.

Dieser Chef war natürlich nicht erschienen, und wenn ich seinen Namen nenne, wird das jedem einleuchten: Es war Johann Wolfgang von Goethe, der schon wieder kniff, als es um seinen angeblich besten Freund ging. Er hatte stattdessen seinen Sohn August geschickt, der die willkommene Legende verbreitete, sein Vater habe am Morgen weinend im Bett gesessen und ihm erklärt, der frühe Tod seines »geliebten, unvergeßlichen Freundes« habe einen Riss in sein Leben gebracht, »welchen weder Zeit noch Mitwelt zu heilen imstande« sei.[470]

So schlimm wird es, immerhin 21 Jahre nach dem Tode, wieder mal nicht gewesen sein. In seinem Tagebuch vermerkt der Olympier an diesem Tag denn auch ganz geschäftsmäßig: »Verabredung mit meinem Sohn wegen des heutigen Aktes.« Und am Tag darauf machte es ihm nichts aus, sich in der Bibliothek »die gestrigen Gaben« genau zu betrachten, ohne dem Konkurrenten vor anderen Tribut zollen zu müssen.

Zu den »gestrigen Gaben« gehörte ein frischer Lorbeerkranz, der die Dannecker'sche Büste krönte. Diesmal war es kein Lorbeer für zwei.

»*Denn er war unser ...*«

Wenn ich ... mir denke«, so träumte einst der 24-jährige Schiller, »daß vielleicht in hundert und mehr Jahren – wenn auch mein Staub schon lange verweht ist, man mein Andenken segnet und mir noch im Grabe Tränen und Bewunderung zollt – dann ... freue ich mich meines Dichterberufs und versöhne mich mit Gott und meinem oft harten Verhängnis.«[471]

Er kann beruhigt sein. Noch mehr als zweihundert Jahre später wurden zum Beispiel die Olympischen Winterspiele 1988 in Japan mit dem »Lied an die Freude« eröffnet.

Schillers Nachruhm setzte früher ein und hielt länger vor als der Goethes. Der Olympier jedenfalls ist von Popularität weithin verschont geblieben, schon aus dem einfachen Grunde, weil er längst und schon zu Lebzeiten unpopulär war. Sein hundertster Geburtstag 1849 ging in Deutschland fast unbemerkt vorüber, sein Ansehen war von der Nichtachtung bis zur Verachtung gesunken, klagte ein Zeitgenosse.

»Goethe«, so auch der Soziologe Arnold Hauser, »Goethe war der am wenigsten volkstümliche Dichter von allen. Sein Ruhm erstreckte sich bei Lebzeiten auf eine ganz dünne Bildungsschicht und seine Schriften wurden außerhalb der Intelligenz auch späterhin kaum gelesen. Er klagte wiederholt über seine Einsamkeit, wo er doch selbst, wie Schiller sagte, der kommunikabelste aller Menschen war und nach Teilnahme, Verständnis, Wirkung lechzte. ...

Die Zeit seiner eigentlichen Popularität war seine Jugend, als er den *Goetz* und den *Werther* veröffentlichte. Nach seiner Übersiedlung nach Weimar und der Aufnahme seiner amtlichen Tätigkeit verschwand er gewissermaßen aus dem literarischen Leben.«[472]

Und was er danach an Prosa schrieb, als Lyriker ohnehin kein glänzender Prosa-Stilist, war oft zu langweilig, selten aus einem Guss, die Themen trafen nicht in die Zeit. Der Westöstliche Diwan erwies sich als nahezu unverkäuflich, mit den Wahlverwandtschaften war es ähnlich: Noch 1910, also fast hundert Jahre nach dem Erscheinen, bot die Cotta'sche Buchhandlung die Erstausgabe zu Originalpreisen an. Es waren echte Ladenhüter.

Der Nachruhm Schillers dagegen blieb ungebrochen. Es kamen Zeiten, da Schillers Glocke sogar den Küchenwecker ersetzte und fürs solide Bildungsbürgertum zum Zeitmaß für Kochrezepte wurde: Man kochte »nicht in Uhrminuten, sondern mit dem Vermerk, solange als man braucht, um Schillers ›Glocke‹ aufzusagen.«[473]

Schiller ist nie vergessen gewesen und nach seinem Tode überall besser behandelt worden als zu Lebzeiten in Weimar. Allerdings: Jede Zeit hatte *ihren* Schiller, renovierte das Schillerbild der Vorväter und sah ihn ganz neu – wie Karl Kraus in gewohnter Bosheit feststellte: »Wenn ein Denkmal renoviert wird, kommen unfehlbar die Mauerasseln und Tausendfüßler ans Licht und sagen: Denn er war unser!«[474]

... als »Freund, Führer, Lehrer«

Angefangen hat es mit dem Nachruhm gleich nach seinem Tode, und von Anfang an war es der politische Dichter, der Prophet der nationalen Freiheit und Einheit, den man gegen Napoleon bis in die Befreiungskriege von 1813 bis 1815 hinein beschwor und feierte.

Eben erst, praktisch mit seinem Tode, war ja sein Wilhelm Tell auf die Theaterbühnen gekommen, dieses Drama des Schweizer Freiheitshelden, der gegen die Tyrannei und für die Unabhängigkeit kämpfte: Er und Schiller waren damit willkommene Vorbilder im Kampf gegen Napoleon, aber auch gegen die Kleinstaaterei in Deutschland. Der Rütli-Schwur galt ja auch hier: »Wir wollen sein ein einzig Volk von Brüdern, in keiner Not uns trennen und Gefahr ...«

Damit war die Rolle des deutschen Nationaldichters Schiller als Mahner, Patriot und Vorbild ein für alle Mal festgelegt, obwohl, von den Räubern und »Kabale und Liebe« abgesehen, die Helden seiner Dramen alle keine Deutsche waren. Als sich einmal im Jahr 1813 ein preußischer Offizier in Karlsbad in einem Wirtshaus abfällig über den Werther äußerte und ihn sein Nachbar fragte: »Da gefallen Ihnen die ›Räuber‹ von Schiller wohl besser?« antwortete er: »Allerdings; Schiller ist der Mann der Soldaten; er erweckt in der Brust uns den Mut und feuert die Seele zu Taten an.« (Die Geschichte hat noch eine unerwartete Pointe: Der fragende Tischnachbar war Goethe.)[475]

Und was sonst kaum einem Dichter passiert: Schiller schlug nach seinem Tod eine Welle geradezu kultischer Verehrung entgegen. Die feierliche Enthüllung des Schillerdenkmals in Stuttgart am 8. Mai 1839 wurde mit Glockengeläut als national-religiöses Fest begangen, ein evangelischer Pfarrer weihte die von Bertel Thorvaldsen geschaffene Statue, verwahrte sich gleichzeitig gegen den Vorwurf des Götzendienstes und nannte sie trotzdem ungeniert ein »Wallfahrtsbild«.

Der bekannte Theologe David Friedrich Strauß lieferte gleich noch die Analyse dazu: »Die Richtung der Zeit geht dahin«, schrieb er, »die Offenbarung Gottes in allen den Geistern zu verehren, welche belebend und schöpferisch auf die Menschheit eingewirkt haben. Der einzige Kultus – man mag es nun beklagen oder loben, aber leugnen wird man es nicht können – der einzige Kultus, welcher den Gebildeten dieser Zeit aus dem religiösen Zerfall der letzten übrig geblieben ist, ist der Kult des Genies.«[476]

So kam es, dass die Feste der Schillervereine mehr und mehr zu politischen Veranstaltungen wurden, die die Polizei argwöhnisch beobachtete. Dem sonst recht harmlosen Stuttgarter Schillerverein passierte es sogar, dass die Polizei kurz entschlossen die Sängerbühne zunagelte, weil man »Reden mißliebiger Persönlichkeiten«[477] befürchtete.

Zu den missliebigen Persönlichkeiten jener Tage gehörte selbstverständlich auch der Breslauer Professor für deutsche Sprache und Literatur, Hoffmann von Fallersleben, der Dichter so unterschiedlicher Evergreens wie »Ein Männlein steht im Walde«, »Deutschland, Deutschland über alles«, »Alle Vögel sind schon da« und »Summ, summ, summ, Bienchen summ herum«. In dem von ihm gegründeten literarischen Verein mit dem köstlichen Namen »Zwecklose Gesellschaft« konnte er bei den jährlichen Schillerfesten zwar ungehindert Toasts, Festreden und Gedichte auf Schiller vortragen, die Zeitungen aber, die über die Feste berichten und die bedenklich liberalen Texte abdrucken wollten, fielen regelmäßig der Zensur zum Opfer.

Zum Schillerfest im Jahr 1840 sammelte Hoffmann daher alle unterdrückten Beiträge, trug sie auf dem Fest noch einmal vor und ließ sie dann in einem oppositionell eingestellten Verlag veröffentlichen, der auch, pfui Teufel!, Texte von Leuten wie Heinrich Heine druckte.[478] Kein Wunder, dass ein solcher Professor 1842 relegiert wurde.

1848, im Revolutionsjahr, wurde der Rütli-Schwur auf Wahlversammlungen vorgetragen,[479] forderten anonyme Aufschriften an den Theaterwänden »Übermorgen Wilhelm Tell«, wurden solche Aufführungen zu einem »Volksfest«[480].

Unser Schiller war in aller Munde. Fleißige Menschen haben ausgezählt, dass allein die Redner der Paulskirche in einem einzigen Jahr 39-mal Schiller zitierten.[481] Und so werden solch unglaubliche Texte wie dieser verständlich, den ein Gustav Kühn bei der Leipziger Schillerfeier im Jahr 1852 einer begeisterten Menge vortrug:

»Schillers Wort geht wie ein Glockenruf durchs deutsche Land, seine Muse ist das Gewissen der Nation. In allen wichtigen Momenten, in allen Momenten, wo der Mensch zum Menschen tritt, der Bürger sich an den Bürger reiht, da ist Schiller der Freund, der Führer und Lehrer.

Wo die Schranken des Egoismus fallen, der Einzelmensch aus dem eingepfählten Kreise des Familienlebens in ein größeres Ganzes tritt, seinen Blick auf das Ganze des Vaterlandes richtet, ja, wo er eine Frage frei hat an die Menschheit: da ist Er der Priester, der die Weihe bringt, das menschliche Tun heiligt, die Hände, die sich zum Bunde schließen, segnet.«[482]

Das ist haargenau der gleiche Ton, in dem auch die ersten Schillerbiographien verfasst sind, allen voran die in verdrängter Liebe geschriebene seiner Schwägerin Caroline von Wolzogen aus dem Jahre 1830. Auch da erscheint Schiller im mystischen Schimmer eines göttergleichen Ideals: »Die Welt in ihrer Größe und Breite war ihm das Echo seiner Dichtung«, teilt Caroline mit, »und er schaut nur von ihr auf in den lichten Aether des ewig Guten und Wahren, wo die Schönheit flammt und Liebe ihn anlächelte.«[483]

Man muss so etwas Schönes einfach zweimal lesen, um tiefbeglückt und feuertrunken zum nächsten Höhepunkt des Edlen voranzuschreiten: »Glücklich der, der, wie Schiller, fest in der Idee der Wahrheit und Schönheit ruht, und sich mit seinem Innern immer wieder aus dem reißenden Strom zu retten vermag, um an dem grünen, blumenreichen Ufer reiner Menschlichkeit zu landen!«[484]

An seinem 100. Geburtstag im Jahr 1859 feiern die Deutschen ihren Nationaldichter dann mit einem Aufwand und einem Pomp, mit dem hierzulande nie zuvor und nie danach ein Dichter gewürdigt wurde, wie Gerd Ueding zusammenfasst: »Drei Tage lang gab es große Festumzüge durch alle Städte, Festakte mit Aufführungen, Vorträgen, feierlichen Gedenkreden; Denkmäler wurden enthüllt, Plätze und Straßen mit seinem Namen benannt, Arbeiter und Handwerker, Professoren und Bildungsbürger, Lehrer und Künstler überboten sich in Begeisterung und Festeifer. – Die Bekränzung seiner Statuen mit Lorbeer- und Eichenzweigen als ›Krönung‹, der Schmuck der Gedenkstätten mit der schwarzrotgoldenen Fahne, die (sonst nur Königen) gebührende Ehrung mit 101 Böllerschüssen, seine Proklamation als ›Majestät‹, ›Kaiser‹, ›Dichterfürst‹ oder sogar ›Heerführer‹, das Geläut der Glocken, das die Züge begleitete und die Feierstunden einleitete, die altarähnlichen Weihestätten an den wichtigsten Handlungsstätten seiner Stücke, – dieses ganze, uns heute kaum noch vorstellbare und durch sämtliche Medien der Zeit verstärkte Massenereignis inthronisierte Schiller als national-politische(n) und revolutionäre(n) Führer und Heiland.«[485]

Das ist nicht übertrieben: Da nannte man Schillerfeiern »die große Wallfahrt«, da kam man zur »Huldigung«, da wurden Denkmäler mit »Worten der Weihe« enthüllt und der Dichter als »Prophet« dargestellt. In Leipzig wurde das Schillerdenkmal sogar als »Hochaltar« bezeichnet. In Kiel kam zum religiösen Führer noch die weltliche Ehre dazu, wenn Schiller im Festbericht »Majestät« genannt wurde und der Denkmalssockel sein »Thron«, auf dem er die »Huldigung« entgegennahm.[486]

So auch der Dichter Wilhelm Raabe in seinem Huldigungsgedicht zur Hundertjahrfeier in Wolfenbüttel:

»Um Einen Führer schaaren sich die Stämme,
Die Schranken fallen ein, zerbrochen sind die Dämme;
Der Franken Herz, das Herz der Schwaben, Baiern, Sachsen,
Zum Herz des Vaterlands in ihm zusammenwachsen!

Das deutsche Reich, so ist's noch nicht verloren,
Der Deutschen König ist auf's Neue erkoren,
Das Geistes Reich auf's Neue fest gegründet,
Des Geistes Volk zum Kampf und Sieg verbündet. ...

Die Glocken hallen und die Banner wehen
Dem großen Feste, das wir heut begehen!
Die Herzen schlagen und die Augen glänzen
Dem stolzen Bilde, das wir heut bekränzen
Am Krönungstag des Geist's in That, in Wort, in Liedern,
Ein einig, ewig Volk, ein einzig Volk von Brüdern«[487]

Für den Hamburger Klempnermeister J. J. A. Lehrmann reichte unser Erdball schon gar nicht mehr aus, als er zum Schillerfest am 10. November 1859 sein Gedicht vortrug, das mit den Zeilen endet:

> »... heute öffnet sich des Himmels gold'ne Pforte!
> Seht, Deutschlands Genius hebt segnend seine Hand,
> und durch das Weltall klingen seine Worte:
> Heil dir, mein deutsches Volk, heil dir, mein Vaterland!«[488]

Und weil aller guten Dinge drei sind, zum Schluss noch das ergreifende »Schillerlied für die deutschen Arbeiter in Paris«, das der ins Exil geflüchtete Redakteur Ludwig Pfau zum hundertsten Geburtstag dichtete und das Giacomo Meyerbeer[489] in Töne setzte:

> »Wohl bist du uns geboren,
> Gestorben bist du nicht:
> Du lebst so unverloren,
> Wo deutsche Zunge spricht.
>
> Du gibst uns, großer Meister,
> Ein einzig Vaterland –
> Die Brüderschaft der Geister,
> Das ist der Einheit Band.
> ...
> Mit Tells Geschoß, ein Rächer,
> Stehst du in neuer Zeit –
> Der ist ein Kettenbrecher,
> Der uns den Geist befreit.
> ...
> Hell brennt in deutschen Busen
> Dein heilig Feuer noch –
> Die liebste deiner Musen,
> das war die Freiheit doch.

> ...
> Den du gestreut, der Same,
> Er schießt in Ähren schon –
> Gesegnet sei dein Name.
> O Deutschlands liebster Sohn!
>
> ...
>
> Sprich Genius, dein ›Werde!‹
> Bis jede Schranke fiel –
> Die Menschheit und die Erde:
> Ein Volk, ein Land, ein Ziel!«[490]

Dass bei solchen Texten die liebe Obrigkeit Angst vor revolutionären Umtrieben hatte, ist verständlich, vor allem in Preußen, das fünf Jahre zuvor den angehenden Volksschullehrern sogar die Privatlektüre der deutschen Klassiker verboten hatte. Man musste befürchten, dass »namentlich die Demokratie Nebenzwecke mit dieser Feier« verbinde, wie es in einem Polizeibericht hieß. Und so kam es, dass beispielsweise bei der Grundsteinlegung für das Schillerdenkmal auf dem Berliner Gendarmenmarkt die Volksmenge vorsichtshalber durch 300 Polizisten fern gehalten und nur geladenes Bürgertum zugelassen wurde.

... als Zitatenschatz

Wohl dem, der da seine Balladen und Gedichte auswendig konnte und kein Denkmal zur Erinnerung brauchte. Doch hier war keine Gefahr: Mit der gleichen Selbstverständlichkeit wie man die Zehn Gebote gelernt hatte, lernte man früher die Klassiker-Balladen und mit ihnen Dutzende von geflügelten Worten, Redensarten und eingängigen Spruchweisheiten. Sie wurden alle so oft gebraucht, dass sie, häufig parodiert, allmählich in den Sprachschatz eingegangen sind und meist gar nicht mehr als Zitate erkannt werden.

»Errötend folgt er ihren Spuren – Wohltätig ist des Feuers Macht – Alles rennet, rettet, flüchtet – Er zählt die Häupter seine Lieben – Wo rohe Kräfte sinnlos walten – Gefährlich ist's, den Leu zu wecken – O, daß sie ewig grünend bliebe, die schöne Zeit der jungen Liebe – Drum prüfe, wer sich ewig bindet – Der Wahn ist kurz, die Reu' ist lang – O zarte Sehnsucht, süßes Hoffen – Drinnen waltet die züchtige Hausfrau – Wehe, wenn sie losgelassen – Holder Friede, süße Eintracht – Da werden Weiber zu Hyänen – Mit Entsetzen Scherz treiben« – das sind nur die gängigsten Zitate aus der Glocke, mit der – nach dem alten Scherz – der Dichter bekanntlich wenig Mühe hatte, weil er nur stehende Redensarten aneinander fügen musste.

Da ist der Schiller für alle Lebenslagen: »Raum ist in der kleinsten Hütte für ein glücklich liebend' Paar – Noch am Grabe pflanzt er die Hoffnung auf – Ich denke einen langen Schlaf zu tun – Mit der Dummheit kämpfen Götter selbst vergebens – Große Seelen dulden still – Vor Tische las man's anders – Hier wendet sich der Gast mit Grausen – Ich sei, gewährt mir die Bitte, in eurem Bunde der Dritte – Laß, Vater, genug sein des grausamen Spiels – Der langen Rede kurzer Sinn – Dem Mimen flicht die Nachwelt keine Kränze – Hier ist die Stelle, wo ich sterblich bin – Der Mohr hat seine Schuldigkeit getan – Ernst ist das Leben, heiter die Kunst – Schnell fertig ist die Jugend mit dem Wort – Der Not gehorchend, nicht dem eig'nen Triebe – Dem Manne kann geholfen werden – Die Weltgeschichte ist das Weltgerichte – Was tun, spricht Zeus« – alles nur Schillerzitate, einige von etwa sechshundert, die in Zitatenbüchern gesammelt sind. Da kann kein Olympier mithalten.

Allein aus dem Wilhelm Tell nur noch die bekanntesten: »Durch diese hohle Gasse muß er kommen – Der brave Mann denkt an sich selbst zuletzt – Der Starke ist am mächtigsten allein – Früh übt sich, was ein Meister werden will – Die Milch der frommen Denkungsart – Und neues Leben blüht aus den Ruinen – Die Axt im Haus erspart den Zimmermann – Rasch tritt der Tod den Menschen an – Es kann der Frömmste nicht in Frieden bleiben, wenn es dem bösen Nachbarn nicht gefällt « – alles Tell, alles Schiller, auch wenn's manchmal klingt wie biblische Weisheiten aus den Sprüchen Salomos.

Und es geht noch weiter: »Es lächelt der See, er ladet zum Bade – Ich hab' getan, was ich nicht lassen konnte – Ans Vaterland, ans teure, schließ dich an – Wir sind ein Volk und einig woll'n wir handeln – Wir wollen sein ein einzig Volk von Brüder, in keiner Not uns trennen und Gefahr – Seid einig, einig, einig – Mach deine Rechnung mit dem Himmel – Mit dem Pfeil dem Bogen, durch Gebirg und Tal ...«

Selbst der Lateinschüler bleibt von unserem deutschen Dichter nicht verschont, wenn er das Versmaß eines Hexameters lernt, denn auch dieser Merkvers stammt von Schiller:

»Im Hexameter steigt des Springquells flüssige Säule,
Im Pentameter drauf fällt sie melodisch herab.«

... als Parodie

Popularität, Pathos und Berühmtheit verleiten immer dazu, allzu Bekanntes auch zu parodieren. Wir alle kennen solche Verse vom Typ: »Drum prüfe, wer sich ewig bindet, ob sich nicht noch was bessres findet ...« oder »Er zählt die Häupter seiner Lieben / und sieh, statt sechse sind es plötzlich sieben ...«

Mit Balladen und Liedern ist es nicht anders. Wenn die Anzahl von Parodien Zeichen für die Popularität und den Bekanntheitsgrad einer Dichtung sind, dann gehört die »Glocke« zu den bekanntesten Dichtungen überhaupt. Es gibt allein 19 Parodien, die mehr oder weniger genau Strophenform, Zeilenlänge, Reimschema und womöglich sogar den Wortlaut parodierend auf eine andere, möglichst inadäquate Situation übertragen haben wie das Kaffeerösten und -mahlen, auf den Bau einer Uhr, die Zubereitung einer Wurst, oder, 1826, die Geburt eines Menschen:

> »Vierzig Wochen sind entschwunden,
> Seit der große Akt geschah,
> Und bereits in wenig Stunden
> Ist der neue Bürger da –
> Von der Stirne heiß
> Rinnen muß der Schweiß.
> Doch mit ein'gem guten Wehen
> Wird das Ding wohl glücklich gehen ...«[491]

Da wird im Stil der »Glocke« das Nähen und Bügeln einer Jacke geschildert, da gibt's eine Parodie auf das Theaterleben, auf die Pressefreiheit oder aus der Zeit um 1840 eine deftige Beschreibung des Beischlafs, die ich wegen der möglichen Empfindsamkeit edler Seelen lieber nicht wiedergebe.[492] Börse, Bier und Schweineschlachten, das Backen eines Gugelhupfs auf Jiddisch, Parodien auf den Reichstag oder den »Streik der Gesellen« – da ist nichts, was man nicht nach dem Schema »Festgemauert in der Erden ...« verarbeiten könnte:

> »Festgemauert in der Erden
> Steht die Form, aus Lehm geschmiert;
> heut soll *keine* Glocke werden,
> Denn der Streik ist proklamiert!
> Höre, Meister, hör':
> Funfzig Pfenn'ge mehr!
> Anders läßt sich's nicht gestalten, – ...«[493]

Nach dem gleichen Schema ließ sich 1917 »Das Lied von der siebten Kriegsanleihe« herrichten:

> »Festgemauert in der Erden
> Steht die Front in West und Ost,
> Und zu Trümmern sieht man werden,

> alles, wo der Sturm getost.
> Darum sei betont,
> Daß das Land verschont!
> Unsern Hindenburg wir loben,
> der uns schützt nächst Gott dort oben ...«

Denn, so erfahren wir:

> »... mit den Entente-Mächten
> konnte ich kein Bündnis flechten ...«

Zum Glück ist Deutschland gut gerüstet:

> »Gar friedlich ist des U-Boots Macht,
> Wenn Kap'tän König hält die Macht,
> U-Deutschland schuf uns ein Genie
> Und diente nur der Industrie ...«[494]

Und schließlich, nach all den bierernsten Parodien, zu guter Letzt noch eine verspielte aus dem Jahr 1875 über Touristen und Künstler in Rom:

> »Festgeschlossen, unablässig
> Rückt der Fremden Schaar nach Rom
> Und bewundert vorschriftsmäßig
> Siebenhügel-Stadt und Dom;
> Schon von weitem her
> Leuchtet Baedeker ...
> Nehmet ein'ge deutsche Damen,
> Doch schon ältlich lasst sie sein,
> Festlich traget ihre Namen
> In die Fremdenliste ein!
> Ein Schriftsteller sei,

Blaustrumpf auch dabei!
Daß die italien'sche Reise
Auch beschrieben werde weise. ...«[495]

Das sprichwörtliche Schiller'sche Pathos, die weite Verbreitung seiner Gedichte und das typische, wiedererkennbare Versmaß haben dazu geführt, dass Schiller auch sonst weidlich parodiert worden ist.

Es reicht ja schon, baren Unsinn zu rhythmisieren – »Wer rittert es, Knappersmann oder wag« –, und jeder weiß, dass »Der Taucher« gemeint ist.

Oder man kann »Die Bürgschaft« völlig unverändert lassen und sie, angeregt durch die letzte Gedichtzeile »Ich sei, gewährt mir die Bitte, / In eurem Bunde der Dritte«, durch bloßes Durchnummerieren zur Parodie machen:

»Zu Dionys, einem Tyrannen schlichen
 Zwei Dämonen, drei Dolche in vier Gewändern;
 Ihn schlugen fünf Häscher in sechs Bande.
 Was wolltest du mit den sieben Dolchen sprich ...«

So geht es, bis Dionys von der Treue überwältigt ist:

»Und die Treue, sie ist kein leerer Wahn!
 Nehmt mich zum neunundsiebzigsten Genossen an:
 Ich sei, die Sache macht sich,
 In eurem Bunde Nummer achtzig!«[496]

Man braucht nur – und das geschah schon 1795 – aus einem »Seid umschlungen ...« ein »Wir umschlingen ...« zu machen, und das berühmte Lied an die Freude wird zu einem Lied der Freudenmädchen:

> »Wir umschlingen Millionen,
> Unsern Kuß der ganzen Welt.
> Brüder! Euer blankes Geld
> Muß uns unsre Reize lohnen«

Und Madam S., die Herbergsmutter des Etablissements, betet schon am Morgen:

> »Wollust! schöner Götterfunken,
> Tochter aus Elysium,
> Sende heute sinnestrunken
> Gäste in mein Heiligtum.
> Deine Zauber binden wieder,
> Was des Anstands Schwert geteilt ...«[497]

Eine vergnügliche Parodie entsteht auch, wenn schlicht und einfach das Pathos eines Textes entlarvt wird. Die Methode ist einfach: Statt den Text in eine neue Umgebung zu transponieren, lässt man ihn da, wo er ist, hängt ihn aber eine Stufe tiefer. Klassisches Beispiel ist Schillers Gedicht »Würde der Frauen«, das einen nach dreimaligem Lesen unweigerlich in den nächsten Blumenladen treibt, um der Seinen ein kleines Zeichen der Verehrung zu Füßen legen zu können:

> »Ehret die Frauen! Sie flechten und weben
> Himmlische Rosen ins irdische Leben,
> Flechten der Liebe beglückendes Band,
> Und in der Grazie züchtigem Schleier
> Nähren sie wachsam das ewige Feuer
> Schöner Gefühle mit heiliger Hand.«

August Wilhelm Schlegel[498] sah das etwas prosaischer und degradierte den edlen Minnesang zu einer Art Muttertagsgedicht:

> »Ehret die Frauen! Sie stricken die Strümpfe,
> Wollig und warm, zu durchwaten die Sümpfe,
> Flicken zerrissene Pantalons aus;
> Kochen dem Manne die kräftigen Suppen,
> Putzen den Kindern die niedlichen Puppen,
> Halten mit mäßigem Wochengeld Haus.«[499]

Es ist das Gefälle zwischen dichterischem Aufwand und banalem Anlass, zwischen bekanntem Vorbild und dessen Persiflage, das immer wieder zum Nach- und Umdichten reizt:

> »Er stand auf seines Daches Zinnen
> und schaute mit vergnügten Sinnen
> auf zehn belegte Brötchen hin.
> ›Dies alles ist mir viel zu wenig‹,
> so sprach er zu Ägyptens König,
> ›Gesteht, daß ich ein Vielfraß bin ...‹«

Eine beliebte Gattung sind auch Dialektparodien, die den Inhalt im Grunde nicht verändern, sondern durch die neue Wortwahl ins Lächerliche transponieren. Sie haben allerdings den Nachteil, dass sie von Aussprache und Vokabelwahl her landschaftlich gebunden sind.

Wer eben nicht Rheinländer ist, quält sich eher durch die Kraniche des Ibykus, als dass er sie genießt:

> »Zom Spill ›Der Ring der Nibelunge‹,
> Dat zo Bayreuth wod avgesunge,
> Rett huh zo Esel krüzfidel
> Der Ibykus, dat Sangsjuwel ...«[500]

Das Gleiche gilt dann auch für den sächsischen »Taucher«, über den sich Sachsen seit Generationen kaputtlachen können:

>»Wär had de Gurasche und hubbt mal ins Määr?‹
So frachd, als wenns bloß ä Ginderspiel wär,
Dr Geenich sein Ridderschafdshaufen.
Ich schmeiß ä ächd goldenes Debbchen jetzt nunder,
und wer mersch wiederbringd, fröhlich und munder,
där darf ooch sei Lähm lang draus saufen ...«

– bis hin zu der tragischen Zeile:

>»Dän sähn mer nich wieder, der gommt nich reddur‹,
meend draurich ä Ridder, und guckd of de Uhr ...«[501]

Schließlich noch eine Variante aus einer heute vergangenen Welt. Was geschieht, wenn ein Jude im Getto Schiller im Original liest, erzählt die Anekdote in wundersamer Verkehrung: »Zu Dionys dem Tyrannen – dem Rosche – schlich – er is geloffen – Möros, den Dolch – den Chalef – im Gewande – in der Kapote ... Nun stürzt der Späher auf den harmlosen Leser los: ›Was machst De denn da?‹ Antwort: ›Ich verdeutsch mir Schiller!‹«[502]

... als Apostel Jesu

Der hundertste Todestag im Jahr 1905 löste eine neue Schillerwelle aus und die Parodisten hatten schon wieder zu tun:

>»Hol den Rock mir aus dem Schranke,
wohlgebürstet muß er sein,
Denn ich geh zur Schillerfeier,
Und das Publikum ist fein. ...
Ja, dem großen Manne huldigt
Jeder Deutsche, insofern
Es die Polizei gestattet,
Und das tut sie diesmal gern. ...

> Der Herr Rektor hält die Rede,
> Würdig, geist- und weihevoll:
> ›Wie der Deutsche seinen Schiller
> Lesen und verstehen soll.‹
> Er hat auch ein Buch geschrieben,
> Drin er klipp und klar beweist,
> Daß der Hohenzollern Größe
> Schiller ahnungsvoll schon preist ...«[503]

Durchaus nicht als Parodie gemeint war dagegen ein endloses Gedicht nach dem Schema »Freude, schöner Götterfunken«, das die altehrwürdige Vossische Zeitung abdruckte:

> »Friedrich Schiller, Gottesfunken,
> Herold aus Elysium,
> Deutsches Volk, aufs Knie gesunken,
> Ehrt in dir sein Heiligtum.
> Deine Zauber banden wieder,
> Was der Zwietracht Geist geteilt;
> Fackeln wurden deine Lieder,
> Wo noch tiefe Nacht geweilt.
> Dich umjubeln Millionen!
> Dankgebet der ganzen Welt
> Lodert heut zum Sternenzelt
> Überall, wo Deutsche wohnen.«[504]

Das Vaterland war inzwischen ja gerettet und kein Ungemach drohte mehr; seit 1870/71 waren wir längst ein einzig Volk von Brüdern. Nun konnte man in Schulen und Turnvereinen darangehen, das Erbe zu festigen und neue Aufgaben für den Nationaldichter suchen.

Zum Beispiel inspirierte der hundertste Todestag einen Bremischen Pastor zu einer Serie von zwanzig Predigten, in denen er feststellte, dass Schiller eigentlich der wahre Apostel Jesu sei. Denn es sei ja schließlich deutlich, dass »Gottes Lebensoffenbarung nicht aus den Sängern Israels, sondern ebenso wahr aus Deutschlands großem Dichter« redete.

Und schon war da wieder der alte Nationalismus, jetzt aber in der Variante Germanen- gegen Judentum, so, wie ihn die Nazis nur aufzugreifen brauchten. Das klang dann so: Durch Paulus erlebt man einen Christus, »wie er in einer von jüdischem Blut genährten und in jüdischer Gottesluft aufgewachsenen Seele spiegelte. In Schiller dagegen der germanische Bluts- und Geistesbruder mit dem Bekenntnis: Ich schäme mich des Evangeliums von Christo nicht, denn es ist eine Kraft Gottes. Und dieser Schiller, wie er aus seinen unsterblichen Dichtungen redend in unserem Volke fortlebt ..., pocht jetzt an die Pforten der Kirche und fordert Einlaß als der Apostel Jesu des deutschen Christus.«[505]

... als Prophet und Feldherr

Doch nach wie vor hatte der »Nationaldichter« Schiller seine besten Zeiten in Stunden der vaterländischen Not, wenn man ihn sozusagen als literarischen Nostradamus anrufen konnte. Ein typisches Beispiel dafür ist »Eine Denkschrift für unser Volk und Heer« mit dem historisch verblüffenden Titel »Friedrich Schiller und der Weltkrieg 1914/15«[506]

In einem Register kann man da nachschlagen, was unser Schiller im Gegensatz zur Obersten Heeresleitung schon immer über die Kriegsgegner des Ersten Weltkrieges gewusst hat. Unter »England« findet man zum Beispiel Trost beim Grafen Aubespine, der schon in der »Maria Stuart« England als ein Land bezeichnete, »wo man der Völker Recht mit Füßen tritt und mit Verträgen spielt«.[507]

Oder noch besser: »... daß der gereifte Schiller Englands wahren Charakter erkannt hatte, zeigt am deutlichsten eine Stelle im zweiten Akt der ›Jungfrau von Orleans‹. Dort läßt er die Königin Isabeau ihren englischen Bundesgenossen folgenden Spiegel vorhalten:

›Euch treibt die Ehrsucht, der gemeine Neid ...
Armselige Gleisner, wie veracht ich euch,
Die ihr euch selbst so wie die Welt belügt!
Ihr Engelländer streckt die Räuberhände
Nach diesem Frankreich aus, wo ihr nicht Recht,
Noch gült'gen Anspruch habt auf soviel Erde,
Als eines Pferdes Huf bedeckt ...‹«[508]

Dieser Schiller weiß einfach alles: »Sogar vom Grabenkampf gibt er uns Kunde:

›Am Graben ist ein fürchterlich Gedräng‹;
Die größten, scheint's, die Ersten kämpfen dort.‹«[509]

Auch was man nicht für möglich hält, dass Schiller nämlich schon im Wallenstein auf die drohende U-Boot-Gefahr hingewiesen hat – der Autor Widmann hat wahrhaftig die Stelle gefunden und schreibt: »... auf die U-Boote, die den Feinden soviel Weh bereiten, lassen sich die Verse aus der Kapuzinerpredigt deuten:

›Auf das Unrecht folgt das Übel
Wie die Trän' auf herben Zwiebel,
Hinter dem U kommt gleich das W,
Das ist die Ordnung im ABC.‹«[510]

Selbst die unsichere maritime Rechtslage bei U-Boot-Angriffen auf fremde Schiffe soll der Tausendsassa Schiller bereits in der Braut von Messina geklärt haben. Dort sagte nämlich »recht zeitgemäß« der Chorführer:

> »Auf den Wellen ist alles Welle,
> Auf dem Meer ist kein Eigentum.«[511]

Schiller hat die Gegner ja auch rechtzeitig gewarnt: »Auch den leichtfertigen Franzosen, die in eitler Rachelust und den Russen, die in frechem Übermut über Deutschland herfielen, wird die verdiente Strafe werden –

> ›Denn gebüßt wird unter der Sonnen
> Jede Tat der verblendeten Wut.‹«[512]

Sogar als der langjährige Bundesgenosse Italien erst Österreich-Ungarn und dann Deutschland den Krieg erklärte, wurde der Autor rasch fündig: »Da denken wir unwillkürlich an Oktavio Piccolomini, auch einen Italiener, und sprechen mit Schillers Wallenstein:

> ›Das war kein Heldenstück, Oktavio!
> Nicht deine Klugheit siegte über meine,
> Dein schlechtes Herz hat über mein gerades
> Den schändlichen Triumph davongetragen ...
> Dreißig Jahre haben wir
> Zusammen ausgelebt und ausgehalten ...
> Und in dem Augenblick, da liebevoll
> Vertrauend meine Brust an seiner schlägt,
> Ersieht er sich den Vorteil, sticht das Messer
> Mir listig lauernd, langsam in das Herz! ...‹«[513]

... als Oberster Befehlshaber und Willensbeweger

Von besonderem Reiz war die Art, wie dann die Nazis den Nationaldichter Schiller für ihre Ideologie verwendeten und missbrauchten. So wurde vor allem in den ersten Jahren nach der Machtergreifung der revolutionäre Schiller beschworen.

Er und seine Dramen waren für fast alles gut, zum Beispiel – was ihn sehr gewundert hätte – für die Rassenlehre und für Blut und Boden, kurz »Blubo«. So fand zum Beispiel ein gewisser Hans Fabricius in seinem 1932 erschienenen Buch »Schiller als Kampfgenosse Hitlers – Nationalsozialismus in Schillers Dramen« heraus, dass Karl Moor aus den Räubern aufgrund seines aus »Gott, Erde und Blut« geschöpften Idealismus ein Revolutionär im Sinne der Nazis war, weil er gegen die »platte Verstandesanbetung« kämpfte und stattdessen aus »Erde und Blut all' sein Wollen« nahm. Rationalismus aber galt als artfremd. Der Jude Spiegelberg, der »getreu seinem Blut lebt, wirkt und stirbt«, konnte da natürlich kein Revolutionär sein.[514]

Der Dramenheld Wallenstein wiederum, so ein Artikel im »Völkischen Beobachter« vom 17. August 1934, war ein Revolutionär im Sinne der Nazis, weil er bestrebt war, »alle Fremdstämmigen aus deutschem Land zu jagen.« Und der Beweis? Sagt doch Wallenstein: »Was geht der Schwed mich an? Ich haß ihn, wie / Den Pfuhl der Hölle, und mit Gott gedenk ich ihn / Bald über seine Ostsee heimzujagen ...«[515]

Auch für die nationalsozialistische Volksgemeinschaft ist der Dichter zuständiger Kronzeuge. Der Sozialist Karl Moor zum Beispiel war so ein »kraftsprühender Kämpfer«, der als klassische Verkörperung des sozialistischen Führertums »für seine Kampfgenossen, für alle Armen und Unterdrückten, für sein Volk« verantwortlich war.[516]

Und wer würde nicht sofort erkennen, dass der Rütli-Schwur im Wilhelm Tell geradezu »eine Losung für die Maifeier des Dritten Reiches«[517] war?

Da kann man den armen Schiller auch gleich in die Nähe von Hitler setzen und mit ihm identifizieren: »Er ist uns Deutschen nicht zum ästhetischen Genuß geschenkt worden, sondern als oberster Befehlshaber, nicht als Seelenschmelzer, sondern als Herzenserschütterer und Willensbeweger.«[518]

Im Wallenstein jedenfalls glaubte man eine Prophetie der zukünftigen nationalsozialistischen Volksgemeinschaft zu erkennen, weil da der Dichter das Problem deutscher Volkwerdung dargestellt habe, nämlich »das Suchen und sich-Finden von Führer, Volk und Volksgemeinschaft«[519].

Und gleich noch einmal der Wilhelm Tell, diese Fundgrube für Nazi-Ideologen, die freilich übersehen, dass hier nicht vom deutschen Volk, sondern von den braven Schweizern die Rede ist, wenn der alte Attinghausen ausruft: »Ans Vaterland, ans teure, schließ dich an, / das halte fest mit deinem ganzen Herzen!«[520]

Das führte mit Leichtigkeit zu der Behauptung, Schiller habe nichts anderes im Sinn gehabt, als mit seinem Werk die Nazi-Ideologie vom »Lebensrecht« zu verbreiten. Da heißt es im »Völkischen Beobachter«: »Schiller, der so bis zur letzten Fiber vom fanatischen Bedürfnis, seinem Volk zu dienen, erfaßt war, daß jedes seiner Werke als Schlacht für deutsche Lebensrechte gewertet werden kann ...«[521] Denn »sein Leben selbst war heroisch bis zum Ende, wie sein Werk, das wir heute bewundern und das er allein für sein Volk schrieb.«[522]

Und so bringt es Hans Fabricius (zum Glück als Einziger) 1940 fertig, Schiller expressis verbis zum »Kampfgenossen Hitlers« zu machen: »Schiller als *Nationalsozialist!* Mit Stolz dürfen wir ihn als solchen grüßen.«[523] Armer Schiller!

Man kann sich vorstellen, was die Nazis mit ihrem Sinn fürs Gigantomanische alles inszenierten, als sich im Jahr 1934 der Geburtstag Schillers, dieses »Paten des 3. Reiches«, zum 175. Mal jährte.

Die Sonnwendfeier am 21. Juni nutzten sie in seiner Geburtsstadt Marbach zu einer vorgezogenen Geburtstagsfeier aus und ließen eine Stafette von 18 000 Hitlerjungen aus allen deutschen Gauen Blumen zum Marbacher Schillerdenkmal bringen. Eine zweite Stafette aus dem Ruhrgebiet trug »zum Zeichen der Wiederauferstehung des heldischen deutschen Geistes Schillers in unserer

Zeit« ein Feuer in das kleine Marbach, um da einen riesigen Holzstoß zu entfachen.

Die Universität Jena wurde in »Friedrich-Schiller-Universität« umbenannt, allen Schulklassen wurde eine nach Altersstufen genau festgelegte Schillerlektüre verordnet, in Stuttgart wurde das Haus, in dem er 1794 bei seinem Besuch in Schwaben logiert hatte, zum Schillerhaus geweiht, es gab eine Schiller-Jubiläumslotterie und zwei Sonderbriefmarken mit Lorbeerkranz, der Rundfunk sendete seine sämtlichen Dramen als Hörspiele.

Am 10. November, dem eigentlichen Geburtstag, übertrugen alle Sender des Reiches aus der Stuttgarter Liederhalle ab 20.15 Uhr eine zweistündige Schillerfeier, die, wie konnte es anders sein, mit dem Lied an die Freude (»im Volkston«) begann und mit dem Rütli-Schwur ausklang.

In Weimar begann eine »Reichsschillerwoche« mit einer Freilichtveranstaltung, bei der »Wallensteins Lager« aufgeführt wurde und ein 600-köpfiger (!) Knabenchor das Reiterlied sang, das den Nazis Zeile für Zeile gelegen kam:

»Wohlauf, Kameraden, aufs Pferd, aufs Pferd!
Ins Feld, in die Freiheit gezogen!
Im Felde, da ist der Mann noch was wert,
Da wird das Herz noch gewogen.
Da tritt kein anderer für ihn ein,
Auf sich selber steht er da ganz allein. ...

Drum frisch, Kameraden, den Rappen gezäumt,
Die Brust im Gefechte gelüftet.
Die Jugend brauset, die Jugend schäumt,
Frisch auf, eh der Geist noch verdüftet.
Und setzet ihr nicht das Leben ein,
nie wird euch das Leben gewonnen sein.«

Dann sprach der thüringische Minister Wächtler über das Lieblings-Schillerwort der Nazis, eben dieses »Und setzet ihr nicht das Leben ein, nie wird euch das Leben gewonnen sein«, und schließlich führte ein pompöser Fackelzug zum Sarg des Dichters. Der Höhepunkt der Feierlichkeiten war ein Besuch Adolf Hitlers im Schillerhaus, in Zivil und den Hut in der Hand, sowie die Rede des Ministers für Volksaufklärung und Propaganda, Joseph Goebbels, der Schiller als Vorkämpfer der nationalsozialistischen Bewegung feierte: »... denn er war unser ...«

So ausgiebig und so falsch ist Schiller nie wieder gefeiert worden; kein Wunder, dass wir bis heute kein unbelastetes Verhältnis zu unserem »Nationaldichter« gefunden haben, der ja selbst alles andere als das sein wollte: »Es ist ein armseliges, kleines Ideal, für eine Nation zu schreiben«[524], klagte er einmal, aber wer zitiert schon gern einen so störenden Ausspruch und ruiniert damit das nationale Pathos?

Schiller avancierte zum meistgespielten Bühnenautor der Nazizeit. So wurden in den Jahren 1933 bis 1943 seine Dramen 10 600 Mal aufgeführt – Zahlen, die seitdem nie wieder erreicht wurden.

Spitzenreiter war damals wie heute das sozialkritsche Drama »Kabale und Liebe«, das allein in der Spielzeit 1933/34 an 47 Bühnen 349 Mal und in der Spielzeit 1941/42 an 32 Bühnen 383 Mal aufgeführt wurde.[525] Da kam August Hinrich mit seinem beliebten Volksstück, der Komödie »Krach um Jolanthe«, erst mit weitem Abstand auf Platz zwei nach.

Doch gar so unkompliziert ließ sich Schiller nun doch nicht vereinnahmen. Zwei seiner Dramen erwiesen sich als gefährlich.

Am 3. Juni 1941 kam ein von Reichsleiter Borman persönlich abgezeichnetes »streng vertrauliches« Schriftstück aus dem Führerhauptquartier. Darin hieß es: »Der Führer wünscht, daß Schillers Schauspiel ›Wilhelm Tell‹ nicht mehr aufgeführt wird und in den Schulen nicht mehr behandelt wird.«[526]

Ein Grund dafür ist nie offiziell genannt worden. Er ist aber leicht zu finden und wir kennen ihn schon: Die Frage eines Tyrannenmordes wird in diesem Stück zugunsten der moralisch berechtigten Tötung entschieden, und ein solches Vorbild wie den Tell, den Hitler einmal einen »Schweizer Heckenschützen«[527] nannte, konnte der um seine Sicherheit besorgte Diktator nicht gebrauchen. Offensichtlich aus dem gleichen Grunde war zuvor schon der Fiesco politisch missliebig geworden, denn auch da geht es um die Tötung eines Gewaltherrschers.

Das kommt eben davon, wenn man einen Mann wie unseren armen Schiller zum Nationaldichter hochstilisiert, dessen Schicksal und Trauma ein Despot wie Carl Eugen war, und dessen lebenslanges Thema infolgedessen Freiheit und Befreiung vom Tyrannen hieß.

Wenn Marquis Posa Abend für Abend auf der Bühne Gedankenfreiheit forderte, gab es auch Schwierigkeiten mit dem Don Carlos, und das von Anfang an. Da wurde die Szene zum Tribunal, wenn das Publikum im Schutze von Dunkelheit und Anonymität bei offener Szene minutenlang applaudierte. In Bremen musste auf Anweisung der Polizei sogar der Vorhang heruntergelassen und die Vorstellung abgebrochen werden.[528] Doch obwohl es einmal auch in Anwesenheit von Propagandaminister Goebbels zu einem Beifallsorkan von fast anderthalb Minuten kam, wurde Don Carlos nie verboten. Goebbels soll mit eisiger Miene in der Loge gesessen und später mokant bemerkt haben, da sehe man doch, dass es Gedankenfreiheit gebe.[529]

Der Satz des Marquis Posa blieb auch in der nächsten Diktatur ein geduldetes Ventil. Ich werde nie vergessen, wie ich nach 1945 unter sowjetischer Besatzung als Schüler in Dresden zum ersten Mal den Don Carlos sah und an der lang erwarteten Stelle der minutenlange Beifall ausbrach. Wir fühlten uns wie Freiheitskämpfer, während die Schauspieler auf der Bühne solange in einer möglichst bequemen Pose erstarrten.

... als Vorkämpfer des Sozialismus

Die DDR hatte – bis auf das fatale Marquis-Posa-Zitat – mit Schiller keine Schwierigkeiten, im Gegenteil. Denn, so das »Schiller-Komitee der Deutschen Demokratischen Republik« im Schillerjahr 1959: »In der Deutschen Demokratischen Republik, dem ersten Arbeiter- und Bauernstaat auf deutschem Boden, beginnen Schillers Zukunftsträume Wirklichkeit zu werden.«[530]

Schon 1955 hatte das alles entscheidende Politbüro nämlich erkannt: »Friedrich Schiller eignete sich schon in früher Jugend die fortgeschrittensten Ideen der bürgerlichen Aufklärung an. Immer wieder suchte er nach neuen Wegen, um im Kampf gegen die feudale Rückständigkeit der deutschen Länder und gegen die absolutistische Willkür der Fürsten seine humanistischen Ideale von der Souveränität des Volkes durchzusetzen. Immer aufs Neue suchte er auch danach, wie sein Traum eines neuen Staates, einer neuen harmonischen Gesellschaft ohne Klassenspaltung, eines neuen ›Weltalters‹ verwirklicht werden könne.«

Was auch immer Schiller geschrieben hatte, das Politbüro war einverstanden: »In ›Kabale und Liebe‹, dem ›ersten deutschen politischen Tendenzdrama‹, wie es Friedrich Engels nannte, brachte er die Klassenfronten im Handeln von bürgerlichen Menschen seiner Tage auf die Bühne, indem er den Soldatenhandel der deutschen Fürsten vor aller Welt entlarvte, identifizierte er sich zugleich mit dem Protest der leidenden Massen des Volkes.«

Überhaupt: die Volksmassen als geschichtsbildende Kraft! Auch hier hatte unser Schiller Vorbildliches geleistet: »Ob Schiller die nationale Tat des Hirtenmädchens Jeanne d'Arc in der ›Jungfrau von Orleans‹ oder den nationalen Befreiungskampf der Schweiz in ›Wilhelm Tell‹ gestaltete, stets sind mittelbar und unmittelbar die einfachen Menschen und die Volksmassen als die geschichtsbildenden Kräfte dargestellt. Schiller hatte erkannt, daß die Volksmassen eine wichtige Rolle in der Geschichte spielen und daß die Persönlichkeit in Übereinstimmung mit ihnen handeln muß.«

Das Schiller'sche Pathos gewann hier gleich an gesellschaftskritischer Tiefe, denn es galt als »Ausdruck des revolutionären Zorns, der reinen Gefühle und schönen Hoffnungen des Volkes« – woraufhin das Politbüro Schiller die höheren Weihen erteilte: »Die Leidenschaft seines nationalen und demokratischen Pathos machte ihn als Dichter zu einem echten Volkstribun.«

Sogar die Germanisten konnten in der DDR noch etwas dazulernen: »Von Goethe, der weiter zu materialistischen Anschauungen fortgeschritten war, empfing Schiller dabei die Stärkung seiner Entwicklung zum Realismus.«

... als Pflichtpensum

Im Westen hatte inzwischen auch Schiller das Schicksal aller Unsterblichen ereilt: Er wurde zum nachschlagbaren Kulturgut und zum Pflichtpensum in den Schulen.

Inzwischen sind ja längst auch alle wichtigen Themen untersucht wie etwa »Schillers Schreibmaterialien«[531] oder die brennende Frage: »Hat Schiller wirklich niemals Griechisch gelernt?«[532] bis hin zu neu entdeckten Nebenbeschäftigungen des Dichters: »Schiller als Vermittler von Bücherbestellungen«.[533]

Noch immer gibt es Schillerfeiern, aber man weiß immer weniger, als was man den Schiller jetzt feiern soll. Als Thomas Mann, damals so etwas wie der Festredner vom Dienst, 1955 den 150. Todestag des Dichters mit vielen verschlungenen Sätzen ehrte, probierte er es noch einmal mit dem Nationaldichter. Er erinnerte daran, dass 1859, zum hundertsten Geburtstag, ein Sturm der Begeisterung durch das noch nicht geeinte Deutschland gegangen sei. »Damals bot sich«, so Thomas Mann, »... der Welt ein Schauspiel, das die Geschichte noch nicht kannte: das immer zerrissene deutsche Volk in geschlossener Einheit durch ihn, seinen Dichter. Es war ein nationales Fest, und das sei das unsrige auch. Entgegen politischer Unnatur fühle das zweigeteilte sich eins in seinem Namen.«[534]

Aber dann schloss er mit einem Aufguss vom Wahren, Guten und Schönen, für das man statt Schiller ebenso gut einen Mann wie Albert Schweitzer hätte einsetzen können: »Von seinem sanftgewaltigen Willen gehe durch das Fest seiner Grablegung und Auferstehung etwas in uns ein: von seinem Willen zum Schönen, Wahren und Guten, zur Gesittung, zur inneren Freiheit, zur Kunst, zur Liebe, zum Frieden, zur rettenden Ehrfurcht des Menschen vor sich selbst.«

Das lange gefeierte Vorbild ist uns auch im Falle Schillers längst abhanden gekommen. »Die Festreden nach 1960 zeichnen sich dadurch aus«, heißt es in einer Untersuchung, »daß sie besonders uneinheitlich sind, in ihnen insgesamt jedoch eine deutlich stärker werdende Skepsis gegenüber der *Praxis* der Verehrung erkennbar wird.«[535]

Man ehrt ihn, aber man liest ihn nicht, man hält ihn hoch, aber im Bücherschrank fest verschlossen, ein klassisches Klassikerschicksal. Das kann man sogar statistisch nachweisen: Spielten 1937 noch 37 Prozent der deutschen Bühnen einen Schiller, so waren es in der Spielzeit 1974/75 gerade eben noch sechs Prozent,[536] nicht eben viel für einen Dramatiker. Doch die Vorlieben wechseln: Rund zwanzig Jahre später, in der Spielzeit 1996/97, hatte Schiller ohne jeden ersichtlichen äußeren Anlass sogar Goethe hinter sich gelassen und war nach Shakespeare der meistgespielte Autor an deutschen Bühnen.[537] In der darauf folgenden Saison sah es wieder anders aus. Da führte, nach Stücken sortiert, zu Bert Brechts hundertstem Geburtstag die Dreigroschenoper den Reigen an, dann kam Goethe mit seinem Faust, danach Schillers Kabale und Liebe, gefolgt von Shakespeares Sommernachtstraum.

Sage also niemand, Schiller sei vergessen. Noch immer verleiht die Stadt Mannheim den hoch dotierten »Schiller-Preis« an Schriftsteller, die »im aufklärerischen Geiste Schillers« tätig waren, wobei es dabei auch schon mal einen Fernsehautor wie Wolfgang Menge für seine Serie »Ein Herz und eine Seele« trifft, mit der, so die Jury, er Schillers »Anspruch an das Theater als moralische Anstalt auf das Medium Fernsehen« übertragen habe.[538]

Noch immer zeichnet seit 1959 Schillers Geburtsstadt Marbach am Neckar alle zwei Jahre aparterweise eine Persönlichkeit mit dem Schillerpreis aus, die sich gerade eben nicht auf dem Gebiet der Literatur verdient gemacht hat, sondern auf dem der württembergischen Landeskunde.

Noch immer verleiht das Land Baden-Württemberg alle drei Jahre an Schillers Geburtstag, seit 1955, den Schiller-Gedächtnispreis. Für heutige Olympier gibt's eine stattliche Summe; zwei »junge Dramatiker« erhalten überdies »Fördergaben« in einer Höhe, die je etwa dem Monatsgehalt (ohne Zulagen) des Ministers entspricht, der die Preisverleihung vornimmt.

Im Jahr 1999 neu gestiftet wurde der »Schillerring« der Deutschen Schillerstiftung, mit dem alle drei Jahre »herausragende Leistungen deutschsprachiger Autoren« gewürdigt werden sollen. Es ist ein goldener Ring mit einem taubenblauen Stein, in dem als schwarzer Schattenriss das Profil Schillers eingraviert ist – Schiller und kein Ende.

Und schließlich: Fast zweihundert Jahre nach seinem Tode und nach über 60 Jahren Arbeit ist man dabei, endlich die erste vernünftige historisch-kritische »Nationalausgabe« seiner Werke fertig zu stellen und damit die längst veraltete Ausgabe von Karl Goedecke aus dem Jahre 1876 zu ersetzen.

Es ist grotesk, aber wahr, dass die Idee dazu nicht etwa von einer Schillergesellschaft ausging, sondern vom Präsidenten der Goethegesellschaft, der schon 1911 einen Band mit zeitgenössischen Berichten über Schiller herausgebracht hatte. Der Mann hieß Julius Petersen, war Professor und empfahl sich rechtzeitig dem Nationalsozialismus mit seinem Aufsatz »Die Sehnsucht nach dem Dritten Reich in deutscher Sage und Dichtung«.

1937 fand er dann, es sei »dringendstes Gebot der Stunde, gerade im Neuen Reich den National-Dichter Schiller als Künder deutscher Selbstbesinnung auf den Platz zu stellen, der ihm gebührt«[539], und schlug eine Nationalausgabe von Schillers Werken vor. 1940 kam es zu einem Vertrag mit dem Verlag Hermann Böhlaus Nachfolger, Weimar, 1942 kündigte der »Völkische Beobachter« die Nationalausgabe mit der Überschrift »Vom Reich betreut« an und 1943, im vierten Kriegsjahr, erschien der erste Band mit Schillers Gedichten und einem Geleitwort des Reichsministers für Wissenschaft, Erziehung und Volksbildung, Bernhard Rust.

»Dem deutschen Volke soll damit Werk und Erbe Schillers unverkürzt erschlossen und zugänglich gemacht werden«, verkündete stolz der gleiche Minister, der kaum zwei Jahre zuvor auf Befehl Hitlers den Tell aus den Schullesebüchern hatte entfernen lassen und seine Behandlung im Unterricht verbot.

Im Vorwort war dann vor allem die Rede vom »gewaltigsten Krieg«, von der »stärksten Anspannung der Nation«, von »stolzem Bekenntnis«, vom »ewigen Gefecht«, vom »tatenmächtigen Volk«, vom »gewaltigen Schicksal«, denn, so die Quintessenz, »Schillers Dasein ist immer selbstvergessener Einsatz und Kampf für den höchsten Auftrag gewesen, und Leben hieß für ihn: Sterben können für eine Idee.«

So stand die Schiller'sche Nationalausgabe vom ersten Band an unter dem Druck ideologischer Beeinflussung, und was nach dem Krieg mit der Nationalausgabe im geteilten Deutschland geschah, kam dem gleich. Gerade weil die Ausgabe als Projekt beider deutscher Staaten mehr oder weniger holperig weiterlief, war sie ein Balanceakt sondergleichen. Der damalige westdeutsche Chefeditor Benno von Wiese musste sich 1958 das Amt mit einer ostdeutschen Kollegin teilen, der Ausschuss war streng paritätisch mit vier ostdeutschen und vier westdeutschen Mitgliedern besetzt, der Vorsitz sollte jährlich wechseln zwischen dem Direktor des Schiller-Nationalmuseums in Marbach und dem Leiter der

Nationalen Forschungs- und Gedenkstätte für klassische Literatur in Weimar.

Gerade weil es auf diese Weise ein rares Muster deutsch-deutscher Zusammenarbeit gab, durfte nicht darüber gesprochen werden. Infolgedessen geriet die Ausgabe 1972 in Gefahr, als der damalige Bundeskanzler Willy Brandt in seinem Bericht zur Lage der Nation unbedachterweise, wenn auch völlig harmlos erklärte: »Die Germanistik wird in der DDR sehr eifrig betrieben. Es entstehen Ausgaben deutscher Klassiker, die nach Auffassung der Kenner vollständiger und philologisch genauer überhaupt nicht sein können. Eine Ausgabe der Werke Schillers liegt vor. Sie heißt Nationalausgabe.«

Das reichte in Ostberlin aus, die Einstellung der Nationalausgabe zu erwägen, weil Brandt sie als Beleg für die Einheit der Nation angeführt hatte. Die Wiedervereinigung hat diese ideologischen Veitstänze zum Glück beendet, aber einfacher wurde es nicht. Da war doch beispielsweise der Herausgeber des ersten, 1943 erschienenen Gedichtbandes einfach über dreißig Jahre lang nicht dazu gekommen, die noch fehlenden drei Bände mit Gedichten Schillers zu edieren. Es bedurfte schon seines Todes im Jahr 1977, um die Bände endlich fertig zu stellen und erscheinen zu lassen: 1993, fünfzig Jahre nach dem ersten Gedichtband, erschienen sie, ein Langzeitrekord wissenschaftlicher Trödelei.

Immerhin: Die Menschheit kann hoffen. Es besteht Aussicht, dass die ursprünglich auf 32 Bände angelegte, jetzt auf 57 Bände erweiterte Nationalausgabe nach mehr als sechzigjährigem Bemühen eines Tages vollständig vorliegen wird, wenn auch nicht zu Schillers 200. Todestag im Jahre 2005. (Zur Jahrtausendwende fehlten jedenfalls noch zehn Bände.) Dann aber werden wir Schiller bis aufs letzte Komma vollständig und korrekt in den Bibliotheken archivieren können, wo schon der Dichterfürst mit seinen 143 Bänden der Weimarer Ausgabe steht. Was will man mehr.

Schillers dritte Beisetzung

Ich habe meinen Bericht über das Leben unsres armen Schiller mit einer Beerdigung begonnen, mit einer Beerdigung will ich ihn schließen.

Kaum war im September 1826 der Schädel Schillers im Schließfach unter seiner Büste beigesetzt worden, packte den Olympier unversehens der Ehrgeiz und er begann nun seinerseits, auf eigene Faust das restliche Skelett Schillers zu suchen. Bereits drei Tage nach der Feierlichkeit in der Bibliothek waren ein Jenaer Anatom und ein früherer Bediensteter Schillers nach Weimar bestellt worden, um dem Schiller'schen Schädel nach Möglichkeit noch den Rest des Skeletts hinzuzufügen.

Nun weiß jedermann, dass Knochen sich fatal ähnlich sehen; wie sollte man also in dem Knochenhaufen des Kassengewölbes ausgerechnet diejenigen herausfinden, die zum Dichter gehörten? Hier aber hatte, wie wir ja schon wissen, unser Schiller den unschätzbaren Vorteil, dass er zwar dünn, aber ziemlich groß und somit sogar der längste Bürger Weimars gewesen war.

Es müsste also mit dem Teufel zugehen, so die Logik, wenn man nicht doch noch den ganzen Schiller zusammenbrächte, indem man die jeweils längsten Knochen zusammensuchte. Gesagt, getan. Der Anatom, Christian Friedrich Schröter, und der frühere Bedienstete, Christoph Färber, stiegen also am 23. September 1826 ins Kassengewölbe hinunter und kamen nach fünf Tagen mit 81 Knochen und Knöchelchen wieder ans Licht und deponierten sie in einer Kiste, drei Ellen und vier Zoll lang, drei Fuß und vier Zoll breit, mit 13 Ellen hellblauem Merino ausgeschlagen, die Elle zu 6 ½ Groschen.

Auf einer heute noch erhaltenen und vom Dichterfürsten selbst durchgesehenen und verbesserten Liste[540] vermerkten die Grabräuber pedantisch genau ihre Funde. Es waren 74 Knochen, darunter wundersamerweise auch das unter insgesamt 23 Gerippen gefundene erste Glied der linken großen Zehe Schillers. (108 Skelett-Teile dagegen wurden als fehlend aufgelistet, darunter das Schwanzbein und 27 Zehenglieder.) Das ergibt, den bereits gefundenen Schädel mit rechnerisch 29 Knochenteilen dazu addiert, nicht ganz den halben Schiller, da der Mensch bekanntlich, abgesehen von den etwa 50 Sesambeinen, aus rund 210 Knochenteilen besteht.

Im Vergleich mit dem Aufwand, den man bei der Beisetzung des Schädels betrieben hatte, ging man mit dem restlichen Schiller ziemlich kläglich um: Ohne jede Feierlichkeit wurde er, weit weg vom Schädel des Verewigten, in einer Kiste in einem anderen Raum wie ein überflüssiger Magazingegenstand untergestellt.

Inzwischen war der Große Meister bereits zu neuen großen Taten vorangeschritten. Er war nämlich auf einmal und schon nach fast einem Vierteljahrhundert eifrig dabei, für seinen lieben Freund Schiller ein Grabmal entwerfen zu lassen, und zwar, da die Gelegenheit günstig war, gleich für sich mit, als Doppelgrab. Offenbar war ihm aufgegangen, dass es wohl besser war, für sich selbst vorzusorgen, statt eines Tages wie Schiller stückchenweise da und dort abgestellt zu werden.

Das Doppelgrab

Oberbaudirektor Coudray entwarf also ein für heutige Begriffe schauerlich-schönes Denkmal mit einer Gruft, deren Luftlöcher nach außen mit in Zypressenkränzen einfassten Urnen geschmückt waren. Darüber erhob sich das eigentliche Schreckensmonument, wie man es mit »mäßigem Aufwand« schaffen wollte: An den vier Ecken waren vorspringende Pilaster gedacht, auf denen ein Architrav, also ein Querbalken, mit einer Inschrift ruhte, die man erst dann ganz lesen konnte, wenn man einmal um das Monument herumlief: »Schiller und Goethe / Freunde im Leben / Auch hier vereint / Durch Carl August«

Gekrönt war das Ganze mit vier Giebelsimsen, verziert mit Lorbeer-, Eichen-, Efeu- und Blumenkränzen, die zwischen antiken Masken – einer komischen, einer heiteren, einer ernsten und einer hochtragischen – ihren schicklichen Platz fanden. Den Abschluss bildete, wie könnte es anders sein, ein pompöser Aufbau mit einer metallenen Weiheschale, die in acht Meter Höhe schwebte.

Die Felder zwischen den Pilastern boten sodann Raum für vier entzückende Basreliefs mit schwebenden Figuren: Sie stellten die Poesie mit Lyra und Kranz dar, die Geschichte mit Tuba, auf einer Kugel schwebend, die Philosophie, ein Isisbild entschleiernd, und die Naturforschung mit einer Vase mit Kristallen darauf. Ein Gesamtkunstwerk alles in allem, dessen Gewölbe 340 Taler, 5 Groschen und 5 Pfennige und dessen edler Aufbau 542 Taler, 5 Groschen und 2 Pfennige gekostet hätten.

Auch den Standort hatte sich der Olympier schon ausgeguckt, den entsprechenden Leuten gezeigt und Carl August darüber untertänigst informiert, nämlich südwestlich hinter der Fürstengruft auf dem Areal einer kleinen Baumschule. Serenissimus geruhten zu genehmigen, und das klang damals so:

»Höchstdieselben befahlen demnach: die nötigen Vorschritte zu Einbezirkung des fraglichen Baumschulplatzes in den Gottesacker sofort zu machen, und geruhten hinzuzusetzen, wie Höchstsie das Präsidium der Landesdirektion davon Höchselbst in Kenntnis setzen wollten ...«[541]

Hofintrigen

Doch nun geschah Absonderliches. Trotz der gnädigen Anordnungen Allerhöchstdesselben verging das Frühjahr, verging der Sommer – und nichts geschah. Man witterte eine »geheime Agitation«, die eifrig gegen die Ausführung der »trefflichen Idee« intrigiert habe, ja, es fand sich sogar eine Notiz, »daß ein eitler, hämischer Charakter mit Aufbietung allen Einflusses auf eine hochstehende Person hindernd« tätig gewesen sei – aber der Chronist Julius Schwabe tat ratlos und bemerkte: »Wir vermögen diesen andeutenden Worten durchaus keine Erklärung beizufügen.«[542]

Dabei traute er sich nur nicht, das Thema war höchst delikat. Es ging um die Mätresse des Herzogs, die einst als simple Schauspielerin und Sängerin Caroline Jagemann nach Weimar gekommen und dann als Geliebte des Herzogs zu einer Frau von Heygendorf aufgestiegen war. Wir kennen die Dame ja bereits: Ihretwegen war die Jungfrau von Orleans vorsichtshalber nicht in Weimar uraufgeführt worden. Sie war eine Intimfeindin unseres Dichterfürsten, einer der vielen Feinde, die er in Weimar hatte, von denen die Biographen aber ohne Not nicht gern reden. Als die edle Frau von Heygendorf erfuhr, dass der Olympier für sich und Schiller ein gemeinsames Grabdenkmal errichten wollte, hatte sie lauthals, und nicht einmal zu Unrecht, erklärt, es sei eine »Entwürdigung des Andenkens Schillers, des letzteren sterbliche Überreste zu einer Huldigung Goethes benutzen zu wollen.«[543]

Da sie einen eigenen kleinen Hof hielt, dem anzugehören manchem hohen Staatsbeamten eine Ehre war, hatte sie es leicht erreicht, die Verlegung der Baumschule und damit die Errichtung des Denkmals überhaupt zu verhindern. Es kam so weit, dass auch der Herzog den Plan seines Duzfreundes Goethe aufgab. Das hieß: Noch immer und noch lange kein Grab für unseren armen Schiller. Jetzt war guter Rat teuer.

König Ludwig und die Fürstengruft

Die Rettung brachte König Ludwig von Bayern, der im Jahr 1827 just zum Geburtstag des Großen Meisters zu Besuch in Weimar eintraf, der denn auch notierte: »Musik. Glückwünschende. Dazu der König von Bayern und Großherzog.«

Aber wegen des Unvergleichlichen und seinem Geburtstag war König Ludwig gar nicht gekommen. Eigentlich wollte der Gast etwas ganz anderes sehen, nämlich die Fürstengruft des Herzogs und den Schädel des weltberühmten Schiller. Der Schädel inspirierte den König, der normalerweise Gedichte mit Fußnoten machte, zu einem unfreiwillig komischen Gedicht:

> »... Gegen Goethe sind die Menschen Zwerge,
> Gen den unermeßlichen Verstand;
> Doch Befriedigung ich nicht empfand.
>
> Aber dich, mein Schiller, Edler, Reiner,
> Hätt dich, Herzlichen, ans Herz gedrückt;
> Groß und gut dabei wie du war keiner –
> O wie hätte es mich hoch beglückt,
> Selig meine Seele es entzückt!
>
> Nicht berühren durft ich deine Lippe,
> Knüpfen nicht der Freundschaft ew'gen Ring,
> Sehen konnte nur ich das Gerippe,
> Das die schöne Seele einst umfing,
> Den betrauern, der so früh verging.«[544]

König Ludwig war verständlicherweise empört, als er nun feststellen musste, dass sein geliebter Dichter wie eine Münzsammlung oder eine ähnliche Rarität aufbewahrt wurde und gar noch an verschiedenen Stellen der Bibliothek untergebracht war. Eine Reliquie an einem so profanen Ort!

König Ludwig muss sich wohl ziemlich deutlich geäußert haben, denn kaum war der Bayer abgereist, geruhte unser dicker Carl August, einen allergnädigsten Einfall zu haben. Ihm sei aufgefallen, so schrieb er an seinen Minister Goethe, dass über die »Aufbewahrung der Schillerschen Relikten« in der hiesigen Bibliothek doch sehr unterschiedliche, meist aber missbilligende Ansichten im Schwange seien. Er halte es daher für gut, die Relikte einstweilen in die Familiengruft bringen zu lassen, »welche ich für mein Geschlecht auf dem hiesigen neuen Friedhof habe bauen lassen ...«[545]

Dann ging alles sehr schnell. Mitte November wurden die Gebeine Schillers in einem dunkelrot ausgeschlagenen Sarkophag vereinigt, auf dem in vier Zoll hohen eisernen Lettern der Namen stand: SCHILLER.

Am 16. Dezember 1827, morgens früh um sechs, wurde der Sarg mit den sterblichen Überresten in die Fürstengruft gebracht. 22 Jahre hatte es gedauert, bis Schiller ein menschenwürdiges Begräbnis gefunden hat. Aber welche Ironie: Ausgerechnet er, der »Weltbürger, der keinem Fürsten dient«, lag nun in einer Fürstengruft.

Auf seinem Sarkophag ein frischer Lorbeerkranz. Fünf Jahre später lag dann auch der andere neben ihm. Solange hatte Schiller den Lorbeer für sich allein.

Damit, so sollte man denken, ist der Bericht über Schiller zu Ende, schließlich ist es so ja auch ein sehr schöner Schluss, symbolträchtig und rund.

Aber es wäre nicht Schiller, wenn es jetzt nicht noch ein Nachspiel gäbe: mit dem grotesken Ergebnis, dass es – zum Ausgleich für das ursprünglich fehlende Skelett? – später eine Zeit lang zwei Schiller-Skelette gab, die alle beide in der Fürstengruft lagen.

Der doppelte Schiller

Zu diesem doppelten Schiller war es gekommen, als im Jahre 1883 – also 78 Jahre nach Schillers Tod – den Hallenser Anatom Hermann Welcker[546] der Ehrgeiz packte. Er hatte schon die Schädel so bekannter Persönlichkeiten wie Johann Sebastian Bach, Raffael und Dante vermessen und identifiziert, und er wollte sein Können nun auch an Schillers Schädel beweisen.

Er untersuchte Schillers Totenmaske, verglich sie mit dem Gipsabguss des »Schwabe-Schädels« und kam zu dem Aufsehen erregenden Ergebnis, dass der von Schwabe gefundene Schädel gegenüber der Totenmaske gravierende Differenzen aufwies und daher nicht der Schädel Schillers sein könne.

Kaum waren darüber wieder 28 Jahre vergangen, als der nächste Schädelexperte kam. Es war der Tübinger Anatom August von Froriep, der Enkel des bei der Skelettsuche im Jahre 1826 beteiligten Arztes. Er gab sich nicht mit dem vorhandenen Schädel zufrieden, sondern grub – mehr als hundert Jahre nach der Beisetzung im Kassengewölbe – an der Stelle des im Jahre 1854 abgerissenen Gewölbes nach, fand 63 Schädel und behauptete, Schädel Nummer 34 sei nun wirklich der echte, der richtige Schillerkopf.[547] So abenteuerlich allein schon das Suchverfahren war, eine Gutachterkommission bestätigte die Echtheit des »Froriep-Schädels«. Froriep lieferte, ebenso wundersam, bald auch das dazugehörige Skelett, und so kam es, dass der Nationaldichter Schiller im Tode plötzlich doppelt vorhanden war.[548]

Wer wollte da entscheiden, wer Unrecht hatte. Und so tat man, was keinem schadete: Man steckte das zweite Skelett in einen einfachen schwarzen Holzsarg und stellte den am 9. März 1914, durch einen Vorhang verdeckt, auch noch in die Fürstengruft, sodass dort, als einmalige Kuriosität, jahrzehntelang zwei Särge mit Schillers sterblichen Überresten zur Auswahl standen. (Inzwischen steht der Sarg mit dem Froriep-Skelett in der Kapelle auf dem Sankt-Jakobs-Friedhof.)

Als im Jahr 1959 Schillers Sarkophag wegen Fäulnisschäden geöffnet werden musste, war die Stunde der Wahrheit gekommen. Das war noch zu Zeiten der DDR, und so war es niemand anders als Michail M. Gerasimow, ein sowjetischer Experte, der mit modernsten Methoden nachweisen konnte, dass Froriep auf der ganzen Linie Unrecht hatte. Einmal – und das hatten Zahnmediziner schon längst herausgefunden, stimmte die Gebisspartie nicht mit dem echten Gebiss überein. Zum anderen kam hinzu, dass es ohnehin ein weiblicher Schädel war und dass schließlich das Skelett weder nach Alter, noch nach Größe und Geschlecht zum Froriep'schen Schädel paßte – ein Lehrbeispiel, welchen Wert im Zweifelsfalle wissenschaftliche Erkenntnisse anerkannter Koryphäen und einhellige Urteile von Expertenkommissionen haben.

Immerhin, wir haben unseren Helden jetzt endgültig, wenn schon nicht begraben, so doch endlich in ewigem Frieden im fürstlichen Mausoleum.

Zum guten Schluss

Es ist Zeit, Abschied zu nehmen von einem Manne, der sich in all der Zeit, in der ich mich mit seinem Leben und seinem Schreiben beschäftigt habe, mehr und mehr verwandelt hat.

Nach der Plage vergangener Deutschstunden (Sparte »unsere Klassiker«), in denen mir statt Verständnis mit Sätzen wie »In seinem Seelenadel ist dieser große Mensch wahrhaft zum Erzieher seines Volkes geworden« nur Ehrfurcht und Andacht und mit Einteilungen wie »Sturm und Drang«, »Idealismus Schillers und Realismus Goethes« leere Schlagworte angeboten wurden, bin ich nach einer längeren Zeit der Unlust – und schließlich durch einen schieren Zufall ausgelöst – neugierig geworden, was wir denn mit diesem Schiller heute noch anfangen können.

Wer mir bis hierher gefolgt ist, hat gemerkt, dass man viele Vorurteile und überkommene, hinderliche Urteile beiseite legen kann, zum Beispiel eben das vom unentwegt »idealistischen« Schiller, oder dem Pathetiker, der vor lauter Sturm und Drang kaum noch aus und ein weiß.

Ich habe viel dazugelernt, indem ich nicht den ausgetretenen Pfaden und den üblichen Beurteilungen gefolgt bin, sondern versucht habe, ganz unabhängig vom Dichter Schiller den Menschen Schiller zu finden, diesen geplagten Mann, dessen Ehrgeiz verständlich, aber nie aufdringlich war.

Den Mann, der nun wirklich ohne jedes lautstarke Pathos gegen seine Leiden anschrieb und mit seiner Lolo ein rührendes Familienleben führte.

Den Mann, der erstaunlich sanft, friedfertig und geduldig war.

Ich habe dabei einen Mann schätzen gelernt, dessen Denken, Fühlen und Schreiben eng mit seinem Leben verbunden war. Mehr als bei jedem anderen bedeutete das: Sein Leben verstehen, heißt auch sein Schreiben begreifen.

Ich weiß: Der Wert eines Kunstwerkes hängt nicht davon ab, dass ich auch nur eine Zeile über seinen Schöpfer weiß. Ich muss nichts über das tragische Geschick eines tauben Beethovens erfahren haben, um in seine Welt der Töne einzutauchen und sie zu verstehen. Ich muss nichts über das Leben Rembrandts wissen, um von seinem Bildern ergriffen zu sein und zu spüren, dass ich vor einem ganz Großen stehe. Von Homer kennen wir nur den Namen, mehr nicht, die Odyssee aber zieht auch heute noch nach über zweieinhalbtausend Jahren jeden, der sie liest, in ihren Bann.

Das Genie eines Menschen ist aus seinem Leben nicht erklärbar, es ist ihm gegeben oder nicht, man kann es weder lernen noch erwerben. Wohl aber sind, im Gegensatz zu Fähigkeiten und Begabungen, die Inhalte, die Motive, die Erfolge und Misserfolge aus dem Leben eines Menschen erklärbar.

Das ist, was eine Biographie leisten kann: Wenn man das Leben Rembrandts kennt, versteht man seine Bilder besser. Wenn man das Leben Schillers kennt, weiß man noch lange nicht, wo er das dramatische Gespür und die Sprachgewalt her hat – man versteht aber, warum Freiheit und Tyrannenhass die Themen seines Lebens waren.

Mag sein, dass uns manches nach zweihundert Jahren fern und fremd erscheint. Aber da ist nichts abgestanden, schal oder verdorben, höchstens durch falsche Blickwinkel verstellt.

Hier jedenfalls ist ein Mann, der mehr als mancher andere, und anhaltender als ein Goethe, die Welt einmal begeistert und mitgerissen hat, auch wenn es in den letzten Jahrzehnten etwas stiller um ihn wurde, in einer Zeit, in der die westliche Welt ihren Bürgern mehr Freiheit bot, als ein Schiller je zu träumen gewagt hätte. Sein Grundgedanke jedoch – gegen Unfreiheit und Tyrannei anzukämpfen und dabei den Menschen im Mittelpunkt zu sehen, nicht eine abstrakte Idee oder Ideologie –, sein Grundgedanke ist heute so aktuell wie eh und je.

Zeittafel

1759 10. November. Johann Christoph Friedrich Schiller als zweites Kind des Wundarztes und späteren Offiziers Johann Caspar Schiller und seiner Ehefrau Elisabeth Dorothea (geb. Kodweiß) in Marbach am Neckar geboren.

1767 Eintritt Schillers in die Ludwigsburger Lateinschule.

1773 16. Januar. Auf Befehl von Herzog Carl Eugen Eintritt in die »Militärische Pflanzschule« auf der Solitude bei Stuttgart.

1780 14. Dezember. Schiller verläßt die mittlerweile in »Hohe Carlsschule« umbenannte und nach Stuttgart verlegte Akademie mit dem Titel eines Dr. med.

1781–1782 Regimentsmedikus in Stuttgart.

1781 *Die Räuber* erscheinen anonym im Selbstverlag.

1782 13. Januar. Uraufführung der *Räuber* in Mannheim. Schiller wohnt der Aufführung ohne Genehmigung bei.

21.–28. Mai. Zweite nicht genehmigte Reise nach Mannheim.

1.–14. Juli. Arrest wegen unerlaubter Entfernung; der Herzog erteilt Schiller Schreibverbot.

22. September. Flucht aus Stuttgart.

7. Dezember (bis 24. Juli 1783). Aufenthalt im thüringischen Bauerbach. *Kabale und Liebe* beendet, Beginn des *Dom Karlos*.

1783 Ende April. Die *Verschwörung des Fiesco zu Genua* erscheint.

1. September (bis 31. August 1784). Schiller als Theaterdichter in Mannheim. Im Herbst schwere Erkrankung.

1784 27. Dezember. Carl August verleiht Schiller den Titel eines Weimarischen Rats.

1785 April (bis Juli 1787). Auf Einladung Körners in Leipzig und

Dresden. Arbeit am *Dom Karlos*, der Hymnus *An die Freude* entsteht.

1788 Intensive Arbeiten an der *Geschichte des Abfalls der Niederlande*, deren erster Band im Oktober in Leipzig erscheint.
7. September. Erste Begegnung mit Goethe.
15. Dezember. Professur in Jena.

1789 26. Mai. Antrittsvorlesung: *Was heißt und zu welchem Ende studiert man Universalgeschichte?*

1790 22. Februar. Trauung mit Charlotte von Lengefeld.

1791 Januar. Schwere Erkrankung.
Juni. Schiller wird totgesagt.
Juli bis August. Kur in Karlsbad.
Dezember. Schiller erhält von dänischen Prinzen Christian Friedrich von Augustenburg für drei Jahre eine Pension von je 1000 Talern. Beschäftigung mit Kant.

1792 26. August. Erhält das Bürgerrecht der Republik Frankreich.

1793 August (bis Mai 1794). Aufenthalt in Württemberg.
14. September. Erster Sohn geboren, Carl Friedrich Ludwig.

1794 In Gesprächen und Briefen Annäherung Goethes an Schiller.
September. Schiller zu Gast bei Goethe.

1795 Januar. Das erste Heft der *Horen* erscheint.
November. Goethe in Jena, gemeinsame Arbeit an den *Xenien*.

1797 Kauf eines Gartenhauses in Jena. »Balladenjahr«.

1798 *Der Musenalmanach für das Jahr 1798* enthält die Balladen Goethes und Schillers aus dem Balladenjahr.
12. Oktober. *Wallensteins Lager* in Weimar uraufgeführt.

1799 30. Januar. Erstaufführung der *Piccolomini*.
20. April. Uraufführung von *Wallensteins Tod* in Weimar.
April. Beginn der Arbeit an *Maria Stuart*.
Charlotte erkrankt an einem Nervenfieber.
3. Dezember. Umzug nach Weimar. *Das Lied von der Glocke*.

1800 14. Juni. Uraufführung der *Maria Stuart* in Weimar.

1801 11. September. Erstaufführung der *Jung*frau von Orleans in Leipzig.
1802 29. April. Einzug in das neuerworbene Haus.
16. November. Schiller wird geadelt.
1803 19. März. Uraufführung der *Braut von Messina* in Weimar.
2.–14. Juli. Erholungsreise nach Lauchstädt.
1804 17. März. Uraufführung von *Wilhelm Tell* in Weimar.
26. April bis 31. Mai. Reise nach Berlin. Schiller beschließt, in Weimar zu bleiben.
1805 Ständige Krankheit. Arbeiten am *Demetrius*.
9. April. Letzter Theaterbesuch, Fieberanfall.
9. Mai. Nach Ohnmachten und Schwächeanfällen stirbt Schiller gegen Abend.
12. Mai. Nächtliche Beisetzung im Kassengewölbe auf dem alten Friedhof der Sankt-Jakobs-Kirche.
13. Mai. Kirchliche Totenfeier.
1826 Der wiederaufgefundene Schädel Schillers wird auf Wunsch des Herzogs in der Weimarer Bibliothek aufbewahrt.
1827 Die Gebeine Schillers in der herzoglichen Familiengruft beigesetzt.

Literaturauswahl

Hauptsächlich benutzte und zitierte Werke:

Alt, Peter-André: Schiller – Leben – Werk – Zeit. Eine Biographie. München 2000.
Arenhövel, Winfried (Hg.): Briefe eines ehrlichen Mannes bey einem wiederholten Aufenthalt in Weimar. Unveränderte Neuausgabe nach dem Erstdruck von 1800. Weimar 1975.
Balet, Leo / E. Gerhard: Die Verbürgerlichung der deutschen Kunst, Literatur und Musik im 18. Jahrhundert. Herausgegeben und eingeleitet von Gert Mattenklott. Berlin 1973.
Bankl, Hans: Woran sie wirklich starben – Krankheiten und Tod historischer Persönlichkeiten. Wien 1989.
Berger, Karl: Schiller – Sein Leben und seine Werke. München 1924.
Berghahn, K[laus]. L. (Hg.): Briefwechsel zwischen Schiller und Körner. München 1973.
Bode, Wilhelm (Hg.): Goethe in vertraulichen Briefen seiner Zeitgenossen. München 1982.
Boerner, Peter: Johann Wolfgang von Goethe – In Selbstzeugnissen und Bilddokumenten. Hamburg 1964 (11. Aufl. 1976).
Bötticher, Karl August: Literarische Zustände und Zeitgenossen. Leipzig 1838. Neuausgabe, herausgegeben von Klaus Gerlach und René Sternke, Berlin 1998.
Brandenburg, Hans (Hg.): Feuertrunken – Eine Dichterjugend. Schillers Briefe bis zu seiner Verlobung. Ebenhausen 1909.
Buchwald, Reinhard: Schiller – Leben und Werk. 4., neu bearbeitete Auflage, Wiesbaden 1959.
Burschell, Friedrich: Friedrich Schiller – In Selbstzeugnissen und Bilddokumenten. Hamburg 1958 (30. Aufl. 1996).
Chamberlain, Houston Steward: Goethe. München 1912.
Ebstein, Erich: Schillers Krankheiten. Jahrbuch der Sammlung Kippenberg, Bd 6, 1926.
Eckermann, Johann Peter: Gespräche mit Goethe in den letzten Jahren seines Lebens. Berlin/Weimar, 2. Auflage 1984.
Fischel, Dr. Oskar / Boehn, Max von: Die Mode – Menschen und Moden im achtzehnten Jahrhundert – nach Bildern und Stichen der Zeit. München, 2., verb. Auflage 1919.
Fricke, Gerhard (Hg.): Friedrich Schiller – Briefe. München 1955.
Friedell, Egon: Kulturgeschichte der Neuzeit – Die Krisis der europäischen Seele von der schwarzen Pest bis zum Ersten Weltkrieg. München 1969.
Friedenthal, Richard: Goethe – Sein Leben und seine Zeit. München 1963. Neuausg. Frankfurt 1978.
Gerhard, Ute: Schiller als ›Religion‹ – Literarische Signaturen des XIX. Jahrhunderts. München 1994.
Grawe, Christian (Hg.): Wer wagt es, Knappersmann oder Ritt? – Schillerparodien aus zwei Jahrhunderten. Stuttgart 1990.
Hagen, Wolfgang: Die Schillerverehrung in der Sozialdemokratie – Zur ideologischen Formation proletarischer Kulturpolitik vor 1914. In: Literaturwissenschaft und Sozialwissenschaft 9. Stuttgart 1977.

Hecker, Max: Schillers Tod und Bestattung – nach den Zeugnissen der Zeit. Insel Verlag 1935.
Heisseler, Bernd von: Schiller – Leben und Werk. Gütersloh 1959.
Hering, Gerhard F.: Klassische Liebespaare. Hamburg 1948.
Hesse, Volker: Vermessene Größen – Schiller im Wandel seiner äußeren Gestalt und seiner Krankheiten. Rudolstadt 1997.
Hinderer, Walter (Hg.): Schillers Dramen – Neue Interpretationen. Stuttgart 1979.
Hofmannsthal, Hugo von (Hg.): Schillers Selbstcharakteristik. Frankfurt 1959.
Hoyer, Walter: Schillers Leben Dokumentarisch – in Briefen, zeitgenössischen Berichten und Bildern. Köln 1967.
Jonas, Fritz (Hg.): Friedrich Schiller – Briefe. Kritische Gesamtausgabe. Stuttgart 1892–96.
Kemp, Friedhelm: Goethe – Leben und Welt in Briefen. München 1978.
Koopmann, Helmut: Schillers Leben in Briefen. Weimar 2000.
Koopmann, Helmut (Hg.): Schiller Handbuch. In Verbindung mit der Deutschen Schillergesellschaft Marbach. Stuttgart 1998.
Köster, Albert (Hg.): Die Briefe der Frau Rath Goethe. Leipzig 1976.
Kraft, Herbert (Hg.): Andreas Streichers Schiller-Biographie. Mannheim 1974.
Lahnstein, Peter: Schillers Leben. München 1981.
Ludwig, Albert: Schiller und die deutsche Nachwelt. Berlin 1909.
Mann, Golo: Schiller als Geschichtsschreiber. In: Golo Mann: Geschichte und Geschichten. Frankfurt 1991. Seiten 63–84.
Müller, Ernst: Der Herzog und das Genie – Friedrich Schillers Jugendjahre. Stuttgart 1955.
Noltenius, Rainer: Dichterfeiern in Deutschland – Rezeptionsgeschichte als Sozialgeschichte am Beispiel der Schiller- und Freiligrath-Feiern. München 1984.
Oellers, Norbert: Schiller – Zeitgenosse aller Epochen. Dokumente zur Wirkungsgeschichte Schillers in Deutschland. Teil I: 1782–1859. Frankfurt 1970. [= Oellers I]
Oellers, Norbert: Schiller – Zeitgenosse aller Epochen. Dokumente zur Wirkungsgeschichte Schillers in Deutschland. Teil II: 1860–1966. München 1976. [= Oellers II]
Oellers, Norbert: Schiller – Geschichte seiner Wirkung bis zu Goethes Tod 1805–1832. (Bonner Arbeiten zur deutschen Literatur, herausgegeben von Benno von Wiese, Band 15.) Bonn 1967. [= Oellers, Schiller]
Petersen, Julius (Hg.): Schillers Gespräche – Berichte seiner Zeitgenossen über ihn. Leipzig 1911.
Prinz, Lucie: Schillerbilder – Die Schillerverehrung am Beispiel der Festreden des Stuttgarter Liederkranzes (1825–1992). Marburg 1994.
Quarthal, Franz: Die ›Hohe Carlsschule‹. In: Jamme, Christoph / Otto Pöggeler: O Fürstin der Heimath! Glükliches Stutgard – Politik, Kultur und Gesellschaft im deutschen Südwesten um 1800. Stuttgart 1988. Seite 35–54.
Ruppelt, Georg: Schiller im nationalsozialistischen Deutschland – Der Versuch einer Gleichschaltung. Stuttgart 1979.
Schiller, Friedrich von: Werke. Nationalausgabe. Historisch-kritische Ausgabe. Begr. von Julius Petersen, fortgeführt von Lieselotte Blumenthal, Benno von Wiese, Siegfried Seidel. Herausgegeben im Auftrag der Stiftung Weimarer Klassik und des Schiller-Nationalmuseums in Marbach von Norbert Oellers. Redaktor Horst Nahler. Weimar 1943ff.
Schiller, Friedrich von: Sämtliche Werke. Auf Grund der Originaldrucke, herausgegeben von Gerhard Fricke und Herbert G. Göpfert. München 1958–59. (Taschenbuchausgabe München 1965/66.)

Schiller, Friedrich von: Werke. Herausgegeben von Herbert G. Göpfert unter Mitwirkung von Gerhard Fricke. München 1966, 7. Auflage 1998.

Schiller, Friedrich von: Werke. Ausgewählt von Joachim Müller. Berlin/Weimar 1955.

Schiller, Friedrich von: Sämtliche Werke. Herausgegeben von Hans-Günther Thalheim u. a. Berlin/Weimar 1980.

Schiller, Friedrich von: Werke und Briefe. Herausgegeben von Klaus Harro Hilzinger. Frankfurt 1988ff.

Schwabe, Julius: Schillers Beerdigung und die Aufsuchung und Beisetzung seiner Gebeine 1805 – 1826 – 1827. Leipzig 1932.

Seidel, Siegfried (Hg.): Der Briefwechsel zwischen Schiller und Goethe. München 1984.

Siekmann, Andreas: Friedrich Schiller privat: Lebensstationen in Tagebuchaufzeichnungen. Herausgegeben von Friedrich Wilhelm Dildorf. Winsen 1993.

Stadtlaender, Chris: »Die kleine Welt« am Frauenplan – Der Alltag Goethes. München 1966.

Stecher, G.: Schillers Nachwirkung im Lichte der völkischen Idee. Rede zum 111. Schillerfest des Stuttgarter Liederkranzes am 9. Mai 1935. In: Schwäbischer Schillerverein, 39. Rechenschaftsbericht über das Jahr, 1. April 1934/35, Stuttgart 1935. Seiten 14–25.

Strack, Friedrich: Ein Herold höfischer Musen – Schiller in der Karlsschule. In: Jamme, Christoph / Otto Pöggeler: O Fürstin der Heimath! Glükliches Stutgard – Politik, Kultur und Gesellschaft im deutschen Südwesten um 1800. Stuttgart 1988. Seite 187–203.

Streicher, Andreas: Schillers Flucht von Stuttgart und Aufenthalt in Mannheim von 1782–1785. Stuttgart/Augsburg 1836. Diverse Neuausgaben: Stuttgart 1959, Stuttgart 1968.

Ueding, Gert: Friedrich Schiller. München 1990.

Wais, Gustav: Die Schiller-Stadt Stuttgart. Eine Darstellung der Schiller-Stätten in Stuttgart. Stuttgart 1955.

Weilguny, Hedwig / Wolfgang Vulpius: Das Schillerhaus in Weimar. Weimar 1959.

Widmann, Wilhelm: Friedrich Schiller und der Weltkrieg 1914/15 – Eine Denkschrift für unser Volk und Heer. Berlin/Stuttgart/Leipzig 1915.

Wiese, Benno von: Friedrich Schiller. Stuttgart 1959.

Wilpert, Gero von: Schiller-Chronik. Sein Leben und Schaffen. Stuttgart 1958.

Wolff, Eugen: Schiller im Urteil des zwanzigsten Jahrhunderts – Stimmen über Schillers Wirkung auf die Gegenwart. Jena 1905.

Wolzogen, Karoline von: Schillers Leben. Verfaßt aus den Erinnerungen der Familie, seinen eigenen Briefen und den Nachrichten seines Freundes Körner. Stuttgart/Tübingen 1830. Neue, durchgesehen und vermehrte Auflage Stuttgart 1903.

Zeller/Scheffler: Schiller – Leben und Werk in Daten und Bildern. Frankfurt 1977.

Anmerkungen

1 Ludwig Richter: »Lebenserinnerungen«, Kapitel »Reise nach Frankreich«. Ludwig Richter war dem Herzog Ende 1820 begegnet.
2 So jedenfalls, in Details verschieden, die Darstellungen Burschells, S. 23, und Berger, Bd. I, S. 111. Auch wenn die Details belegt sind, gibt es keine zeitgenössische Darstellung dieser Begegnung. Belegt ist zum Beispiel, daß »Goethe in Begleitung des Herzogs an den Stiftungsfeierlichkeiten der Militärakademie teil(nahm), bei denen der zwanzigjährige Friedrich Schiller mit drei Preisen ausgezeichnet wurde ...« (Hamburger Ausgabe der Briefe in sechs Bänden, Bd. I, S. 678). Goethe hat über diese Zeit kein Tagebuch geführt, der einzige Hinweis ist ein Brief an Frau von Stein vom 20. November 1779, in dem es heißt: »In Stuttgart haben wir den Feyerlichkeiten des Jahrstags der Militär Akademie beygewohnt. Der Herzog war äußerst galant gegen den unsrigen, und ohne das incognito zu brechen hat er ihm die möglichste Aufmerksamkeit gezeigt.« Der Ausspruch Schillers: »Gerne hätte ich mich ...« findet sich als Sekundärzitat bei Caroline von Wolzogen, Schillers Schwägerin und erster Biographin in »Schillers Leben ...«
3 An Körner vom 23. Juli 1787. Zitiert nach Fricke, S. 121f.
4 An Körner. Zitiert nach Fricke, S. 136.
5 An Körner, 12. September 1788. Zitiert nach Fricke, S. 174f.
6 Dieses und voriges Zitat: An Körner, 2. Februar 1789. Zitiert nach Fricke, S. 191.
7 An Körner, 9. März 1789. Zitiert nach Fricke, S. 199.
8 An Körner, 2. Februar 1789. Zitiert nach Fricke, S. 191.
9 An Caroline von Beulwitz, 5. Februar 1789. Zitiert nach Fricke, S. 192.
10 Goethe, »Glückliches Ereignis«. In: Goethes Werke, Hamburger Ausgabe, X, S. 538f. (1817 gedruckt in Goethes Zeitschrift »Zur Morphologie« als Abschluss des ersten Heftes, das die »Metamorphosen der Pflanzen« enthält.) – Gelegentlich wird, wie bei Burschell, S. 91, unsauber zitiert: »Schiller war mir verhaßt«. Im Original steht, allerdings mit eindeutigem Bezug auf Schiller: »Jener war mir verhaßt.«
11 Goethes Werke, Hamburger Ausgabe, X, S. 540.
12 An Körner, 12. August 1787. Zitiert nach Hoyer S. 240.
13 An Körner, 1. November 1790. Zitiert nach Fricke, S. 250.
14 Goethes Werke, Hamburger Ausgabe, X, S. 540. Vergleiche Anm. 10 zu »Schiller war mir verhaßt«.
15 Zitiert nach Eggebert, Schillers Weg zu Goethe, S. 268.
16 An Körner, 9. März 1789. Zitiert nach Fricke, S. 199.
17 Das von mir variierte Originalzitat »Die Zimmerflucht hat etwas Kleinfürstliches und zugleich einen Anstrich von guter Stube« findet sich bei Joachim Burkhardt: Ein Film für Goethe – Eine Erinnerung, Münster (Westf.) 1993, S. 194.
18 »Minerva – Ein Journal historischen und politischen Inhalts«, herausgegeben von J. W. von Archenholz, Juni 1805. Zitiert nach Hecker, S. 246.
19 Zitat siehe Anm. 1. – Einzelheiten zu Klopstocks Beerdigung bei Oellers, Schiller, S. 354.
20 »Carl Friedrich von Schiller ...« statt richtig Johann Christoph Friedrich ... Vgl. Schwabe, S. 36.

21 An Körner, 10. Dezember 1804. Zitiert nach Hecker, S. 19.
22 Heinrich Voß an R. Abeken, 24. Februar 1805. Zitiert nach Hecker, S. 52.
23 An Körner, 5. März 1805. Zitiert nach Fricke, S. 634.
24 Charlotte von Schiller an Cotta, 9. Mai 1805. Zitiert nach Hecker, S. 54.
25 Johann Michael Färber an seinen Bruder David, 10. Mai 1805. Zitiert nach Hecker, S. 55.
26 Schwabe, S. 20.
27 Schwabe, S. 21.
28 Zitate und Darstellung nach Schwabe, S. 20ff.
29 Schwabe, S. 23.
30 Schwabe, S. 25ff.
31 Salbaderei: Riemer. Zitiert nach Hecker, S. 59; Frostig: Voss. Zitiert nach Hecker, S. 68.
32 Müller an Gräfin von Eglofstein, 24. März 1832. Zitiert nach Bode, III, S. 341. So auch die folgenden Zitate.
33 Tagebuch Wilhelmine Schütze. Zitiert nach Bode, III, S. 342.
34 Carl von Stein an seinen Bruder Friedrich. Zitiert nach Bode, II, S. 342.
35 Röhr an Reil. Zitiert nach Bode, S. 345.
36 Erweiterte Neuausgabe, Leipzig 1932. Zitate daraus hier unter »Schwabe«.
37 Zitiert nach Schwabe, S. 3.
38 Der volle Titel lautet: »Der volle Titel lautet: »Der ungesühnte Frevel an Luther, Lessing und Schiller im Dienste des allmächtigen Baumeisters aller Welten«. München 1928. Das 209 Seiten starke Buch wurde bis 1936 in 59 000 Exemplaren gedruckt, wobei jedoch die letzte Auflage wegen eines Verbotes des Reichspropagandaministeriums nicht mehr ausgeliefert wurde. Die zwölf Kapitel um die Vorgänge um Schillers Tod nehmen etwa zwei Drittel des Buches ein. Auf das Buch Max Heckers reagierte Frau Ludendorff übrigens mit der Verdächtigung, Hecker oder Mitglieder der Goethe-Gesellschaft stünden selbst im Sold jüdischer Freimaurerlogen.
39 Ludendorff, S. 101.
40 Zitiert nach Schwabe, S. 156f.
41 Dieses und das nächste Zitat zitiert nach Schwabe, S. 156f.
42 Hecker, S. 289.
43 Goethe berichtet von einem Mann, der im Leben »nicht merkwürdig geworden, desto merkwürdiger aber nach seinem Tode, indem er eine Verordnung hinterließ, daß er morgens früh ganz still und ohne Begleitung und Gefolge, von Handwerksleuten zu Grabe gebracht sein wolle. Es geschah, und diese Handlung erregte in der Stadt, wo man prunkhafte Leichenbegängnisse gewöhnt war, großes Aufsehn.« (Dichtung und Wahrheit, Erster Teil, 2. Buch, Hamburger Ausgabe, IX, S. 76.) Von abendlichen Beisetzungen wird berichtet in Sigrid Metken (Hg.): »Die letzte Reise – Sterben, Tod und Trauersitten in Oberbayern«, München 1984, S. 86ff: »Die Beerdigungszeit lag im 18. Jahrhundert umso später, je vornehmer der Dahingeschiedene war.« In jedem Falle waren die »abendlichen Leichenkondukte« von Geistlichen, Trauergästen, Chören und Posaunisten begleitet. Von einsamen nächtlichen Terminen ohne Geistlichen wird nicht berichtet.
44 Fritz Reuter, »Ut mine Stromtid«, 1. Teil, 1. Kapitel: »morgen früh Klock vier Uhr will ich die Frau begraben lassen.« Zitiert nach der hochdeutschen Übertragung »Das Leben auf dem Lande – Ut mine Stromtid«, München 1975, S. 14f.
45 Wilhelm von Kügelgen (1802–1867) beschrieb im Jahre 1820 die Beerdigung seines Vaters: »Die jungen Künstler begruben den Vater nachts mit achtzig Fackeln, der ganze Rat zog mit, alle Professoren und eine Menge Offiziere, die Straßen waren gedrängt voll Menschen.« An seinen

Onkel Carl von Kügelgen, ohne Datum. In: Wilhelm von Kügelgen, »Zwischen Jugend und Reife des Alten Mannes ...«, Leipzig 1926, S. 3.
46 Hecker, S. 308.
47 Hecker, S. 309.
48 Madame Schiller hätte sogar noch mehr ausgeben können, wenn sie nicht auf einer einfachen Beerdigung bestanden hätte. Zum Beispiel durften die Hinterbliebenen erster Klasse noch Laternenträger für die Beleuchtung und Leichenmarschälle bestellen, die vor dem Sarg hermarschierten. Jeder Leichenmarschall bekam in der feinsten Ausführung 2 Taler für seinen Auftritt und 16 Groschen für den Flor und in der preiswerteren Klasse 1 Taler 8 Groschen für seine Bemühung und 12 Groschen für den Flor. Die Leichenmarschälle waren hinterher außerdem ebenso mit Wein und Kuchen zu bewirten wie die Sargträger, deren Zahl im Grunde nur durch die Länge des Sarges begrenzt war: Feine Leute engagierten zwölf, in der Regel aber waren es acht Träger.
49 Hecker, S. 309.
50 Hecker, S. 309.
51 Der Gesellschafter oder Blätter für Geist und Herz. Herausgegeben von F. W. Gubitz. Berlin, 27. November 1819. 193. Blatt. Zitiert nach Hecker, S. 264f.
52 In seiner Verzweiflung behauptet Max Hecker daher in seinem Rechtfertigungsband der Goethe-Gesellschaft, es sei die vornehmlichste Bestimmung dieses Massengrabes gewesen, »zu gemeinsamem Frieden Familienglieder, die der Tod getrennt hatte, wieder zu vereinigen: Ehegatten finden sich wieder, so der Kriegssekretär Maier und seine Frau, der Steuerrat Götze und seine Frau ... Eltern suchen ihre Kinder: so Charles Gore, ein vornehmer englischer Freund des herzoglichen Hofes, seine Tochter Elisa, so die Reichsgräfin Hortensia von Marschall ihre drei frühverstorbenen Töchter ...«
53 Schwabe, S. 22.
54 Hecker, S. 321.
55 Bäcker im »Reichanzeiger« Nr. 283 vom 21. Oktober 1805 und in »Der Freimütige« Nr. 215 vom 28. Oktober 1805. Zitiert nach Hecker, S. 95ff.
56 Literarisches Wochenblatt, Nr. 18, März 1820, S. 144. Zitiert nach Hecker, S. 266.
57 Das gesammelte Geld war inzwischen längst durch Vermittlung der Frau von Wolzogen mit 5 Prozent Zinsen in Petersburg angelegt worden. 1826, als man in Weimar noch immer an einer Gedenk- und Grabstätte für Schiller herumlaborierte, war das Geld jedenfalls noch da.
58 Schwabe, S. 39.
59 Bode, II, S. 295.
60 Hecker, S. 67ff.
61 Bode, II, S. 296.
62 Bode, II, S. 296.
63 Schwabe, S. 127.
64 Rheinische Thalia, 11. November 1784.
65 Einen brauchbaren, knappen Überblick über das Leben von Schillers Vater, seiner Mutter und seinen Geschwistern bietet Hermann Missenharter: Kaspar Schiller. Stuttgart 1944.
66 Curricumum vitae meum. Stuttgart 1859. Zitiert nach Brandenburger, S. 11.
67 Zitiert nach Burschell, S. 7.
68 Zitiert nach Hoyer, S. 10.
69 Der Haupttitel der Schrift heißt »Betrachtungen über landwirtschaftliche Dinge in dem Herzogtum, aufgesetzt von einem herzoglichen Offizier«. – Später schrieb er noch, diesmal unter

seinem Namen, das Werk »Die Baumzucht im Großen aus zwanzigjähriger Erfahrung im Kleinsten in Rücksicht auf ihre Behandlung, Kosten, Nutzen und Ertrag beurtheilt« (auf Vermittlung Friedrich Schillers erschienen bei Michaelis in Neustrelitz). Das Buch wurde zehn Jahre nach dem Tod des Autors und ein Jahr nach Schillers Tod von einem Gießener Verlag neu aufgelegt.

70 Zitiert nach Berger, I, S. 31.
71 An Caroline von Beulwitz, 25. August 1789. Zitiert nach Fricke, S. 214.
72 Zitiert nach Berger, I, S. 48.
73 Burschell, S. 13f.
74 Aus den Akten der Militärakademie, 18. Januar 1773, zitiert nach Hoyer, S. 22.
75 Zitiert nach Hoyer, S. 23.
76 Befehl aus dem Jahre 1776. Zitiert bei Lahnstein, S. 48.
77 Zitiert nach Brandenburg, S. 26; Strafzettel vom 21. November 1773.
78 Aus dem »Reglement vor die von Sr. Herzoglichen Durchlaucht gnädigst aufgestellte Militärische Pflanzschule«, Stuttgart 1770.
79 Ein Schüler des renommierten Vitzthumschen Gymnasiums in Dresden erinnerte sich später an seine Schulzeit um 1860, »daß die deutsche Polizei heutzutage in einer einfachen Volksschule Zustände nicht dulden würde, wie sie zu meiner Zeit im Vitzthumschen Gymnasium in Dresden herrschten, wo die Söhne des sächsischen, preußischen und mecklenburgischen Adels und sogar die Sprößlinge regierender Häuser erzogen wurden.
Der Schlafraum war im höchsten Grade primitiv, ja fast barbarisch und kaum zu vergleichen mit dem, was ich später in Kasernen der russischen Soldaten gesehen habe. Im Winter war das Wasser in den Krügen gefroren, ... heißes Wasser wurde nicht geliefert. Wir wurden im Sommer morgens um fünf, im Winter um sechs geweckt.«
Zum Frühstück gab es eine Tasse dünnen Kaffee und ein Stück trockenes Weißbrot, die sanitären Einrichtungen waren höchst primitiv: »Nicht ein einziges Bad war vorhanden für über hundert Pensionäre. ... im Sommer allerdings badeten die Knaben täglich in der Elbe, im Winter aber war ein winziger Waschraum, mit einem russischen Dampfapparat ausgestattet, die ganze Vorkehrung, die zum Waschen von Knaben getroffen wurde, die zum Teil den ersten Familien des Landes angehörten. Alle vierzehn Tage einmal wurden zwei Soldaten aus der anstoßenden Kaserne der Gardereiter gerufen, um die Zöglinge nach ihrem Dampfbad abzureiben ...«
Niemand durfte die Schule allein verlassen, manche bekamen kein Taschengeld, manche hatten während des ganzen Jahres keine Ferien, »so daß ihre Erinnerungen im späteren Leben gewesen sein müssen, als hätten sie ihre Jugend in einer Strafanstalt verbracht.«
Und so resümiert dieser Zögling rückblickend im Jahre 1913, als Zucht, Ordnung und Disziplin noch »Werte« waren: »Man wird leicht verstehen, daß so ein rigoroses System einen schwachen Charakter beinahe zerbrach, während es dazu angetan war, diejenigen hart zu machen, die stark genug waren, sich dagegen zu stemmen. Ich erinnere mich, daß ich, der ich aus einem luxuriösen englischen Heim dorthin kam, mich wochenlang jede Nacht in den Schlaf weinte ...« (Sidney Whithman in: »Hundert Jahrfeier des Vitzthumschen Gymnasiums zu Dresden 1828–1928«. Dresden 1928, S. 97ff.)
80 Vom Herbst 1774. Schillers Werke, Nationalausgabe Weimar, XXII, S. 15.
81 Erlaß an den Intendanten Dionysius von Seeger, 13. November 1779. Zitiert nach Wais, S. 31.
82 Rahbeck. Zitiert in Petersen, Nr. 79, S. 105f. Die fingierte englische Tragödie stammte angeblich von dem unbekannten Dichter Krake; ihr vermeintlicher Titel hieß »Life of Moor«.
83 »Versuch über den Zusammenhang der thierischen Natur des Menschen mit seiner geistigen.

Eine Abhandlung welche in höchster Gegenwart Sr. Herzoglichen Durchlaucht, während den öffentlichen akademischen Prüfungen vertheidigen wird Johann Christoph Friedrich Schiller, Kandidat der Medizin in der Herzoglichen Militär-Akademie. Stuttgart, gedrukt bei Christoph Friedrich Cotta, Hof- und Kanzlei-Buchdrucker.«

84 Ankündigung der Rheinischen Thalia, 11. November 1784. Zitiert nach Hoyer, S. 164f.
85 Ankündigung der Rheinischen Thalia, 11. November 1784. Zitiert nach Hoyer, S. 165.
86 Hoyer, S. 56.
87 Petersen, S. 35.
88 Petersen, S. 150.
89 Petersen, S. 155.
90 Petersen, S. 208.
91 Petersen, S. 189.
92 Petersen, S. 137.
93 Caroline von Lengefeld. Zitiert nach Petersen, S. 190.
94 Petersen, S. 278.
95 Petersen, S. 271.
96 Petersen, S. 137.
97 Petersen, S. 170.
98 Petersen, S. 163.
99 Petersen, S. 31.
100 Petersen, S. 279.
101 Die Büste entstand während Schillers Besuch in Stuttgart 1793/94. Johann Heinrich von Dannecker, Sohn eines Stallknechtes und um ein Jahr älterer Mitschüler Schillers in der Carlsschule, modellierte sie in zahlreichen Sitzungen. Da er Gelegenheit hatte, die Büste mit dem Kopf des über seinem Wallenstein eingeschlafenen Schiller mit dem Zirkel nachzumessen, konnte er später sagen: »... ich glaube, daß diese Büste für die Familie am interessantesten sein wird, weil sie so streng nach der Natur verfertigt ist.« So Dannecker in einem Brief vom 12. März 1806. Die Büste ist das Grundmodell für die meisten Schillerdenkmäler geworden.
102 Auch im Laufe der letzten zweihundert Jahre wurde Schiller in allen möglichen Posen dargestellt - mal martialisch und heldenhaft, mal süßlich oder jugendlich, dann wieder entschlossen oder nachdenklich. 140 solcher Porträts, Denkmäler und Büsten findet man bei Klaus Fahrner: Der Bilddiskurs zu Friedrich Schiller. (Veröffentlichungen des Archivs der Stadt Stuttgart, Band 82.) Stuttgart 2000.
103 Details über die Längenmaße Schillers von der Kindheit bis ins Alter ausführlich bei Volker Hesse, S. 75 ff. Hier auch eine ausgezeichnete Sammlung von insgesamt 33 (mit Totenmaske 34) bildlichen und plastischen Darstellungen der Dichters aus allen Lebensphasen. Mit diesem Buch in einen einzigen Band gegenläufig zusammengebunden ist das Parallelbuch Volker Hesses »Vermessene Größen – Goethe im Wandel seiner äußeren Gestalt und seiner Krankheiten«.
104 So Scharffensteins Beschreibung von Laura.
105 So J. W. Petersen. Zitiert bei Hoyer, S. 63.
106 »Elegie auf den Tod eines Jünglings«, zitiert nach der »Anthologie auf das Jahr 1782«, S. 29.
107 An Friedrich von Hoven, 4. Februar 1781. Zitiert nach Hoyer, S. 62.
108 An Petersen, 1781 (?). Zitiert nach Fricke, S. 17.
109 An Petersen. Zitiert nach Fricke, S. 17.
110 Berger, I, S. 181.
111 Zitiert nach Burschell, S. 31.

112 In »Wirtenbergisches Repertorium der Litteratur«, Nr. 1, 1782.
113 Alfred Kerr, der gefürchtete, eigenwillige und päpstlich urteilende Theaterkritiker zu Beginn des letzten Jahrhunderts, in einem Verriss einer Fiesco-Aufführung im Oktober 1908 am Deutschen Theater: »Oh, was ist das für ein schlechtes Drama! ... Warum soll man dergleichen spielen? Schiller, – meine Wertschätzung ihres Lebenswerks ist viel kleiner als meine Liebe zu Ihnen ... Ich weiß, was Ihnen fehlt: aber ich lasse nichts auf Sie kommen ... Hier geht es aber wirklich nicht. So kindlich die Charakteristik; alle so undifferenziert; Fiesco vollends, der Überlegene, kramt vor dem Mohren seine Pläne aus; jagt ihn weg vor der Entscheidung; wo der Kerl alles verraten kann; darauf beruht der starke Moment ... Schiller, es geht nicht. Man kann nicht einen tückisch klugen Helden zeichnen, der so ein Blödian ist. Und die Gattin, die er aus Versehen ersticht ... Schiller, es geht nicht.« (23. Oktober 1908). Zitiert nach Alfred Kerr, »Mit Schleuder und Harfe. Theaterkritiken aus drei Jahrzehnten«, München 1985, S. 41.
114 Zitiert nach Petersen, S. 27.
115 Lahnstein, S. 89.
116 Lahnstein, S. 89.
117 Rezension in »Württembergisches Repertorium der Litteratur«. Erstes Stück, 1782, S. 214–216. Zitiert nach dem Faksimile-Druck der »Anthologie auf das Jahr 1782«, Stuttgart 1973, Anhang, S. 59.
118 An Dalberg, 4. Juni 1782. Zitiert nach Hoyer, S. 79.
119 An Dalberg, 4. Juni 1782. Zitiert nach Fricke, S. 27.
120 Zitiert nach Petersen, S. 48.
121 Müller, S. 222.
122 Die Räuber, II, 3 der Schauspielfassung: »... auch gehört dazu ein eigenes Nationalgenie, ein gewises, daß ich so sage, Spitzbuben Klima, und da rath ich dir reis du ins Graubünder Land, das ist das Athen der heutigen Gauner.«
123 Einzelheiten des Ablaufs bei Müller, S. 222ff.
124 Petersen. Zitiert nach Hoyer, S. 81.
125 Brief vom 1. September 1782. Zitiert nach Brandenburg, S. 87.
126 Dieses und folgende Zitate: Streicher, »Schillers Flucht von Stuttgart und Aufenthalt in Mannheim von 1782 bis 1785«, posthum 1836 erschienen. Zitiert nach Hoyer, S. 85ff.
127 Ankündigung der Rheinischen Thalia, 11. November 1784. Zitiert nach Hoyer, S. 164f.
128 Schiller an Herzog Carl Eugen, 24. September 1782. Zitiert nach Hoyer, S. 88.
129 Streicher. Zitiert nach Hoyer, S. 89ff.
130 Zitiert nach Petersen, S. 42.
131 Zitiert nach Hoyer, S. 90.
132 Zitiert nach Hoyer, S. 90.
133 Hoyer, S. 91.
134 Göritz. Zitiert nach Petersen, S. 190.
135 Göritz. Zitiert nach Petersen, S. 191.
136 Streicher. Zitiert nach Hoyer, S. 90.
137 Petersen. Zitiert nach Hoyer, S. 43.
138 Streicher. Zitiert nach Petersen, S. 69.
139 Streicher. Zitiert nach Petersen, S. 69.
140 Streicher. Zitiert nach Hoyer, S. 91ff.
141 Streicher. Zitiert nach Petersen, S. 76.
142 Streicher. Zitiert nach Petersen, S. 77.

143 Streicher. Zitiert nach Petersen, S. 78f. Im Original übrigens »Nierenstein« statt »Nierstein«.
144 Streicher. Zitiert nach Petersen, S. 82.
145 Und vorhergehendes Zitat: Streicher. Zitiert nach Hoyer, S. 88.
146 Streicher. Zitiert nach Petersen, S. 89.
147 Streicher. Zitiert nach Petersen, S. 89.
148 An Jacobi, 6. Januar 1782. Zitiert nach Hoyer, S. 96.
149 An Streicher, 8. Dezember 1782. Zitiert nach Hoyer, S. 103.
150 Als Reinwald im Juni 1799 Schillers besucht, klagt Schiller über den »nicht ganz ungeschickten Philister, aus einem kleinstädtischen Ort, durch Verhältnisse gedrückt und beschränkt, durch hypochondrische Kränklichkeit noch mehr darniedergebeugt ...« Er findet keinen Gesprächsstoff, und wenn, ist er verzweifelt: »Diese ganze imperfektible, enge Vorstellungsweise könnte einen zur Verzweiflung bringen ...« (Schiller an Goethe, 25. Juni 1799. Zitiert nach Fricke, S. 528).
151 An Henriette von Wolzogen, 27. März 1783. Zitiert nach Hoyer, S. 108
152 An Reinwald, 27. März 1783. Zitiert nach Hoyer, S. 109. Nebenbei: Statt »verschiedene« steht im Originaltext »zerschiedene«.
153 An Dalberg, 3. April 1783. Zitiert nach Hoyer, S. 111.
154 An Reinwald, 3. Mai 1783. Zitiert nach Hoyer, S. 115.
155 Malaria tertiana, die außer in den Tropen auch in gemäßigten Breiten vorkommt und sich schon bei Temperaturen von 16° Celsius entwickelt.
156 An Frau von Wolzogen, 13. November 1783. Zitiert nach Hoyer, S. 136.
Mit »Fieberrinde« bezeichnet man die Rinden zahlreicher Arten der Gattung Cinchona, die zu Schillers Zeit in großem Umfang hauptsächlich aus Südamerika nach Deutschland importiert wurden. Wirksamer Hauptbestandteil ist das Alkaloid Chinin, das im Zentralnervensystem das Schmerz- und Wärmezentrum dämpft, durch die Herabsetzung des allgemeinen Stoffwechsels in der Tat fiebersenkend wirkt und durch Verlangsamung der Herzaktion auch den Blutdruck senkt. Bei Überdosierung führt es zu Abgeschlagenheit, Schwindel, Ohrensausen, Schwerhörigkeit, Sehstörungen bis hin zur vorübergehenden Erblindung, Krämpfen, Erbechen und einem rauschartigen Zustand; 10 bis 15 Gramm Chinin, enthalten in 85 bis 300 Gramm »Fieberrinde«, führen durch Lähmung des Atmungszentrums und des Herzens zum Tod.
157 Streicher im Dezember 1783. Zitiert nach Hoyer, S. 140.
158 Luise Schwan. Zitiert nach Petersen, S. 97.
159 Nach dem Bericht des Kupferstechers Endner, Gohlis, Sommer 1785. Zitiert nach Hoyer, S. 201.
160 Luise Schwan. Zitiert nach Petersen, S. 98.
161 Siehe Anm. 113. Auch in der Besprechung einer Inszenierung im Berliner Staatstheater 1921 kann sich Kerr nicht mit dem Fiesco anfreunden: »Es ist verdammt schwer, heute dies Werk auf die Bretter zu bringen. Spielt man es unverkürzt, mit allem Knabenhaften: so quillt nicht gewollte Heiterkeit zu häufig über den Ernst.« (7. Mai 1921) Zitiert nach Alfred Kerr: »Mit Schleuder und Harfe – Theaterkritiken aus drei Jahrzehnten«. München 1982, S. 218.
162 Brandenburg, S. 269, Anmerkung. – Carl Philipp Moritz (1756–1793), von Beruf Lehrer, war später Professor für Altertumskunde in Berlin und schrieb psychologisch tiefgründige Romane. 1786 hatte er sich mit Goethe in Italien angefreundet.
163 Charlotte Sophia Juliana von Kalb (1761–1843), geb. Marschalk von Ostheim. Sie stammte aus Waltershausen bei Meiningen und war seit 1783 mit dem in französischen Diensten stehenden Hauptmann Heinrich von Kalb, dem Bruder ihres Schwagers, verheiratet. Sie hatte Schiller bereits in Bauerbach kennengelernt und sah ihn in Mannheim wieder, wo sie wohnte, während ihr Mann in Landau in der Pfalz stationiert war. Später war Hölderlin Hauslehrer ihres Sohnes.

Nach der Enttäuschung mit Schiller suchte die Unbefriedigte eine Beziehung zu Jean Paul, der sie als Titanide verherrlichte. Nach den Selbstmorden ihres Mannes und ihres Sohnes suchte sich die nach und nach erblindende Frau durch einen Handel mit Tee- und Modewaren über Wasser zu halten. Später erbarmte sich Marianne von Preußen ihrer und gewährte ihr in einem abgelegenen Teil des Berliner Schlosses Unterkunft, wo sie mit 82 Jahren starb.

164 Anna Margaretha Schwan (1766–1796). Sie heiratete später den Advokaten Carl Friedrich Treffz und begegnete Schiller noch einmal im Jahre 1793 in Heilbronn.

165 Katharina Baumann (1766–1849). Sie spielte in Kabale und Liebe die Luise. 1787 heiratete sie in Mannheim den Cellisten und späteren Kapellmeister Peter Ritter.

166 An Frau von Wolzogen, 13. November 1783. Zitiert nach Hoyer, S. 137.

167 Berger, I, S. 421f.

168 Schiller an Cotta, 19. Februar 1799. Zitiert nach Fricke, S. 520: »Haben Sie die Güte, lieber Freund, mit erster Post fünf Karolin an den Herrn Baumeister Hölzel zu Mannheim, im Materialhof wohnhaft, in meinem Namen zu übermachen. Jene Leute haben mir vor vierzehn Jahren bei meinem Aufenthalt in Mannheim wesentliche Dienste erzeigt; jetzt hat sie der Krieg aus dem Wohlstand in Not und Dürftigkeit versetzt, und sie brauchen Hilfe, schnelle Hilfe. Ich kann von Ihrem Herzen erwarten, daß Sie meinen Wunsch auf das bäldeste erfüllen werden ... Auf den September werden Sie die Güte haben, dieselbe Summe noch einmal gegen einen Schein von mir an Herrn Hölzel auszuzahlen ...«

169 An Frau von Wolzogen, 7. Juni 1784. Zitiert nach Berger I, S. 428.

170 Schiller an Huber, 7. Dezember 1784. Zitiert nach Hoyer, S. 167.

171 Körner, 11. Januar 1785. Zitiert nach Hoyer, S. 170.

172 An Gottfried Körner, 10. Februar 1785. Zitiert nach Hoyer, S. 175f.

173 Charlotte. Gedenkblätter von Charlotte von Kalb. Hg. von Emil Palleske. Stuttgart 1879.

174 Berger I, S. 419.

175 An Schwan, 24. April 1785. Schiller hatte sogar schon Herzog Carl August von seiner Absicht erzählt, die jener guthieß. Schwans Antwort kennen wir allerdings nicht. Margarethe soll noch gehofft haben, als sie Schiller 1786 noch einmal in Dresden traf. Sie heiratete später einen Beamten und starb im Kindbett.

176 Nach Minna Körners Erzählung. Zitiert nach Hoyer, S. 190.

177 An Huber, 5. Oktober 1785. Zitiert nach Schiller-Nationalausgabe, Band 24, S. 26.

178 Dieses und die letzten Zitate aus Leipzig: Brief an Schwan, 24. April 1785. Zitiert nach Brandenburg, S. 225.

179 Göschen an Bertuch, Sommer 1785. Zitiert nach Hoyer, S. 197.

180 Göschen. Zitiert nach Petersen, S. 130.

181 Göschen. Zitiert nach Petersen, S. 129.

182 An Körner, 3. Juni 1785. Zitiert nach Brandenburg, S. 237.

183 An Huber, 13. September 1785. Zitiert nach Brandenburg, S. 251.

184 Hoyer, S. 204.

185 Diese in der »Thalia« vom Februar 1786 abgedruckte Originalfassung hat Schiller später sprachlich und inhaltlich überarbeitet und abgeändert. Die uns heute geläufige Fassung hat zum Beispiel die geradezu revolutionäre, jegliche soziale Gegensätze überwindende Formulierung »Bettler werden Fürstenbrüder« ins allgemeingültige »Alle Menschen werden Brüder ...« abgewandelt.

186 Angeregt zu seinem Hymnus an die Freude wurde Schiller offenbar von dem damals bekannten Gedicht »An die Freude« von Friedrich von Hagedorn (1708–1754):

»Freude, Göttin edler Herzen!
Höre mich.
Laß die Lieder, die hier schallen,
Dich vergrößern, dir gefallen:
Was hier tönet, tönt durch dich.

Muntre Schwester süsser Liebe!
Himmels-Kind!
Kraft der Seelen! Halbes Leben!
Ach! Was kann das Glück uns geben,
Wenn man dich nicht auch gewinnt? ...«
(Hagedorn, »Sammlung neuer Oden und Lieder. Zweyter Theil«, Hamburg 1744, S. 1)

187 Anton Graff, Mai 1786, nach F. Förster. Zitiert bei Hoyer, S. 213.
188 An Huber, 1. Mai 1786. Zitiert nach Brandenburg, S. 275.
189 An Körner, 15. April 1786. Zitiert nach Brandenburg, S. 273.
190 An Huber, 1. Mai 1786. Zitiert nach Brandenburg, S. 275.
191 An Körner, 15. April 1786. Zitiert nach Brandenburg, S. 276.
192 »Liaisons dangereuses«, Briefroman von Choderlos de Laclos (1741–1803), zuerst 1782 anonym in Paris erschienen. Deutsche Ausgabe unter dem Titel: Die gefährlichen Bekanntschaften oder: Briefe, gesammelt in einer Gesellschaft und zur Belehrung einiger anderer bekant gemacht, E. F. von Bonin, Leipzig 1783.
193 An Körner, 23. Juli 1787. Zitiert nach Hoyer, S. 235.
194 An Körner, 24. Juli 1787. Zitiert nach Fricke, S. 124.
195 An Körner, 28. Juli 1787. Zitiert nach Hoyer, S. 237.
196 An Körner, 18. Juli 1787. Zitiert nach Hoyer, S. 241.
197 An Körner, 8. August 1787. Zitiert nach Hoyer, S. 239.
198 An Körner, 19. November 1787. Zitiert nach Fricke, S. 151.
199 Christoph Martin Wieland (1733–1813) aus Oberholzheim, heute Achstetten, Landkreis Biberach. Übersetzer von »Shakespeares Theatralischen Werken« (1762–66), Autor des Erziehungsromanes »Agathon« (1766, umgearbeitet 1773), Herausgeber von »Der neue Teutsche Merkur« (1790–1810), seit 1772 in Weimar.
200 An Körner, 23. Juli 1787. Zitiert nach Hoyer, S. 235.
201 Johann Gottfried Herder (1744–1803), Philosoph, Theologe, Dichter. Hauptwerke: »Abhandlung über den Ursprung der Sprache« (1772), »Ideen zur Philosophie der Geschichte der Menschheit« (1784–91), »Stimmen der Völker in Liedern« (1806, vorher, 1778, unter dem Titel »Volkslieder«). In Weimar seit 1776.
202 An Körner, 24. Juli 1787. Zitiert nach Fricke, S. 125.
203 An Körner, 24. Juli 1787. Zitiert nach Fricke, S. 124.
204 An Körner, 28. Juli 1787. Zitiert nach Fricke, S. 126.
205 An Körner, 28. Juli 1787. Zitiert nach Fricke, S. 126.
206 An Huber, 14. September 1787. Zitiert nach Hoyer, S. 246.
207 An Huber, 14. September 1787. Zitiert nach Hoyer, S. 246.
208 Der Originaltitel des Don Carlos ist tatsächlich »Dom Karlos, Infant von Spanien«. 1801 änderte Schiller den Titel in »Don Karlos«, heute meist »Don Carlos« geschrieben.
209 An Körner, 24. Juli 1787. Zitiert nach Fricke, S. 126.
210 An Huber, 28. August 1787. Zitiert nach Hoyer, S. 241f.

211 An Körner, 28. Juli 1787. Zitiert nach Hoyer, S. 237.
212 An Körner, 29. August 1787. Zitiert nach Hoyer, S. 243.
213 Karl Leonhard Reinhold (1758–1823) hatte von 1787 bis 1794 in Jena eine Professur.
214 Promemoria. Zitiert nach Brandenburg, S. 446.
215 Promemoria. Zitiert nach Brandenburg, S. 446.
216 Zitiert nach Brandenburg, S. 447. Die Stelle unbezahlt zu lassen, geht auf einen Vorschlag Goethes in seinem Promemoria zurück. Schiller habe sich bei Sondierungsgesprächen bereit erklärt, »eine außerordentliche Professur an der Jenaischen Akademie anzunehmen sich wohl entschließen können, wenn auch selbige vorerst ihm ohne Gehalt konferirt werden sollte.«
217 An Körner, 15. Dezember 1788. Zitiert nach Hoyer, S. 299.
218 An Körner, 17. Januar 1789. Zitiert nach Hoyer, S. 303.
219 Friedenthal, S. 431.
220 Zitiert nach Sigrid Damm: Vögel, die verkünden Land – Das Leben des Jakob Michael Reinhold Lenz. Frankfurt 1989. S. 264. Die Quellenlage und damit die Rolle Goethes ist nicht eindeutig; Sigrid Damm sieht nach gründlicher Analyse allerdings Goethes treibende Rolle als eindeutig an. Karen Lauer formuliert in der Zeittafel des von ihr 1992 herausgegeben Bandes »Jakob Michael Reinhold Lenz – Werke«: »Nach einem nicht bekannten Vorfall wird Lenz am Monatsende aus Weimar ausgewiesen, wohl nicht ohne Goethes Zutun, der am 26. November in seinem Tagebuch »Lenzens Eseley« vermerkt und jede Verbindung zu Lenz abbricht.«
221 Tilman Jens hat boshafterweise eigens zum Goethe-Jubiläum 1999 ein Buch mit dem Titel »Goethe und seine Opfer – eine Schmähschrift« herausgebracht, das an zahlreichen Beispielen diesen Goethe'schen Charakterzug detailliert belegt. Düsseldorf 1999.
222 Karl August Böttiger (1760–1835), Archäologe und Philologe, wurde auf Herders Vermittlung 1791 ans Weimarer Gymnasium berufen, das er nach (damals) modernen Gesichtspunkten reformierte. Umtriebig, wie er war – man nannte ihn Magister Ubique, Meister Überall – rezensierte er auch Theateraufführungen, was Goethe aber nachhaltig zu hintertreiben wusste. Außerdem sammelte er Anekdoten und Geschichten über die Weimarer Größen, die nach seinem Tod von seinem Sohn stark zensiert veröffentlicht worden sind. (Zur Neuausgabe siehe Literaturangaben.)
223 An Körner, 9. März 1789. Zitiert nach Hoyer, S. 310.
224 Körner an Schiller, 30. Dezember 1788. Zitiert nach Hoyer, S. 301.
225 An Körner, 28. Mai 1789. Zitiert nach Hoyer, S. 318f.
226 Friedrich Gedicke (1754–1803), Gymnasialdirektor und Oberkonsistorialrat in Berlin. Zitiert nach Hoyer, S. 320.
227 An Körner, 28. Mai 1789. Zitiert nach Hoyer, S. 319.
228 Golo Mann: Geschichte und Geschichten. Frankfurt 1961. S. 63–84.
229 Golo Mann: Geschichte und Geschichten. Frankfurt 1961. S. 68.
230 Vorrede zum »Abfall der Niederlande«. In: Schiller, Sämtliche Werke, IV, S. 31.
231 Körner an Schiller, 21. Januar 1788. Zitiert nach Hoyer, S. 261.
232 An Körner, 9. März 1789. Zitiert nach Hoyer, S. 312.
233 An Körner, 7. Januar 1788. Zitiert nach Hoyer, S. 259f.
234 Caroline von Beulwitz, geb. von Lengefeld. Zitiert nach Hoyer, S. 253.
235 An Körner, 8. Dezember 1787. Zitiert nach Hoyer, S. 255.
236 Berger, I, S. 561.
237 Berger, I, S. 561.
238 Berger, I, S. 559.

239 An Charlotte von Lengefeld, 30. Juni oder 1. Juli 1788. Zitiert nach Fricke, S. 170.
240 An Charlotte von Lengefeld, 13. November 1788. Zitiert nach Fricke, S. 178.
241 An Charlotte von Lengefeld, 24. Juli 1789. Zitiert nach Fricke, S. 209.
242 An Charlotte von Lengefeld, 7. September 1789.
243 An Charlotte von Lengefeld, 25. August 1789: »Die stille Ruhe Deiner Empfindung habe ich verkannt und einem abgemessenen Betragen zugeschrieben, das meine Wünsche von Dir entfernen sollte.« Zitiert nach Fricke, S. 213.
244 An Charlotte von Lengefeld, 3. August 1789. Zitiert nach Fricke, S. 210.
245 Charlotte an Schiller, 5. August 1789. Zitiert nach Brandenburg, S. 496.
246 Zitiert nach Berger, I, S. 562.
247 An Charlotte von Lengefeld und Caroline von Beulwitz, 14. November 1789. Zitiert nach Fricke, S. 222f.
248 An Charlotte von Lengefeld und Caroline von Beulwitz, 14. November 1789. Zitiert nach Fricke, S. 222.
249 Wilhelm von Humboldt an Caroline von Dacheröden, Januar 1790. Zitiert nach Hoyer, S. 351.
250 Wilhelm von Humboldt an seine Frau Caroline von Dacheröden, Januar 1790. Zitiert nach Hoyer, 347. In diesem Brief auch die Bemerkung: »Hast Du ihn nie Caroline küssen sehen und dann Lotten?«
251 An Caroline von Dacheröden, 4. Dezember 1789. Zitiert nach Petersen, S. 157.
252 Die letzten Zitate: An Charlotte von Lengefeld und Caroline von Beulwitz, 15. November 1789. Zitiert nach Fricke, S. 223f.
253 Die Kirche in Wenigenjena (heute ein Stadtteil von Jena) heißt heute zur Erinnerung an die Hochzeit »Schillerkirche«.
254 Friedell, S. 876.
255 An Körner, 1. März 1790. Zitiert nach Fricke, S. 244.
256 An Huber, 23. August 1790. Zitiert nach Fricke, S. 247.
257 An Caroline von Beulwitz, 10. Mai 1790. Zitiert nach Fricke, S. 245.
258 An Caroline von Beulwitz, 11. September 1790. Zitiert nach Fricke, S. 247.
259 Wilhelm von Humboldt an Caroline von Dacheröden, Januar 1790. Zitiert nach Hoyer, S. 351.
260 Caroline von Dacheröden an Wilhelm von Humboldt, 10. Februar 1791. Zitiert nach Petersen, S. 166.
261 Caroline von Dacheröden an Wilhelm von Humboldt, 31. Dezember 1790. Zitiert nach Petersen, S. 166.
262 Göritz über Schiller, 1792. Zitiert nach Hoyer, S. 405.
263 An Körner, 24. Oktober 1791. Zitiert nach Hoyer, S. 388.
264 An seine Frau, 11. Januar 1791. Zitiert nach Hoyer, S. 371.
265 Christiane Vulpius (1765–1816). Der Vater wurde in den Sitzungen des Geheimen Consiliums vom 30. April und 3. Mai 1782 wegen eines Vergehens entlassen; Goethe hatte an den Sitzungen teilgenommen.
266 So an Herder, 10. August 1789. WA 9, S. 147.
267 Goethe an Christiane, 14. Juli 1803. Zitiert nach Karl Robert Mandelkow: Goethes Briefe, Hamburger Ausgabe, München, 3. Aufl. 1988, Bd. II, S. 451.
268 An Christiane, 10. März 1797. WA 12, S. 64.
269 Houston Steward Chamberlain, »Goethe«, München 1912, S. 68.
270 An Körner, 21. Oktober 1800. Zitiert nach Fricke, S. 557.

271 An Wilhelm Christoph Günther, 17. Oktober 1806, In: »Goethes Briefe«, Hamburger Ausgabe, III, Nr. 839, S. 28.
272 An seine Frau, 11. Januar 1791. Zitiert nach Hoyer, S. 371.
273 An Körner, 22. Februar 1791. Zitiert nach Hoyer, S. 373.
274 An Körner, 22. Februar 1791. Zitiert nach Hoyer, S. 373.
275 An Körner, 10. April 1791. Zitiert nach Hoyer, S. 376.
276 An Körner, 24. Mai 1791. Zitiert nach Hoyer, S. 376ff.
277 An Körner, 24. Mai 1791. Zitiert nach Hoyer, S. 376ff.
278 Berger, II, S. 68.
279 Jens Baggesen (1764–1826).
280 Jens Baggesen Tagebuch, 5. August 1790. Zitiert nach Petersen, S. 163.
281 Jens Baggesen, Tagebuch 5. August 1790. Zitiert nach Petersen, S. 163.
282 Jens Baggesen an Reinhold, Ende Juni 1791. Zitiert nach Hoyer, S. 378f. So auch das folgende Zitat.
283 Reinhold an Baggesen, Jena, Juni 1791. Zitiert nach Hoyer S. 379.
284 Karl Leonhard Reinhold, Professor in Jena. Zitiert nach Berger II, S. 77.
285 Berger II, S. 75.
286 Prinz Friedrich Christian an Schiller, Kopenhagen, 27. November 1791. Zitiert nach Hoyer, S. 394f.
287 An Körner, 13. Dezember 1791. Zitiert nach Hoyer, S. 397.
288 An Körner, 1. Januar 1792. Zitiert nach Hoyer, S. 402.
289 An Körner, 7. April 1793. Zitiert nach Hoyer, S. 422.
290 Husarenoffizier von Funck an Körner, 6. Juni 1793. Zitiert nach Berger II, S. 778.
291 An Göschen, 5. Juli 1793. Zitiert nach Lahnstein, S. 317.
292 Husarenoffizier von Funck an Körner, 22. August 1793. Zitiert nach Berger, II, S. 778.
293 Anekdote mitgeteilt von Dekan Herrlinger, in: »Schiller Ludwigsburg« in Nr. 7 + 8 der Besonderen Beilage des Staatsanzeigers für Württemberg 1897.
294 Berger, II, S. 145.
295 Friedrich von Hoven, Herbst 1793. Zitiert nach Petersen, 232. Das Zitat wird meist verkürzt wiedergegeben, es geht weiter: »... darum sage ich dir, wenn du, da er nun dort liegt, jetzt noch nachteilig von ihm sprechen hörst, traue diesem Menschen nicht, er ist kein guter, wenigstens kein edler Mensch.«
296 Berger, II, S. 149.
297 Berger, II, S. 147.
298 Berger, II, S. 152.
299 Zitiert bei Lahnstein, S. 367.
300 Mörike zog 1834 nach Cleversulzbach. Das Epigramm entstand 1835.
301 Hoyer, S. 441.
302 Goethe zu Eckermann, 25. Juni 1825.
303 Goethe, »Glückliches Ereignis«. In: Goethes Werke, Hamburger Ausgabe, X, S. 540.
304 An Goethe, 13. Juni 1794. Zitiert nach Seidel I, S. 7.
305 An Schiller, 24. Juni 1794. Zitiert nach Seidel I, S. 8.
306 Zitiert nach Friedenthal, Neuausgabe, S. 434.
307 An Schiller, 25. Juli 1794. Zitiert nach Seidel I, S. 8.
308 Unterer Markt 1, wo Schiller 1794/95 wohnte. Das Haus wurde 1945 in den letzten Kriegstagen ebenso wie die »Schrammei« zerstört.

309 Goethe, »Glückliches Ereignis«. Zitiert nach Hamburger Ausgabe, X, S. 540f.
310 Und folgende Zitate: Schiller an Goethe, 23. August 1794. Zitiert nach Seidel, I, S. 9ff.
311 Und folgende Zitate: Goethe an Schiller, 27. August 1794. Zitiert nach Seidel, I, S. 12ff.
312 Schiller an Goethe, 31. August 1794. Zitiert nach Seidel I, S. 17.
313 Goethe an Schiller, 4. September 1794. Zitiert nach Seidel, I, S. 19f.
314 Schiller an Goethe, 7. September 1794. Zitiert nach Seidel, I, S. 20.
315 Goethe an Schiller, 1. Oktober 1794. Zitiert nach Seidel, I, S. 25.
316 Zu Eckermann, 4. August 1831.
317 Nach einem Brief von Funcks an Körner, Januar 1796, In: Hoyer, S. 523f.
318 Schiller an Humboldt, 9. November 1795. Zitiert nach Bode, II, S. 48.
319 Charlotte Schiller an Friedrich von Stein, 1. Oktober 1797. Zitiert nach Bode, II, S. 115.
320 »Glückliches Ereignis«, In: Goethe, Hamburger Ausgabe, X, S. 541.
321 Goethe an Schiller, 16. Oktober 1799. Zitiert nach Seidel, II, S. 274.
322 Briefwechsel 25. und 26. Oktober 1796. Zitiert nach Seidel, I, S. 253f.
323 Schiller an Goethe, 22. Januar 1796. Zitiert nach Hoyer, S. 525.
324 Goethe an Schiller, 23. Dezember 1799. Zitiert nach Seidel, II, S. 290.
325 Goethe an Schiller, 1. Januar 1800. Zitiert nach Seidel, II, S. 295.
326 Goethe an Schiller, 6. Januar 1798. Zitiert nach Fricke, S. 487.
327 An Zelter 1. Juni 1805. Zitiert nach Mandelkow, Goethes Briefe, Hamburger Ausgabe, III, S. 7. Das Zitat heißt: »... und verliere nun einen Freund und in demselben die Hälfte meines Daseins«.
328 WA 42, S. 75. Anläßlich der Niederlegung des Schiller'schen Schädels in der Großherzoglichen Bibliothek am 17. September 1826.
329 Zu Eckermann, 18. Januar 1825.
330 Schiller an Gräfin Schimmelmann, 23. November 1800. Zitiert nach Fricke, S. 559.
331 An Zelter, 9. November 1830. Zitiert nach Goethe, »Briefe«, Hamburger Ausgabe, IV, S. 409.
332 Ernst von Schiller an seinen Bruder Karl, 31. Juli 1826. Zitiert nach Bode, III, S. 219. Weiterer Briefwechsel dazu: III, S. 215, S. 253, S. 258.
333 Anmerkung zu den Briefen an Schiller. In: Goethe, »Briefe«, Hamburger Ausgabe, II, S. 549.
334 Börne an Jeannette Wohl, 4. Mai 1830. Zitiert nach Bode, III, S. 302.
335 Gottfried G. Gervinus (1805–1871). Autor der »Geschichte der poetischen National-Literatur der Deutschen«, 1834. 1837 als einer der Göttinger Sieben seines Amtes enthoben, Mitglied der Frankfurter Nationalversammlung und ab 1844 Honorarprofessor in Heidelberg.
336 Karl Robert Mandelkow in seinen Anmerkungen zu Schillers Briefen in: Goethe, Briefe, Hamburger Ausgabe, II, S. 545.
337 G. G. Gervinus, »Über den Göthischen Briefwechsel« (1836), S. 56.
338 Irmgard Hofmann, »Studien zum Goethe-Schillerschen Briefwechsel«, Frankfurt 1937. Hans Pyritz, »Der Bund zwischen Goethe und Schiller, zur Klärung des Problems der sogenannten Weimarer Klassik.« Publication of the English Goethe Society 1952, Wiederabdruck in: Pyritz, Goethe-Studien. Hg. von Ilse Pyritz, Köln/Graz 1962, S. 34–51.
339 Friedenthal, Neuausgabe, S. 430.
340 An Goethe, 24. Januar 1797. Zitiert nach Fricke, S. 451.
341 Petersen 1781 über Schiller. Zitiert nach Hoyer, S. 64. Das Zitat lautet: »Eine dichterische Beschreibung einer Gegend machte mehr Eindruck auf ihn, als der Anblick in der Natur selbst.«
342 Körner an Schiller, 19. September 1794. Zitiert nach Hoyer, S. 480. Ähnlich von Humboldt an Schiller im September 1800 (zitiert nach Hoyer, S. 609): »Vielleicht auf niemand, als auf Sie, üben Ideen eine so gewisse und ausschließende Kraft aus ...« Das Ergebnis: »... eine Vereinigung

dichterischer und philosophischer Anlagen ...« Und im Vergleich zu Goethe: »Er wirkt mehr von außen; Sie mehr von innen auf den Menschen.«

343 Goethe an Carl Ludwig von Knebel, 16. März 1814. Zitiert nach Mandelkow, II, S. 548 und III, S. 266.
344 Friedell, S. 877ff.
345 Im Wesentlichen nach Friedell.
346 An Friedrich Cotta, 14. Juni 1794. Zitiert nach Hoyer, 468. Interessanterweise ist bei Fricke, S. 298f, genau dieser Satz weggelassen, da er offenbar nicht ins Konzept vom edlen Dichter paßte.
347 Ein Reprint der »Horen« ist im Jahr 2000 in sechs Doppelbänden mit einem Supplementband von Rolf Michaelis im Verlag Hermann Böhlaus Nachfolger, Weimar, erschienen.
348 An Körner, 12. Juni 1794. Zitiert nach Hoyer, S. 466.
349 3. Römische Elegie.
350 An Goethe, 26. Januar 1798. Zitiert nach Hoyer, S. 577.
351 »Xenia« ist das griechische Wort für kleine Geschenke, die der Gastgeber nach der Mahlzeit an seine Gäste verteilte.
352 Schiller an Goethe, 1. August 1796. Zitiert nach Fricke, S. 434.
353 Nach Berger, II, S. 331.
354 Nr. 91 in den anonym erschienenen »Trogalien [= Nachspeise] zur Verdauung der Xenien« von Fürchtegott Christian Fulda, Kochstädt 1797.
355 Schiller an Goethe, 18. November 1796. Zitiert nach Fricke, S. 441.
356 Brief von Elisabeth Staegemann an Reichardt, 1797. Zitiert nach Bode, II, S. 99.
357 Wieland an Reinhold, 2. Dezember 1796. Zitiert nach Bode, II, S. 87.
358 Zitiert nach Friedell, S. 888.
359 Friedell, S. 889.
360 An Schiller, 15. November 1796. Zitiert nach Mandelkow II, S. 244.
361 An Goethe, 14. September 1797. Zitiert nach Fricke, S. 473.
362 An Körner, 2. Oktober 1797. Zitiert nach Hoyer S. 567: »Die Trockenheit, die Du an dieser Ballade [Die Kraniche des Ibykus] und auch am *Polykrates* bemerkst mag von dem Gegenstand wohl kaum zu trennen sein; weil die Personen darin nur um der Ideen willen da sind, und sich als Individuen derselben subordinieren. Es fragt sich also bloß, ob es erlaubt ist, aus dergleichen Stoffen Balladen zu machen ...«
363 Goethe an Schiller, 22. Juni 1797: »Unser Balladenstudium hat mich wieder auf diesen Dunst- und Nebelweg gebracht, und die Umstände raten mir, in mehr als in *einem* Sinne, eine Zeitlang darauf herumzuirren.«
364 Goethe an Schiller, 10. Juni 1997. Zitiert nach Seidel, I, S. 347.
365 An Goethe, 18. Juni 1797. Zitiert nach Seidel, I, S. 349.
366 Körner an Schiller, 9. Juli 1797. Zitiert nach Hoyer, S. 560.
367 Goethe an Schiller, 22.[-24.] August 1797. Zitiert nach Seidel, I, S. 390. Schillers Antwort und weitere Erklärung zur Ballade: 7.[und 8.] September 1797.
368 Goethe an Schiller, 12. September 1797. Zitiert nach Seidel, S. 406.
369 Goethe an Schiller, 14. [und 17.] Oktober 1797. Zitiert nach Seidel, S. 428.
370 An Körner, 27. April 1798. Zitiert nach Fricke, S. 493.
371 A. M. Satyr, »Kleine Humoresken in Prosa und Versen«, Berlin 1898, S. 74f. (A. M. Satyr: Pseudonym von Alexander Moszkowski, 1851–1934).
372 Und folgende Zitate: An den Herzog von Augustenburg, 13. Juli 1793. Zitiert nach Hoyer, S. 433ff.

373 Dokument vom 26. August 1792, an Schiller ausgefertigt 10. Oktober 1792. Schiller wurde auf Antrag des elsässischen Abgeordneten Philipp Rühl nachträglich als »sieur Giller, publiciste allemand« (da noch mit »r«) auf die Liste gesetzt. Außer »Gille« wurde der Name später gelegentlich noch als Gilleers, Gisler, Gillers und Schyler wiedergegeben. – Eine Übersetzung der Urkunde zum Beispiel bei Hoyer, S. 409ff.
374 An Körner, 21. Dezember 1792. Zitiert nach Hoyer, S. 416.
375 Brief an Fichenich, 20. März 1793. Zitiert nach Berger, II, S. 129.
376 Christian Gottfried Gruner (1744–1815), Professor der Medizin in Jena, in einem Brief an Ernst Theodor Langer (1743–1820), ab 1781 Bibliothekar in Wolfenbüttel. Zitiert nach Bode, II, S. 106.
377 Brief vom 2. März 1798 an Joachim Heinrich Campe (1746–1818), Pädagoge, Schriftsteller und Verlagsbuchhändler, ebenfalls wie Schiller ausgezeichnet. Zitiert nach Hoyer, S. 580.
378 Erich Auerbach. Zitiert in »Kindlers Literatur Lexikon« zum Stichwort »Kabale und Liebe«.
379 Aus dem Gedicht »Die Worte des Glaubens«.
380 Wilhelm von Humboldt an seine Frau, 1. Januar 1814. Zitiert nach Bode, II, S. 601.
381 Charlotte von Stein an ihren Sohn Friedrich, 24. April 1814. Zitiert nach Bode, II, S. 606.
382 Man lese die sarkastische Schilderung in Chamberlains Goethebiographie, 145ff. Goethe war am 2. Oktober 1808 mit Napoleon in Erfurt zusammengetroffen. Sein Bericht darüber stammt vom 15. Februar 1824.
383 Balet/Gerhard, S. 146f. – Ähnlich der Goethekenner und Germanist Wolfgang Rothe, »Der politische Goethe. Dichter und Staatsdiener im deutschen Spätabsolutismus«, Göttingen 1998. Auch Rothe kommt zu dem Ergebnis, daß Goethe alles andere als demokratisch dachte, dass er feudalistisch und monarchistisch gesinnt und gegen jede revolutionäre Erneuerung und Parteienvielfalt war, ein Rechter par Excellence.
384 Die letzten Zitate: Eckermann, 4. Januar 1824.
385 »Die Aufgeregten«, I, S. 1.
386 Friedrich Abel, Professor der Philosophie, sein früherer Lehrer an der Carlsschule. Zitiert nach Lahnstein, S. 364.
387 An Abel, 3. April 1795. Zitiert nach Lahnstein, S. 365f.
388 An Herzog Carl August, 1. September 1799. Zitiert nach Fricke, S. 539f, auch folgende Zitate.
389 An Goethe, 15. Oktober 1799. Zitiert nach Fricke, S. 542.
390 Diverse Zitate aus Briefen an Goethe vom 25. Oktober bis 4. November 1799. Zitiert nach Fricke, S. 543–545.
391 An Charlotte Schiller, 4. Dezember 1799. Zitiert nach Hoyer, S. 630.
392 An Charlotte Schiller, 6. Dezember 1799. Zitiert nach Hoyer, S. 630.
393 An Goethe, 11. Januar 1797. Zitiert nach Fricke, S. 450.
394 An Goethe, 2. Mai 1797. Zitiert nach Fricke, S. 457.
395 An Cotta, 30. April 1798. Zitiert nach Hoyer, S. 582. – Schiller bestellt bei dieser Gelegenheit außerdem höflichst einen viertel Zentner Mehliszucker und ein achtel Zentner Kaffee (12,5 Pfund!), weil es in der Messestadt Leipzig doch beträchtlich billiger sei.
396 Carl August an Herder, 24. Dezember 1788. Zitiert nach Bode, I, S. 374.
397 Frau Rath Goethe an den Sohn, 21. Januar 1794. Zitiert nach Köster, S. 328.
398 Zitiert bei Stadtlaender, S. 47.
399 Chamberlain, S. 41.
400 Gespräch mit Kanzler Müller am 12. Juli 1798. In: Flodoard von Biedermann: Goethes Gespräche, Bd. 3, Leipzig 1910, S. 97.

401 Weitere Einzelheiten zu Goethes Finanzen bei Gerhard Prause: Genies ganz privat. München 1994. S. 208–212. Und bei Rolv Heuer: Genie und Reichtum. Reinbek 1973. S. 122–129.
402 Zitiert bei Berger, II, S. 596.
403 Zitiert bei Berger, II, S. 596.
404 Zitiert bei Berger, II, S. 596.
405 Am 3. Juni 1782 von Franz Joseph geadelt.
406 An Wilhelm von Humboldt, 3. März 1803. Zitiert nach Fricke, S. 598.
407 An Körner, 29. November 1802. Zitiert nach Fricke, S. 595.
408 An Körner, 9. August 1799. Zitiert nach Fricke, S. 534.
409 An Körner, 28. November 1796. Zitiert nach Hoyer, S. 547ff.
410 An Körner, 8. Mai 1799. Zitiert nach Fricke, S. 526.
411 Lotte Schiller an Schillers Schwester Christophine, 24. Mai 1799. Zitiert nach Hoyer, S. 615f.
412 An Goethe, 30. Juli 1799. Zitiert nach Hoyer, S. 620.
413 An Goethe, 26. April 1799. Zitiert nach Seidel, II, S. 210.
414 An Schiller, 27. April 1799. Zitiert nach Seidel, II, S. 211.
415 An Goethe, 18. Juni 1799. Zitiert nach Seidel, II, 224.
416 Maria Stuart, III, 4. Auftritt.
417 So Ueding, S. 113ff.; so auch Glaser: »Die Hinrichtung der Königin gilt als Königsmord«, schreibt Glaser: »Wenn aber der englische Königsmord dem Drama sein ganzes Pathos gibt, läßt sich an einen anderen, einen französischen denken, der Schiller beschäftigte, als er an der *Maria Stuart* arbeitete. 1792 teilt er dem Freund Körner mit, daß er vorhabe, eine Rechtfertigungsschrift für Ludwig XVI. zu verfassen, gegen den gerade der Prozeß eröffnet ward. Diese Schrift ist nicht entstanden. Gewisse Indizien sprechen dafür, daß in der *Maria Stuart* die französische Revolution das geheime Thema ist ...
Beschäftigt mit der Niederschrift des zweiten Aktes, schreibt er am 2. August 1799 an Goethe ein paar Sätze über die englische Revolution, die er mit französischen vergleicht: ›Hierin ist jene Revolutionsepoche fruchtbarer als die französische gewesen, an die sie einen sonst oft erinnert. Die Puritaner spielen so ziemlich die Rolle der Jakobiner, die Hilfsmittel sind oft dieselben und ebenso der Ausschlag des Kampfs.‹ Und so zieht Glaser das Resümee, mag es nun stimmen oder nicht: »Auch dieses historische Drama enthält verkappt wieder ein zeitgeschichtliches.« (Horst Albert Glaser [Hg.]: Deutsche Literatur- und Sozialgeschichte, Hamburg 1980, Bd. 5, S. 291, in seinem Beitrag »Klassisches und romantisches Drama«.)
418 Peter Lahnstein, mit der Geographie jener Gegend offenbar nicht vertraut, behauptet in seiner Schiller-Biographie, Ettersburg sei »in einem bequemen Spaziergang« von Weimar aus zu erreichen. Nach Ettersburg geht es sieben Kilometer steil bergauf.
419 Goethe an Schiller, 12. Juni 1800. Zitiert nach Seidel, II, S. 314
420 An Schiller, 15. Juni 1800. Zitiert nach Seidel, S. 314
421 Regisseur Becker. Zitiert nach Berger, II, S. 485. Die Schilderungen stammen von Genast, »Aus Weimars klassischer Zeit«, von Karl August Böttigers Berichten im »Journal des Luxus und der Moden«, Juli 1800, S. 359f., und von Heinrich Schmidt in seinen »Erinnerungen eines Weimar. Veteranen«, Leipzig 1856, S. 96.
422 Berger, II, S. 568.
423 Johann Gottfried Gruber (1774–1851), Schriftsteller und später Professor der Geschichte in Wittenberg und Halle. Zitiert nach Hoyer, S. 662.
424 Oellers, S. 356, Anm. 26. Der Ausspruch wird auf Hostowsky vom Magdeburger Theater zurückgeführt.

425 Berger, II, S. 608. – Am württembergischen Hof war es übrigens nicht anders. Als Casanova 1760 in Stuttgart bei einer Theateraufführung klatschte, wurde er sofort von einem Offizier gerügt: »... da der Herrscher sich im Theater befinde, so sei es nicht erlaubt, zu applaudieren.« Casanova: Geschichte meines Lebens. München 1985. Band VI, S. 8.
426 Anton Genast. Zitiert nach Hoyer, S. 716.
427 An seine Frau, 4. Juli 1803. Zitiert nach Fricke, S. 610.
428 An seine Frau, 4. Juli 1803. Zitiert nach Fricke, S. 611.
429 Ludwig Krahn, 3. Juli 1803. Zitiert nach Hoyer, S. 717f.
430 An Körner, 16. Oktober 1803. Zitiert nach Hoyer, S. 725.
431 Goethe im Jahr 1820 in seinen »Unterhaltungen mit C. F. A. v. Conta«, veröffentlicht von B. Suphan in: »Deutsche Rundschau«, 10. November 1901. Zitiert nach Burschell, S. 158.
432 Fritz Martini, »Geschichte im Drama – Drama in der Geschichte. Spätbarock – Sturm und Drang – Klassik – Frührealismus«, Stuttgart 1979, S. 277.
433 Kurfürst Dalberg hatte Schiller Anfang 1803 mit dieser Bemerkung 650 Taler gesandt. Zitiert nach Berger, II, S. 595.
434 Wilhelm Tell, II, 2.
435 An Körner, 26. September 1799. Zitiert nach Fricke, S. 541.
436 Kindlers Literatur Lexikon (dtv-Taschenbuchausgabe), Bd. 7, S. 2489.
437 An von Wolzogen, 16. Juni 1804. Zitiert nach Fricke, S. 626.
438 Dieses und folgendes Zitat: An von Wolzogen, 20. März 1804. Zitiert nach Hoyer S. 735.
439 An Iffland, 1. Mai 1804. Zitiert nach Hoyer, S. 739.
440 Beyme an Schütz, 17. Mai 1804. Zitiert nach Hoyer, S. 741.
441 Und folgende Zitate: An Körner, 28. Mai 1804. Zitiert nach Hoyer, S. 742f.
442 An Carl August, 4. Juni 1804. Zitiert nach Fricke, S. 623.
443 An Carl August, 8. Juni 1804. Zitiert nach Hoyer, S. 744.
444 Burschell, S. 163.
445 Burschell, S. 163.
446 Charlotte Schiller an Schillers Schwester Christophine Reinwald, Juni 1805. Zitiert nach Hecker, S. 70.
447 An Körner, 22. Februar 1791. Zitiert nach Hoyer, S. 372.
448 Ueding, S. 13.
449 An Garve, 6. November 1797. In »Schillers Briefe. Kritische Gesamtausgabe. Hrsg. und mit Anmerkungen versehen von Fritz Jonas«, 7 Bde., Stuttgart 1892–96, Bd. V, S. 285.
450 Karl Wilhelm Ferdinand von Funck (1761–1828), ein Freund Schillers, bei einem Besuch in Jena vom 7. bis 10. Januar 1796. Zitiert nach Petersen, S. 264ff. Das folgende Zitat S. 263.
451 Eckermann, 7. Oktober 1827.
452 Bericht von Caroline von Humboldt an Wilhelm von Humboldt, 14. August 1804. Zitiert nach Hoyer, S. 745. – Das vierte Kind, Emilie Henriette Luise, war am 25. Juli 1804 geboren worden.
453 An Körner, 11. Oktober 1804. Zitiert nach Fricke, S. 629.
454 Charlotte an Cotta. Zitiert nach Berger, II, S. 714.
455 An Körner, 25. April 1805. Zitiert nach Hoyer, S. 763.
456 J. H. Voß der Jüngere. Zitiert nach Hoyer, S. 765.
457 Charlotte von Schiller an Fritz von Stein, 9. Mai 1805. Zitiert nach Hoyer, S. 768.
458 Caroline von Wolzogen. Zitiert nach Hoyer, S. 766.
459 Schwabe, S. 53.
460 Schwabe, S. 57.

461 Details dazu bei Schwabe, S. 61.
462 Schwabe, S. 62.
463 Hecker, S. 99, Anm. 1.
464 Charlotte von Schiller an ihren Sohn Ernst, 28. Mai 1823. Zitiert nach Hecker, S. 98.
465 Hecker, S. 127.
466 Kanzler Müller an Goethe, 8. September 1826. Zitiert nach Hecker, S. 139.
467 Notiz des Kanzler von Müller an Goethe, 8. September 1826. Zitiert nach Hecker, S. 138.
468 Charlotte von Schiller war am 9. Juli 1826 gestorben und in Bonn beerdigt worden.
469 Hecker, S. 147.
470 Aus der Rede August von Goethes. Zitiert nach Schwabe, S. 86.
471 An Frau von Wolzogen 7. Juni 1784. Zitiert nach Berger I, S. 428.
472 Arnold Hauser, »Sozialgeschichte der Kunst und Literatur«, München 1970. Zitiert nach Lizenzausgabe Büchergilde Gutenberg 1953, S. 642f.
473 G. Stecher in: Schwäbischer Schillerverein Marbach-Stuttgart, neununddreißigster Rechenschaftsbericht über das Jahr, 1. April 1934/35, Stuttgart 1935, S. 19.
474 Karl Kraus: Schrecken der Unsterblichkeit, 1909.
475 Woldemar Freiherr von Biedermann: Goethes Gespräche, Leipzig 1889–1896, III, S. 85f.
476 David Friedrich Strauß: Vergängliches und bleibendes im Christentum. In: D. F. Strauß: Zwei friedliche Blätter, Altona 1839.
477 O. Elben: Erinnerungen aus der Geschichte des Stuttgarter Liederkranzes. Stuttgart 1894. S. 18.
478 Das Breslauer Schillerfest 1840. Hamburg 1841.
479 A. Gehring: Genie und Verehrergemeinde. Bonn 1968. S. 106.
480 Allgemeine Preußische Zeitung 1848, Nr. 85.
481 Ute Gerhard: Schiller als »Religion« – Literarische Signaturen des XIX. Jahrhunderts. München 1994. 293ff. – Sitzungsperiode vom 27. Mai 1848 bis 30. Mai 1849.
482 Zitiert in: Wilhelm Widmann. Friedrich Schiller und der Weltkrieg 1914/15 – Eine Denkschrift für unser Volk und Heer. Berlin, Stuttgart, Leipzig 1915. S. 3.
483 Wolzogen, 2. Teil, S. 186. Zitiert nach Oellers, Schiller, S. 154.
484 Wolzogen, 2. Teil, S. 304. Zitiert nach Oellers, Schiller, S. 154.
485 Ueding, S. 136. Dort auch die Belege.
486 Einzelheiten und Quellen zu diesem Absatz: Noltenius, S. 86.
487 Zitiert nach Noltenius, S. 113. Dort das vollständige Gedicht.
488 B. Endrulat: Das Schillerfest in Hamburg ... 1859. Hamburg 1860. Anhang, S. 128. Zitiert nach Noltenius, S. 157.
489 Eigentlich Jakob Liebmann Meyer Beer (1791-1864), deutscher Komponist. Erlangte an der Pariser Oper Weltruhm.
490 In: Sammlung der vorzüglichsten Dichtungen, Prologe, Vorträge und Sprüche zur Schiller-Feier 1859. München o. J. (1860). Heft 1, 3–5. Zitiert nach Noltenius, S. 173f.
491 Die Geburt des Menschen vom rein medizinischen Standpunkt in origineller und durchaus dezenter Weise geschildert [...] (Aus den Papieren eines alten Mediziners). Frankfurt 1910. S. 3–5.
492 Nachzulesen in Grawe, S. 114.
493 In: Schiller-Nummer der Lustigen Blätter 20 (1905), Nr. 19, S. 7.
494 S. H. Cramer: Das Lied von der siebten Kriegsanleihe. Unserm herrlichen Generalfeldmarschall von Hindenburg zum 70. Geburtstag in Ehrfurcht und Verehrung dankerfüllt gewidmet, o. O., o. J., S. 3.

495 Axel Ander: Das Lied vom Forestiere in Rom. Verfaßt zur Sylvesterfeier des römischen deutschen Künstlervereins. Rom 1875.
496 Zitiert nach Grawe, S. 199.
497 Wilhelm von Humboldt meldete am 4. August 1795 in einem Brief an Schiller (zitiert nach Hoyer 501): »In der *Camera obscura* von Berlin (einem niederträchtigen Wochenblatt) ist Ihr *Lied an die Freude* parodiert und den bekanntesten Freudenmädchen in den Mund gelegt – ›Wir umarmen Millionen, Unsern Kuß der ganzen Welt‹ – soll sich, wie man versichert, sehr gut ausnehmen.« Grawe hat an dieser Stelle: »Seyd umschlungen Millionen, Unsern Kuß der ganzen Welt.« (Grawe, S. 21)
498 Der Schriftsteller (1767–1845) war seit 1796 in Jena; Mitarbeiter der Horen.
499 August Wilhelm von Schlegel: Sämtliche Werke, hg. von Eduard Böcking, 2 Bde. Leipzig 1846. S. 172.
500 Jakob Dreesen (1842–1907). In: Kölsche Parodien, hg. von Max-Leo Schwering, Köln. 2. Aufl. 1969, S. 67ff.
501 Nach Lene Voigt. In sprachlich leicht variierter Fassung in: Das große Lene Voigt Buch, hg. von Monica und Wolfgang U. Schütte. Sachsenbuch 1991. S. 78.
502 Siehe vorige Anm., 145.
503 Secundus: Des deutschen Spießbürgers Schillerfest. In: Der wahre Jakob. Schillernummer, Nr. 4909, 2. Mai 1905, S. 4680. Zitiert nach Grawe, S. 203.
504 Ludwig Fulda, »An Schiller«, Vossische Zeitung, 9. Mai 1905. Zitiert nach Oellers II, S. 489.
505 Pastor J. Burggraf an der Ansgariikirche in Bremen. In: Schiller im Urteil des zwanzigsten Jahrhunderts – Stimmen über Schillers Wirkung auf die Gegenwart. Jena 1905.
506 Wilhelm Widmann: Friedrich Schiller und der Weltkrieg 1914/15 – Eine Denkschrift für unser Volk und Heer. Berlin, Stuttgart, Leipzig 1915.
507 Widmann, S. 17.
508 Widmann, S. 16.
509 Widmann, S. 25.
510 Widmann, S. 25.
511 Widmann, S. 25.
512 Widmann, S. 28.
513 Widmann, S. 49.
514 Fabricius, S. 10 und S. 14f.
515 Wallensteins Tod, III, S. 15.
516 Fabricius, S. 9 und S. 15.
517 Hermann Binder: Schiller in unserer Zeit. In: Aus Unterricht und Forschung, Nr. 6/1934, S. 77.
518 Studiendirektor Dr. G. Stecher, Berlin, in seiner Rede zum 111. Schillerfest des Stuttgarter Liederkranzes, gehalten am 9. Mai 1935 in der Stuttgarter Liederhalle. In: Schwäbischer Schillerverein Marbach Stuttgart, neununddreißigster Rechenschaftbericht über das Jahr, 1. April 1934/35, Stuttgart 1935, S. 25.
519 E. Jäger: Führer und Gemeinschaft. Eine Betrachtung im Anschluß an Schillers Wallenstein. In: Zeitschrift für Deutschkunde, Nr. 52, 1938, S. 529.
520 Wilhelm Tell, II, 1.
521 Waldemar Hartmann. In: Völkischer Beobachter, 13. November 1934.
522 Völkischer Beobachter, 15. November 1934.
523 Hans Fabricius: Schiller als Kampfgenosse Hitlers. Nationalsozialismus in Schillers Dramen. Bayreuth 1932, S. 120.

524 An Körner, 13. Oktober 1789. Zitiert nach Fricke, S. 218.
525 Angaben nach Ruppelt, S. 109 und S. 169.
526 Siehe dazu: Ruppelt, Georg: Die »Ausschaltung« des »Wilhelm Tell«. Dokumente zum Verbot des Schauspiels in Deutschland 1941. In: Jahrbuch der Deutschen Schillergesellschaft Nr. 20, 1976. S. 402–419.
527 Hitlers Tischgespräche, 4. Februar 1942: »Wir haben nur ein Unglück: daß wir bisher nicht den Dramatiker gefunden haben, der in die deutsche Kaisergeschichte hineingeht. Ausgerechnet Schiller mußte diesen Schweizer Heckenschützen verherrlichen. Die Engländer haben ihren Shakespeare, dabei haben sie in ihrer Geschichte doch nur Wüteriche und Nullen.«
528 Franz Leschner. In: Die Weltbühne, Nr. 10, 1955, S. 588.
529 Details und nähere Angaben bei Ruppelt, S. 113ff und Anm. 35, S. 237.
530 Dies und die folgenden Zitate aus Zeiten der DDR in Oellers II, S. 404–411.
531 Alexander Weichberger, »Schillers Schreibmaterialien«. In: Rechenschaftsbericht des Schwäbischen Schillervereins, Nr. 34, 1929/30, S. 104–106.
532 Ludwig Baur: Hat Schiller wirklich niemals Griechisch gelernt? In: Literarische Beilage zum Staatsanzeiger (1922), S. 142–144 und S. 230f.
533 In: Rechenschaftsbericht des Schwäbischen Schillervereins, Nr. 22, 1917/18, S. 81–86.
534 Thomas Mann: Essays. Frankfurt a. M. 1977. Bd. I, S. 215. So auch das folgende Zitat.
535 Lucie Prinz: Schillerbilder – Die Schillerverehrung am Beispiel der Festreden des Stuttgarter Liederkranzes (1825–1992). Marburg 1994. S. 129. Siehe auch: Bernhard Zeller (Hg.): Schiller. Reden im Gedenkjahr 1955. Stuttgart 1955. Und: Bernhard Zeller (Hg.): Schiller. Reden im Gedenkjahr 1959. Stuttgart 1961.
536 Details bei Ruppelt, S. 107–111 und S. 169.
537 Stuttgarter Zeitung, 5. Juni 1998, »Schiller hat aufgeholt«. – Shakespeare-Aufführungen: 2363, Schiller-Aufführungen (meist »Kabale und Liebe«): 1169, im Jahr davor 809.
538 Stuttgarter Zeitung, 14. April 2000
539 Zitiert nach Henrik Ghanaat: Unser Schiller. In: Die Zeit, 7. November 1997. Dort ausführlich über das Entstehen dieser Nationalausgabe. Siehe auch Ruppelt, S. 69f.
540 Bei Hecker, S. 170f.
541 Kanzler von Müller, 28. Januar 1827. Zitiert nach Hecker, S. 196.
542 Julius Schwabe, S. 105. Später hat er sich ausführlich darüber verbreitet, u. a. in »Harmlose Geschichte. Erinnerungen eines alten Weimaraners«, Frankfurt 1890, S. 28.
543 Hecker, S. 281.
544 Hecker, S. 211.
545 Carl August, 14. September 1827. Zitiert nach Hecker, S. 211f.
546 Sein reich bebildertes Buch heißt »Schillers Schädel und Todtenmaske nebst Mittheilungen über Schädel und Todtenmaske Kant's«, Braunschweig 1883.
547 August von Froriep: Der Schädel Friedrich von Schillers und des Dichters Begräbnisstätte. Leipzig 1913.
548 Ausführlich bei Fritz L. Hildebrandt: Die zwei Schiller-Schädel zu Weimar – Im Urteil neuer Forschungen über Schillers Zähne und Zahnerkrankungen. Berlin 1950.

Unsere Klassiker

Thomas Mann:
Versuch über Schiller

**Mit einem Nachwort
von Helmut Koopmann**

Über Schiller ist viel geschrieben worden.
Kaum etwas ist so lesenswert wie
Thomas Manns Essay auf der Grundlage
seiner Stuttgarter Schiller-Rede.
120 Seiten. ISBN 3-87407-656-3

**Irene Ferchl,
Wilfried Setzler:**
**Mit Mörike
von Ort zu Ort**

**Lebensstationen
des Dichters in
Baden-Württemberg**

Anregungen für Ausflüge auf den
Spuren des schwäbischen Dichters, für
literarische Erkundungstouren in fast
50 baden-württembergische Orte.
*320 Seiten, 171 meist farbige
Abbildungen, fester Einband.
ISBN 3-87407-577-X*

Silberburg-Verlag

Erhältlich in Ihrer Buchhandlung.
Besuchen Sie uns im Internet : **www.silberburg.de**